Sophia Altenthan, Sylvia Betscher-Ott, Wilfried Gotthardt, Hermann Hobmair, Reiner Höhlein,
Wilhelm Ott, Rosemaria Pöll

Herausgeber: Hermann Hobmair

W0289768

Pädagogik/Psychologie

für die Berufliche Oberschule

Band 3

3. Auflage

Bestellnummer 05068

Bildungsverlag EINS
westermann

Die in diesem Produkt gemachten Angaben zu Unternehmen (Namen, Internet- und E-Mail-Adressen, Handelsregistereintragungen, Bankverbindungen, Steuer-, Telefon- und Faxnummern und alle weiteren Angaben) sind i. d. R. fiktiv, d. h., sie stehen in keinem Zusammenhang mit einem real existierenden Unternehmen in der dargestellten oder einer ähnlichen Form. Dies gilt auch für alle Kunden, Lieferanten und sonstigen Geschäftspartner der Unternehmen wie z. B. Kreditinstitute, Versicherungsunternehmen und andere Dienstleistungsunternehmen. Ausschließlich zum Zwecke der Authentizität werden die Namen real existierender Unternehmen und z. B. im Fall von Kreditinstituten auch deren IBANs und BICs verwendet.

Die in diesem Werk aufgeführten Internetadressen sind auf dem Stand zum Zeitpunkt der Drucklegung. Die ständige Aktualität der Adressen kann vonseiten des Verlages nicht gewährleistet werden. Darüber hinaus übernimmt der Verlag keine Verantwortung für die Inhalte dieser Seiten.

service@bv-1.de
www.bildungsverlag1.de

Bildungsverlag EINS GmbH
Ettore-Bugatti-Straße 6-14, 51149 Köln

ISBN 978-3-427-**05068**-1

westermann GRUPPE

© Copyright 2019: Bildungsverlag EINS GmbH, Köln
Das Werk und seine Teile sind urheberrechtlich geschützt. Jede Nutzung in anderen als den gesetzlich zugelassenen Fällen bedarf der vorherigen schriftlichen Einwilligung des Verlages.

Inhaltsverzeichnis

Einführung

Das vorliegende Lehr- und Arbeitsbuch gibt eine Einführung in Pädagogik und Psychologie für die Berufliche Oberschule der Ausbildungsrichtung Sozialwesen. Es enthält alle wichtigen Informationen, die hierfür von Bedeutung sind, sodass es für die Vorbereitung auf den Unterricht und auf Prüfungen eine wertvolle Hilfe sein kann. Zudem ergeben sich zahlreiche Möglichkeiten für einen nutzbringenden Einsatz im Unterricht.

Ein neuer Lehrplan für die Berufliche Oberschule hat die 3. Auflage dieses Bandes notwendig gemacht. Der Inhalt gliedert sich in **drei Bände** mit insgesamt 25 Kapiteln. Der Lehrplan, nach dem sich diese drei Bände richten, formuliert bestimmte **Kompetenzerwartungen**, die mithilfe der jeweiligen Inhalte erreicht werden sollen.

Der vorliegende **Band 3** für die Jahrgangsstufe 13 beinhaltet – aufgeteilt auf 8 Kapitel – folgende Themen:

- Wissenschaftliche Grundlagen pädagogisch-psychologischer Forschung
- Heil- bzw. Sonderpädagogik
- Klinische Psychologie
- Organisationspsychologie
- Anwendung und Reflexion der psychologischen und pädagogischen Erkenntnisse

Das letzte genannte Thema gibt Hinweise zur Erstellung von Prüfungsarbeiten und beinhaltet Übungsaufgaben zur Vorbereitung auf die schriftliche und mündliche Abiturprüfung zum Erwerb der fachgebundenen und allgemeinen Hochschulreife (*Kapitel 25*).

Der flüssigen Lesbarkeit wegen wurde die männliche Form bevorzugt, doch das Handbuch ist natürlich für Leser beiderlei Geschlechts geschrieben. Zudem wollen wir intersexuelle Menschen mit dem Geschlecht „divers“ nicht ausschließen.

Für Anregungen, Verbesserungsvorschläge und sachliche Kritik sind Herausgeber und Autoren weiterhin sehr dankbar.

Verlag, Herausgeber und Autoren

18 Wissenschaftliche Grundlagen der Pädagogik und Psychologie

Skinner-Box

Pawlow'scher Hund

Thorndikes Katzenkäfig

Psychologische und pädagogische Experimente –
Psychologie und Pädagogik eine Wissenschaft?

Folgende Kompetenzen sollen Sie erwerben:

- ***Sie können Ziele wissenschaftlicher Pädagogik und Psychologie erschließen und diese an psychosozialen Phänomenen bzw. der Erziehungswirklichkeit verdeutlichen.***
- ***Sie sind imstande, Merkmale von Wissenschaft zu verdeutlichen, um diese auch an pädagogisch-psychologischen Problem- und Fragestellungen anzuwenden.***
- ***Sie sind in der Lage, die erklärende und die verstehende Position von Wissenschaft an pädagogisch-psychologischen Fragestellungen aufzuzeigen.***

18.1 Ziele der wissenschaftlichen Pädagogik und Psychologie

Lernsituation

Was wollen die wissenschaftliche Pädagogik und Psychologie überhaupt?

Die erste Stunde zu Beginn des Schuljahres: Eine Mitschülerin meldet sich zu Wort und sagt: „Jetzt haben wir schon über zwei Jahre lang Pädagogik und Psychologie, ich bin jetzt in der 13. Klasse und weiß immer noch nicht so genau, was eigentlich die wissenschaftliche Pädagogik und Psychologie wollen." Einige Mitschüler melden sich und sagen, das Ziel sei Menschen zu helfen, vor allem, wenn sie ein Problem haben. Ihre Lehrerin geht auf dieses Thema ein und sagt: „Keine Wissenschaft ist um ihrer selbst willen da, jede hat einen bestimmten Zweck, einen Sinn. Das haben natürlich auch Pädagogik und Psychologie, die ganz bestimmte Ziele verfolgen, um ihren Gegenstandsbereich in den ‚Griff zu bekommen'. Dabei baut jedes Ziel auf dem vorhergehenden auf."

Auch Sie möchten darüber Bescheid wissen, welche Ziele die Pädagogik und die Psychologie verfolgen.

I Information

18.1.1 Die Beschreibung

Voraussetzung wissenschaftlichen Tätigwerdens ist – wie in *Band 1, Kapitel 1.3.1* bereits ausgeführt – eine möglichst genaue, präzise und eindeutige Beschreibung des Gegenstandsbereiches der jeweiligen Wissenschaft – hier der Psychologie und der Pädagogik.

Beschreibung besteht in der Wahrnehmung, Messung und dem sprachlichen Festhalten von bestimmten Ereignissen und Sachverhalten.

Einer wissenschaftlichen Beschreibung geht eine **Beobachtung** mithilfe der Sinne oder eine Messung mithilfe von Instrumenten wie beispielsweise Mikroskop, Test, Thermometer u. ä. voraus.

Beschreibung darf im streng wissenschaftlichen Sinn nicht über das Beobachtete hinausgehen; der Forscher muss genau unterscheiden zwischen dem, was er tatsächlich wahrnimmt, und dem, was er daraus interpretiert und schließt.

→ Wenn beispielsweise Paul „beobachtet", dass Nina Angst hat, so sieht er nicht die Angst als solche, diese kann er nur bei sich selbst wahrnehmen. Er beobachtet ganz bestimmte Verhaltensweisen wie Zittern, Erröten, Wippen mit den Beinen, schnelles Atmen und dergleichen, aus denen er schließt, dass Nina Angst hat.

Wissenschaftliche Beschreibung ist möglichst einfach und präzise gehalten und bedient sich eindeutiger Begriffe, die eine unmissverständliche und klare Mitteilung ermöglichen.

18.1.2 Die Erklärung

Pädagogik und Psychologie bleiben bei der Beschreibung nicht stehen, sie versuchen – wie bereits in *Band 1, Kapitel 1.3.2* erwähnt, ***Beziehungen und Zusammenhänge zwischen einzelnen beschriebenen Merkmalen herauszufinden***. Die Wissenschaft spricht hier von Erklärung.

Erklärung im wissenschaftlichen Sinn bedeutet, Beziehungen zwischen beschriebenen Merkmalen, die als Ursache-Wirkungs-Zusammenhänge gesehen werden, herzustellen.

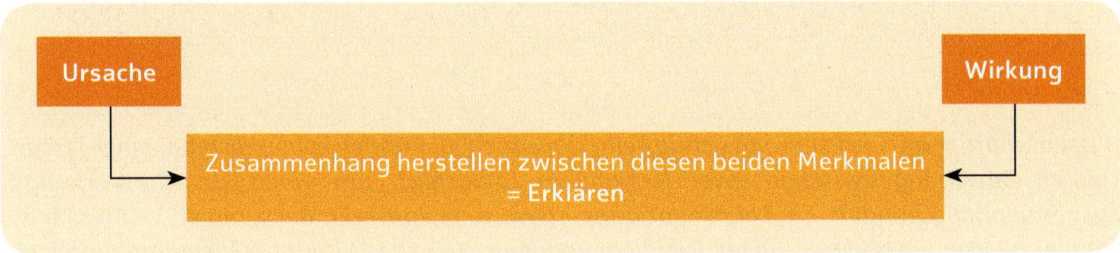

Wurde eine Beziehung zwischen beschriebenen Merkmalen durch entsprechende Untersuchungen gefunden und bestätigt, so handelt es sich im Sinne der Naturgesetze um ein **Gesetz**. Ein Gesetz in diesem Zusammenhang bezeichnet also ***eine durch wissenschaftliche Untersuchungen festgestellte Beziehung zwischen beschriebenen Merkmalen***.

Bei der Aussage „Wenn ich Gegenstände, die schwerer sind als Luft, loslasse, dann fallen sie nach unten“ handelt es sich um ein Gesetz, das immer zutrifft. Es hat sich durch entsprechende Untersuchungen immer wieder bestätigt.

Der Begriff „Gesetz“ wird in den Wissenschaften in unterschiedlicher Bedeutung verwendet, so in der Mathematik, in der Logik oder im Recht, in welchem ein Gesetz eine verbindliche Vorschrift bzw. Norm darstellt, nach der man handeln muss bzw. handelt.

> ***Ausnahme***
> *„Ein Mensch fällt jäh in eine Grube,*
> *Die ihm gegraben so ein Bube.*
> *Wie?, denkt der Mensch, das kann nicht sein:*
> *Wer Gruben gräbt, fällt selbst hinein! –*
> *Das mag vielleicht als Regel gelten:*
> *Ausnahmen aber sind nicht selten.“*
> *(Eugen Roth, 2015[7], S. 176)*

Wissenschaften, die es mit dem Menschen zu tun haben, ist es nicht möglich, Gesetze im Sinne von Naturgesetzen zu formulieren, Gesetze, die immer – ohne jegliche Ausnahme – in der Wirklichkeit zutreffen. Es kann sich nur um **Wahrscheinlichkeitsaussagen** handeln: Die durch wissenschaftliche Untersuchungen festgestellte Beziehung zwischen zwei Merkmalen besitzt zwar einen relativ hohen Allgemeinheitsgrad, im Einzelfall ist jedoch eine Abweichung möglich. Man spricht deshalb nicht von einem Gesetz, sondern von einer **Gesetzmäßigkeit. In der Pädagogik und Psychologie kann es sich grundsätzlich nur um Gesetzmäßigkeiten handeln.**

Wenn sich nun in Untersuchungen herausgestellt hat, dass Kinder, die geschlagen werden, Ängstlichkeit zeigen, so liegt eine Gesetzmäßigkeit vor: „Wenn Kinder geschlagen werden, so zeigen sie (sehr) wahrscheinlich Ängstlichkeit“.

Gesetzmäßigkeit ist die Bezeichnung für eine Wahrscheinlichkeitsaussage über die durch wissenschaftliche Untersuchungen festgestellte Beziehung zwischen beschriebenen Merkmalen.

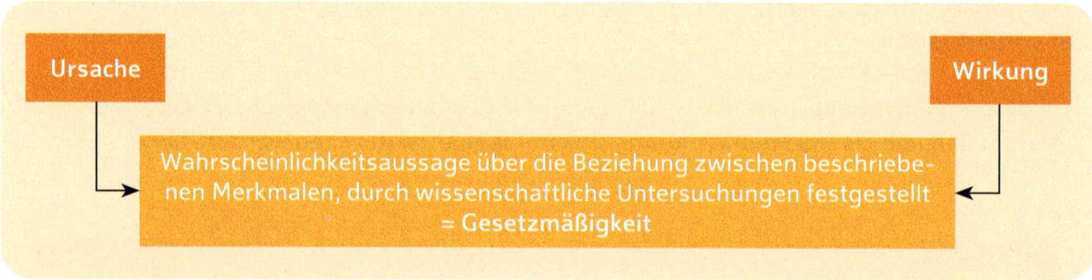

Wissenschaftler müssen sehr vorsichtig sein, um sagen zu können, ob es sich bei einer festgestellten Beziehung zwischen zwei Merkmalen tatsächlich um einen Ursache-Wirkungs-Zusammenhang handelt. Ein Lehrer hat beispielsweise festgestellt, dass immer, wenn sich ein Schüler meldet, ein anderer hustet. Hier liegt aber kein Ursache-Wirkungs-Zusammenhang vor, sondern lediglich ein zufälliges Miteinander-Auftreten von zwei Merkmalen. Es handelt sich hier also nicht um eine Gesetzmäßigkeit.

Hat ein Forscher bestimmte Gesetzmäßigkeiten entdeckt, so will er klarlegen, **warum bestimmte Merkmale** (= Ursachen) **sehr wahrscheinlich zu bestimmten Folgen** (= Wirkungen) **führen.**

Warum zeigen Kinder wahrscheinlich Ängstlichkeit, wenn sie geschlagen werden? Warum verhalten sich Menschen wahrscheinlich immer dann aggressiv, wenn sie frustriert werden?

Damit wird die Gesetzmäßigkeit selbst wieder zum erklärungsbedürftigen Gegenstand. Der Wissenschaftler sucht eine Antwort auf das **Warum einer wissenschaftlich festgestellten Gesetzmäßigkeit** *(vgl. Laucken u.a., 1996[7], S. 21)*. Diese Art von Warum-Fragen kann nicht in der Realität beobachtet und untersucht werden. Aufgrund des Wissens über Zusammenhänge zwischen Merkmalen stellen Wissenschaftler **Annahmen über nicht beobachtbare Prozesse im Menschen** auf. Ein Gefüge solcher sinnvoll aufeinander bezogener Annahmen wird als **Theorie** bezeichnet.

Theorie ist die Bezeichnung für ein Gefüge sinnvoll aufeinander bezogener Annahmen über nicht beobachtbare Prozesse im Menschen.

Theorie aus der ***Sichtweise des Erklärens*** bezeichnet also **das Gefüge von sinnvoll aufeinander bezogenen Annahmen über nicht beobachtbare Prozesse im Menschen, um das Warum einer Gesetzmäßigkeit darzulegen.**

„Die Theorie ist das Netz, das wir auswerfen, um ‚die Welt' einzufangen – sie zu rationalisieren, zu erklären und zu beherrschen. Wir arbeiten daran, die Maschen des Netzes immer enger zu machen."
(Popper, 2005[11], S. 31)

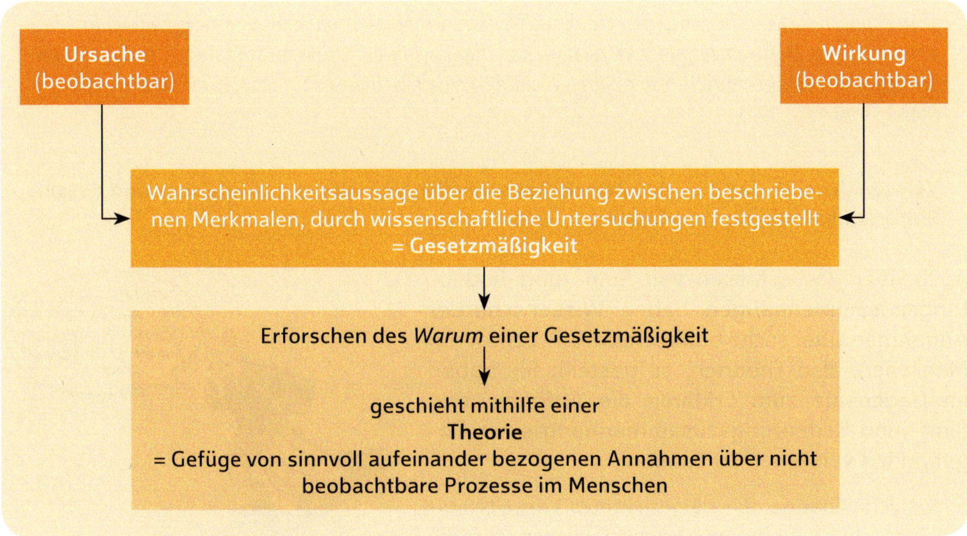

*Gelegentlich wird in der Literatur das Auffinden von Gesetzmäßigkeiten als **Erklärung 1. Ordnung** und das Darlegen des Warums einer Gesetzmäßigkeit mithilfe einer Theorie als **Erklärung 2. Ordnung** bezeichnet.*

Da es sich bei einer Theorie um gedanklich konstruierte Annahmen über nicht beobachtbare Prozesse handelt, gibt es in der Pädagogik und Psychologie nicht die eine wahre Theorie, sondern eine **Vielzahl von Theorien**, mit deren Hilfe Zusammenhänge hergestellt werden können.

Über das Herstellen von Zusammenhängen hinaus haben Theorien den Nutzen, dass mit ihrer Hilfe ***Vorhersagen*** über die Beziehung zwischen beschriebenen Merkmalen gemacht und Handlungsanweisungen gegeben werden können, wie man Erleben und Verhalten bewusst und gezielt **ändern** kann.

18.1.3 Das Verstehen

Weil Menschen denken und handeln können, kann man ihr Erleben und Verhalten nicht immer mithilfe von Ursache-Wirkungs-Zusammenhängen erklären, sondern von den Zielvorstellungen und den Absichten des handelnden Menschen her verstehen[1]. Erleben und Verhalten kann durch das Herausfinden des Zieles, durch die Ermittlung von Sinnzusammenhängen nicht erklärt, sondern verstanden werden.

Die Verhaltensweisen eines Kindes beispielsweise, das hastig im Zimmer umherrennt, auf Tisch und Stühle klettert und zu weinen beginnt, bleiben so lange unverständlich, bis man das Ziel des Kindes erkennt. Findet man das Ziel, nämlich dass das Kind seine Puppe sucht, so kann man das Verhalten des Kindes verstehen. Der Sinn seines Verhaltens wird klar, wenn man sein Ziel kennt.

[1] vgl. hierzu Band 1, Kapitel 1.2.2

„Ein Mensch [...] reagiert nicht einfach auf äußere Einflüsse, sondern er verfolgt Ziele, hat [...] Erwartungen, Befürchtungen. Um also menschliches Tun zu erfassen, sind damit naturwissenschaftliche Verfahren nicht ausreichend, sondern menschliches Tun ist [...] zu verstehen."
(König, 1997[5], S. 325)

Verstehen heißt, das Ziel, den Zweck menschlichen Verhaltens und Erlebens und dessen Sinnzusammenhang zu erfassen.

Auch über das Erfassen von Sinn- und Bedeutungszusammenhängen haben Wissenschaftler Annahmen über nicht beobachtbare Prozesse im Menschen, also Theorien, aufgestellt. Sie haben im Gegensatz zum Erklären die Aufgabe, den Sinn- und Bedeutungszusammenhang einer Gegebenheit verstehen zu können.

Eine solche Theorie, die zielgerichtetes Verhalten eines Menschen „ausdeutet", ist die personenzentrierte Theorie von *Carl R. Rogers,* die in *Band 2, Kapitel 12* dargestellt ist.

Theorie aus der ***Sichtweise des Verstehens*** ist dementsprechend die Bezeichnung für ein **Gefüge von sinnvoll aufeinander bezogenen Annahmen über nicht beobachtbare Prozesse im Menschen, um den Sinn- und Bedeutungszusammenhang einer Gegebenheit darzulegen.**

Mithilfe des Verstehens können **Anweisungen** für das praktische Handeln gegeben werden. Verstehen bezieht sich jedoch nicht nur auf das menschliche Handeln in einer gegebenen Situation, sondern auf ganze Epochen in Vergangenheit und Gegenwart mitsamt den dort gültigen Ziel-, Wert- und Normvorstellungen.

Um dem Menschen in seiner Ganzheit gerecht zu werden, versucht die Psychologie einerseits Ursache-Wirkungs-Zusammenhänge mithilfe von Gesetzmäßigkeiten und Theorien zu erklären, andererseits zielgerichtetes Verhalten bzw. Handeln durch das Herausfinden von Sinnzusammenhängen zu verstehen.

„Die Natur erklären wir, das Seelenleben verstehen wir."
(Dilthey[1], 1964[4], S. 144)

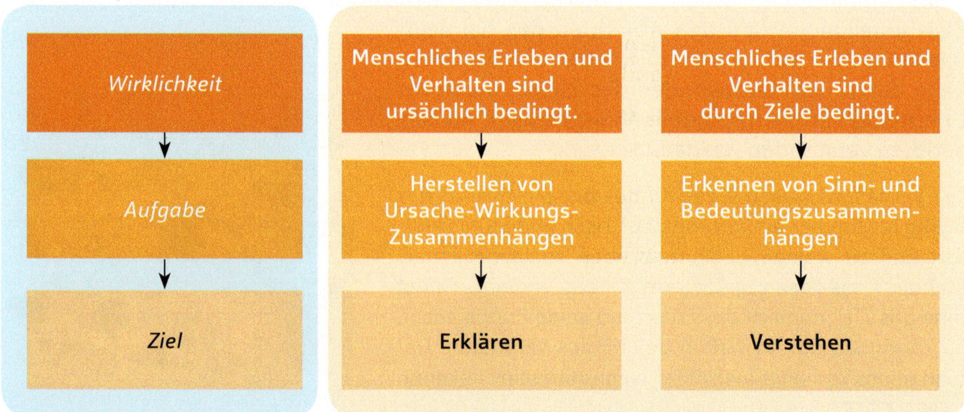

[1] Wilhelm Dilthey (1833–1911) gilt als der Begründer der Erkenntnistheorie der Geisteswissenschaften.

18.1.4 Die Vorhersage und die Veränderung

Theorien ermöglichen eine wissenschaftlich fundierte Vorhersage von Erlebens- und Verhaltensweisen, meist **Prognose**[1] genannt.

Hat sich beispielsweise die Aussage „Wenn Kinder geschlagen werden, dann zeigen sie (sehr) wahrscheinlich Ängstlichkeit" durch entsprechende Untersuchungen bestätigt, so erlaubt diese Aussage die Vorhersage, dass Kinder, die geschlagen werden, sehr wahrscheinlich ängstliche Kinder sein werden.

Vorhersagen (Prognosen) sind Aussagen über die zukünftige Auftretenswahrscheinlichkeit von Erlebens- und Verhaltensweisen.

Solche Vorhersagen haben für die Praxis einen großen Nutzen: Mithilfe von wissenschaftlich fundierten Aussagen kann man Vorhersagen treffen, wie ein Verhalten bewusst und gezielt geändert werden kann und welche Voraussetzungen und Bedingungen erfüllt sein müssen, um ein erwünschtes Verhalten aufzubauen bzw. zu erhalten oder ein unerwünschtes Verhalten zu vermeiden bzw. abzubauen.

Ebenso lassen sich aus den Theorien **Handlungsanweisungen** zur Veränderung des Erlebens und Verhaltens ableiten. Die Psychologie ist damit imstande, Erleben und Verhalten ***bewusst, gezielt und geplant zu kontrollieren und zu beeinflussen, aber auch zu manipulieren***.

Veränderung als Ziel der Psychologie bedeutet Erleben und Verhalten bewusst, gezielt und geplant zu kontrollieren und zu beeinflussen, aber auch zu manipulieren.

Die Fähigkeit der Psychologie, Verhalten und Erleben zu ändern, bietet viele Möglichkeiten, dem Einzelnen zu helfen und soziale Zustände zu verbessern. Auch für die Pädagogik ist dieses Ziel sehr bedeutsam, denn Erziehen bedeutet ja Einflussnahme[2]. Die wissenschaftliche Pädagogik und Psychologie haben zu Erkenntnissen geführt, die in vielen Bereichen des Lebens zur Anwendung gelangen. Ob in der Familie, in der Schule, in der Erziehung, im Betrieb, im Verkehr oder beim Einkauf, überall wird unser Verhalten und Erleben durch pädagogische und psychologische Erkenntnisse beeinflusst.

Doch die Möglichkeit, Erleben und Verhalten bewusst und gezielt zu kontrollieren, zu beeinflussen und zu manipulieren, wirft auch große **Gefahren** auf: Erkenntnisse der Psychologie können missbraucht werden was alltäglich geschieht.

Missbrauch wissenschaftlichen Wissens liegt vor, wenn das Wissen nicht zur Verbesserung des menschlichen Lebens, sondern gegen es eingesetzt wird (vgl. *Lenzen, 2014, S. 67*).

Oft sind Menschen lediglich Mittel, die für einen bestimmten Zweck – politische, wirtschaftliche oder persönlichen Interessen – „benutzt" werden.

Die Werbepsychologie ist hierfür ein Beispiel: Hier ist der Mensch „Mittel zum Zweck", um seine Kaufentscheidung zugunsten des umworbenen Produkts zu treffen. Dieser Beeinflussung kann er sich oft nur wenig, zum Teil auch gar nicht entziehen.

→ **Materialien** 1. Wir kaufen, was wir (nicht) sehen

---

[1] prógnōsis (griech.): das Vorherwissen

[2] vgl. Band 1, Kapitel 5.2.3

Kaum jemanden ist bewusst, dass psychologische Kenntnisse auch zur Entwicklung und Verfeinerung von Foltertechniken beitragen wie etwa an den „innovativen Verhörmethoden“ wie sie in den Gefangenenlagern in Guantanamo oder Abu Ghraib zum Einsatz kamen und kommen (vgl. *Mausfeld, 2009, S. 53 f.*).

Der Psychologe *James E. Mitchell* (*1952) zum Beispiel entwickelte mit seinem Kollegen *Bruce Jessen* die zwölf „verschärften Verhörmethoden“, die in Geheimgefängnissen weltweit angewendet werden.

Vor allem die Erziehung kann missbraucht werden, wenn etwa Erziehungsziele und Erziehung als Zweck gelten, zu deren Erfüllung Kinder und Jugendliche nur Mittel sind. Politik zum Beispiel hat Partei ergriffen und bestimmte Gruppen versuchen, ihre eigenen Vorstellungen über das, was politisch als „richtig“ zu gelten hat, durchzusetzen, für die auch die nachwachsende Generation gewonnen werden soll. Junge Menschen werden aber damit zum Mittel, die dem Zweck der Realisierung eines bestimmten politischen Programms zu dienen haben (vgl. *Weber, 1999[8], S. 566 f.*).

Ziele der Psychologie, aufgezeigt am Beispiel der Angst	
Beschreibung	Was ist Angst? Wie äußert sie sich? In welchen Situationen tritt sie (vermehrt) auf? Durch welche Bedingungen bzw. Situationen wird sie ausgelöst? Welche Bedingungen sorgen für ihre Aufrechterhaltung? Welche Funktion(en) hat sie? Welche Menschen zeigen besonders häufig Angst, welche weniger? Welche Persönlichkeitsmerkmale begünstigen bzw. schränken die Entstehung von Angst ein? Welche Unterschiede bezüglich der Angst gibt es zwischen Menschen?
Erklärung	Wodurch wird Angst verursacht? Welche Ursache-Wirkungs-Beziehungen lassen sich herstellen? Welche Gesetzmäßigkeiten bezüglich der Angst gibt es? Wie kann die Gesetzmäßigkeit erklärt werden?
Verstehen	Welchem Zweck dient die Angst? Welchen Sinn erfüllt sie? Was beabsichtigt der Einzelne mit dem Zeigen von Angst? Was will er mit ihr erreichen?
Vorhersage	Was lässt sich bezüglich der Angst vorhersagen? Was lässt sich bezüglich des Abbaus von Ängsten vorhersagen?
Veränderung (Anwendung)	Wie kann die Entwicklung von Ängsten vermieden werden? Wie können mögliche Ängste abgebaut werden?

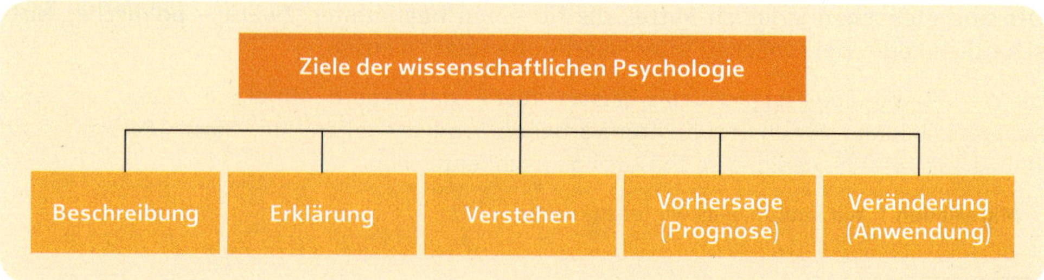

18.1.5 Die Unterstützung von Lehr- und Lernprozessen

An der Erziehung sind immer mindestens zwei Personen beteiligt: der **Erzieher**, der bestimmte Lernprozesse bei dem zu Erziehenden herbeiführen, auslösen bzw. unterstützen will, und der **zu Erziehende**, der diese Lernprozesse vollbringen muss[1].

Erzieher
führt bestimmte Lernprozesse herbei, unterstützt diese
→
zu Erziehender
vollbringt bestimmte Lernprozesse

In der Schule wird statt von Lernprozessen meist von ***Lehrprozessen*** gesprochen, sodass die ***Herbeiführung und Unterstützung von – erwünschten – Lehr- und Lernprozessen*** Absicht von allen Erziehern ist.

Absicht des Erziehers
ist
↓
die Herbeiführung und Unterstützung von (erwünschten) Lehr- und Lernprozessen

Dieses Ziel ist im strengen Sinn kein Ziel der wissenschaftlichen Pädagogik als solche, sondern ein Merkmal von Erziehung.

Auf den Punkt gebracht

Die Pädagogik und die Psychologie verfolgen, um ihren Gegenstandsbereich in den „Griff zu bekommen", folgende Ziele:

- die Beschreibung ihres Forschungsgegenstandes (Wahrnehmung, Messung und das Festhalten von bestimmten Ereignissen und Sachverhalten, Erfassung),
- die Erklärung (Herstellen von Beziehungen zwischen beschriebenen Merkmalen),
- das Verstehen (Erfassen des Zieles, des Zweckes menschlichen Verhaltens und Erlebens und dessen Sinnzusammenhang),
- die Vorhersage (das Treffen von Aussagen über die zukünftige Auftretenswahrscheinlichkeit von Erlebens- und Verhaltensweisen) und
- die Veränderung (die bewusste, gezielte und geplante Kontrolle und Beeinflussung des Erlebens und Verhaltens).
- Absicht des Erziehers ist die Herbeiführung und Unterstützung von (erwünschten) Lehr- und Lernprozessen.

[1] vgl. Band 1, Kapitel 5.2.3

Wiederholen, Vertiefen, Anwenden

1. Bestimmen Sie, was die Pädagogik und Psychologie mit dem Begriff „Beschreiben" meinen und legen Sie am Beispiel von „Angst" die Beschreibung als Ziel der wissenschaftlichen Psychologie dar.
2. *Pädagogik und Psychologie beschäftigen sich unter anderem mit dem Zusammenhang zwischen Stress und körperlichen Beschwerden, wie zum Beispiel Magenschmerzen.*
   Bestimmen Sie den Begriff „Erklären" und erläutern Sie anhand dieses genannten Zusammenhanges das Ziel der Erklärung.
3. Erläutern Sie anhand eines Beispiels, was die Pädagogik und Psychologie mit „Verstehen" als Ziel der Wissenschaft meinen.
4. Zeigen Sie anhand einer psychologischen oder pädagogischen Situation den Unterschied zwischen Erklären und Verstehen auf.
5. *Psychologen haben herausgefunden, dass ein Zusammenhang besteht zwischen der Häufigkeit eines Auftretens eines Verhaltens und seiner Konsequenz: Führt eine bestimmte Verhaltensweise zum Erfolg, so wird sie zukünftig häufiger auftreten, führt sie nicht zum Erfolg, so wird sie nicht mehr gezeigt.*
   Verdeutlichen Sie anhand dieses Zusammenhanges das Ziel der Vorhersage und der Veränderung.
6. *Lernsituation 18.1: Welche Ziele verfolgen die wissenschaftliche Pädagogik und die Psychologie?*
   Erläutern Sie am Beispiel der Aggression oder der Angst Ziele der wissenschaftlichen Psychologie und Pädagogik.
7. Beschreiben Sie die Ziele wissenschaftlicher Psychologie und Pädagogik und verdeutlichen Sie diese an der Erziehungswirklichkeit.
8. Diskutieren Sie in der Klasse folgende Frage: Wäre es nicht sinnvoller, künftige Erzieher, wie beispielsweise Lehrer, wie in den früheren Jahrhunderten bei erfahrenen Pädagogen in die Lehre gehen zu lassen, um dort die „Kunst des Erziehens" zu erlernen, als sie mit Theorien der Erziehungswissenschaft zu füttern?

18.2 Die Wissenschaftlichkeit der Pädagogik und Psychologie

Lernsituation

Psychologie und Pädagogik – eine Wissenschaft?

Die Psychologie und Pädagogik sind die am wenigsten disziplinierten aller Wissenschaften, Münzstätten für falsche und nachgemachte Münzen, ein Markt für jeden, der weit hergeholte und unwahrscheinliche Theorien verhökert. In ihnen verschmelzen unsinnige Behauptungen und Plattheiten mit ermüdender Dogmatik, scharfsichtige Logik mit bloßem Geschwätz (vgl. *Cohen, 1963, S. 5*).

Sie haben sicher schon des Öfteren gehört, Psychologie und Pädagogik würden keine exakten Erkenntnisse besitzen und auch keine solchen vermitteln können. Psychologen und Pädagogen würden nie klar sagen können, was richtig und falsch sei, wie das beispielsweise in anderen Wissenschaften der Fall sei. Gute Menschenkenntnis und Einfühlungsvermögen würden ausreichen, um anderen Menschen zu helfen und sie zu erziehen. Und Sie fragen sich: Pädagogik und Psychologie - praktische Lebenshilfe ohne exakte Erkenntnisse?

Sie möchten wissen: Sind Psychologie und Pädagogik eine Wissenschaft? Was macht eine Wissenschaft aus?

I Information

Die Pädagogik und auch die Psychologie sind relativ junge eigenständige Wissenschaften. Erst im vorigen Jahrhundert haben sie an den Universitäten im deutschsprachigen Raum den Status eines jeweils selbstständigen wissenschaftlichen Bereiches erhalten. Bis dahin waren sie anderen Wissenschaften untergeordnet, insbesondere der Philosophie und der Theologie.

18.2.1 Merkmale von Wissenschaft

Es ist ein großes Bedürfnis der Menschen, über die Welt Bescheid zu wissen, Kenntnisse, Erkenntnisse, Einsichten, Daten und Fakten über die Beschaffenheit der Wirklichkeit zu gewinnen. Diese Aufgabe, Wissen über die Beschaffenheit der Wirklichkeit zu gewinnen, haben sich die vielen Wissenschaften, die es gibt gesetzt.

Wissenschaft bedeutet methodisch gewonnenes und in ein System gebrachtes Wissen sowie die Formulierung von Aussagen über einen Bereich der Wirklichkeit.

Wesenszüge einer Wissenschaft lassen sich allgemein nur sehr schwer beschreiben, da sie zu sehr an die verschiedenen Auffassungen von Wissenschaft gekoppelt und dadurch nicht einheitlich festgelegt sind. Wissenschaft lässt sich am ehesten durch folgende Merkmale charakterisieren:

Erkenntnisgewinnung

Menschen haben und hatten schon immer das Bedürfnis, über die Welt Bescheid zu wissen und Erkenntnisse über die Beschaffenheit der Wirklichkeit zu gewinnen; sie wollen wissen, „wie die Dinge zusammenhängen", worauf sie „beruhen".

„Habe nun, ach! Philosophie, Juristerei und Medizin und leider auch Theologie durchaus studiert, mit heißem Bemühn. [...] Dass ich erkenne, was die Welt im Innersten zusammenhält."
(Goethe, 1966, S. 17)

Dieses Wissen bezieht sich sowohl auf die Gegenwart, die Vergangenheit und Zukunft als auch auf Naturvorgänge und -erscheinungen, auf kulturelle Inhalte sowie auf gesellschaftliche Strukturen und Prozesse. **Ziel jeder Wissenschaft ist also die Gewinnung von Wissen über die Beschaffenheit der Wirklichkeit.**

> *„Wissenschaft ist nur ein Mittel, um Zugang zur Erkenntnis der […] Realität zu erhalten."*
> *(Maslow, 1989, S. 35)*

Jede Wissenschaft, so auch die Pädagogik und Psychologie, ist an der stetigen Erweiterung ihrer Erkenntnisse über die Wirklichkeit interessiert und damit an einem Zuwachs an Wissen. ***Ulrich Charpa*** *(1996, S. 44)* spricht in diesem Zusammenhang von der Wissenschaft als ***Veränderungsprozess***, der Vermehrung, Wandel und Erneuerung von Wissen zum Ziel hat.

Objektbereich

Jede Wissenschaft konzentriert sich auf einen ganz bestimmten, mehr oder weniger umgrenzten und abgegrenzten ***Bereich der Wirklichkeit***, der in der Wissenschaftstheorie meist als Objektbereich bezeichnet wird. Ziel jeder einzelnen Wissenschaft ist also, Erkenntnisse über einen bestimmten Bereich der Wirklichkeit, ihren **Gegenstand**, zu gewinnen.

> *„In der wissenschaftlichen Diskussion „herrscht Einigkeit darüber, dass die Bestimmung des Gegenstandsbereiches zum grundlegenden Problem gehört. Die Konstituierung des Gegenstandes kann auch als zentrale Aufgabe einer jeden Wissenschaft angesehen werden."*
> *(Kron, 1999, S. 97)*

Den Gegenstandsbereich der Pädagogik bildet die ***Erziehungswirklichkeit***, den der Psychologie das ***Erleben, Verhalten und Handeln***[1].

Wissenschaft ist Aneignung von Welt

Das Objekt wissenschaftlicher Forschung kann zum einen Naturvorgänge und -erscheinungen sein und zum anderen Produkte des menschlichen Geistes[2].

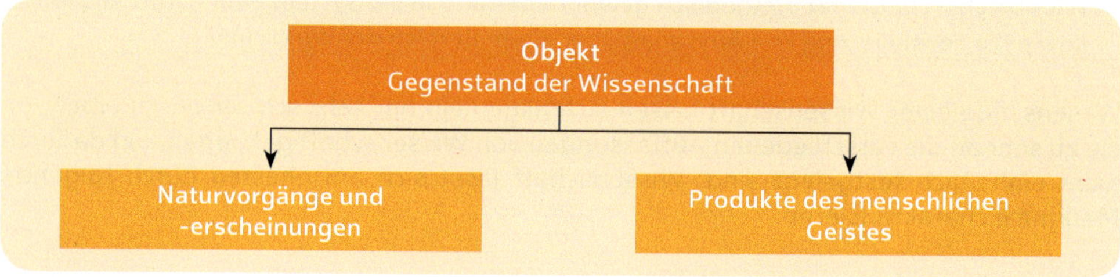

Methoden

Um Wissen über einen bestimmten Bereich der Wirklichkeit zu gewinnen, benötigen Wissenschaftler bestimmte **Methoden**, die je nach dem Gegenstand und der Sichtweise von Wissenschaft unterschiedlich sind.

→ So kommen Wissenschaften etwa durch Beobachtung oder Experimente zu ihrem Wissen oder Wissenschaftler führen Tests und Interviews durch, um zuverlässige Daten zu gewinnen.

Die Methoden sind also der Weg zur Erfassung dieser Wirklichkeit.

Methode[3] bedeutet das Vorgehen bzw. das Verfahren zur Erreichung eines bestimmten Zieles – in der Forschung zur Gewinnung von Wissen über einen Objektbereich. Wissen-

---

[1] vgl. Band 1, Kapitel 1.2.4 und 1.2.1
[2] vgl. Abschnitt 18.3
[3] méthodos (griech.): Entlang eines Weges; Methode ist der Weg entlang zu einem gesetzten Ziel

schaftler müssen, um zu „richtigen" Ergebnissen zu kommen, **planmäßig, gezielt und systematisch** vorgehen. Systematisch bedeutet in diesem Zusammenhang das geplante und organisierte Vorgehen nach ganz bestimmten wissenschaftlichen „Regeln", wie sie in *Kapitel 19.2.1* dargestellt sind.

Wissenschaftliche Methoden sind systematisch geplante Vorgehensweisen oder Verfahren, um Wissen über einen Objektbereich zu gewinnen.

Die Art und Weise, wie Menschen zu Erkenntnissen kommen, ist die entscheidendste Frage einer jeden Wissenschaft überhaupt. **Denn das methodische Vorgehen einer Wissenschaft bestimmt, ob ihre Ergebnisse richtig und damit brauchbar sind oder nicht.** Sind die Erkenntnisse einer Wissenschaft falsch, so ist eigentlich ihr methodisches Vorgehen, mit dem diese Erkenntnisse gewonnen wurden, falsch; ist das methodische Vorgehen richtig, so müssen auch ihre Ergebnisse richtig sein.

„Die Ergebnisse der Forschung hängen in jeder Hinsicht von ihren Methoden ab, und es ist klar, dass eine Wissenschaft oder eine einzelne wissenschaftliche Richtung mit der Leistungsfähigkeit ihrer Methoden steht oder fällt."
(Traxel, 1974[2], S. 19)

Zwischen Methode und Ergebnis einer Untersuchung besteht also ein Zusammenhang: ***Die Methode ist der „Schlüssel" zur Antwort auf die Frage des Forschers.***

Methoden können nicht für sich betrachtet werden, sondern müssen in Hinsicht auf ihre Funktion, nämlich Wissen über einen Objektbereich zu gewinnen, gesehen werden.

System und Theorie

Um von einer Wissenschaft sprechen zu können, wird das durch bestimmte Methoden gewonnene Wissen in einen Ordnungszusammenhang, in ein System[1], gebracht. Methodisch gewonnenes Wissen über einen Objektbereich wird geordnet, eingeordnet und mit bereits vorhandenem Wissen in Beziehung gesetzt.

So zum Beispiel wird psychologisches Wissen etwa in Disziplinen wie Sozialpsychologie, Entwicklungspsychologie u. a. eingeteilt, welches innerhalb dieser eingeordnet und zueinander in Beziehung gesetzt ist.

Verschiedene Aussagen stehen also nicht beziehungslos und ungeordnet nebeneinander, sondern werden in einen Zusammenhang gebracht, in welchem sie sich zueinander in Beziehung setzen und miteinander vernetzen lassen (vgl. *Tschamler, 1996[3], S. 22, 26*).

System als Merkmal von Wissenschaft meint einen Ordnungszusammenhang, in welchem methodisch gewonnene Einzelerkenntnisse eingeordnet, zueinander in Beziehung gesetzt und miteinander vernetzt sind.

Helmut Seiffert (2001[3], S. 96 ff.) trifft die sinnvolle Unterscheidung zwischen gegenständlichem und gedanklichem System: Ein gegenständliches System definiert er als ein Gebilde von Elementen, die in bestimmten Beziehungen zueinander stehen, in diesem Sinne ist auch der systemische Ansatz in der Pädagogik und Psychologie zu verstehen, wie etwa im ökologischen Ansatz

[1] System (griech., systema) bedeutet wörtlich: Das Zusammengestellte, das Zusammengeordnete.

oder in der systemischen Therapie. Das gedankliche System dagegen, von dem hier die Rede ist, meint die Zusammenordnung von Sätzen, Aussagen, Begriffen und menschlichem Wissen.

Der Ordnungszusammenhang in einer Wissenschaft, also ihr Inhalt, wird als **Theorie** (im weiteren Sinn) bezeichnet, und der Theoriebezug als weiteres Merkmal von Wissenschaft benannt[1].

Theorie im weiteren Sinn als Merkmal der Wissenschaft bildet deren Inhalt und besteht aus einzelnen zusammenhängenden und aufeinander bezogenen Satzsystemen.

Die nähere inhaltliche Bestimmung dieses Begriffes kann jedoch je nach wissenschaftlicher Auffassung unterschiedlich sein[2].

Zudem wird der Terminus Theorie häufig als Gegensatz zur „Praxis" verwendet, wie etwa die Theorie in der Führerscheinausbildung im Gegensatz zur „Praxis" der Fahrstunden.

Kennzeichen einer Theorie:

- **Eine Theorie besteht aus einem Gefüge von zusammenhängenden und aufeinander bezogenen Satzsystemen.**
- **Sie basiert auf einem Ausschnitt aus einem komplexen Wirklichkeitsbereich.**
- **Ihre Aussagen sind widerspruchsfrei.**
- **Eine Theorie beinhaltet allgemeine und zu verallgemeinernde Aussagen.**
- **Die Aussagen einer Theorie sind veränderbar, ggf. falsifizierbar, wenn neue Erkenntnisse zutage treten.**

Prinzipien

Die Tätigkeit eines Wissenschaftlers erfolgt nach ganz bestimmten Regeln, denen er sich verpflichtet fühlen muss. Wissenschaftler müssen planmäßig, gezielt und systematisch vorgehen, ihr Vorgehen muss in klarer und nachvollziehbarer Weise festgelegt sein, verwendete Begriffe müssen eindeutig bestimmt sein, eine bestimmte Untersuchung darf nicht von der Person des Forschers abhängen und die Ergebnisse müssen allgemein gültig sein[3]. Erkenntnisse werden also nach ganz bestimmten Regeln und Prinzipien gewonnen.

Wissenschaftliches Vorgehen kennzeichnet demnach einen Prozess, der auf ein bestimmtes Ziel gerichtet ist, und umfasst ein System von Regeln, das diesen Prozess festlegt.

Ulrich Charpa (1996, S. 105ff.) hebt in diesem Zusammenhang moralische Prinzipien des Forschungshandelns hervor. Dabei geht es um Fragen wie Ehrlichkeit, Rechtschaffenheit und Aufrichtigkeit der beteiligten Forscher sowie um Sorgfalt und Verantwortungsbewusstsein.

---

[1] Der Begriff „Theorie" wird in Abschnitt 18.1.2 geklärt.
[2] vgl. Abschnitt 18.2
[3] In Kapitel 19.2.1 wird ausführlich auf diese Prinzipien eingegangen.

Psychologie und auch die Pädagogik bieten einen reichhaltigen Nährboden für pseudowissenschaftliche „Theorien" und Verfahren[1]. *Gerade in unserer heutigen Zeit ist dieser „Ruf" nach Ehrlichkeit, Rechtschaffenheit und Verantwortungsbewusstsein in der Wissenschaft sehr bedeutsam, da etwa aus wirtschaftlichen oder politischen Gründen Forscher oft Beeinflussung von Erkenntnissen, Datenfälschung, Vortäuschung von Autorenschaft, Ideendiebstahl u.a. begehen. Je nach Auftraggeber können wir in der Literatur sehr unterschiedliche, ja oft gegensätzliche Ergebnisse zu ein und demselben Sachverhalt lesen. „Anscheinend" – so der Assistenzprofessor für Theorie und Geschichte der Psychologie an der Universität Groningen (Niederlande), Stefan Schleim (2010, S. 44) – „geschehen hinter den verschlossenen Türen selbst eines hochkarätigen Labors Dinge, die sich kaum mit wissenschaftlichen Prinzipien vereinbaren lassen."*

→ **Materialien** 2. Die Wissenschaft lässt sich korrumpieren

> *„Der Zwang zum Offenlegen der Verfahrenswege und zur Kontrolle der Regelgeleitetheit des eigenen Vorgehens unterscheidet wissenschaftliches vom Alltagshandeln. Wissenschaftliche Tätigkeit hat öffentlichen Charakter, was auch heißt: Der Forscher muss stets auf die Kommunizierbarkeit seiner Aussagen achten. Er muss auch die Voraussetzungen seiner Entscheidung für eine bestimmte Fragestellung, Methode oder Theorie offen legen und erläutern können."*
> *(Ulich/Bösel, 2005[4], S. 52)*

Der Wissenschaftler

Wissenschaftliche Erkenntnisse werden immer von einer oder mehreren bestimmten Person(en) gewonnen und dargestellt. Dabei stehen der Wissenschaftler und der Gegenstandsbereich, den er erforschen will, in einem ***Wechselwirkungsprozess***: Alle Erkenntnisse sind immer Ergebnisse der Auseinandersetzung eines Menschen – eines Subjekts – mit einem bestimmten Bereich der Wirklichkeit, dem Objekt.

Es ist beispielsweise der Forscher, der festlegt, welchen Sachverhalt er untersuchen, wie er die Untersuchung durchführen, welche Materialien er dabei zu Hilfe nehmen will, und es ist auch der Forscher, der die gewonnenen Daten auswertet, darstellt und interpretiert.

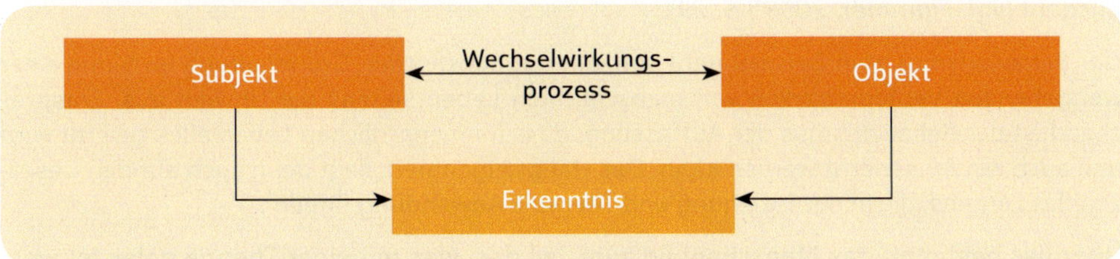

Jeder Wissenschaftler hat ein bestimmtes **Menschenbild** und geht in seinen Forschungen auch davon aus. Es spielt in den Wissenschaften eine sehr große Rolle, sodass darauf in einem *eigenen Abschnitt (18.1.2)* eingegangen wird.

> *„Wirklichkeit ist weder eine vorgegebene Objektwelt noch beruht sie auf einer Setzung des Subjekts. Wirklichkeit ist vielmehr ein Geschehenszusammenhang, in dem Objekt und Subjekt miteinander verflochten sind in der Weise gegenseitiger Bedingung: Das Subjekt wird ebenso vom Objekt bestimmt, wie es dieses bestimmt."*
> *(Schulz, 2001[7], S. 841)*

[1] siehe auch Kapitel 22.1.3

18.2.2 Das Menschenbild in der Wissenschaft

Hinter jeder Theorie – sei es eine wissenschaftliche oder eine Alltagstheorie – steht ein bestimmtes Menschenbild, welches auch das Handeln des Einzelnen beeinflusst.

→ Wer den Menschen beispielsweise als ein „von Natur aus" faules und passives Wesen sieht, wird grundsätzlich hierarchische Strukturen bevorzugen und in einer Machtposition anderen Menschen immer vorschreiben, was sie zu tun haben, und seine Anordnungen kontrollieren.

Bei einem Menschenbild handelt es sich um tief verankerte Überzeugungen, um eine Vorstellung, die jemand vom Wesen des Menschen hat.

→ So wird der Mensch etwa als ein „von Natur aus" aggressives Wesen gesehen, der dem anderen Menschen ein Wolf ist (*Thomas Hobbes*[1]) und der destruktive Antriebskräfte besitzt, die zu einem „Kampf aller gegen alle" führen. Andere Vorstellungen – wie zum Beispiel von *Jean Jacques Rousseau*[2] – betrachten den Menschen als „von Grund auf" gut, der nur in seiner Entfaltung gefördert werden muss.

Ein Menschenbild ist eine Vorstellung, die eine Person vom Wesen des Menschen bzw. Menschsein hat.

Das Menschenbild ist Ergebnis dessen, was der Einzelne im Laufe seines Lebens erlebt und erfahren hat und ist abhängig von Auffassungen anderer Personen oder größerer Gruppen sowie von der jeweiligen Gesellschaft, ihrer Kultur und dem dort vorherrschenden „Zeitgeist". Ein Menschenbild ist immer in eine bestimmte Weltanschauung oder Lehre eingebunden, die jemand vertritt.

→ So gibt es beispielsweise ein christliches, ein buddhistisches, ein humanistisches, ein darwinistisches oder auch ein ökonomisches Menschenbild.

Das Menschenbild beeinflusst sowohl persönliche Alltagstheorien als auch wissenschaftliche Theorien. Bei wissenschaftlichen Theorien bestimmt es in einem nicht unerheblichen Maße, worauf der Forscher das Augenmerk lenkt und von welchen Fragestellungen er ausgeht (vgl. *Flammer, 2009*[4], *S. 23*).

→ Der Behaviorismus zum Beispiel geht von einer optimistischen Grundhaltung im Sinne einer weitgehenden Veränderbarkeit von menschlichem Leben seitens der Umwelt aus. Entsprechend ist der Behaviorismus der Auffassung, dass im menschlichen Leben alles gelernt wird und auch wieder verlernt werden kann. Das Hauptaugenmerk liegt denn auch auf den Gesetzen des Lernens, die in der Erziehung und Therapie Anwendung finden[3].

Überdies bestimmt das Menschenbild zum Teil das, was mit einer Theorie geleistet werden kann oder soll. Insofern **besteht ein Zusammenhang zwischen dem Menschenbild des Wissenschaftlers und seinen theoretischen Aussagen.**

→ Den Konditionierungstheorien liegt das Menschenbild zugrunde, dass der Mensch „von Natur aus" passiv und „von außen" gesteuert ist. Entsprechend wird in den Konditionierungstheorien der Mensch von Reizen, die einem bestimmten Erleben bzw. Verhalten vorausgehen oder folgen, bestimmt[4]. Auch gewissen Management-Theorien wie dem ***scientific management*** von

[1] Thomas Hobbes (1588–1679) war englischer Philosoph und Staatstheoretiker.
[2] Jean-Jacques Rousseau (1712–1778) war ein Schriftsteller, Philosoph und Pädagoge. Er hatte großen Einfluss auf die Pädagogik und die politischen Theorien des 19. und 20. Jahrhunderts. Sein Hauptwerk ist „Emile oder über die Erziehung" aus dem Jahr 1762.
[3] Die Lerntheorien sind in Band 1, Kapitel 6 dargestellt.
[4] vgl. Band 1, Kapitel 6

Frederick W. Taylor[1] liegt ein solches Menschenbild zugrunde. Das ***scientific management*** geht davon aus, dass die Anstrengungsbereitschaft des Menschen ausschließlich von ökonomischen Anreizen wie Leistungslohn abhängt und dem Arbeitenden sein Arbeitsverhalten bis ins Detail vorgeschrieben werden muss (vgl. *von Rosenstiel, 2007*[6]*, S. 10*).
Humanistische Theorien dagegen vertreten das Menschenbild, dass der Mensch aktiv gestaltend und zur Selbstorganisation fähig und bereit ist. Entsprechend geht die personenzentrierte Theorie von *Carl R. Rogers* davon aus, dass sich der Mensch selbst aktualisieren, verwirklichen und er seine Lebensbedingungen und seine Umwelt aktiv selbst gestalten und bewusst über die Möglichkeiten seines Handelns entscheiden will[2]. Auf diesem Menschenbild des „***complex man***“ beruhen etwa auch organisationspsychologische Ansätze, die dem Menschen in seiner Tätigkeit Autonomie einräumen und er seine Möglichkeiten entfaltet und realisiert (vgl. *von Rosenstiel, 2007*[6]*, S. 12*).

Welche Theorie entwickelt wird, hängt davon ab, welcher Mensch sie entwirft.

→ **Materialien** 3. Menschenbilder der Moderne

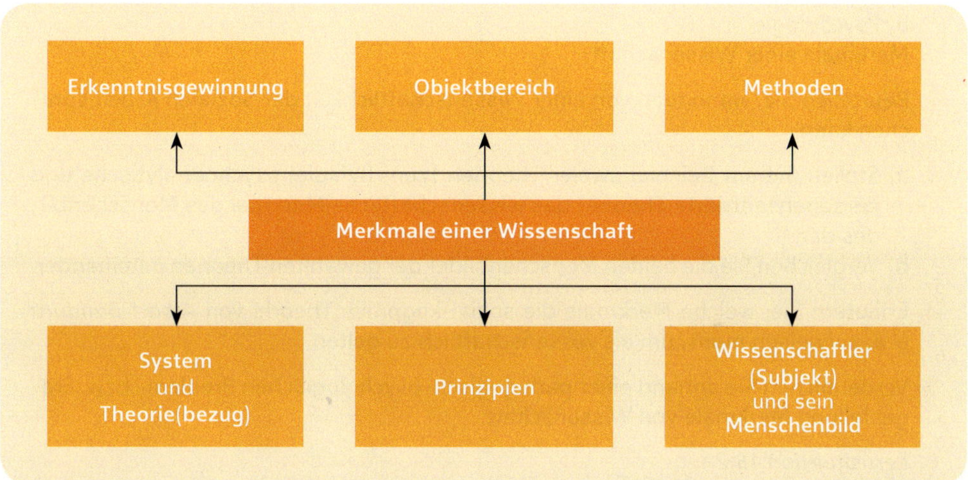

Auf den Punkt gebracht

- Zu einer Wissenschaft gehören ein bestimmter Bereich der Wirklichkeit, bestimmte Methoden und ein System als Ordnungszusammenhang sowie das Formulieren von Aussagen über gewonnene Erkenntnisse. Wissenschaft bedeutet demnach methodisch gewonnenes und in ein System gebrachtes Wissen und die Formulierung von Aussagen über einen Bereich der Wirklichkeit.
- Wesenszüge einer Wissenschaft lassen sich allgemein nur sehr schwer beschreiben, da sie viel zu sehr an die verschiedenen Auffassungen von Wissenschaft

[1] Frederick W. Taylor (1856 – 1915) war ein US-amerikanischer Ingenieur und Arbeitswissenschaftler und ist der Begründer des Scientific Management (engl.: wissenschaftliche Betriebs- bzw. Unternehmensführung).
[2] Die personenzentrierte Theorie ist in Band 2, Kapitel 12 dargestellt.

gekoppelt und dadurch nicht einheitlich festgelegt sind. Merkmale einer Wissenschaft sind
- Erkenntnisgewinnung: Ziel jeder Wissenschaft ist Wissen über die Beschaffenheit der Wirklichkeit zu gewinnen.
- Objektbereich: Jede Wissenschaft beschäftigt sich mit einem bestimmten Bereich der Wirklichkeit, sie hat einen Gegenstand.
- Methoden: Jede Wissenschaft besitzt systematisch geplante Vorgehensweisen, um Wissen über einen Objektbereich zu gewinnen.
- System: Der Ordnungszusammenhang, in welchem methodisch gewonnene Einzelerkenntnisse eingeordnet, zueinander in Beziehung gesetzt und miteinander vernetzt sind.

Wiederholen, Vertiefen, Anwenden

1. Erläutern Sie am Beispiel der
   a) Pädagogik
   b) Psychologie
   Merkmale einer Wissenschaft.
2. Beurteilen Sie, wann man von einer Wissenschaftlichkeit der Sozialen Arbeit sprechen kann.
3. a) Stellen Sie am Beispiel zweier Theorien (zum Beispiel psychoanalytische und personenzentrierte Theorie) das wissenschaftliche Merkmal des Menschenbildes dar.
   b) Vergleichen Sie die beiden Menschenbilder der gewählten Theorien miteinander.
4. Erläutern Sie, welche Merkmale die sozial-kognitive Theorie von *Albert Bandura* u. a. aufweisen muss, um als wissenschaftlich zu gelten.
5. Verdeutlichen Sie anhand einer pädagogisch-psychologischen Problem- bzw. Fragestellung Merkmale von Wissenschaft.
6. *Lernsituation 18.2*
   „Sind Pädagogik und Psychologie überhaupt Wissenschaften?"
   - Stellen Sie in Ihrer Klasse je sechs Stühle gegeneinander gerichtet auf. Fünf Mitschüler, welche die Meinung vertreten, Pädagogik und Psychologie seien keine Wissenschaften, setzen sich in die eine Reihe, weitere fünf Mitschüler, die für Pädagogik und Psychologie als Wissenschaft plädieren, nehmen auf den Stühlen gegenüber Platz. In jeder Reihe bleibt ein Stuhl leer.
   - Diskussionsablauf: Die eine Gruppe will als Wissenschaftler die andere Gruppe davon überzeugen, dass Pädagogik und Psychologie auf jeden Fall wissenschaftlichen Anforderungen gerecht werden. Doch die andere Gruppe verteidigt ihren Standpunkt und preist ihn an.
   - Jede Gruppe bekommt drei Minuten Zeit, sich auf das „Streitgespräch" vorzubereiten.
   - Wer von der Klasse einen Diskussionsbeitrag leisten möchte, setzt sich auf den leeren Stuhl. Er nimmt auf derjenigen Seite Platz, die er mit seinem Beitrag unterstützen will. Nach dem Beitrag verlässt der Schüler den Stuhl wieder.

7. *Je nach Auftraggeber können wir in der Literatur sehr unterschiedliche, ja oft gegensätzliche Ergebnisse zu ein und demselben Sachverhalt lesen.*
   - Suchen Sie in Zeitschriften nach psychologischen Untersuchungen.
   - Sprechen Sie in Ihrer Klasse darüber, inwieweit diese Merkmalen der Wissenschaft entsprechen.

8. *„Sage mir, wer dein Auftraggeber deiner Studie ist, und ich sage dir, welches Ergebnis du erhältst."*
   Diskutieren Sie diese Aussage in der Klasse.

9. *Ein Hörsaal „Aldi Süd", ein von Google finanziertes Institut für Internet, eine „gekaufte Universität". Dient Forschung an den öffentlichen Hochschulen der Allgemeinheit oder nutzt sie zunehmend einseitigen Gewinninteressen?*
   - *Lesen Sie die Materialien 2 „Die Wissenschaft lässt sich korrumpieren".*
   - Bilden Sie Kleingruppen.
   - Überlegen Sie, was man dagegen tun könnte, damit Wissenschaft wieder im Dienste der Allgemeinheit und des Allgemeinwohls steht.
   - Präsentieren Sie der Klasse auf einem Plakat Ihre Vorschläge.
   - Diskutieren Sie in der Klasse über Ihre Vorschläge.
   - Gehen Sie wieder zurück in Ihre Gruppe.
   - Schreiben Sie in der Gruppe einen fiktiven Brief an die Universitätsleitung.

10. *„Anscheinend" – so der Assistenzprofessor für Theorie und Geschichte der Psychologie an der Universität Groningen (Niederlande), Stefan Schleim (2010, S. 44) – „geschehen hinter den verschlossenen Türen selbst eines hochkarätigen Labors Dinge, die sich kaum mit wissenschaftlichen Prinzipien vereinbaren lassen."*
    Diskutieren Sie in der Klasse, warum Wissenschaftler gelegentlich gegen wissenschaftliche Prinzipien verstoßen und auf diese Weise gefälschte Ergebnisse bekommen.

18.3 Auffassungen von Wissenschaft

Lernsituation

Psychologie und Pädagogik – ein buntscheckiges Gemisch?

Ihr Lehrer sagt in einer Stunde, in der es um die Wissenschaftlichkeit der Psychologie und Pädagogik geht: „In Anlehnung an den Erziehungswissenschaftler Günther Bittner[1], meine ich:
Was sich heute wissenschaftliche Psychologie und wissenschaftliche Pädagogik nennt und auf pädagogischen Lehrstühlen gelehrt und verkündet wird, ist eher ein buntscheckiges Gemisch von verschiedenen Auffassungen."

Sie wollen wissen, welche Auffassungen bzw. Positionen Psychologie und Pädagogik kennen.

[1] vgl. Bittner, 1989, S. 215 f.

I Information

Wissenschaft stellt sich nicht als einheitliches Gebilde dar; es existieren unterschiedliche Auffassungen darüber, was das „Wissenschaftliche" ist. Im Laufe der Geschichte haben sich mehrere verschiedene Positionen herausgebildet, wobei jede dieser Auffassungen die Wirklichkeit aus einem anderen Blickwinkel betrachtet und einen unterschiedlichen methodischen Zugang zu dieser hervorhebt. Zwei dieser Positionen, die für die Pädagogik und Psychologie bedeutsam sind, werden im Folgenden dargestellt.

18.3.1 Die „erklärende Position" der Wissenschaft

Wissenschaften haben sich zum Ziel gesetzt, die Wirklichkeit zu beobachten und zu beschreiben, Zusammenhänge zu erkennen sowie Gesetze und Gesetzmäßigkeiten aufzustellen. Sie gehen davon aus, dass die reale Welt bestimmten Gesetzlichkeiten unterliegt und mithilfe von Gesetzen und Gesetzmäßigkeiten erklärt werden kann. Dabei geht es darum, ***Beziehungen und Zusammenhänge zwischen einzelnen beschriebenen Merkmalen herauszufinden***. Das Herstellen von Beziehungen zwischen beschriebenen Merkmalen wird – wie in *Abschnitt 18.1.2* dargestellt – als **Erklären** bezeichnet. Dabei handelt es sich um **Ursache-Wirkungs-Zusammenhänge**, welche mithilfe einer Theorie hergestellt werden[1].

Erklären im engeren Sinn bedeutet zum einen das Auffinden von Ursache-Wirkungs-Zusammenhängen, also das Entdecken von Gesetzmäßigkeiten, und zum anderen das Darlegen des Warums einer Gesetzmäßigkeit mithilfe einer Theorie.

Theorie aus der Sichtweise des Erklärens bezeichnet das Gefüge von sinnvoll aufeinander bezogenen Annahmen über nicht beobachtbare Prozesse im Menschen, um das Warum einer Gesetzmäßigkeit darzulegen.

Voraussetzung für Erklärungen ist immer eine Beschreibung, die an eine Beobachtung geknüpft ist. Beobachtbar bedeutet grundsätzlich „der Erfahrung zugänglich". Deshalb werden Methoden, die der Beobachtung eines bestimmten Sachverhaltes dienen, erfahrungswissenschaftliche Methoden oder auch empirische Methoden genannt.

Methoden, die der planmäßigen Beobachtung und Beschreibung eines bestimmten Bereiches der Wirklichkeit und der Gewinnung von überprüfbaren Daten zum Zwecke der Erklärung dienen, bezeichnen wir als erfahrungswissenschaftliche bzw. empirische Methoden.

Die wichtigsten empirischen Methoden sind die **Beobachtung**, die **Befragung** bzw. das **Interview**, der **Test** und das **Experiment**[2]. Die mittels empirischer Methoden gesammelten Daten werden mithilfe statistischer Verfahren ausgewertet.

Die „erklärende Position" der Wissenschaft (*vgl. König, 1986, S. 184*):

- **Wissenschaft ist empirische Wissenschaft, die von konkreten Beobachtungen bestimmter Sachverhalte ausgeht und diese festhält.**
- **Wissenschaft hat die Aufgabe, Gesetzmäßigkeiten aufzufinden und Theorien aufzustellen, um Gesetzmäßigkeiten also solche hinterfragen zu können.**
- **Gesetzmäßigkeiten und Theorien lassen Voraussagen zu und geben Handlungsanweisungen, wie man Erleben und Verhalten bewusst, gezielt und geplant kontrollieren, beeinflussen und manipulieren kann.**

---

[1] vgl. Abschnitt 18.1.2
[2] vgl. Kapitel 19.1.2

Die Position des Erklärens finden wir vornehmlich in den **Naturwissenschaften** vor, die Vorgänge und Gesetze der Natur erforschen.

Der Begriff Naturwissenschaften fasst alle Wissenschaften zusammen, die Vorgänge und Gesetze bzw. Gesetzmäßigkeiten der Natur erforschen.

Der Mensch ist ein Teil der Natur und funktioniert als Naturwesen nach Naturgesetzen. Pädagogik und Psychologie sind Naturwissenschaften, die den Menschen als Naturwesen zum Gegenstand haben.

18.3.2 Die „verstehende Position“ der Wissenschaft

Eine weitere für Pädagogik und Psychologie wesentliche Richtung von Wissenschaften hat sich zum Ziel gesetzt, sich mit Sachverhalten zu beschäftigen, mit denen ***ein Sinn, ein Zweck verbunden ist***. Hierbei geht es darum, Sinn und **Bedeutungszusammenhänge von Gegebenheiten**, wie zum Beispiel menschlichem Tun, **zu erkennen und aufzudecken**. Menschliches Erleben und Verhalten kann zwar einerseits bedingt sein durch bestimmte Ursachen, es wird aber andererseits von den Zielvorstellungen, von den Absichten des handelnden Menschen bestimmt.

Johannes ist mit Freunden zusammen und verhält sich sehr aggressiv. Es könnte sein, dass Johannes durch sein aggressives Verhalten Stärke demonstrieren oder seine Freunde einschüchtern möchte. In diesem Falle ist das Verhalten von Johannes zielgerichtet; er möchte etwas bezwecken.

Die Psychologie unterscheidet deshalb, wie in Band 1, Kapitel 1.2.2 ausgeführt, zwischen ursächlich bedingtem Verhalten und zielgerichtetem Handeln, um vor allem der Tatsache Rechnung zu tragen, dass der Mensch bewusst und überlegt wirken, mit seinem Tun bestimmte Absichten verfolgen kann und keineswegs nur als reines „Reaktionswesen“ anzusehen ist.

„Kausale Denkmodelle[1] haben ihren Platz in der Naturwissenschaft und dort sollte man sie lassen. Wenn es darum geht, unser Leben zu verbessern [...], dann sind diese Modelle, in denen kein Platz für Willensfreiheit und Verantwortlichkeit ist, vollkommen unbrauchbar.“
(Guss, 2006, S. 7)

Das Herausfinden des Sinn- bzw. Bedeutungszusammenhanges einer bestimmten Wirklichkeit und das Erfassen von Sinnstrukturen wird – wie in *Abschnitt 18.1.3* ausgeführt – als **Verstehen** bezeichnet. Erleben und Verhalten sowie pädagogisches Handeln kann durch das Herausfinden des Zieles, durch die Ermittlung von Sinnzusammenhängen nicht erklärt, sondern verstanden werden.

Verstehen heißt, das Ziel, den Zweck menschlichen Verhaltens und Erlebens und dessen Sinnzusammenhang zu erfassen.

Auch über das Erfassen von Sinn- und Bedeutungszusammenhängen haben Wissenschaftler **Annahmen über nicht beobachtbare Prozesse im Menschen**, also **Theorien**, aufgestellt.

[1] Kausale Denkmodelle führen Erleben und Verhalten grundsätzlich auf eine bestimmte Ursache zurück; die Betrachtungsweise, die nach den Ursachen menschlichen Erlebens und Verhalten fragt, wird kausal (causa, lat.: der Grund) genannt.

Eine solche Theorie, die zielgerichtetes Verhalten eines Menschen „ausdeutet", ist zum Beispiel die personenzentrierte Theorie von *Carl Rogers*, die in *Band 2, Kapitel 12* dargestellt ist.

Theorie aus der Sicht der verstehenden Position ist die Bezeichnung für sinnvoll aufeinander bezogene Annahmen über nicht beobachtbare Prozesse im Menschen, um den Sinn- und Bedeutungszusammenhang einer Gegebenheit darzulegen.

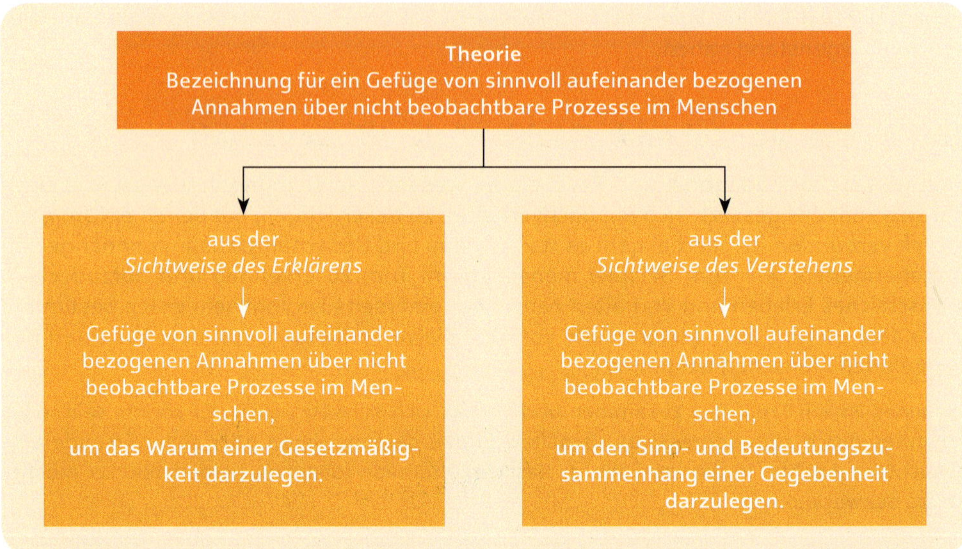

Verstehen in diesem Sinne betrifft Schöpfungen und Produkte des menschlichen Geistes, insbesondere Inhalte der Kultur sowie vergangenes, gegenwärtiges und zukünftiges Handeln. Diese Position finden wir vorwiegend in den **Geisteswissenschaften**, die sich mit Erzeugnissen des menschlichen Geistes und der Kultur beschäftigen.

Der Begriff Geisteswissenschaften bezeichnet alle Wissenschaften, die sich mit Erzeugnissen des menschlichen Geistes und der Kultur beschäftigen.

Wirklichkeit ist nicht nur die Natur, sondern auch Produkt des menschlichen **Geistes**. Als geistiges Wesen hat der Mensch Kultur geschaffen und kann bewusst und zielgerichtet handeln. Auch diesem Aspekt müssen Pädagogik und Psychologie gerecht werden. Sie sind nicht nur Naturwissenschaften, sondern auch Geisteswissenschaften, die den Menschen als Geist- und Kulturwesen zum Gegenstand haben.

Methoden, die dem Verstehen dienen, werden als **geisteswissenschaftliche Methoden** bezeichnet.

Methoden, die durch das Herausfinden von Wert-Sinn-Zusammenhängen dem Verstehen dienen, werden als geisteswissenschaftliche Methoden bezeichnet.

Die wichtigsten geisteswissenschaftlichen Methoden sind die **Hermeneutik**, die **Phänomenologie** und die **Dialektik**.

→ **Materialien** 4. Geisteswissenschaftliche Methoden in Pädagogik und Psychologie

Die „verstehende Position" der Wissenschaft:

- **Wissenschaft hat die Aufgabe, Sinn- und Bedeutungszusammenhänge der Wirklichkeit zu erkennen und aufzudecken.**
- **Es geht um das Erfassen des Zieles und Zweckes einer bestimmten Wirklichkeit und ihren Sinnzusammenhang.**
- **Dieses Verstehen lässt Anweisungen für das praktische Handeln gewinnen, um Erleben und Verhalten beeinflussen zu können.**

18.3.3 Die Verschränkung von erklärender und verstehender Position

Die Wirklichkeit, mit der sich Wissenschaftler auseinandersetzen, betrifft immer beide Positionen: Zum einen besteht die Realität aus der **Natur** und zum anderen ist sie Produkt des menschlichen **Geistes**. Die Objekte wissenschaftlicher Forschung bilden deshalb grundsätzlich **sowohl Naturvorgänge und -erscheinungen, als auch Produkte des menschlichen Geistes und das Handeln von Menschen**.

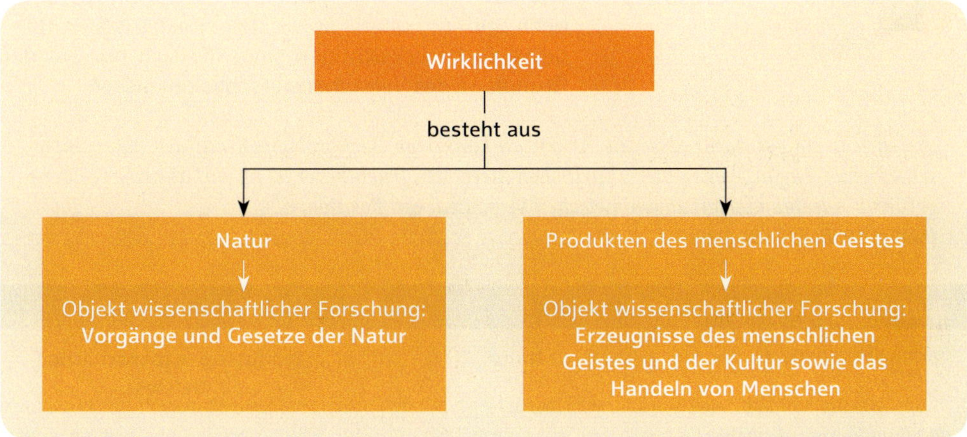

Diese Einteilung, die auf der Trennung von „Natur" und „Geist" beruht und auf den Begründer der Erkenntnistheorie der Geisteswissenschaften, Wilhelm Dilthey, zurückgeht, wurde und wird nicht unwidersprochen hingenommen. Es gibt auch andere Einteilungen von Wissenschaften, auf die in diesem Zusammenhang nicht eingegangen wird.

Pädagogik und Psychologie müssen sich beiden Positionen verpflichtet fühlen, da sie es mit dem Menschen sowohl als Naturwesen als auch als Geisteswesen zu tun haben. Eine isolierte Betrachtung des Menschen entweder nur aus erklärender Position oder nur aus der verstehenden würde dem Menschen in seiner Ganzheit nicht gerecht werden. Von vornherein bedarf empirische Forschung der Ergänzung durch geisteswissenschaftliche Methoden, und umgekehrt ist geisteswissenschaftliches Vorgehen auf empirische Erkenntnisse angewiesen. Eine einseitige Position würde versagen, weil die Wirklichkeit eine **ganzheitliche und umfassende Sicht erfordert**.

Das Kriterium, ob Erkenntnisse wissenschaftlich sind oder nicht, darf sich nicht nur auf Aussagen beziehen, die sich rein empirisch nachweisen und überprüfen lassen, wie dies in der letzten Zeit des Öfteren geschieht. Selbst Wissenschaftler sind dem Trend unterworfen und wollen die Psychologie nur mehr als Naturwissenschaft sehen. Eine solche einseitige naturwissenschaftliche Betrachtungsweise würde dem Menschen, insbesondere seinem Erleben und Verhalten sowie der Erziehungswirklichkeit, nicht gerecht werden. Das Erleben des eigenen Bewusstseins nur in der ersten Person zum Beispiel entzieht sich einem rein naturwissenschaftlichen Zugriff. Es muss ganzheitlich betrachtet werden. Es kann deshalb nicht nur als wissenschaftlich angesehen werden, was objektiv naturwissenschaftlich gewonnen wird.

„Die verstehen sehr wenig, die nur das verstehen, was sich erklären lässt."
(Ebner-Eschenbach[1], 1986, S. 7)

Die neuere wissenschaftstheoretische Diskussion hat auch gezeigt, dass die Wirklichkeit nicht nur zu erklären, sondern auch zu verstehen ist. Zweifelsohne bleiben Pädagogik und Psychologie zu einem großen Teil empirische Wissenschaften, die Zusammenhänge zu untersuchen haben. Es ist jedoch damit zu rechnen, dass in zunehmendem Maße bei Untersuchungen die Bedeutung, das Ziel, der Zweck menschlichen Erlebens und Verhaltens sowie des erzieherischen Handelns zu berücksichtigen sind, die sich nur auf der Grundlage des Verstehens erschließen lassen.

„Es spricht einiges dafür, dass die Arbeit an konkreten Sachproblemen auf der Basis unterschiedlicher Zugänge mit unterschiedlichen Methoden fruchtbarer ist als auf abstrakter Ebene geführte Auseinandersetzungen zwischen verschiedenen Positionen."
(König, 1986, S. 188)

Auffassungen von Wissenschaft

Wirklichkeitsbereich	**Natur**	Produkte des menschlichen **Geistes**
Objekt wissenschaftlicher Forschung	Vorgänge und Gesetze der Natur	Erzeugnisse des menschlichen Geistes und der Kultur sowie das Handeln von Menschen
Ausgangspunkt	Menschliches Erleben und Verhalten sind ursächlich bedingt	Menschliches Erleben und Verhalten sind durch Ziele bedingt
Aufgabe	Herstellen von Ursache-Wirkungs-Zusammenhängen ↓ Auffinden von Gesetzmäßigkeiten und Erforschen des Warum dieser	Erfassen der Absicht menschlichen Handelns und dessen Sinnzusammenhang ↓ Erkennen von Sinn- und Bedeutungszusammenhängen

[1] Freifrau Marie von Ebner-Eschenbach (1830 – 1916) war österreichische Schriftstellerin und gilt als eine bedeutende Erzählerin des 19. Jahrhunderts.

Auffassungen von Wissenschaft		
Ziel	**Erklären**	**Verstehen**
Art der Wissenschaft	zum Beispiel Naturwissenschaften	zum Beispiel Geisteswissenschaften
Methodisches Vorgehen	Erfahrungswissenschaftliche bzw. empirische Methoden, zum Beispiel Beobachtung, Experiment, Test, Befragung	Geisteswissenschaftliche Methoden, zum Beispiel Hermeneutik, Phänomenologie, Dialektik

Die Wirklichkeit erfordert eine ganzheitliche, umfassende Sicht des Erklärens und Verstehens.

Auf den Punkt gebracht

Wissenschaft stellt sich nicht als einheitliches Gebilde dar, es existieren unterschiedliche Auffassungen darüber, was das „Wissenschaftliche" ist:

- Die erklärende Position der Wissenschaft geht davon aus, dass Wissenschaft eine empirische Wissenschaft ist, die von konkreten Beobachtungen bestimmter Sachverhalte ausgeht und diese festhält. Die Wissenschaft hat die Aufgabe, Gesetzmäßigkeiten aufzufinden und Theorien aufzustellen, um Gesetzmäßigkeiten als solche hinterfragen zu können. Gesetzmäßigkeiten und Theorien lassen Voraussagen zu und geben Handlungsanweisungen, wie man Erleben und Verhalten bewusst, gezielt und geplant kontrollieren, beeinflussen und manipulieren kann.
- Die verstehende Position der Wissenschaft hat die Aufgabe, Sinn- und Bedeutungszusammenhänge der Wirklichkeit zu erkennen und aufzudecken. Dabei geht es um das Erfassen des Zieles und Zweckes einer bestimmten Wirklichkeit und ihren Sinnzusammenhang. Dieses Verstehen lässt Anweisungen für das praktische Handeln gewinnen, um Erleben und Verhalten beeinflussen zu können.

Pädagogik und Psychologie müssen sich beiden Positionen verpflichtet fühlen und den Menschen in seiner Ganzheitlichkeit sehen.

Wiederholen, Vertiefen, Anwenden

1. Beschreiben Sie an einem umfassenden Beispiel aus der Pädagogik oder Psychologie die „erklärende Position" der Wissenschaft.
2. *Menschenbild und Erkenntnis*
   a) Lesen Sie *Materialien 3 „Das Menschenbild von Sigmund Freud".*
   b) Erläutern Sie am Beispiel der Psychoanalyse von Freud, wie das Menschenbild die jeweilige Theorie beeinflusst hat.
3. *Wissenschaftliche Psychologie beschäftigt sich unter anderem mit dem Zusammenhang zwischen aggressivem Verhalten, wie zum Beispiel andere mobben, und geringem Selbstwertgefühl.*

Verdeutlichen Sie anhand dieses genannten Zusammenhanges die „erklärende Position" von Wissenschaft.

4. Zeigen Sie an einem geeigneten Beispiel aus der Pädagogik oder Psychologie die „verstehende Position" der Wissenschaft auf.

5. *Lernsituation 18.2*
   a) Legen Sie die zwei Ihnen bekannten Auffassungen von Wissenschaft dar und stellen Sie diese beiden Positionen einander gegenüber.
   b) Erläutern Sie die Verschränkung dieser beiden Positionen.

6. Zeigen Sie anhand einer geeigneten Fragestellung die erklärende und verstehende Position von Wissenschaft auf.

7. *Eine Mutter rief plötzlich auf einem Spielplatz: „Wer hat meinem Kind schon wieder in die Windeln geschissen?" Kurt Guss (2006, S. 7) sieht dies als eine „bemerkenswert fehlerhafte Ursachenzuschreibung" und meint weiter: „Besser beraten als diese Mutter ist, wer sich einen Sticker auf den Badezimmerspiegel klebt, auf dem zu lesen ist: ‚You are looking at the problem.'[1] Wer sich entschließt, sein Leben in die eigene Hand zu nehmen, der wird feststellen, dass diese Hand stärker ist, als er dachte."*

   a) Erläutern Sie unter Bezugnahme auf den Text verschiedene Auffassungen von Wissenschaft.
   b) Nehmen Sie unter Berücksichtigung der Verschränkung der verschiedenen Positionen Stellung zu dieser Aussage von *Kurt Guss*.

8. Zeigen Sie an einem geeigneten Beispiel aus der Pädagogik oder der Psychologie auf, dass die Arbeit an konkreten Sachproblemen auf der Basis unterschiedlicher Auffassungen von Wissenschaft erforderlich ist.

9. Legen Sie an einem Beispiel dar, dass empirische Forschung der Ergänzung durch geisteswissenschaftliche bedarf und umgekehrt geisteswissenschaftliches Vorgehen auf empirische Erkenntnisse angewiesen ist.

10. Reflektieren Sie die Problematik der Abgrenzbarkeit bzw. Verschränktheit von erklärendem und verstehendem Vorgehen.

11. Überlegen Sie sich in Gruppen, warum man selbst wissenschaftliche Forschungsergebnisse kritisch prüfen soll. Halten Sie Ihre Ergebnisse auf einer Plakatwand fest und präsentieren Sie sie in der Klasse.

12. *Die eineiigen Zwillinge Paul und Felix, die von frühester Kindheit an getrennt aufwuchsen, trafen sich nach über 30 Jahren Kontaktpause am Flughafen. Beide staunten, denn jeder hatte die gleiche Brille auf, einen Bart und den gleichen Pullover an. Auch die Wohnungseinrichtungen der beiden hatten auffallende Ähnlichkeiten.*
    - Diskutieren Sie in Gruppen: Welche wissenschaftlichen Fehler würde man begehen, wenn man diese Begebenheit als Beleg für die große Bedeutung der Vererblichkeit ansehen würde?
    - Halten Sie die Ergebnisse fest und stellen Sie sie Ihrer Klasse vor.

[1] ‚Du schaust auf das Problem.'

13. Fertigen Sie in Gruppen einen hierarchischen Abrufplan zum Thema „Wissenschaftliche Grundlagen“ an. Das Thema wird in einem ersten Schritt zu Begriffen bzw. Stichworten zusammengefasst. Anschließend werden diese Begriffe in Oberbegriffe, Unterbegriffe, untere Unterbegriffe usw. gegliedert.

14. *Fazit ziehen*
    - Notieren Sie auf einen Zettel:
        - Was hat mir das Thema „Wissenschaftliche Grundlagen“ gebracht?
        - Womit kann ich nichts anfangen?
        - Was ich zu diesem Thema noch sagen wollte [...]
    - Lesen Sie, wenn Sie möchten, Ihre Notizen in der Klasse vor.
    - Sprechen Sie in der Klasse über die Schüleräußerungen.

Materialien Kapitel 18

1. Wir kaufen, was wir (nicht) sehen

„Werbung ist überall. Häufig sind es sogar immer die gleichen Plakate, die an den Wänden kleben. Man schaut eigentlich schon gar nicht mehr hin. Und nimmt sie also auch gar nicht mehr wahr?

Dem ist nicht so: Unser Gehirn nutzt viele Informationen, die wir unbewusst – also quasi im „Vorbeigehen" – aufnehmen. Je öfter wir dabei einem noch nicht bekannten Reiz begegnen, desto schneller können wir ihn später auch kognitiv verarbeiten. Aufgrund dieser Verarbeitungsschnelligkeit erscheint uns der entsprechende Reiz wiederum als vertraut und positiv.

Inwieweit dieser „Effekt der bloßen Darbietung" (*mere exposure effect*) auch unser tatsächliches Konsumverhalten beeinflusst, untersuchten Mitarbeiter der Universität Erlangen-Nürnberg. Ihr Experiment war so einfach wie raffiniert: Die Forscher baten Besucher des Erlanger Schlossgartens, lokale Sehenswürdigkeiten zu benennen, die auf verschiedenen Fotografien in einer Mappe zu sehen waren. In zwei Experimentalgruppen waren auf einigen Fotos zusätzlich Werbeplakate abgebildet, die entweder eine Packung „pfeffi"- oder „zitro"-Lutschbonbons zeigten. Diese ehemaligen DDR-Produkte sind erst seit 2000 wieder (ausschließlich) im ostdeutschen Handel erhältlich und in den alten Bundesländern eher unbekannt. In einer Kontrollgruppe zeigten die Fotografien keine Produktplakate. Am Ende der Umfrage konnten die Befragten sich als Dankeschön eine Packung „pfeffi" oder „zitro" nehmen. Personen, die vorher auf den Fotos „zitro"-Plakate gesehen hatten, wählten überwiegend Zitronenbonbons aus – ebenso wie die Probanden der Kontrollgruppe. Diese allgemeine Vorliebe für Zitronenbonbons kehrte sich allerdings um, wenn den Teilnehmern zuvor „pfeffi"-Plakate in den Fotografien präsentiert wurden – sie wählten anschließend überwiegend Pfefferminzbonbons. Wer sich dabei an die spezifischen Werbeplakate erinnern konnte, wurde von der Auswertung ausgeschlossen: Frühere Studien haben aufgedeckt, dass eine bewusste Erinnerung den „Effekt der bloßen Darbietung" dämpft.

Die mehrfache und beiläufige Präsenz eines unbekannten Produktes hat also tatsächlich einen Einfluss auf konkretes Verhalten. Die Studie zeigt, dass dies auch für Alltagssituationen gilt und nicht nur auf Experimente im Labor begrenzt ist. Wenn Sie also das nächste Mal im Supermarkt vor einem Einkaufsregal stehen, wird vielleicht genau dieser Effekt Ihre Kaufentscheidung beeinflussen: Sie greifen zu einem bestimmten Produkt, weil es ein positives Gefühl auslöst, ohne dass Sie spontan sagen könnten, warum [...]"

(Haupt, Sebastian: Wir kaufen, was wir (nicht) sehen; in: Psychologie Heute, 05/2008, S. 12.)

2. Die Wissenschaft lässt sich korrumpieren

Wissenschaft gerät in den letzten Jahrzehnten immer mehr unter den Einfluss von Geld- und Machtinteressen. So geht es bei Untersuchungen oft um weltanschauliche und politische Ansichten, die der Forscher bestätigt haben will und aus diesem Grund das Ergebnis in seinem Sinne manipuliert.

Der britische Psychologe *Cyril Burt* zum Beispiel untersuchte angeblich Zwillinge, Geschwister und nicht verwandte Kinder und kam immer wieder auf das Ergebnis, dass die

Ausprägung der Intelligenz zu 80 bis 85 % erbgenetisch festgelegt und nur unwesentlich von der Umwelt beeinflusst sei. Er kam aus diesem Grund zu der Erkenntnis, dass Arbeiterkinder aufgrund ihrer genetischen Ausstattung für den Besuch von einer höheren Schule nicht geeignet seien, man solle nur die intelligenten Kinder fördern und kein Geld an Minderbegabte verschwenden (vgl. *Ernst, 1977, S. 48*). Diese Ansicht vertrat er in zahlreichen Veröffentlichungen, was nicht ohne Auswirkungen auf das britische Schulsystem blieb. Ein deutsches Nachrichten-Magazin brachte einen Artikel heraus mit der Überschrift „Abschied vom Milieu?".

Die Psychologen *Hans-Jürgen Eysenck*, *Richard Herrnstein* und *Arthur R. Jensen* übernahmen die Ergebnisse von *Burt* in ihren Arbeiten. Später stellte sich heraus, dass *Cyril Burt*, der für diese Untersuchungen sogar geadelt wurde, seine Daten manipuliert und gefälscht hat. Die beiden Co-Autoren *Margaret Howard* und *John Conway* haben nie existiert.

Diese Begebenheit hindert nicht daran, auch heute noch Untersuchungen zu kreieren, in denen die Macht der Gene bewiesen werden. So wollte die Gruppe um den US-Mediziner *Thomas Perl* in Neuengland sensationelle „Methusalem-Gene" entschlüsselt haben. *Perl* und seine Kollegen hatten angeblich das Blut von mehreren hundert sehr alter Menschen untersucht und herausgefunden, dass ein bestimmtes genetisches Muster vorhanden sei, das für ein langes Leben bürgt. „Ein großer Durchbruch!" jubelte ein Altersforscher. Doch Nachforschungen haben in dieser „Untersuchung" Fehler um Fehler entdeckt – die „Methusalem-Gene" existieren gar nicht (vgl. *Blech, 2018, S. 92*).

Ergebnisse, die der eigenen Erwartung nicht entsprechen, lässt man unter den Tisch fallen oder man macht unpassende Daten einfach passend – so der Professor für Sozialpsychologie *Wolfgang Stroebe*. Der größte Betrug in Forschungen ist nach *Stroebe* die Erfindung, Daten bzw. Ergebnisse einfach frei zusammenzustellen. (vgl. *Kullmann, 2012, S. 123*).

Die größte Rolle spielt die Einwirkung von Geldern aus der Industrie auf die Forschung. Der Strom von privaten Geldern in die Wissenschaft – so *Christian Kreiß*[1] (*2015, S. 8 f.*) hat seit der 70er-Jahren des letzten Jahrhunderts dramatisch zugenommen.

„Im Normalfall steht [...] nicht der Nutzen von Forschung für die Allgemeinheit [...] im Vordergrund, sondern der Nutzen der Geldgeber."
(Kreiß, 2015, S. 8 f.)

Laut *Kreiß* (*2015, S. 10 f.*) sank in den OECD-Ländern der Anteil selbst finanzierter Forschung an der Universitäten um über 10 %, der Anteil der gewerblich finanzierten Forschung dagegen verdoppelte sich. Wird nun eine Forschung nicht aus den Haushaltsmitteln der Hochschule finanziert, sondern von sogenannten „Dritten" – zum Beispiel von der Industrie, von Wirtschafts- oder Finanzunternehmen –, so sind laut § 25 des *Hochschulrahmengesetzes* (*HRG*) die Mittel „für den vom Geldgeber bestimmten Zweck zu verwenden und nach dessen Bedingungen zu bewirtschaften." (*HRG, § 25, Absatz 4*).

So gibt es in Deutschland beispielsweise Stiftungsprofessuren, das sind Professuren an einer (Fach-) Hochschule, die von Unternehmen bezahlt – gestiftet – werden. Für diese Professuren werden solche Kandidaten ausgewählt, die „nichts gegen die geistigen Inhalte der Stiftungsgeber einzuwenden haben" (*Kreiß, 2015, S. 85*).

---

[1] Christian Kreiß (* 1962) ist Professor für Finanzierung und Wirtschaftspolitik an der Hochschule Aalen.

Die *Boehringer-Ingelheim-Stiftung* zum Beispiel zahlt der Universität Mainz viele Millionen, und der ehemalige Chef dieser Stiftung hat an der Hochschule viel zu sagen. Die Uni erhielt 2013 von der Stiftung 150 Millionen Euro – eine der größten Privatspenden, die eine staatliche Hochschule je erhalten hat („Die gekaufte Uni"). Das blieb natürlich nicht ohne Wirkung. In einer Berufungsvereinbarung steht, dass bei der Berufung von Professoren ein Zustimmungsvorbehalt der Boehringer-Ingelheim-Stiftung gilt (vgl. *Füller, 2016, S. 57*).

Viele Hinweise[1] zeigen, dass bei der von der Industrie gesponserten Forschungen nicht in erster Linie die Objektivität, sondern das gewünschte Ergebnis im Vordergrund steht.

Sage mir, wer dein Auftraggeber ist, und ich sage dir, welches Ergebnis du erhältst.

Zwar streiten Forscher, die Geld von der Industrie erhalten, ab, dass die Zuwendung einen Effekt auf das Ergebnis ihrer wissenschaftlichen Arbeit habe, doch – so *Kreiß* (*2015, S, 61*) – verschiedene unabhängige Studien zeigen das Gegenteil. Und selbst der Wissenschaftler für Hirnforschung *Manfred Spitzer* (*2014, S. 318*) schreibt: „Im Übrigen sollten Sie [...] keinem Experten vertrauen, bevor Sie nicht recherchiert haben, woher die betreffende Person ihr Einkommen bezieht!"

> *„Ich kriege immer den richtigen Wissenschaftler mit den ‚richtigen' Ergebnissen, wenn ich dafür bezahle."*[2]

Beispiele

- Der Starwissenschaftler und Bestseller-Autor *Marc Hauser* von der Harvard University hat angeblich herausgefunden, dass sich schon unter den entfernten Verwandten des Menschen so etwas wie ein Sprachsinn regt. *Spiegel Online* berichtete am 01.09.2010, dass Hauser in mindestens acht Fällen Daten bewusst zurückgehalten und falsch analysiert habe, was seine eigenen Mitarbeiter aufgedeckt haben. „Wissenschaftliches Fehlverhalten" wirft ihm die Fakultätsleitung vor.
- Der Leiter der Abteilung für Medizinische Soziologie an der Universität Freiburg, der Leiter des Instituts für Medizinische Soziologie an der Heinrich-Heine-Universität in Düsseldorf, der Leiter des Augsburger Gesundheitsamtes, und auch der ehemalige Präsident des Bundesgesundheitsamtes verharmlosten in ihren jeweiligen Veröffentlichungen die Gefahren des Rauchens und das Suchtpotential der Zigaretten. Was erst Jahre später herauskam, war, dass die Wissenschaftler sich ihre Forschungsarbeiten zumindest indirekt über Stiftungen von der Tabakindustrie finanzieren ließen (vgl. *Ludwig, 2005, S. 156ff.*).
- Ein Epidemiologe von der University of California in Los Angeles stellte fest, dass Passivraucher kein höheres Gesundheitsrisiko trugen. Doch schnell stießen Gesundheitswissenschaftler bei dem Epidemiologen auf zahlreiche methodische Schwächen. Überdies kam heraus, dass er von der Tabakindustrie viel Geld bekommen hatte, und zwar schon seit fast 25 Jahren (vgl. *Evers, 2006, S. 28*).

---

[1] zum Beispiel in dem Handbuch von Edmund Neugebauer/Wolf Mutschler/Lutz Claes (Hrsg.): Von der Idee zur Publikation – Erfolgreiches wissenschaftliches Arbeiten in der medizinischen Forschung, 2. Auflage, Berlin/Heidelberg Springer, 2011, S. 65

[2] Ein Betriebsarzt des Kernkraftwerkes Neckarwestheim bei einer öffentlichen Veranstaltung im schwäbischen Kirchheim zum Thema „Schilddrüsenkrebs durch Strahlenbelastung", zitiert nach Kreiß, 2015, S. 108.

- Der Unternehmer *James Vicary* glaubte wissenschaftlich festgestellt zu haben, dass er einige Wochen lang Kinobesucher in New Jersey beeinflusst habe, indem er bei Filmvorführungen Werbebotschaften für ein Getränk subliminal[1] präsentiert habe. Der Verkauf dieses Getränkes sei um 58 % angestiegen. Später gab *Vicary* zu, dass seine „Untersuchung" falsch gewesen sei und den wissenschaftlichen Standards ganz und gar nicht entspreche (vgl. *Dijksterhuis, 2014, S. 76 f.*).
- Der Neurowissenschaftler *Manfred Spitzer* (*2006⁴, S. 256*) schreibt, dass Autoren von Berichten, die einen Zusammenhang zwischen Bildschirm-Medien und Gewalt ablehnen, von der Unterhaltungsindustrie finanziell unterstützt werden bzw. Beraterverträge mit den Herstellerfirmen haben.
- Der niederländische Sozialpsychologe *Diederik Stapel* hat herausgefunden: Wenn die Umgebung dreckig sei, dann hegen Weiße mehr Vorurteile gegen Angehörige von Minderheiten. Später stellte sich heraus, dass *Stapel* seine Daten frei erfunden hat. Der anerkannte Sozialpsychologe veröffentlichte auch in zahlreichen renommierten Fachzeitschriften betrügerische Studien (vgl. *Paulus, 2012, S. 44*).

Eine Studie enthüllte, wie ein Erdölkonzern mit gekauften Wissenschaftlern die öffentliche Meinung beeinflusste, um den Klimawandel zu leugnen (vgl. *Hughes, 2008, S. 16*)

Die Konsequenz aus diesen Erkenntnissen ist: „Geldinteressen haben in der Wissenschaft nichts zu suchen"! (*Kreiß, 2015, S, 190*).

3. Das Menschenbild von *Sigmund Freud*

Freuds Psychoanalyse ist sehr stark beeinflusst von gesellschaftlichen und politischen Begebenheiten seiner Zeit: Der 1. Weltkrieg und der Antisemitismus – *Freud* war jüdischer Abstammung – verfehlten nicht ihre Wirkung auf seine Theorie. Zudem ist sie stark beeinflusst von der damaligen Zeitströmung, sich von dem bürgerlichen, vor allem aber sexuell sehr verklemmten Klima, das insbesondere in der sog. „Wiener Gesellschaft" vorherrschte, abzukehren. Schließlich spielt auch seine persönliche Lebensgeschichte eine wichtige Rolle: Er litt lange Zeit seines Lebens unter regelmäßig wiederkehrenden Depressionen und Angstzuständen. Bedeutend war die große Angst *Freuds* um das Leben seiner beiden Söhne, die im Krieg waren. Zu dieser Zeit entwickelte er auch seine Theorie vom Todestrieb (vgl. *Pervin u. a., 2005⁵, S. 110*). Auch starke Schmerzen, ausgelöst durch Mundkrebs, hielten ihn nicht davon ab, seine Theorie zu vervollständigen.

Sigmund Freud betrachtet den Menschen als ein dynamisches System, das von verschiedenen Energien gesteuert wird. Diese Sichtweise, die er von dem Physiologen *Ernst Brücke* übernommen hat, war grundlegend für seine Auffassung von der menschlichen Psyche. „Kern der psychoanalytischen Sicht des Menschen ist, dass der Mensch ein Energiesystem ist. [...] Die Energie, die für kulturelle Zwecke verwendet wird, steht für sexuelle Zwecke nicht mehr zur Verfügung, und umgekehrt. Wird die Energie in einen Kanal, in dem sie zum Ausdruck gebracht werden soll, blockiert, findet sie einen anderen, den sie im Allgemeinen im Sinne des geringsten Widerstandes nutzen kann. Das Ziel jedes Verhaltens ist die Lust, d. h. Spannungsabbau oder Freisetzen von Energie." (*Pervin u. a., 2005⁵, S. 111*)

Aus dieser Sichtweise kann man *Freuds* Menschenbild als mechanistisch bezeichnen: Seine Theorie beschreibt Mechanismen im Sinne von Ursache–Wirkungs–Zusammenhänge; alles Geschehen steht in einem ursächlichen Zusammenhang, in einem Verhältnis von Ursache und Wirkung. Verhalten in der späten Kindheit, im Jugend- oder im Erwach-

[1] sub (lat.): unter; limen (lat.): die Schwelle; sublimimal: unterschwellig

senenalter wird somit „rückwirkend" erklärt, jedes Verhalten hat damit etwas „Vorangegangenes" als Ursache zur Voraussetzung. Ziele, die der Mensch mit seinem Verhalten verfolgt, werden nicht berücksichtigt.

Neben *Freuds* Überzeugung, dass der Mensch ein Energiesystem ist, vertritt er die Auffassung, dass das Individuum von sexuellen und aggressiven Impulsen gesteuert wird. Die These des Todestriebes und der Aggression veröffentlichte er erst im Jahre 1920, nachdem er die lange blutige Zeit des 1. Weltkrieges erlebt hat.

Sigmund *Freuds* Menschenbild zeigt sehr pessimistische Züge, das davon ausgeht, dass aufgrund der menschlichen Triebgebundenheit eine Verbesserung der sozialen und kulturellen Zustände nur sehr schwer möglich ist. „Das ICH ist wie ein schwacher Politiker, der dauernd Kompromisse eingehen muss, um zu überleben, und der darum keine größeren Entwürfe wagt." (*Flammer, 2009[4], S. 87*) Zudem war *Freud* der Meinung, dass Eltern ihre Kinder wiederum nach ihren verinnerlichten Wert- und Normvorstellungen erziehen, was eine Veränderung von gesellschaftlichen Verhältnissen behindern kann.

4. Geisteswissenschaftliche Methoden in Pädagogik und Psychologie

a) Die Hermeneutik

Hermeneutik[1] als wissenschaftliche Methode zielt auf Auslegung und Interpretation, die zum Verstehen und damit zur Sinnerfassung führt.

> *„Es ist der Inhalt der Hermeneutik, den Verstehensvorgang zu untersuchen und ihn zu strukturieren."*
> *(Danner, 2006[5], S. 34)*

Der Name „Hermeneutik" leitet sich von dem Griechen Hermes ab, der auserkoren war, göttliche Nachrichten zu überbringen. Weil diese aber oft unverständlich waren, musste Hermes diese Botschaften auch deuten.
Der Begriff „Hermeneutik" wird in einem doppelten Sinn verwendet: Einmal als Methode der „Auslegungskunst" als solche, und zum anderen als Theorie des Auslegens und Interpretierens. Im Folgenden handelt es sich um die Hermeneutik als Methode.

Im engeren Sinn ist die Hermeneutik eine Methode der Textauslegung bzw. -interpretation, im weiteren Sinn stellt sie ein wissenschaftliches Verfahren dar, das auf eine rationale und überprüfbare Auslegung und Interpretation der Wirklichkeit abzielt. Mit Interpretation und Auslegung ist das methodische Vorgehen gemeint, mit welchem der Wissenschaftler die Wirklichkeit in ihrem Sinngehalt erfassen will (vgl. *Gudjons, 2012[11], S. 32*). Hermeneutische Verfahren dienen also dazu, die Bedeutung, den Sinn der Wirklichkeit zu erfassen und zu verstehen.

Hermeneutik ist die Bezeichnung für alle methodischen Verfahren der rationalen und überprüfbaren Auslegung und Interpretation der Wirklichkeit mit dem Ziel, deren Sinn- und Bedeutungszusammenhänge zu erfassen und zu verstehen.

---

[1] hermeneuein (griech.): auslegen, aussagen, übersetzen

> *„Unter Hermeneutik versteht man die Auslegung oder Interpretation der Lebenswirklichkeit in der Zeit (Vergangenheit – Gegenwart – Zukunft). Die Erfahrung der Lebenswirklichkeit wird über das Erleben, den Ausdruck und das Verstehen vermittelt […]. Diese Vermittlung geschieht in erster Linie über die Sprache als Ausdruck des Lebens und des objektiven Geistes."*
> *(Tschamler, 1996[3], S. 38)*

Bezogen auf die Psychologie ist Hermeneutik eine Methode, den Sinn des Erlebens, Verhaltens und Handelns, in Pädagogik der Erziehungswirklichkeit zu erfassen.

Eine bestimmte „Geste" wird erst dann zu einer Geste, wenn wir verstanden haben, was sie bedeutet: zum Beispiel zur Begrüßung zuwinken, jemanden zum Abschied winken, jemanden herbeiholen. Die Bewegung wird in ihrer Gesamtheit interpretiert (vgl. *Danner, 2006[5], S. 39*).

b) Die Phänomenologie

Phänomenologisches Vorgehen zielt darauf ab, eine bestimmte „Sache" – das Vorfindbare, das Gegebene – zur Darstellung zu bringen (vgl. *Kobi, 2004[6], S. 359*). Ausgangspunkt der Phänomenologie[1], die auf den Philosophen *Edmund Husserl* (1859–1938) zurückgeht, ist das Gegebene, wie es dem Bewusstsein **erscheint**. Doch wie uns das Gegebene erscheint, stimmt in der Regel nicht mit dem überein, wie es seinem ***tatsächlichen Wesen*** entspricht. Wir betrachten eine bestimmte Sache nicht unvoreingenommen, Erfahrungen, Vorurteile, Interpretationen, Wertungen und Ähnliches lassen sie uns anders erscheinen als sie wirklich ist.

In einem Gespräch über Schule zum Beispiel wird bald deutlich, dass „Schule" von jedem anders gesehen wird. Sie wird von jedem so gesehen, wie sie seinem Bewusstsein erscheint.

Die Phänomenologie will nun die „Erscheinungen" (Erfahrungen, Vorurteile, Wertungen, Interpretationen und dgl.) in den Griff bekommen, um zum **Wesen der Sache**, so wie sie wirklich ist, vorzudringen. Es geht also darum, von einer Sache, wie sie uns erscheint, zu dem Wesen dieser Sache, wie sie wirklich ist, zu kommen.

Am Beispiel Schule bedeutet dies, alle Voreingenommenheit, Deutungen usw. zu erfassen, um sie „ausschalten" zu können und zum Wesen, was Schule wirklich ist, zu kommen.

Es gilt also, eine Sache auf das „Wesentliche" zurückzuführen. Der Ausspruch ***„Zurück zu der Sache"*** kann als Maxime der Phänomenologie gesehen werden.

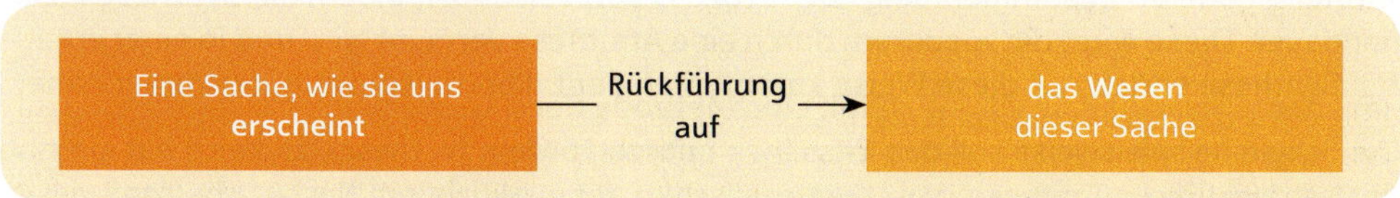

Das Beispiel PISA-Studie[2] zeigt deutlich, wie ihre Ergebnisse ideologisch und voreingenommen interpretiert werden. Der eine sieht dafür eine Bestätigung für die Gesamtschule, der andere für eine längere gemeinsame Schulzeit usw. Die Phänomenologie will nun die einzelnen Daten mit anderen Daten in Beziehung setzen, um zum Kern, zum Wesen der Sache zu kommen. So könnte etwa deutlich werden, dass die ideologischen und voreingenommenen Deutungen gar nicht zutreffen (vgl. *Zierer u. a., 2013, S. 37 f.*).

---

[1] phainómenon (griech.): das Erscheinende, das in Erscheinung Tretende

[2] PISA -Studien (Programm for International Student Assessment - Programm zur internationalen Schülerbewertung) sind seit 2000 von der *OECD* veranstaltete internationale Schulleistungsuntersuchungen (vgl. *Hobmair, 2009, S. 278*)

Bei der Phänomenologie als geisteswissenschaftliche Methode geht es um die Rückführung einer Sache auf ihr eigentliches Wesen, um sie so beschreiben zu können, wie sie wirklich ist, und nicht, wie sie uns erscheint.

Nach Schütz u. a. (2016, S. 67) liefert die Phänomenologie die theoretischen Voraussetzungen für die humanistische Psychologie[1] und damit auch für die personenzentrierte Theorie von Carl R. Rogers[2].

c) Die Dialektik

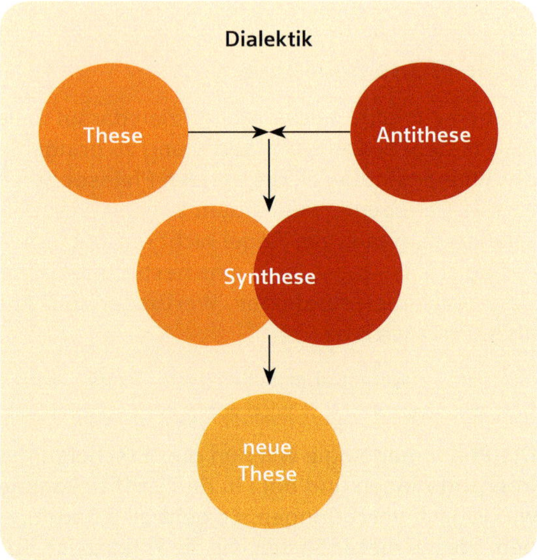

Die Dialektik[3] als geisteswissenschaftliche Methode dient der Erkenntnisgewinnung durch **das Aufdecken von Widersprüchen und Gegensätzen**. Widerspruch und Gegensatz drängen nach einer Auflösung. Diese besteht in der **Aufhebung des Gegensatzes**. Aufheben besagt einmal ein Beseitigen des Gegensätzlichen und Widersprüchlichen und zum anderen ein Festhalten am Gemeinsamen, Übereinstimmenden. Auf diese Weise ist es möglich, das Wesen der Dinge zu erhellen und zu Erkenntnissen zu kommen.

Der erste methodische Schritt der Dialektik besteht im Setzen einer **These**, die durch eine **Antithese** verneint wird. Diese Verneinung kann ein Widerspruch oder ein Gegensatz sein und ist inhaltlich an die These gebunden, die sie „aufzuheben" versucht. Der zweite Schritt strebt nach einer Aufhebung des Gegensatzes in der **Synthese**. Sie stellt ein Beseitigen des Gegensätzlichen und Widersprüchlichen sowie ein Bewahren des Übereinstimmenden dar und eröffnet einen neuen, der Erkenntnisgewinnung näheren Zusammenhang. Der Prozess setzt sich fort, indem die Synthese zu einer neuen These wird, die wiederum durch eine Antithese verneint wird und in einer erneuten Synthese endet. Auf diese Weise kommt man der Erkenntnisgewinnung immer näher.

Die Schule beispielsweise soll den Einzelnen optimal fördern (= These), zugleich hat sie eine Auslesefunktion (= Antithese), weil die Gesellschaft auf qualifizierten Nachwuchs angewiesen ist. Beide Positionen erweisen sich als zutreffend und notwendig, sind aber widersprüchlich. Dieser anfängliche Widerspruch geht in eine Synthese über, bis sich dieser „Widerspruch" als nur scheinbar auflöst. Ähnlich verhält es sich mit der heute sehr intensiv diskutierten Frage, ob Erziehung von der Familie (= These) oder von öffentlichen Erziehungseinrichtungen wie Kindertagesstätten (= Antithese) übernommen werden soll. Dieser Widerspruch verlangt als Synthese nach einer Lösung, die diesen aufhebt.

[1] vgl. Kapitel 18.3.2
[2] vgl. Band 2, Kapitel 12
[3] dialektikē (griech.): Kunst der Gesprächsführung

Dialektik ist eine geisteswissenschaftliche Methode der Erkenntnisgewinnung durch das Aufdecken und Aufheben von Widersprüchen und Gegensätzen.

„Dialektik hat ihren Ursprung im Dialog, d. h. im Hin und Her von Rede und Gegenrede, von Argument und Gegenargument, bis […] beide Partner sich schließlich bei einer gemeinsam akzeptierten Ansicht treffen, die als wahr anerkannt werden muss, insofern sich kein Widerspruch mehr erhebt."
(Seiffert/Radnitzky, 2000, S. 33)

Geisteswissenschaftliche Methoden der Psychologie

Hermeneutik
Auslegung und Interpretation der Wirklichkeit mit dem Ziel, deren Sinn- und Bedeutungszusammenhänge zu erfassen und zu verstehen

Phänomenologie
Rückführung einer Sache auf ihr eigentliches Wesen

Dialektik
Erkenntnisgewinnung durch das Aufdecken und Aufheben von Widersprüchen und Gegensätzen

19 Die Gewinnung von wissenschaftlichen Erkenntnissen

Menschen zeigen sich oft enttäuscht über Erkenntnisse der wissenschaftlichen Pädagogik und Psychologie, weil sie häufig nur erneut – in einer „anderen" Sprache – erfahren, was sie ohnehin schon wissen. Andererseits reagiert der Mensch vielfach betroffen, manchmal sogar abwertend und abweisend auf die Ergebnisse eben dieser beiden Wissenschaften.

Folgende Kompetenzen sollen Sie erwerben:

- ***Sie können eine wissenschaftliche Methode – das Experiment – im Rahmen einer wissenschaftlichen Fragestellung anwenden.***
- ***Sie sind imstande, Prinzipien wissenschaftlichen Vorgehens zu beschreiben und sie in geeigneten Zusammenhängen und Problemstellungen anzuwenden.***
- ***Sie sind in der Lage, Arbeitsschritte einer empirischen Untersuchung zu erläutern, um diese an pädagogisch-psychologischen Problemstellungen entwickeln und überprüfen zu können.***

19.1 Wissenschaftliche Methoden in Pädagogik und Psychologie

Lernsituation

Das Experiment

13. Klasse Fachoberschule – es dauert nicht mehr allzu lange, bis Sie mit der Schule fertig sind. Aus diesem Grund fahren Sie einfach mal ganz unverbindlich an die Universität, an der Sie möglicherweise studieren wollen. Und Sie informieren sich auch am sog. „Schwarzen Brett“. Dort hängt auch ein Aushang darüber, dass Herr Professor Dr. Dr. Fröhlich die Wirkung von Pausen auf das Lernen untersucht. Hierzu führt er ein Experiment durch. Sie interessieren sich dafür, wie er vorgeht.

Sie möchten sich über das Experiment als wissenschaftliche Methode der Psychologie und Pädagogik informieren.

I Information

19.1.1 Die Vielfalt von wissenschaftlichen Methoden*

Wie bereits in *Kapitel 18.2.1* ausgeführt, benötigt die Wissenschaft bestimmte Methoden um Wissen über ihren Bereich der Wirklichkeit zu gewinnen.

So kommen Wissenschaften etwa durch Beobachtung oder Experimente zu ihrem Wissen oder Wissenschaftler führen Tests und Interviews durch, um zuverlässige Daten zu gewinnen.

Wissenschaftler müssen, um zu „richtigen“ Ergebnissen zu kommen, **planmäßig, gezielt und systematisch** vorgehen.

Wissenschaftliche Methoden sind systematisch geplante Vorgehensweisen oder Verfahren, um Wissen über einen Objektbereich zu gewinnen.

Entsprechend der beiden in *Kapitel 18.3* dargestellten Auffassungen von Wissenschaften können wir unterschiedliches methodisches Vorgehen unterscheiden:

- **Erfahrungswissenschaftliches bzw. empirisches Vorgehen**, das dazu beiträgt, die Wirklichkeit zu beobachten und zu beschreiben, Zusammenhänge zwischen Merkmalen zu erkennen sowie Gesetzmäßigkeiten aufzustellen und zu erklären,
- **Geisteswissenschaftliches Vorgehen**, das durch das Herausfinden von Wert- und Sinnzusammenhängen dem Verstehen dient. Mithilfe geisteswissenschaftlicher Methoden ist es möglich, Ziele des Handelns herauszufinden sowie Wert- und Sinnzusammenhänge menschlichen Erlebens und Verhaltens zu erkennen[1].

* Aus der Sicht des LehrplanPlus nicht relevant, doch der Schüler sollte über verschiedene Methoden in der Pädagogik und Psychologie einen Überblick gewinnen.

[1] vgl. Kapitel 18.3.2 und Materialien 4 von Kapitel 18

Objekt der Forschung	der Mensch als Naturwesen	der Mensch als Geist- und Kulturwesen
Art der Wissenschaft	Naturwissenschaften	Geistwissenschaften
Ziel	Erklären	Verstehen
Methodisches Vorgehen	erfahrungswissenschaftliches bzw. empirisches Vorgehen	geisteswissenschaftliches Vorgehen

Jede naturwissenschaftliche Erkenntnis über die Welt entspringt der **Erfahrung**. Dabei werden Einzelbeobachtungen nach wissenschaftlichen Kriterien durchgeführt, verallgemeinert und aufgrund der Verallgemeinerung mithilfe der Statistik Gesetzmäßigkeiten und Theorien aufgestellt[1] (vgl. *Macho*, *2016*, *S. 34*).

Empirische Methoden sind die **Beobachtung**, das **Experiment**, der **Test** und die **Befragung**.

> *„Ziel einer jeden Wissenschaft ist es, Erkenntnisse über die Natur, d. h. über die Gesetzmäßigkeit von Zusammenhängen zu gewinnen. In diesem Bemühen bedient sich die Psychologie verschiedener allgemeiner Verfahrensweisen (Methoden), deren genereller Ausgangspunkt aber stets die Beobachtung ist."*
> *(Sarris, 1998, S. 46)*

→ **Materialien** 1: Überblick über die Beobachtung, den Test und die Befragung

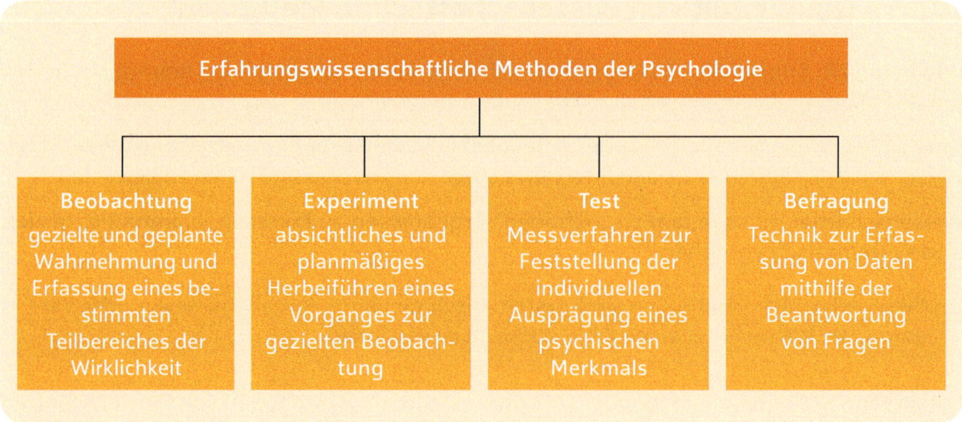

19.1.2 Das Experiment

Das Experiment ist eine bestimmte Form der Beobachtung: Während sich eine Beobachtung auf eine bereits vorhandene Situation beschränkt, wird beim Experiment diese absichtlich herbeigeführt.

---

[1] vgl. Abschnitt 19.2.2

Wenn ein Forscher beispielsweise in Schulklassen geht und wissen will, wie sich die Lehrer und in Abhängigkeit davon die Schüler verhalten, so handelt es sich um eine Beobachtung. Gibt nun der Forscher dem Lehrer genau vor, wie er sich zu verhalten hat, um dann das Schülerverhalten als Reaktion auf das Lehrerverhalten beobachten zu können, so handelt es sich um ein Experiment.

Unter einem Experiment versteht man das absichtliche und planmäßige Herbeiführen eines Vorganges, um ihn gezielt beobachten zu können.

Das Experiment ist die einzige Methode, die Kausalzusammenhänge – also Zusammenhänge von Ursache und Wirkung – ermöglicht[1]. Es gestattet zudem eine strenge Prüfung der Untersuchung.

Ein weiterer Vorteil des Experimentes ist, dass es unter kontrollierten Bedingungen im Labor durchgeführt werden kann. Wir unterscheiden deshalb das ***Laborexperiment*** vom ***Feldexperiment***, welches in der natürlichen Umgebung stattfindet.

Geht ein Forscher an die Schulen hinaus und untersucht die Wirkung von Pausen auf das Lernen, so handelt es sich um ein Feldexperiment. Lädt er nun zu Untersuchende in sein Labor ein, um das Schlafverhalten dieser zu erforschen, so liegt ein Laborexperiment vor.

Der Vorteil eines Laborexperimentes liegt in der besseren Kontrolle des Einflusses von möglichen Störvariablen; der des Feldexperimentes ermöglicht eine präzisere Vorhersage menschlichen Verhaltens, weil es in der natürlichen Umgebung – im Alltag – stattfindet (vgl. *Schütz u. a., 2016, S. 38*).

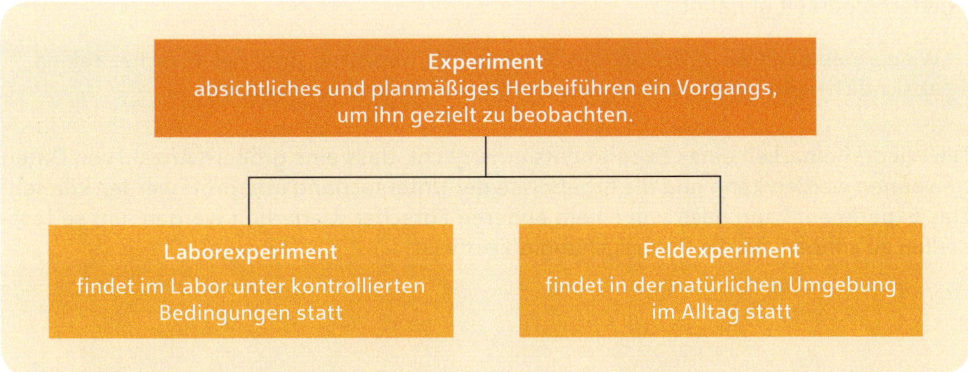

Der Forscher setzt bestimmte Bedingungen für ein Geschehen fest und beobachtet, welchen Einfluss diese Bedingungen auslösen, welche Wirkungen sie zeigen.

Ein Forscher will zum Beispiel die Wirkung von Pausen auf das Lernen untersuchen. Er legt den Zeitpunkt, die Länge und die Art der Pausen selbst fest (= Bedingungen des Geschehens) und beobachtet, welche Wirkung diese auf das Lernen haben.

In dieser absichtlichen und planmäßigen Herbeiführung eines Vorgangs liegt ein großer Vorteil des Experimentes: Der Forscher kann die Bedingungen, deren Wirkungen er beobachten will, und die Situation, unter der die Beobachtung stattfinden soll, sowie den Ort und die Zeit für die Untersuchung selbst bestimmen. Dieses Kriterium der Selbstbestimmung von Bedingungen, Situation, Ort und Zeit wird **Willkürlichkeit** genannt.

[1] vgl. Kapitel 18.3.1

Willkürlichkeit als Kriterium des Experiments bedeutet, dass der Forscher die Bedingungen, deren Wirkungen er beobachten will, und die Situation, unter der die Beobachtung stattfinden soll, sowie den Ort und die Zeit für die Untersuchung selbst bestimmen kann.

Mit dem Merkmal der Willkürlichkeit steht ein Weiteres in engem Zusammenhang: Der Forscher kann die Bedingungen, deren Wirkungen er beobachten will, verändern, variieren.

Der Forscher kann, um bei obigem Beispiel zu bleiben, den Zeitpunkt der Pausen verändern: In einem Untersuchungsdurchgang beispielsweise setzt er alle 45 Minuten, in einem anderen Durchgang alle 90 Minuten eine Pause fest. Er kann die Länge der Pausen abwandeln: Er macht Untersuchungen mit einer Pausenlänge von 15 Minuten und von 30 Minuten. Zudem kann er die Tätigkeit der Schüler in den Pausen beliebig variieren: In einem Versuch lässt er die Schüler möglichst aktiv, in einem anderen möglichst passiv agieren.

Dieses Kriterium der Veränderbarkeit der Bedingungen wird als **Variierbarkeit** bezeichnet.

Variierbarkeit als Kriterium des Experiments bedeutet, dass der Forscher die Bedingungen, deren Wirkungen er beobachten will, verändern kann.

Dadurch, dass der Forscher einen bestimmten Vorgang absichtlich herbeiführen kann, ist es für ihn auch möglich, dass dies mehrmals in gleicher Weise geschieht. So kann der Forscher sein Experiment über die Wirkung von Pausen auf das Lernen beliebig oft wiederholen. Dieses Kriterium des mehrmaligen Durchführen-Könnens eines Versuches wird **Wiederholbarkeit** genannt.

Wiederholbarkeit als Kriterium des Experiments bedeutet, dass der Forscher seinen absichtlich herbeigeführten Vorgang beliebig oft durchführen kann.

Die Wiederholbarkeit eines Experiments ermöglicht, dass eine größere Anzahl von Daten gewonnen werden kann und die Ergebnisse der Untersuchung überprüft werden können. Das Experiment kann auch von einem anderen Forscher wiederholt werden, um so feststellen zu können, ob die Untersuchung objektiv ist.

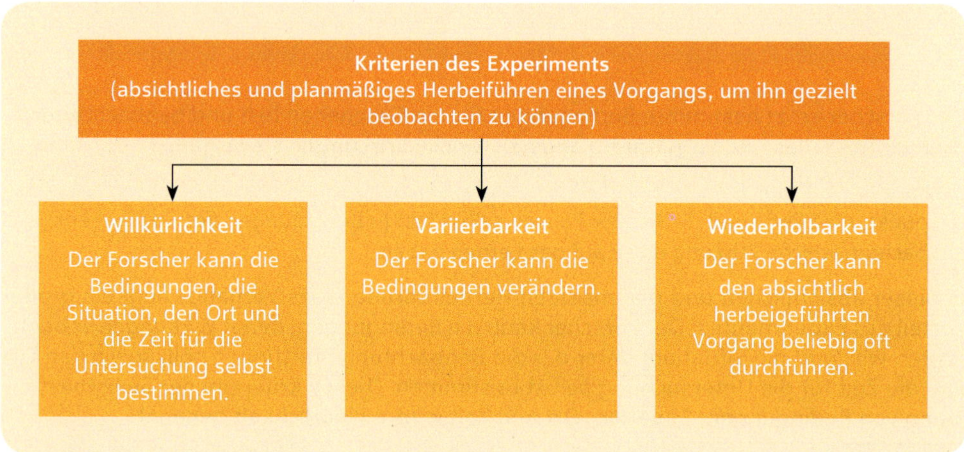

Dabei müssen beim Experiment bestimmte Voraussetzungen erfüllt sein:

- Bestimmung der Situation, des Ortes und der Zeiten für die Untersuchung,
- Festlegung, wie der Forscher die Bedingungen, deren Wirkungen er beobachten will, variieren will,
- Entwurf eines Kategoriensystems und einer Schätzskala.

Der Forscher benötigt ein **Kategoriensystem**, in welchem die Begriffsmerkmale der zu beobachtenden Größen zusammengestellt sind.

Ein solches Kategoriensystem für aggressives Verhalten eines Kindes könnte folgende Kategorien beinhalten:

- Reaktionen wie Erröten, Zittern, Stottern, erhöhter Blutdruck, schnelles Atmen
- Schreien und Herumbrüllen
- Trampeln
- Umherschlagen mit den Armen
- Attackieren der eigenen Person
- Attackieren von anderen Personen
- Attackieren von Gegenständen
- ...

Zudem bedarf es einer **Skala**, in der sich die Werte einer Untersuchung darstellen lassen.

In einer solchen Skala kann der Forscher die Werte nach bestimmten Kategorien klassifizieren, in eine bestimmte Reihenfolge, eine Rangordnung bringen oder die Abstände zwischen den Werten bestimmen. Sie kann beispielsweise Zahlen erhalten – etwa wie oft hat das Kind getrampelt, seine eigene Person attackiert ..., – es kann sich aber auch um eine Ratingskala handeln mit den Kriterien: sehr häufig – häufig – selten – sehr selten – gar nicht.

Auf den Punkt gebracht

- Wissenschaftliche Methoden sind systematisch geplante Vorgehensweisen oder Verfahren, um Wissen über einen Objektbereich zu gewinnen; sie kennzeichnen einen Prozess, der auf ein bestimmtes Ziel gerichtet ist, und umfassen ein System von Regeln, das diesen Prozess festlegt.
- Entsprechend den beiden Arten von Wissenschaften – Natur- und Geisteswissenschaften – unterscheidet man erfahrungswissenschaftliches (= empirisches) Vorgehen, das dazu beiträgt, die Wirklichkeit zu beobachten und zu beschreiben, Zusammenhänge zwischen Merkmalen zu erkennen sowie Gesetzmäßigkeiten aufzustellen und zu erklären, und geisteswissenschaftliches Vorgehen. Das geisteswissenschaftliche Vorgehen dient dem Verstehen durch das Herausfinden von Wert- und Sinnzusammenhängen.
- Als erfahrungswissenschaftliche bzw. empirische Methoden bezeichnen wir Vorgehensweisen, die der planmäßigen Beobachtung und Beschreibung eines bestimmten Bereiches der Wirklichkeit und der Gewinnung von überprüfbaren Daten zum Zwecke der Erklärung dienen. Die wichtigsten empirischen Methoden sind die Beobachtung, das Experiment, der Test und die Befragung bzw. das Interview.

- Unter einem Experiment versteht man das absichtliche und planmäßige Herbeiführen eines Vorganges, um ihn gezielt beobachten zu können. Kriterien eines Experimentes sind Willkürlichkeit (der Forscher kann die Bedingungen, die Situation, den Ort und die Zeit für die Untersuchung selbst bestimmen), Variierbarkeit (der Forscher kann die Bedingungen verändern) (und Wiederholbarkeit) der Forscher kann den absichtlich herbeigeführten Vorgang beliebig oft durchführen. Zur Durchführung eines Experimentes benötigt der Forscher ein Kategoriensystem. Zudem bedarf es einer Skala, in der sich die Werte einer Untersuchung darstellen lassen.

Wiederholen, Vertiefen, Anwenden

1. *Lernsituation 19.1*
   Stellen Sie an dem in der *Lernsituation 19.1* dargestellten Beispiel das Experiment als empirische Methode dar.
2. *Der Psychologe und Gedächtnisforscher Herbert Ebenheim will herausfinden, ob ein Zusammenhang besteht zwischen der Art und Weise des Lernens eines Schülers und seinen schulischen Leistungen.*
   Erläutern Sie an diesem Beispiel pädagogisch-psychologische Erkenntnisgewinnung anhand des Experiments.
3. *Ein Wissenschaftler möchte entdecken, ob Stress Krankheitsfolgen wie erhöhten Blutzucker- und Cholesterinspiegel oder koronare Herzerkrankungen hervorrufen kann.*
   Zeigen Sie an diesem Beispiel auf, wie ein Wissenschaftler durch ein Experiment zu seinem Ergebnis kommt.
4. Beschreiben Sie eine empirische Methode (zum Beispiel ein Experiment) an einer von Ihnen gewählten Fragestellung.

19.2 Grundsätze und Arbeitsschritte methodischen Vorgehens

Lernsituation

Eine Untersuchung an unserer Schule

Sie erfahren von Ihrem Lehrer, dass Mitarbeiter von Herrn Professor Dr. Dr. Fröhlich herausfinden wollen, ob aktive Mitarbeit von Schülern ihre schulischen Leistungen verbessere. Ihre Klasse ist die erste, in die die Mitarbeiter kommen wollen, und Sie bekommen mit, dass der Chef, Herr Professor Dr. Dr. Fröhlich, bevor sie zu arbeiten beginnen, zu ihnen sagt: „Wir wollen uns natürlich mit dem Ergebnis nicht blamieren! Beachten Sie bitte die Grundsätze wissenschaftlichen Vorgehens oder die Prinzipien, wie Sie sie nennen, und gehen Sie bei Ihrer Durchführung sauber Schritt für Schritt vor. Wir haben sonst unseren guten Ruf zu verlieren!“

Sie wollen in Erfahrung bringen, um welche Prinzipien es sich dabei handelt und wie die Mitarbeiter vorgehen müssen, um zu korrekten Ergebnissen zu kommen.

I Information

19.2.1 Prinzipien wissenschaftlichen Vorgehens

Wissenschaftler, die empirisch vorgehen, haben grundlegende Prinzipien zu beachten, wenn sie zu überprüfbaren und allgemeingültigen Aussagen gelangen wollen.

Eindeutigkeit

Die **Beschreibung muss möglichst klar, präzise und genau sein. Zentrale Begriffe müssen eindeutig bestimmt sein.**

Wenn Herr Professor Dr. Dr. Fröhlich untersuchen will, ob die aktive Mitarbeit von Schülern ihre schulischen Leistungen verbessert, so müssen die zentralen Begriffe eindeutig bestimmt werden: Wie äußert sich „aktive Mitarbeit“? Wie lassen sich „schulische Leistungen“ bestimmen?

Überprüfbarkeit

Neben einer klaren, präzisen und genauen Beschreibung sowie einer eindeutigen Begriffsbestimmung ist es zur Überprüfung einer wissenschaftlichen Aussage erforderlich, dass der Forscher genaue Angaben macht, auf welche Art und Weise er zu seinen Erkenntnissen kommt, wie er also methodisch vorgeht bzw. vorgegangen ist. Nur so ist es möglich nachzuprüfen, ob der Wissenschaftler methodisch richtig verfahren und damit brauchbare Ergebnisse erzielt hat oder ob er Fehler gemacht und damit unbrauchbare Ergebnisse geliefert hat[1].

Wenn die Mitarbeiter von Herrn Professor Dr. Dr. Fröhlich seine Ergebnisse vorstellen, so müssen sie gewährleisten, dass ihr Vorgehen nachvollziehbar ist und von einem anderen Forscher unter den gleichen Bedingungen wiederholt werden kann.

Überprüfbarkeit bedeutet, dass die Aussage und die Art und Weise, wie der Forscher diese Aussage gewonnen hat, in der Realität jederzeit nachvollziehbar und wiederholbar sind.

Gültigkeit

Um zu Aussagen zu kommen, die tatsächlich der Wirklichkeit entsprechen, muss ein Wissenschaftler **das untersuchen, was er zu untersuchen angibt.**

In unserem Beispiel müssen die Mitarbeiter von Professor Dr. Dr. Fröhlich tatsächlich die aktive Mitarbeit und nicht den Fleiß oder die Freude am Unterrichtsstoff beobachten.

[1] vgl. Band 1, Kapitel 1.1.2

Dieses Prinzip wissenschaftlichen Erforschens wird als **Gültigkeit bzw. Validität**[1] bezeichnet.

Validität (Gültigkeit) bedeutet, dass ein Forscher auch tatsächlich das untersucht, was er zu erforschen angibt.

Zuverlässigkeit

Zudem muss ein Forscher **das, was er zu untersuchen angibt, genau und exakt beobachten bzw. messen**[2]. Das Ergebnis muss also von zufälligen Einflüssen weitgehend frei sein.

→ Schätzen die Mitarbeiter beispielsweise nach der Unterrichtsstunde die gute oder schlechte Mitarbeit der Schüler, so ist dieses Schätzen nicht zuverlässig.

Dieses Prinzip wissenschaftlicher Erforschung wird als **Zuverlässigkeit bzw. Reliabilität**[3] bezeichnet und ist dann gegeben, wenn die Untersuchung bei Wiederholung unter Beachtung der gleichen Bedingungen immer wieder zum gleichen Ergebnis führt.

→ Messe ich zum Beispiel eine bestimmte Wegstrecke mit Schritten, so wird bei jeder Messung möglicherweise ein anderes Ergebnis erzielt werden, während eine Messung mit dem Metermaß bei Wiederholung unter Beachtung der gleichen Bedingungen zum gleichen Ergebnis führt.

Reliabilität (Zuverlässigkeit) bedeutet, dass ein Forscher das, was er zu untersuchen angibt, genau und exakt beobachtet bzw. misst.

Objektivität (Intersubjektivität)

Verschiedene Wissenschaftler müssen mit ihrer Untersuchung unter gleichen Bedingungen zu gleichen Ergebnissen kommen. Dieses Prinzip wird, wie in *Band 1, Kapitel 1.1.2* ausgeführt, **Objektivität** genannt. Eine Untersuchung ist dann objektiv, wenn unabhängig von den Personen, die sie durchführen, auswerten und interpretieren, gleiche Ergebnisse erreicht werden. Das Ergebnis einer Forschungsuntersuchung darf also nicht von der Person des Forschers abhängen.

→ Die Beobachtung der Schülermitarbeit in Zusammenhang mit den schulischen Leistungen ist dann objektiv, wenn verschiedene Forscher in den gleichen Klassen unter Beachtung der gleichen Bedingungen zu demselben Ergebnis kommen.

Widerspruchsfreiheit

Die Ergebnisse müssen in ihren Aussagen **widerspruchsfrei** sein. Widerspruchsfrei bedeutet, dass in einem Aussagensystem nicht ein Satz und gleichzeitig sein Gegenteil stehen können (vgl. *Macho, 2016, S. 68*). Die einzelnen Aussagen müssen ***stimmig*** miteinander sein.

1 validus (lat.): stark, kräftig
2 Die Begriffe „Beobachten" und „Messen" werden in Materialien 1 dieses Kapitels dargestellt.
3 reliable (engl.): verlässlich

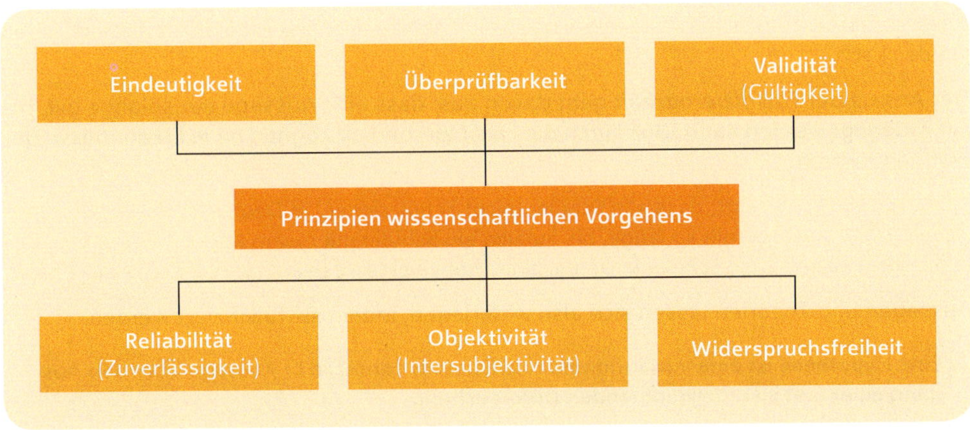

19.2.2 Die Vorgehensweise bei einer empirischen Untersuchung

Bezüglich des Vorgehens bei empirischen Untersuchungen können wir acht Schritte unterscheiden.

1. Schritt: Die wissenschaftliche Fragestellung

Jeder Wissenschaftler, der eine Untersuchung startet, geht von einer bestimmten Fragestellung aus. Er legt fest, welchen Sachverhalt er untersuchen will. Am Anfang einer wissenschaftlichen Untersuchung steht also immer eine **wissenschaftliche Fragestellung**.

Die Mitarbeiter von Herrn Professor Dr. Dr. Fröhlich wollen untersuchen, ob aktive Mitarbeit von Schülern ihre schulischen Leistungen verbessert.

Eine wissenschaftliche Fragestellung ist eine Mitteilung darüber, welcher Sachverhalt untersucht werden soll.

2. Schritt: Bildung der Hypothese

Sobald ein Forscher festgelegt hat, welchen Sachverhalt er untersuchen will, formuliert er seine **Vermutung über den Ausgang seiner erst noch zu unternehmenden Untersuchung**.

Die Mitarbeiter formulieren den Ausgang seiner Untersuchung: „Es besteht ein Zusammenhang zwischen der aktiven Mitarbeit von Schülern und ihren schulischen Leistungen".

Diese vorläufige Aussage wird **Hypothese**[1] genannt und dient der Organisation einer Untersuchung.

Eine Hypothese muss so formuliert sein, dass sie durch die Untersuchung **entweder bestätigt (= verifiziert) oder nicht bestätigt, verworfen (= falsifiziert)** werden kann.

Die Aussage „Welche Wirkung die Mitarbeit eines Schülers im Unterricht auf seine schulischen Leistungen hat, ist ungewiss" ist als Hypothese unzulässig, weil sie weder verifiziert noch falsifiziert werden kann. Dagegen ist die Vermutung „Zwischen der aktiven Mitarbeit eines Schülers im Unterricht und seinen schulischen Leistungen besteht ein Zusammenhang" als Hypo-

[1] hypotithénai (griech.): eine Behauptung aufstellen, unterstellen

these zulässig, da sie durch eine entsprechende Untersuchung bestätigt oder verworfen werden kann.

Der Ansatz der ***Falsifizierbarkeit*** geht davon aus, dass eine Aussage nur solange gilt, bis sie widerlegt werden kann. Nur durch die Falsifizierbarkeit können neue Erkenntnisse gewonnen werden.

→ Eine Untersuchung zeigt, dass alle Schüler (nicht Schülerinnen) in Deutschland eine Hose anhaben. Diese Aussage gilt so lange, bis zufällig ein Schüler mit einem Rock entdeckt wird. Die bisherige Aussage „Alle Schüler in Deutschland haben eine Hose an" ist widerlegt – falsifiziert.

Aussagen und Theorien lassen sich also widerlegen, indem sie falsifiziert werden.

Eine Hypothese ist eine vorläufig und falsifizierbar formulierte Aussage über den Ausgang einer erst zu unternehmenden Untersuchung.

3. Schritt: Bestimmung der Variablen

Bei einer Hypothese geht es um einen Zusammenhang zwischen zwei Merkmalen, die **Variablen**[1] genannt werden.

→ Bei der oben genannten Hypothese „Es besteht ein Zusammenhang zwischen der aktiven Mitarbeit von Schülern und ihren schulischen Leistungen" sind die beiden Variablen die „aktive Mitarbeit im Unterricht" und die „schulischen Leistungen".

Variablen sind bestimmte Merkmale von Untersuchungsgegenständen, die miteinander verglichen werden (vgl. *Schirmer, 2009, S. 119*).

Dabei setzt man bei einer wissenschaftlichen Hypothese mindestens zwei Variablen voraus, die **unabhängige und die abhängige Variable**. Die unabhängige Variable (UV) ist die Ursache, die Bedingung, von der sich der Forscher eine bestimmte Wirkung erwartet.

→ Der Grad der Mitarbeit des Schülers im Unterricht ist die unabhängige Variable; sie ist die Ursache, von der sich der Wissenschaftler eine bestimmte schulische Leistung erwartet.

Die unabhängige Variable ist die Ursache, die Bedingung, von der der Forscher ausgeht und sich eine bestimmte Wirkung erwartet.

... *Meist sind Hypothesen „Wenn-Dann-Beziehungen": Wenn der Schüler aktiv mitarbeitet, dann verbessert sich die Schulleistung. Eine Variable, die sich auf den „Wenn-Aspekt" bezieht, ist die unabhängige Variable (vgl. Eid u. a., 2015⁴, S. 82).*

In einem Experiment wird die unabhängige Variable vom Forscher absichtlich und geplant eingeführt und auch verändert[2].

Die abhängige Variable (AV) stellt die – vom Versuchsleiter vermutete – Wirkung der unabhängigen Variable dar, sie verändert sich in Folge dieser.

→ Die abhängige Variable sind die schulischen Leistungen, die sich in Abhängigkeit von dem Grad der Mitarbeit verändern.

---

[1] variabilis (lat.): veränderlich; eine Variable ist eine „veränderliche Größe"

[2] siehe Abschnitt 19.2.2

Die abhängige Variable ist die Folge, die Wirkung, die sich aufgrund der abhängigen Variable ergibt.

Eine Variable, die sich auf den „Dann-Aspekt" bezieht, ist die abhängige Variable (vgl. Eid u.a., 2015[4], S. 83).

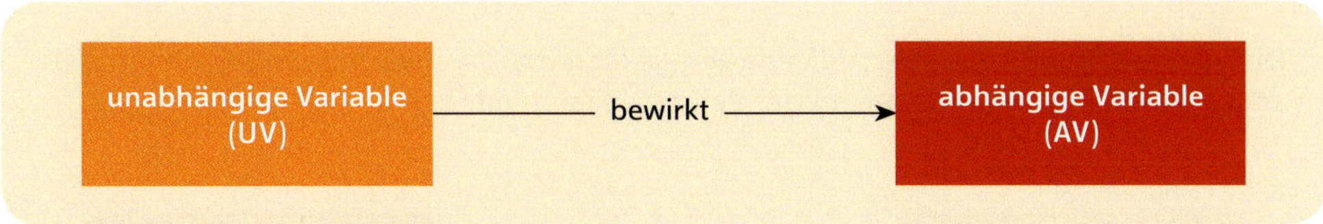

Die Untersuchung muss nun sorgfältig **geplant** werden, damit ihre die Ergebnisse fehlerfrei sind.

4. Schritt: Operationalisierung der zentralen Begriffe

Der Forscher legt genau fest, wie er die Merkmale, die untersucht werden sollen, beobachten kann – er führt sie auf das Beobachtbare zurück.

In dem Beispiel „Es besteht ein Zusammenhang zwischen der aktiven Mitarbeit eines Schülers im Unterricht und seinen schulischen Leistungen" legen die Mitarbeiter von Professor Dr. Dr. Fröhlich genau fest, wie sie „aktive Mitarbeit" und „schulische Leistungen beobachten und feststellen wollen zum Beispiel

- Anzahl der Meldungen des Schülers im Unterricht, Erledigen der Hausaufgaben, ...
- Erfassen der schulischen Noten, Errechnen ihres Durchschnittes

Das Zurückführen von Begriffen auf das Beobachtbare wird als **Operationalisierung**[1] bezeichnet. Sind die Begriffe auf das Beobachtbare zurückgeführt, so spricht man von einer **operationalen Definition.**

Operationale Definition ist eine Begriffsbestimmung, in welcher ein Begriff auf das Beobachtbare zurückgeführt, einer Beobachtung zugänglich gemacht ist.

Eine unklare bzw. unterschiedliche Definierung der entsprechenden Begriffe ist oft der Grund dafür, dass verschiedene Untersuchungen zu ein und demselben Thema zu unterschiedlichen Ergebnissen kommen. Es gibt beispielsweise zu der Fragestellung, ob ein geringes Selbstbewusstsein ein Nährboden für Aggressionen ist, mehrere Untersuchungen, die aber zu unterschiedlichen Ergebnissen führen. Der Grund hierfür können Definierungen des Begriffes „geringes Selbstbewusstsein" sein, die jeder Forscher anders vorgenommen hat.

5. Schritt: Ausschalten von Merkmalen, die das Ergebnis verfälschen könnten

Der Wissenschaftler macht sich Gedanken, wie er ***mögliche Merkmale, die sein Ergebnis beeinflussen und damit verfälschen könnten, in den Griff bekommen bzw. ausschalten kann.***

So könnte es möglich sein, dass die Schüler sehr effektive Lernstrategien beherrschen oder sich Nachhilfeunterricht geben lassen und dadurch gute Noten erzielt werden und nicht aufgrund der aktiven Mitarbeit im Unterricht.

[1] operari (lat.): arbeiten

In der Wissenschaft spricht man in diesem Zusammenhang von **intervenierender**[1] **Variable IV**, dasjenige Merkmal, das die Beziehung zwischen unabhängiger und abhängiger Variable beeinflusst.

Intervenierende Variablen sind im obigen Beispiel die effektiven Lernstrategien und der Nachhilfeunterricht, sie können die Beziehung zwischen der Mitarbeit und den schulischen Leistungen beeinflussen und damit das Ergebnis verfälschen.

Die intervenierende Variable stellet dasjenige Merkmal dar, welches die Beziehung zwischen unabhängiger und abhängiger Variable beeinflusst.

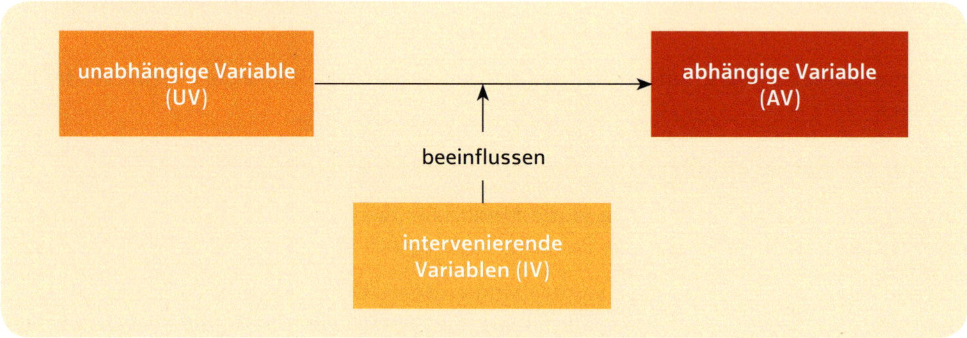

6. Schritt: Bestimmung der Stichprobe

Um zu allgemeingültigen Aussagen zu kommen, müsste man genau genommen alle Personen bzw. -gruppen, auf die die Aussage zutreffen soll, untersuchen.

Wollen die Mitarbeiter untersuchen, ob ein Zusammenhang zwischen der aktiven Mitarbeit des Schülers im Unterricht und seinen schulischen Leistungen besteht, so müssten sie alle Schülerinnen und Schüler der Bundesrepublik Deutschland beobachten.

Die Gesamtheit aller Personen, auf die die Aussage zutreffen soll, wird **Grundgesamtheit bzw. Population**[2] genannt.

Die Grundgesamtheit bzw. die Population umfasst alle Schüler der Bundesrepublik Deutschland; auf sie nämlich soll oben genannte Aussage zutreffen.

Die Gesamtheit aller Personen, für die man aufgrund einer Untersuchung eine Aussage treffen will, bezeichnet man als Grundgesamtheit bzw. Population.

Es ist aber nicht möglich, alle Personen, auf die die Aussage zutreffen soll, zu untersuchen. Wissenschaftler wählen deshalb aus der Population bestimmte Personen aus. Wird eine Untersuchung nur an einem Teil der Population durchgeführt, so spricht man von einer **Stichprobe**.

Die Mitarbeiter von Herrn Professor Dr. Dr. Fröhlich wählen aus der Population beispielsweise 2 000 Schüler aus, um zu beobachten ob ein Zusammenhang zwischen der aktiven Mitarbeit des Schülers im Unterricht und seinen schulischen Leistungen besteht. Diese 2 000 Schüler stellen in diesem Beispiel die Stichprobe dar.

---

[1] intervenire (lat.): dazwischentreten
[2] populus (lat.): das Volk

Dabei ist es wichtig, dass in allen Merkmalen, die für das zu untersuchende Verhalten bedeutsam sein könnten, keine grundsätzlichen Unterschiede zwischen der Stichprobe und der Population bestehen.

So dürfen hinsichtlich von Merkmalen wie beispielsweise Intelligenz, Begabungen, Alter, Geschlecht, Herkunft u. a. zwischen der Stichprobe und der Population keine systematischen Unterschiede bestehen.

Wir sprechen dann von der **Repräsentativität[1] einer Stichprobe**: Sie setzt sich in ihren Merkmalen im Idealfall genauso zusammen wie die Population und stellt gleichsam eine „verkleinerte Population" dar. Bei einer genügend großen Stichprobe, bei der jede Person die gleiche Chance hat, in die Stichprobe aufgenommen zu werden, ist in der Regel die Repräsentativität gegeben. Eine Möglichkeit, eine solche Stichprobe auszuwählen, ist die Zufallsauswahl, **Randomisierung**[2] genannt, wie dies beispielsweise beim Losverfahren der Fall ist.

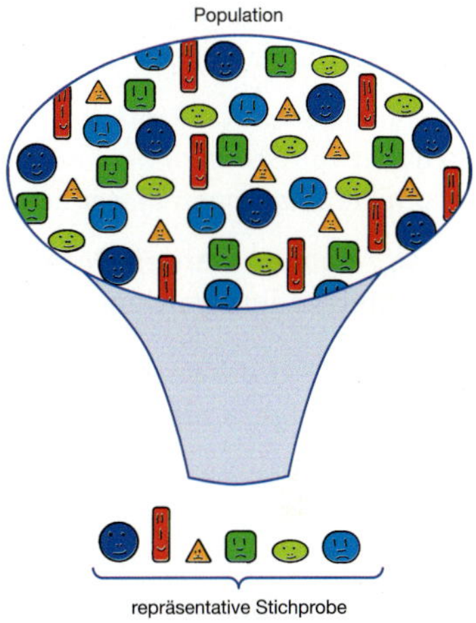

In der Realität gleichen sich eine per Zufallsauswahl gezogene Stichprobe und die zugrunde liegende Population hinsichtlich ihrer Eigenschaften so gut wie nie vollständig. Zufallsbedingt werden immer mehr oder weniger kleine Abweichungen auftreten. Wichtig für die Aussagekraft der Ergebnisse ist allerdings, dass es sich dabei um keine grundlegenden Abweichungen handelt.

7. Schritt: Durchführung der Untersuchung

Nach dieser „Vorarbeit" kann der Wissenschaftler seine Untersuchung durchführen und die Ergebnisse festhalten. Je nachdem, was erforscht bzw. untersucht wird, handelt es sich um eine **Beobachtung**, ein **Experiment**, einen **Test** oder um eine **Befragung**[3].

Bei einem Experiment führt der Forscher den Vorgang absichtlich und planmäßig herbei. Er muss die Bedingungen, deren Wirkungen er beobachten will, und die Situation, unter der die Beobachtung stattfinden soll, sowie den Ort und die Zeit für die Untersuchung bestimmen. Ebenso kann er die Bedingungen, deren Wirkungen er beobachten will, verändern bzw. variieren[4].

Es reicht nicht aus, die zu untersuchenden Merkmale einmal zu beobachten und festzuhalten; mehrere Wiederholungen müssen miteinander verglichen werden. Erst dann sind sie aussagekräftig. Darin liegt der große Vorteil eines Experimentes: Seine Wiederholbarkeit ermöglicht, dass eine größere Anzahl von Daten gewonnen werden kann und die Ergebnisse der Untersuchung überprüft werden können.

8. Schritt: Auswertung und Interpretation der gewonnenen Daten

Die zu untersuchenden Merkmale müssen als Zahlenwerte angegeben, **quantifiziert**[5] werden.

[1] repraesentatio (lat.): die Darstellung
[2] random (engl.): zufällig
[3] vgl. Abschnitt 19.1.2 und Materialien 1 dieses Kapitels
[4] siehe Abschnitt 19.1.2
[5] quantum (lat.): wie viel

Quantifizierung stellt die Angabe der zu untersuchenden Merkmale in messbaren Größen bzw. Zahlen dar.

Zur Quantifizierung dienen sog. **Skalen**[1], in denen sich die Werte einer Untersuchung darstellen lassen.

→ **Materialien** 2: Das Skalenniveau

Dabei erhält der Wissenschaftler als Ergebnis seiner Untersuchung Angaben über die Ausprägung bzw. über die Häufigkeit von bestimmten Verhaltensmerkmalen.

→ Die Mitarbeiter von Professor Dr. Dr. Fröhlich erhalten auf der einen Seite Angaben über die Aktivität von Schülerinnen und Schülern im Unterricht, auf der anderen Seite erfahren sie, wie es um die Leistungen dieser Schülerinnen und Schüler steht.

Diese Angaben werden ***Daten*** genannt, die mithilfe **statistischer Verfahren** ausgewertet und interpretiert werden[2].

Statistik ist die Bezeichnung für mathematische Verfahrensweisen, die der Aufbereitung, Auswertung und Interpretation von empirisch gewonnenen Daten dienen.

Dabei ist die Unterscheidung zwischen ***beschreibender und schließender Statistik*** bedeutsam.

Die **beschreibende (deskriptiver**[3]**) Statistik** dient der Darstellung quantitativer Daten, ihre Darbietungsmöglichkeiten sind Tabellen, Grafiken oder Diagramme (vgl. *Schirmer, 2009, S. 122 f.*). Berechnet werden Häufigkeiten, Durchschnittswerte (Mittelwerte), Streuungsmaße und Abweichungen vom Durchschnitt.

→ **Materialien** 3: Die beschreibende Statistik

Die **schließende Statistik** – auch **Inferenzstatistik**[4] genannt – berechnet, ob der untersuchte Sachverhalt verallgemeinert werden kann (vgl. *Schirmer, 2009, S. 124*). Es kann möglich sein, dass bestimmte Abweichungen oder Zusammenhänge ***zufällig*** auftreten.

→ Dies kann beispielsweise der Fall sein, wenn die Stichprobe sehr klein ist.

→ **Materialien** 4: Die Interpretation der statistischen Daten

Auf der Grundlage der ausgewerteten und interpretierten Daten stellt sich heraus, ob sich die Hypothese bestätigt oder nicht. Es könnte möglich sein, dass sich kein Zusammenhang zwischen den beiden Variablen ergibt, sodass die Hypothese falsifiziert werden muss.

→ Es kann der Fall sein, dass die Mitarbeiter von Herrn Professor Dr. Dr. Fröhlich ihre Hypothese nicht bestätigt bekommen. Dann wissen sie, dass kein Zusammenhang zwischen der aktiven Mitarbeit des Schülers und seinen schulischen Leistungen besteht.

---

[1] scala (ital.): Treppe, Leiter

[2] Auswertung bedeutet in diesem Zusammenhang das Ordnen von Zahlen in einer Weise, dass sie eine Aussage ergeben (vgl. Eid u. a., 2015[4], S. 42). Interpretation (lat.) meint hier das Auslegen und Deuten der gewonnenen Daten).

[3] describere (lat.): beschreiben

[4] inferre (lat.): schluss-)folgern, schließen

Es könnte aber auch der „umgekehrte Zusammenhang“ eintreten, dass sich eine „negative Beziehung“ zwischen den Variablen ergibt: Je „größer“ die abhängige Variable, desto „kleiner“ die unabhängige Variable.

Daraus kann sich Folgendes ergeben: Je mehr der Schüler aktiv mitarbeitet, desto geringer sind seine Schulleistungen.

Bestätigt sich die Hypothese, so ist ihre Verifizierung **allgemeingültig**.

Die Aussage, es besteht ein Zusammenhang zwischen der aktiven Mitarbeit der Schüler und ihren schulischen Leistungen, ist dann generell gültig.

Einer Wissenschaft, in der der Mensch primärer Gegenstand ist, ist es kaum möglich, wahre und absolut gültige Aussagen zu treffen, Aussagen, die in der Realität auch tatsächlich auf alle Menschen – ohne Ausnahme – zutreffen. Wissenschaftliche Aussagen von Wissenschaften, die es mit dem Menschen zu tun haben, sind immer Wahrscheinlichkeitsaussagen, das heißt, dass im Einzelfall grundsätzlich Abweichungen möglich sind[1].

Bei einer Jagd schießen neun Jäger links vom Hirsch vorbei und neun Jäger treffen auch nicht, sie schießen rechts vorbei. Und so funktioniert Statistik: Im Durchschnitt haben die Jäger in der Mitte getroffen und die Hirschen sind jetzt tot.

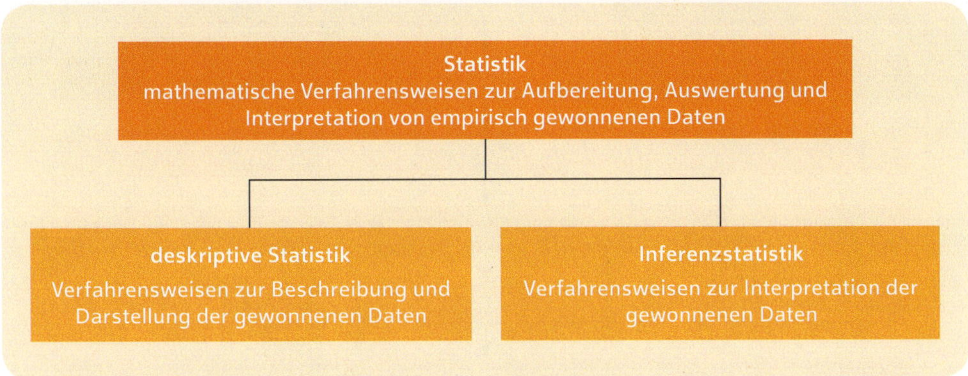

9. Schritt: Die Wiederholung der Untersuchung

Um sicherzugehen, dass das Ergebnis tatsächlich zuverlässig ist, wird des Öfteren die Untersuchung wiederholt, in der Regel mit einer anderen Stichprobe oder einer anderen Versuchsanordnung (vgl. *Aronson, 2014*[8]*, S. 600*).

Herr Professor Dr. Dr. Fröhlich wird mit seinen Mitarbeitern die Untersuchung möglicherweise an einer anderen Schule wiederholen, um festzustellen, dass die Untersuchungsergebnisse, dass ein Zusammenhang zwischen der aktiven Mitarbeit der Schüler und ihren schulischen Leistungenbesteht, auch tatsächlich zuverlässig ist.

[1] vgl. Kapitel 18.3.1

Diese Wiederholung bezeichnet man in den Wissenschaftstheorien als **Replikation**[1]. Ihr Ziel ist die Überprüfung der Ergebnisse, die man in einer ersten Untersuchung erhalten hat.

Replikation bedeutet in den Wissenschaftstheorien die Wiederholung einer wissenschaftlichen Untersuchung zum Zwecke der Ergebniskontrolle.

10. Schritt: Die Formulierung von allgemeingültigen Aussagen

Handelt es sich bei der aufgestellten Hypothese aufgrund der Untersuchung um eine allgemeingültige Aussage, so wird sie der Forscher **formulieren** und auch **veröffentlichen**. Bei der Veröffentlichung wird er auch die Art und Weise, wie er diese Aussage gewonnen hat, angeben, damit sie überprüfbar ist.

→ Herr Dr. Dr. Fröhlich wird seine Erkenntnis, dass zwischen der aktiven Mitarbeit von Schülern und ihrer schulischen Leistungen ein Zusammenhang besteht, in einer Zeitschrift, im Internet, auf seiner Homepage oder auf der des Auftraggebers oder in einem Buch, das er herausgibt, veröffentlichen.

Vorgehensweise bei einer empirischen Untersuchung

Formulierung einer wissenschaftlichen Fragestellung

↓

Bildung einer Hypothese

↓

Bestimmung der Variablen

↓

Operationalisierung der zentralen Begriffe

↓

Ausschalten von Merkmalen, die das Ergebnis verfälschen könnten

↓

Bestimmung der Stichprobe

↓

Durchführung der Untersuchung

↓

Auswertung und Interpretation der gewonnenen Daten, Verifizierung oder Falsifizierung der Hypothese

↓

Wiederholung der Untersuchung (Replikation)

↓

Formulierung von allgemeingültigen Aussagen, Veröffentlichung dieser Erkenntnisse

---

[1] replicatio (lat.): die kreisförmige Bewegung

Auf den Punkt gebracht

- Wissenschaftler, die empirisch vorgehen, haben grundlegende Prinzipien zu beachten, wenn sie zu überprüfbaren und allgemeingültigen Aussagen gelangen wollen:
  - klare, präzise und genaue Beschreibung, eindeutige Bestimmung der zentralen Begriffe,
  - genaue Angaben, auf welche Art und Weise der Forscher zu seinen Erkenntnissen kommt,
  - Validität: Ein Forscher untersucht auch tatsächlich das, was er zu erforschen angibt,
  - Reliabilität: Ein Forscher beobachtet bzw. misst das, was er zu untersuchen angibt, genau und exakt, und
  - Objektivität: Eine Untersuchung ist in ihrer Durchführung, Auswertung und Interpretation unabhängig von der Person des Forschers.
  - Widerspruchsfreiheit: In Aussagen können nicht ein Satz und gleichzeitig sein Gegenteil stehen.
- Jede Untersuchung beinhaltet folgende Arbeitsschritte:
  - Formulierung einer wissenschaftlichen Fragestellung
  - Bildung einer Hypothese
  - Bestimmung der Variablen
  - Operationalisierung der zentralen Begriffe
  - Ausschalten von Merkmalen, die das Ergebnis verfälschen könnten
  - Bestimmung der Stichprobe
  - Durchführung der Untersuchung
  - Auswertung und Interpretation der gewonnenen Daten
  - Verifizierung oder Falsifizierung der Hypothese
  - Wiederholung der Untersuchung (Replikation)
  - Formulierung von allgemeingültigen Aussagen, Veröffentlichung dieser Erkenntnisse

Wiederholen, Vertiefen, Anwenden

1. *Der Forscher Carlo Poppe will untersuchen, ob ein Zusammenhang zwischen dem Grad der Intelligenz eines Kindes und seinen schulischen Leistungen besteht.* Erläutern Sie an diesem Beispiel grundlegende Prinzipien methodischen Vorgehens.
2. Bestimmen Sie die Prinzipien wissenschaftlichen Vorgehens und führen Sie aus, warum die Objektivität Voraussetzung für Reliabilität und diese wiederum Voraussetzung für Validität ist.
3. *Der Wert einer wissenschaftlichen Theorie*
   An der Berufsoberschule Eistadt findet eine öffentliche Diskussion statt, die im Fernsehen übertragen wird. Professoren/innen und Laien diskutieren über den Wert einer wissenschaftlichen Theorie.
   - Es werden zwei Schüler benannt, die sich dann jeweils zwei weitere Schüler heraussuchen dürfen. Die Schüler nehmen ihre Stühle mit.
   - Jeweils drei Schüler setzen sich gegenüber hin, ein 4. Stuhl kommt dazu.

- Diskussionsablauf: Die eine Gruppe will als Wissenschaftler die andere Gruppe davon überzeugen, wie gefährlich eine Alltagstheorie sein kann. Doch die andere Gruppe verteidigt ihre Alltagstheorie und preist diese an.
- Jede Gruppe bekommt 3 Minuten Zeit, sich auf das „Streitgespräch" vorzubereiten,
- Wer von der Klasse etwas sagen möchte, Lust hat, sich an der Diskussion zu beteiligen, setzt sich in den Innenkreis, leistet seinen Beitrag, kehrt aber dann wieder in den Außenkreis zurück.
- Auswertung im Klassenverband: Wie „treffend" wurden die Merkmale der wissenschaftlichen- und der Alltagstheorie vertreten?

4. *Lernsituation 19.2*
   a) Beschreiben Sie anhand der Untersuchung, die Professor Dr. Dr. Fröhlich und seine Mitarbeiter durchführen wollen, Prinzipien wissenschaftlichen Vorgehens.
   b) Zeigen Sie auf, wie die Mitarbeiter von Herrn Professor Dr. Dr. Fröhlich vorgehen müssen, um zu korrekten Ergebnissen zu kommen.
5. Stellen Sie die Vorgehensweise einer wissenschaftlichen Untersuchung zu folgenden Fragestellungen dar:
   a) *Beeinträchtigt Angst vor Schulaufgaben die Leistungsfähigkeit von Schülerinnen und Schülern?*
   b) *Fördert der Mathematikunterricht das logische Denken?*
   c) *Bewirken ein Meinungsaustausch, ein Gespräch in der Gruppe eine effektivere Einstellungsänderung als irgendein Massenkommunikationsmittel oder gar ein gut durchdachter, rhetorisch einwandfreier Vortrag?*
   d) *Ein Wissenschaftler möchte untersuchen, ob Stress Krankheitsfolgen wie erhöhten Blutzuckerspiegel hervorrufen kann.*
   e) *Sind Kinder in Großstädten aggressiver als Kinder in Kleinstädten und auf dem Lande?*
6. *Aufgrund guter Kontakte zum Jugendamt hat eine 13. Klasse im Rahmen des Pädagogik/Psychologie-Unterrichts die Möglichkeit, Häufigkeit und Intensität fremdenfeindlicher Einstellungen unter den Besuchern der kommunalen Jugendzentren zu ermitteln.*
   Stellen Sie die verschiedenen Arbeitsschritte nach denen man bei dieser Untersuchung vorgehen würde, dar.
7. *„Die Persönlichkeit eines Lehrers ist das Ausschlaggebende. Bei Lehrern, die bei den Schülern beliebt sind, schreiben diese bessere Noten."*
   a) Stellen Sie die Vorgehensweise bei dieser Untersuchung dar.
   b) Erläutern Sie an diesem Beispiel die Bedeutung der Inferenzstatistik.
8. *Drei Wissenschaftler von der Universität Düsseldorf kamen in Experimenten zu dem Ergebnis, dass Stress zur deutlichen Abnahme der Erinnerungsleistung für emotionale Wörter führt. Forscher der University of California dagegen fanden in ihren Untersuchungen heraus, dass Stress unter bestimmten Bedingungen die Erinnerungsleistung verbessern kann (vgl. Caspary, 2010, S. 195 f.).*
   Stellen Sie dar, woran es liegen könnte, dass Wissenschaftler in ihren Experimenten zu ein und demselben Sachverhalt zu völlig unterschiedlichen Ergebnissen kommen.
9. Suchen Sie in Zeitschriften nach psychologischen Untersuchungen und sprechen Sie in Ihren Gruppen darüber, inwieweit Prinzipien methodischen Vorgehens eingehalten wurden.
10. *Musikunterricht fördert offenbar auch die Leistung in anderen Fächern. Diesen Schluss legt eine Studie einer Universität nahe. Die Forscher hatten nach dem*

Zufallsprinzip zwei Grundschulen ausgesucht. In den Untersuchungen nahmen knapp 150 Schüler teil. Die Autoren am Ende dieser: „Unsere Resultate stützen die These, dass eine langfristig musikalische Ausbildung die akademischen Leistungen verbessert". Ein Kollege zweifelte die Untersuchung an.
Begründen Sie die Bedenken des Kollegen an dieser Studie.

11. *Homöopathie liegt im Trend, und ihre Methoden werden zunehmend anerkannt. Dies betrifft vor allem Globuli – ein in der Homöopathie verwendetes Arzneimittel in Form von kleinen Kügelchen, die bei Beschwerden eines Kranken helfen sollen und positive Veränderungen des Gemüts sowie ein besseres Schlafen hervorrufen. Während Homöopathen auf Globuli schwören, sagen die Mediziner, dass es keine wissenschaftlichen Belege für ihre Wirksamkeit gebe.*
Erläutern Sie, wann die Aussage, dass Globuli bei Krankheitsbeschwerden helfen würden, richtig wäre.
12. Überlegen Sie sich in Gruppen, warum man selbst wissenschaftliche Forschungsergebnisse kritisch prüfen soll.
13. *Wir führen eine Untersuchung durch.*
    - Überlegen Sie sich in Gruppen eine Fragestellung, die Sie untersuchen möchten und auch bewältigen können. Dabei kann es sich um eine eigene Idee handeln (zum Beispiel: Bringen kleinere Schüler in der Schule bessere Leistungen als größere?) oder um eine Ihnen bekannte Untersuchung (zum Beispiel das Experiment von *Solomon* Asch mit dem Schätzen von Balkenlängen[1]).
    - Bereiten Sie entsprechend *Abschnitt 19.2.2* unter Berücksichtigung der Prinzipien methodischen Vorgehens (*Abschnitt 19.2.1*) die Untersuchung vor.
    - Führen Sie in Gruppen diese Untersuchung durch.
    - Setzen Sie sich mit Ihrem Mathematiklehrer in Verbindung, der Ihnen bei der statistischen Auswertung der Daten helfen soll.
    - Stellen Sie Ihr Untersuchungsergebnis Ihrer Klasse vor und schildern Sie auch, wie Sie vorgegangen sind.
14. *Zeitschriftentests*
    - Lesen Sie in einer Zeitschrift eine Untersuchung oder einen Test.
    - Beurteilen Sie in Gruppen, ob diese(r) den Prinzipien wissenschaftlichen Vorgehens gerecht wird. Begründen Sie Ihre Entscheidung.
15. *Wer wird Millionär?*
    Erstellen Sie in Kleingruppen je zehn Fragen zu dem Thema „Die Gewinnung von wissenschaftlichen Erkenntnissen". Jeder Frage sind vier Antwortvorschläge anzufügen, wovon nur eine Antwort richtig sein darf. Mischen Sie anschließend die Fragen der verschiedenen Kleingruppen und spielen Sie in der Klasse das Spiel „Wer wird Millionär?": Jede Gruppe wählt einen Schüler aus, der sich den Fragen stellt. Ein Schüler beginnt, der Frage die richtige Antwort zu zuordnen. Macht er einen Fehler, ist der nächste Schüler dran usw. Das Spiel ist beendet, wenn alle Fragen beantwortet sind.
16. *Fazit ziehen*
    - Notieren Sie auf einen Zettel:
      - Was hat mir das Thema „Wissenschaftliche Grundlagen" gebracht?
      - Womit kann ich nichts anfangen?
      - Was ich zu diesem Thema noch sagen wollte ...
    - Lesen Sie, wenn Sie wollen, Ihre Notizen der Klasse vor.
    - Sprechen Sie in der Klasse über die Würdigungen.

[1] vgl. Band 1, Kapitel 2.4.4

Materialien Kapitel 19

1. Überblick über die Beobachtung, den Test und die Befragung

a) Die wissenschaftliche Beobachtung

Die Pädagogik und Psychologie benötigen Methoden[1], die dazu beitragen, ihren Forschungsgegenstand genau beschreiben und erklären zu können. Jeder Beschreibung geht eine Beobachtung voraus. Aus diesem Grund sind Pädagogik und Psychologie auf die Beobachtung angewiesen, um Erkenntnisse zu gewinnen. ***Insofern geht jedes pädagogische und psychologische Wissen auf eine Beobachtung irgendeiner Art zurück.***

Beobachten allgemein bedeutet, Vorgänge, Geschehnisse oder Sachverhalte durch unsere Sinnesorgane wahrzunehmen und zu erfassen.

Als wissenschaftliche Methode bezieht sich die Beobachtung nicht auf das gesamte Verhalten, sondern auf bestimmte, vom Forscher festgelegte **Verhaltensaspekte**. Im Gegensatz zum Laien legt der Wissenschaftler genau fest, was er beobachten will und wie er diesen Teilbereich der Wirklichkeit erfassen will. Er bestimmt auch genau, womit er beobachten will, welche Beobachtungshilfen er benutzt. Solche Hilfen können zum Beispiel Beobachtungsbögen sein, deren Fixierung genau durchdacht ist, ein Tonband oder eine Kamera.

→ Der Wissenschaftler legt genau fest, was er am Spielplatz beobachten will – etwa wie viele aggressive Verhaltensweisen in einer bestimmten Zeiteinheit von den Kindern gezeigt werden. Er organisiert die Durchführung seiner Beobachtung bis ins Detail und folgt einem fein und exakt ausgearbeiteten Beobachtungsplan, um die Aggressionen der Kinder möglichst genau erfassen und registrieren zu können.

Beobachtung als wissenschaftliche Methode bedeutet die geplante, gezielte und systematische Wahrnehmung eines bestimmten Teilbereiches der Wirklichkeit mit dem Ziel, diesen Bereich möglichst genau zu erfassen und festzuhalten.

b) Der Test

Mithilfe eines Tests will man bestimmte psychische Merkmale erfassen und feststellen, in welchem Maße diese Merkmale bei einem Menschen ausgeprägt sind.

→ So will man zum Beispiel mit einem Intelligenztest die Intelligenz (= psychisches Merkmal) eines Menschen erfassen und feststellen, wie ausgeprägt diese bei ihm ist.

Test ist die Bezeichnung für ein Messverfahren, mit dessen Hilfe die individuelle Ausprägung eines oder mehrerer psychischer Merkmale eines Menschen festgestellt werden kann.

[1] Der Begriff „wissenschaftliche Methode" wird in Abschnitt 19.1.1 erklärt.

Bei einem Test spricht man in der Regel von einem **Messen**, die Bestimmung einer Größe bzw. Ausprägung eines oder mehrerer psychischer Merkmale mithilfe einer Maßeinheit oder von Zahlen.

Die Psychologie kennt eine Vielzahl von Tests, die sich drei Gruppen zuordnen lassen:

- **Leistungstests:** Sie wollen bestimmte Lern- oder Denkleistungen eines Menschen messen. Zu dieser Gruppe von Tests gehören beispielsweise Intelligenz-, Reaktions-, Konzentrations-, Begabungs- und Eignungstests.
- **Reife- und Entwicklungstests:** Sie wollen messen, inwieweit der Proband altersangemessenes Verhalten zeigt.

  Ein typisches Beispiel hierfür sind die Schulreifetests, exakter: Schulfähigkeitstests.

Test-Sucht
„Ein Mensch weiß, von Verstand gesund,
Längst, wo begraben liegt der Hund.
Ja, selbst die dümmsten Menschen haben
Seit je gewusst, wo er begraben.
Und alle Welt kennt das Ergebnis
Von dieses Hundes Erdbegräbnis.
Doch jetzt erst wird, was lang erhärtet,
Streng wissenschaftlich ausgewertet
Und jeder Zweifel dran besiegt,
Dass hier der Hund begraben liegt."
(Eugen Roth, 2015[7], S. 270)

- **Persönlichkeitstests:** Sie wollen ein oder mehrere Persönlichkeitsmerkmale und deren Ausprägung erfassen[1].

Diese Einteilung darf nicht absolut gesehen werden, es gibt Überschneidungen.

c) Die Befragung

Die Befragung ist eine sehr weit verbreitete Technik zur Gewinnung von bestimmten Daten. Dabei werden an bestimmte Personen bzw. Personengruppen Fragen gerichtet, die diese beantworten.

Die Befragung ist eine Technik zur Erfassung von Daten mithilfe der Beantwortung von Fragen, die einem bestimmten Personenkreis gestellt werden.

Eine mündliche Befragung wird gewöhnlich Interview genannt. Ein **Interview ist eine mündliche, zweckgerichtete Befragung, um bestimmte Daten zu erhalten**. Dabei passt der Interviewer in der Regel seine Fragen den Besonderheiten des Befragten und der jeweiligen Situation an.

Interviews sind uns allen beispielsweise durch das Fernsehen bekannt, wenn Politiker, Künstler, Sportler, Schauspieler, Sänger u. a. zu einem bestimmten Thema befragt werden.

Bei einer **Umfrage** wird einer relativ großen Gruppe von Menschen eine bestimmte Anzahl von festgelegten Fragen gestellt. Geht es bei einer Umfrage um die Ansicht oder Meinung von Menschen, so handelt es sich um eine **Meinungsforschung** bzw. **Demoskopie**.

Die sogenannte Sonntagsfrage in öffentlichen Medien, wie viel Prozent die einzelnen Parteien erhalten würden, sollte am nächsten Sonntag Wahl sein, ist hierfür ein treffendes Beispiel.

Das **Experiment** ist eine ideale Methode, da sich bei ihm die Vorgehensweise und die Erkenntnis am optimalsten überprüfen lassen. Aus diesem Grund wird es in einem eigenen *Abschnitt* dargestellt.

[1] Auf Persönlichkeitsmerkmale wird in Band 2, 11.1.1 eingegangen.

Erfahrungswissenschaftliche Methoden der Psychologie

- **Beobachtung**: gezielte und geplante Wahrnehmung und Erfassung eines bestimmten Teilbereiches der Wirklichkeit
- **Experiment**: absichtliches und planmäßiges Herbeiführen eines Vorganges zur gezielten Beobachtung
- **Test**: Messverfahren zur Feststellung der individuellen Ausprägung eines psychischen Merkmals
- **Befragung**: Technik zur Erfassung von Daten mithilfe der Beantwortung von Fragen

2. Das Skalenniveau

- **Nominalskala**, in der die Werte nach bestimmten Kategorien klassifiziert, aber nicht in eine Rangfolge gebracht werden.

  Um eine Nominalskala handelt es sich beispielsweise, wenn Menschen nach Geschlecht, Typ, Schulausbildung, Beruf, Herkunft oder Schichtzugehörigkeit gruppiert werden.

  Eine Nominalskala beinhaltet „lediglich" Klassifikationen und Häufigkeitsangaben.

  Bei der Untersuchung, ob ein Zusammenhang zwischen der aktiven Mitarbeit des Schülers im Unterricht und seinen schulischen Leistungen besteht, kann der Forscher auf einer Nominalskala beispielsweise die Anzahl der Meldungen des Schülers im Unterricht oder das Erledigen der Hausaufgaben festhalten.

- **Ordinalskala**, auch ***Rangskala*** genannt, in der die Werte in eine bestimmte Reihenfolge, eine Rangordnung, gebracht werden.

  Der Wissenschaftler kann die Anzahl der Meldungen der Schüler im Unterricht oder des Erledigens von Hausaufgaben in eine Rangordnung bringen: Schülerin A meldet sich mit 61 Meldungen am häufigsten pro Tag, Schüler B mit 38 am zweit häufigsten ... und Schülerin M mit einer Meldung am wenigsten. Ebenso kann er die Noten der Schüler in eine Reihenfolge bringen: Schüler B hat mit 13 Punkten die besten Noten, Schülerin A mit 12 die zweitbesten ... und Schüler N mit 6 Punkten die schlechtesten Noten.

- **Intervallskala**, in der die Abstände zwischen den Werten bestimmt werden.

  Der Forscher kann die Unterschiede beispielsweise in den Meldungen der Schüler festhalten: Schülerin A meldet sich 7 mal häufiger als Schüler B, gegenüber dem „stillsten" Schüler ist ein Unterschied von 44 Meldungen.

  Eine Form der Intervallskala ist die ***Verhältnisskala (Ratioskala)***, die bei einem Nullpunkt, der nicht unterschritten werden kann, beginnt. Auf diese Weise können die Werte zueinander in Beziehung gesetzt werden.

Die Messung aggressiven Verhaltens ist eine Verhältnisskala, wenn ihre Häufigkeit bei Null beginnt. Weitere Beispiele sind das Lebensalter (0 Jahre), das Gewicht (0 Kilogramm) oder die Geschwindigkeit (0 km/h).

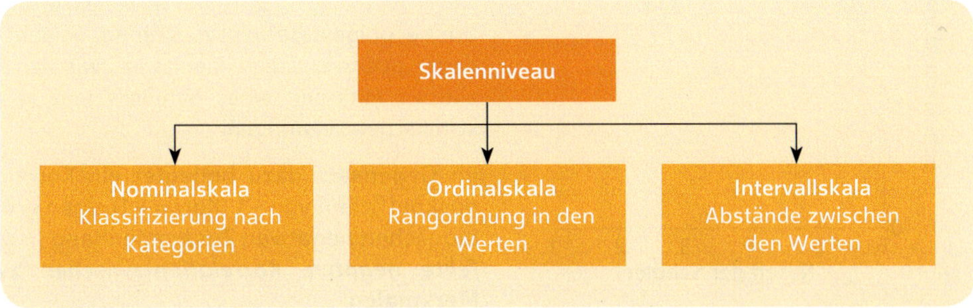

3. Die beschreibende Statistik

Die beschreibende Statistik dient der Darstellung quantitativer Daten, ihre Darbietungsmöglichkeiten sind Tabellen, Grafiken oder Diagramme (vgl. *Schirmer, 2009, S. 122 f.*). Berechnet werden Häufigkeiten, Durchschnittswerte (Mittelwerte), Streuungsmaße und Abweichungen vom Durchschnitt. Die Standardabweichung, auch Varianz genannt, beschreibt das Maß der Streuung, inwieweit sich einzelne Werte um den Mittelwert ausbreiten, von ihm entfernt liegen.

So lässt sich zum Beispiel der Durchschnitt von Schülermeldungen im Unterricht in verschiedenen Schulen errechnen und miteinander vergleichen. Um nun diesen Mittelwert in seiner Bedeutung und Aussagekraft richtig abzuschätzen, können Abweichungen vom Durchschnitt in den einzelnen Schulen festgestellt werden. So kann es möglich sein, dass die Schüler in der Schule 1 in etwa alle gleich aktiv im Unterricht sind, während es in der Schule 2 eine bestimmte Gruppe von Kindern gibt, die durch sehr viele Wortmeldungen auffallen, während sich der größte Teil der Schüler im Unterricht passiv verhält.

Eine der für Wissenschaftler interessantesten statistischen Berechnungen ist jedoch die Feststellung einer **Beziehung zwischen Merkmalen**.

So berechnet der Wissenschaftler mithilfe der Statistik, ob ein Zusammenhang zwischen der aktiven Mitarbeit eines Schülers im Unterricht und seinen schulischen Leistungen besteht.

Einen solchen statistisch berechneten Zusammenhang zwischen verschiedenen Merkmalen bezeichnet man als **Korrelation**[1].

Die Korrelation wird mithilfe des **Korrelationskoeffizienten**, manchmal auch **Korrelationswert** genannt, ausgedrückt. Er gibt die Stärke des **Zusammenhanges zwischen zwei Merkmalen** an und reicht von +1 bis –1[2] Bei einem Korrelationskoeffizienten von +1 (Korr = +1) handelt es sich um den größtmöglichen positiven Zusammenhang (= ***perfekte positive Korrelation***).

Liegt zwischen zwei Merkmalen eine positive Korrelation vor, gilt allgemein: Je größer das eine Merkmal, desto größer auch das das andere.

---

[1] correlatio (lat.): die Wechselbeziehung
[2] Der Korrelationseffizient wird meist mit „Korr" oder mit dem Buchstaben „r" (r = +96) angegeben,

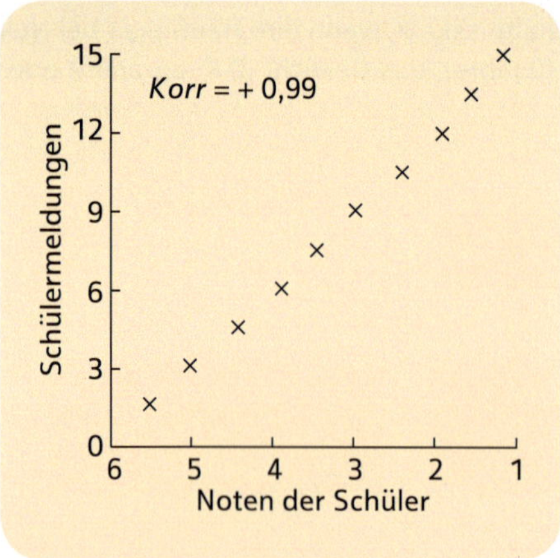

In nebenstehender Abbildung liegt eine hohe ***positive Korrelation*** vor, es besteht eine enge Beziehung zwischen den Werten der beiden Variablen.

Um bei obigem Beispiel zu bleiben, besteht ein enger positiver Zusammenhang zwischen der aktiven Mitarbeit eines Schülers und seinen schulischen Leistungen.

Im Gegensatz dazu bedeutet ein Korrelationskoeffizient von –1 (Korr = –1) einen größtmöglichen negativen Zusammenhang (= ***perfekte negative Korrelation***)zwischen **zwei Merkmalen.**

Liegt zwischen zwei Merkmalen eine negative Korrelation vor, gilt allgemein: Je größer das eine Merkmal, desto kleiner das andere.

Hier liegt eine hohe ***negative Korrelation*** vor, es besteht eine „umgekehrte" enge Beziehung zwischen den Merkmalen.

In diesem Fall würden die Daten darauf hindeuten, dass, je weniger der Schüler sich im Unterricht meldet, er umso bessere Noten schreibt.

Sowohl eine Korrelation von +1 als auch von –1 kommen in der Realität jedoch äußerst selten vor. Vielmehr bewegen sich Korrelationskoeffizienten in dem gesamten Korridor von –1 bis +1, und Werte kleiner als –0,7 bzw. größer als +0,7 werden bereits als eine starke Korrelation angesehen.

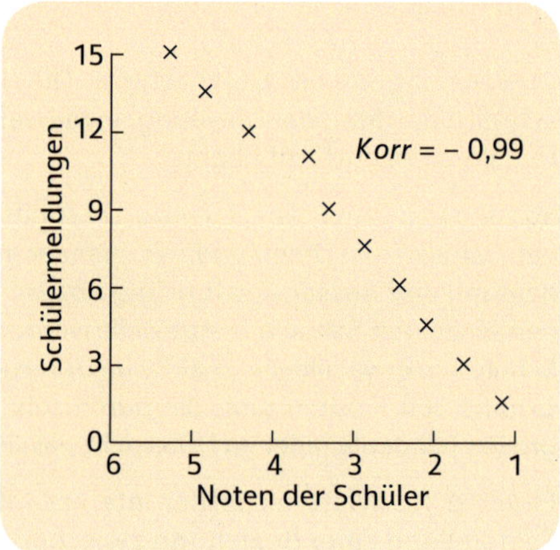

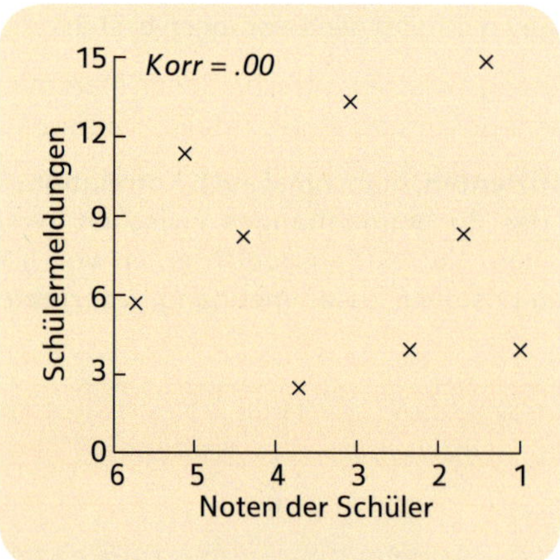

Nimmt der Korrelationskoeffizient den Wert 0 an, so besteht kein statistischer Zusammenhang zwischen den beobachteten Merkmalen.

Hier liegt ***keine Korrelation*** vor, weder eine positive noch eine negative. Es besteht überhaupt keine Beziehung zwischen den Merkmalen.

Die Untersuchung hätte ergeben, dass kein Zusammenhang zwischen der aktiven Mitarbeit eines Schülers im Unterricht und seinen schulischen Leistungen besteht – weder ein positiver noch ein negativer.

Es muss beachtet werden, dass ***Korrelationen keine Kausalschlüsse*** zulassen. Sie sind ein mathematischer Wert, der lediglich die Beziehung zwischen zwei Merkmalen angibt, aber nicht so ohne Weiteres als Ursache-Wirkungs-Zusammenhang interpretiert werden darf. Es handelt sich zunächst einmal nur um einen ***statistischen***, nicht notwendigerweise um einen kausalen Zusammenhang.

Ein Forscher stellt fest, dass in der Klasse 11 b ein Zusammenhang besteht zwischen dem Räuspern eines Schülers und einer Wortmeldung. Es wäre nun fatal, wenn er diese Korrelation als Kausalzusammenhang interpretieren würde: Immer wenn ein Schüler hustet, dann meldet sich ein Schüler.

Wissenschaftler müssen daher sehr vorsichtig vorgehen, wenn es darum geht, zu beurteilen, ob es sich bei einer festgestellten Beziehung zwischen zwei Merkmalen tatsächlich um einen Ursache-Wirkungs-Zusammenhang handelt.

4. Die Interpretation der statistischen Daten

Auch wenn der Wissenschaftler die Erhebung einer repräsentativen Stichprobe gewährleistet, sind Stichprobe und Population in ihren Eigenschaften zufallsbedingt in der Regel nicht vollkommen identisch.

Beim Münzwurf beträgt die Wahrscheinlichkeit, dass die Münze „Kopf" bzw. „Zahl" zeigt, jeweils 50 %. Wird eine Münze 100-mal geworfen, wird allerdings mit sehr großer Wahrscheinlichkeit zufallsbedingt nicht genau 50-mal „Kopf" und 50-mal „Zahl" vorkommen, sondern bspw. 52-mal „Kopf" und 48-mal „Zahl". Beim nochmaligen 100-maligen Werfen der Münze könnte sogar nur 31-mal „Kopf" und 69-mal „Zahl" auftreten, obwohl die tatsächliche Wahrscheinlichkeit für „Zahl" bzw. „Kopf" unverändert bei 50 % liegt.
Was für das Werfen einer Münze gilt, lässt sich auch allgemein auf das Ziehen von Zufallsstichproben übertragen. Angenommen, an einer Schule mit 1000 Schülern betrüge der tatsächliche Anteil derjenigen Schüler, die gerne klassische Musik hören, 20 %. Ein Wissenschaftler, der diesen Wert nicht kennt, möchte herausfinden, wie hoch dieser Anteil ist. Da es für ihn zu aufwendig wäre, alle 1000 Schüler zu befragen, wählt er per Zufallsauswahl lediglich eine Stichprobe von 10 Schülern zur Befragung aus.
Nun könnte es allerdings sein, dass rein zufallsbedingt keiner der 10 Schüler, die er befragt, klassische Musik mag. Genauso gut könnte es sein, dass, wenn er eine zweite Stichprobe von 10 Schülern zöge, plötzlich sogar 5 Schüler angäben, dass sie klassische Musik mögen. Würde der Wissenschaftler einfach die Ergebnisse einer der beiden Stichproben eins zu eins auf die Population übertragen, so käme er zu einem falschen Ergebnis.

Jede per Zufallsauswahl gezogene Stichprobenziehung enthält eine „Zufallskomponente". Daher lassen sich die für eine Stichprobe gefundenen Ergebnisse nicht einfach eins zu eins auf die Population übertragen. Es ist deshalb eine Kernfrage bei der wissenschaftlichen Interpretation von statistischen Daten, ob die in einer Stichprobe gefundenen Zusammenhänge zufallsbedingt sind oder sich auf die Population übertragen lassen.

Grundsätzlich gilt: Je größer die Stichprobe ist, desto eher lassen sich die Ergebnisse der Stichprobe auf die Population übertragen.

Nehmen wir noch einmal das Beispiel des Wissenschaftlers, der herausfinden möchte, wie groß der Anteil der Schüler ist, die klassische Musik mögen. Da der Anteil der Schüler an der Schule, die klassische Musik mögen, insgesamt bei 20 % liegt, müsste, wenn die Stichprobe

genauso beschaffen wäre wie die Population, auch innerhalb der Stichprobe der Anteil der Schüler, die klassische Musik mögen, bei 20 % liegen.
Bei einer Stichprobengröße von nur 10 Schülern kann es zufallsbedingt allerdings leicht passieren, dass innerhalb der gezogenen Stichprobe kein einziger oder sogar fünf Schüler angeben, klassische Musik zu mögen. Der Anteil der Klassikliebhaber innerhalb der Stichprobe könnte sich also erheblich von ihrem tatsächlichen Anteil in der Population unterscheiden. Zieht der Wissenschaftler allerdings eine Stichprobe von 100 Schülern, ist die Wahrscheinlichkeit, dass keine oder sogar 50 Schüler dabei sind, die klassische Musik mögen, sehr gering. Vielmehr ist die Wahrscheinlichkeit hoch, dass der Anteil der Klassikliebhaber auch innerhalb der Stichprobe nahe 20 % liegt. Allgemein gilt: Je größer die (per Zufallsauswahl gezogene) Stichprobe, desto geringer die Wahrscheinlichkeit von erheblichen Unterschieden zwischen Stichprobe und Population.

Mithilfe von mathematischen Verfahren der ***Inferenzstatistik***, die unter anderem auch die Größe der Stichprobe berücksichtigen, lässt sich nun genau angeben, ob Unterschiede oder Zusammenhänge von Merkmalen als zufällig anzusehen sind oder nicht und mit welcher statistischen Sicherheit sie auf die Population übertragen werden können. Die Feststellung der Zuverlässigkeit von Daten und der Wahrscheinlichkeit (un-)richtiger Verallgemeinerungen sind also Gegenstand der Inferenzstatistik.

Sind die Ergebnisse mit hoher Sicherheit nicht zufällig, so bezeichnet man sie als „***statistisch bedeutsam***“, als **signifikant**[1].

Als signifikant bezeichnet man ein Ergebnis einer Untersuchung, bei dem es sich mit sehr hoher Wahrscheinlichkeit um kein Zufallsergebnis handelt.

Eine Verallgemeinerung von der Stichprobe auf die Population ist nur dann zulässig, wenn die Daten der Stichprobe signifikant sind.

Die Sicherheit, mit der zuverlässige Aussagen getroffen werden können, wird in Form des sog. **Signifikanzniveaus** angegeben und als ***p-Wert*** bezeichnet. Dieser p-Wert gibt an, inwieweit man sich darauf verlassen kann, dass es sich um keinen Zufall handelt.

Die Sicherheit, mit der zuverlässige Aussagen getroffen werden können, wird in Form des sogenannten **Signifikanzniveaus** angegeben. Ein Signifikanzniveau von 1 % bedeutet 99%ige statistische Sicherheit, ein Signifikanzniveau von 5 % weist auf 95%ige Sicherheit hin. Eine Restfehlerwahrscheinlichkeit besteht also trotzdem immer.

[1] significans (lat.): bezeichnend

20 Erziehung unter besonderen Bedingungen

Folgende Kompetenzen sollen Sie erwerben:

- *Sie können die Begriffe Heil- und Sonderpädagogik klären sowie unterscheiden und werden sich der Problematik dieser Begriffe bewusst.*
- *Sie können Merkmale des Begriffes Behinderung an ausgewählten Beispielen verdeutlichen.*
- *Sie sind imstande, unterschiedliche Ursachen von Schädigungen als Auslöser von Behinderungen zu erläutern und zu erkennen, welche Risikofaktoren individuell und sozial beeinflussbar sind.*
- *Sie können eine Lernbehinderung präziser beschreiben und machen sich mit Ursachen und Erscheinungsformen dieser Behinderung vertraut, um in der Gesellschaft offener und sicherer mit beeinträchtigten Mitmenschen umzugehen.*
- *Sie sind in der Lage, die verschiedenen normenbezogenen Betrachtungsweisen von Behinderung zu hinterfragen und diese an Beispielen aus dem privaten und beruflichen Alltag zu problematisieren.*
- *Sie können negative Zuschreibungen erläutern und sind dadurch zu kritischer Reflexion in Bezug auf solche Zuschreibungen fähig.*
- *Sie sind in der Lage, Inklusion als Beitrag wertorientierten heil- und sonderpädagogischen Handelns zu würdigen und Chancen und Risiken inklusiver Bildung für Menschen mit und ohne Behinderung zu erläutern.*

20.1 Grundlagen der Heil- bzw. Sonderpädagogik

Lernsituation

Heil- oder Sonderpädagogik?

Im Unterricht steht eine ganz neue Thematik an: Sonder- bzw. Heilpädagogik. Ihr Lehrer erzählt in Ihrer Klasse, dass es um die beiden Begriffe „Heilpädagogik" und „Sonderpädagogik" vehemente Auseinandersetzungen wie in keiner anderen Disziplin der Pädagogik gebe: „Otto Speck und Rudolf Kausen vertreten aus guten Gründen den Terminus ‚Heilpädagogik', Heinz Bach dagegen verteidigt den Begriff ‚Sonderpädagogik'. Daneben konkurrieren die beiden Bezeichnungen noch mit einer Reihe anderer Begriffe wie Behindertenpädagogik, Förderpädagogik, Heilerziehung oder Sondererziehung."
Und Ihr Lehrer berichtet weiter: „Ebenso geht der Streit darüber, dass des Öfteren eine ‚wertfreie Wissenschaft' gefordert wird, der die Heil- bzw. Sonderpädagogik niemals gerecht werden kann. [...]"

Sie möchten nun wissen, was Heil- bzw. Sonderpädagogik sind und worin die Problematik dieser beiden Begriffe liegt.
Sie setzen sich auch damit auseinander, ob die Heil- bzw. Sonderpädagogik tatsächlich wertfrei sein kann.

I Information

20.1.1 Der Begriff „Heil- bzw. Sonderpädagogik"

Nicht bei allen Kindern und Jugendlichen reicht die landläufige Erziehung aus: Manche benötigen zusätzliche und spezielle pädagogische Methoden und Maßnahmen.

→ Ein Mensch mit geistiger Behinderung oder ein Kind mit großen Angsterscheinungen zum Beispiel benötigen eine besondere individuelle pädagogische Hilfe.

Mit Menschen, die im Rahmen einer allgemeinen Erziehung nicht hinreichend gefördert werden können und deshalb besonderer Hilfe bedürfen, befasst sich die Heil- bzw. Sonderpädagogik. Die Heil- bzw. Sonderpädagogik wird also unter dem Aspekt **spezieller Erziehungshilfen bei Lern- und Erziehungshindernissen** gesehen und bezieht sich als spezielle Pädagogik auf alle Kinder, Jugendliche und Erwachsene mit besonderem Lern- und Erziehungsbedarf. Sie hat es also mit Personen aller Altersstufen zu tun, bei denen eine „besondere" Erziehung mit entsprechenden Zielen, Methoden und Maßnahmen notwendig ist, und bezieht sich auf alle Erziehungsinstitutionen mit speziellem Erziehungsauftrag. Dabei ist nicht nur die pädagogische Praxis gemeint, sondern auch die Theorie über die Erziehung dieser Menschen.

Heil- bzw. Sonderpädagogik ist die Theorie und Praxis der Erziehung von Menschen, bei denen spezielle Lern- und Erziehungshilfen notwendig sind.

Gegenstand der Heil- bzw. Sonderpädagogik ist also die Erziehung von Kindern, Jugendlichen und Erwachsenen, die im Rahmen der allgemeinen und üblichen Erziehung nicht hinreichend gefördert werden können und deshalb spezieller Hilfe bedürfen. Dabei ist die

Heil- bzw. Sonderpädagogik auf andere Wissenschaften angewiesen, insbesondere auf die Medizin und Psychologie.

Die Heil- bzw. Sonderpädagogik befasst sich mit der Erziehung

- bei allen Formen und Graden von Beeinträchtigung,
- in jedem Alter und
- in allen Lebensbereichen und Einrichtungen (vgl. *Bach, 1999, S. 2 f.*).

Während sich die Behindertenpädagogik nur mit Behinderungen beschäftigt, befasst sich die Heil- bzw. Sonderpädagogik mit allen Formen von Beeinträchtigung.

„Unter Heilpädagogik wird der Theorie- und Praxisbereich verstanden, der sich auf die Erziehung, Unterrichtung und Therapie von Menschen bezieht, die wegen individueller und sozialer Lern- und Entwicklungshindernisse einer besonderen Unterstützung und Hilfe bedürfen, um ein menschenwürdiges Leben führen zu können."
(Speck, 2006², S. 92)

Merkmale des Begriffes „Heil- bzw. Sonderpädagogik"

- **Die Heil- bzw. Sonderpädagogik wird als Disziplin der Pädagogik unter dem Aspekt spezieller Erziehungshilfen bei Lern- und Erziehungshindernissen gesehen.**
- **Sie bezieht sich auf alle Kinder, Jugendlichen und Erwachsenen mit besonderem Lern- und Erziehungsbedarf sowie auf alle Erziehungsinstitutionen mit speziellem Erziehungsauftrag.**
- **Dabei ist nicht nur die pädagogisch praxisbezogene Arbeit gemeint, sondern auch die Theorie über die Erziehung von Menschen mit Lern- und Erziehungshindernissen.**

20.1.2 Die Problematik der Begriffe „Heilpädagogik" und „Sonderpädagogik"

Heilpädagogik ist der ältere Begriff und versteht sich als ein auf „Heilung" abzielendes Lehrsystem. Dieser seit ca. 1860 gebräuchliche Begriff war und ist nicht unumstritten. Den Grund hierfür bildet die Vorsilbe „heil", die laut Kritikern den falschen Eindruck erwecke, als würde – etwa in Anlehnung an die Medizin – „geheilt" werden und als könne durch gezielte Förderung und Training eine Heilung erreicht werden.

In der Pädagogik gehe es aber – wie es einer der Hauptkritiker des Begriffs „Heilpädagogik", *Paul Moor* (*1993³, S. 259*), formuliert – „nur am Rande darum, durch Erziehung etwas zu heilen". Zudem gebe es beeinträchtigte Menschen, wie zum Beispiel Behinderte, die nicht zu heilen seien, und die Aufgabe der Pädagogik liege ja gerade darin, „nach den Möglichkeiten der Erziehung zu suchen, wo etwas Unheilbares vorliegt". Zum anderen wurde der Begriff „heil" in diesem Zusammenhang im Sinne der religiösen Bedeutung

[1] zitiert aus Emil E. Kobis Vortrag über ethisch-alltagsmoralische und praktisch-sozialpolitische Implikationen – Ein Beitrag zum 30-jährigen Jubiläum am 30. April 2010 (http://www.fachakademie-fuerheilpaedagogik.de/documents/168191/361176/Prof_E_Kobi.pdf/f11fcd33-c9b6-4843-82e0-41acaa84150b (30.09.2017)

vom Seelenheil verwendet: Heilpädagogik wurde gleichgesetzt mit „Heilspädagogik" und heilpädagogisches Erziehenwollen ist Heilswille am Menschen, letztlich „Seelsorge" und führt zum „Heil der Seele" (vgl. *Speck, 2008[6] S. 48*).

Deshalb versuchte man in den sechziger Jahren des letzten Jahrhunderts den Begriff Heilpädagogik durch „Sonderpädagogik" zu ersetzen. Dieser Terminus sollte einmal die Missverständnisse, die der Begriff „Heilpädagogik" beinhaltet, vermeiden und zum anderen das „*Besondere*" in der Erziehung gegenüber dem Allgemeinen kennzeichnen: In der Sonderpädagogik handle es sich um eine „besondere" Erziehung mit „besonderen" Zielen, Methoden und Maßnahmen. Vertreter dieses Begriffes möchten an der Bezeichnung „Sonderpädagogik" festhalten, da sie – wie es *Heinz Bach* (*1999, S. 1 f.*) formuliert – einmal „auf das Besondere, das heißt vom Regelbereich Abweichende der pädagogischen Ausgangslage und auf entsprechende besondere Aufgaben und Verfahren hinweist", und zum anderen „keine problematischen Versprechungen („Heilung" usw.) enthält".

> *„‚Sonder' soll hier [...] das über das Übliche Hinausgehende, das Zusätzliche, das gemäß der besonderen Sachlage Differenzierende bezeichnen."*
> *(Bach, 1999, S. 2)*

Doch dieser Begriff ist von seiner Geschichte her zu sehr von der Sonderschule bestimmt und wird nahezu ausschließlich im Bereich der Sonderschullehrer und im Sinne der Sonderschulpädagogik verwendet; er ist deshalb ein einengender Begriff, der den Gegenstand nur zum Teil abdeckt. Vor allem *Ulrich Bleidick* (*1990[5]*) setzt den Begriff „Sonderpädagogik" mit „Behindertenpädagogik" gleich und klammert damit Kinder und Jugendliche, die einer speziellen erzieherischen Hilfe bedürfen, aber nicht behindert sind, aus[1]. Gegen den Begriff Sonderpädagogik wird zudem eingewandt, dass er auf „Abnormität" hinweise und das Aussondern nahe lege, indem er das vom Regelbereich Abweichende betont.

Die Problematik des Begriffs

Heilpädagogik

erweckt den Eindruck, als gehe es um

- ein „Heilen" im medizinischen Sinn, das nicht möglich ist
- das „Heil der Seele"

Sonderpädagogik

- wird zu sehr vom Charakter der Sonderschule bestimmt
- wird gleichgesetzt mit Behindertenpädagogik
- betont zu sehr das Abnorme

> *„Offenbar fehlt ein Terminus, der Förderung im Sinne einer gezielten Einflussnahme formaler und inhaltlicher Art aktionsneutral kennzeichnet. Diesen gilt es nach wie vor zu finden oder zu erfinden, um die Handlungsintention und -methode hinreichend komplex[2] und treffend zu kennzeichnen [...]".*
> *(Bach, 1999, S. 1)*

[1] vgl. hierzu den Gegenstand der Heil- bzw. Sonderpädagogik in Abschnitt 20.1.3

[2] komplex (lat.): vielschichtig, vieles umfassend

Heute kehrt man wieder zu dem Begriff „Heilpädagogik" zurück, indem man die Vorsilbe „heilen" nicht im speziellen Sinn des Gesundmachens versteht, sondern in einer umfassenderen Bedeutung von **Ganzheitlichkeit des Lebens**: In dem Wort „heil" steckt die semantische Bedeutung von „ganz" und meint damit „ganzheitliche Orientierung in der Erziehung", der es „im Besonderen um die Herstellung oder Wiederherstellung der Bedingungen für eigene Selbstverwirklichung und Zugehörigkeit, für den Erwerb von Kompetenz und Lebenssinn, also um ein Ganz-Werden geht, soweit es dazu spezieller Hilfe bedarf" (*Speck, 2008⁶, S. 56*). Das Wort „heil" bezieht sich also nicht auf eine Heilung im medizinischen Sinne: Es geht dabei um ***eine ganzheitliche Förderung des Beeinträchtigten mit seinen persönlichen Eigenarten und Begabungen und in seinem gesamten sozialen Umfeld***. So wird auch Gesundheit nicht als „Freisein von Krankheit", die es zu heilen gilt, verstanden, sondern – wie es die *Weltgesundheitsorganisation* sieht – als allseitiges körperliches, seelisches und soziales Wohlbefinden[1].

Heute geht man davon aus, dass eine Weiterführung der Namensdiskussion zwecklos ist. In der heutigen Literatur werden die beiden Begriffe „Sonder-" und „Heilpädagogik" überwiegend als Synonyme zusammen verwendet, und man spricht von „**Heil- bzw. Sonderpädagogik**".

20.1.3 Der Gegenstand der Heil- bzw. Sonderpädagogik

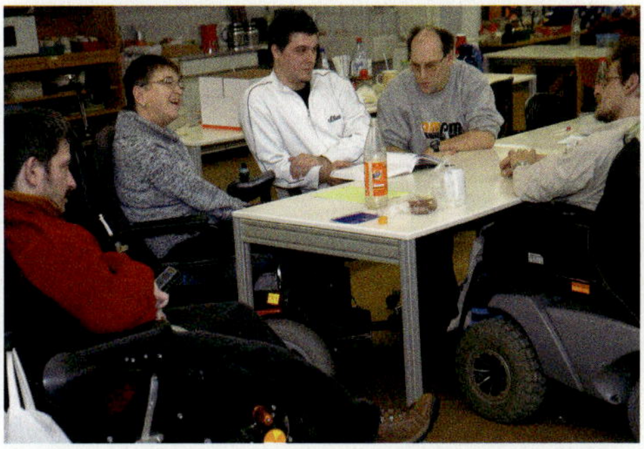

Bei Personen, die eine „besondere" erzieherische Hilfe benötigen, ist einmal die **Behinderung** zu nennen. In der Literatur wird dann von Behinderung gesprochen, wenn die Beeinträchtigung auf (eine) ***funktionelle Schädigung(en) und Funktionseinschränkung(en)*** zurückzuführen ist[2].

Eine Person zum Beispiel gilt als behindert, die in ihrem Lernverhalten aufgrund einer Hirnverletzung (= Schädigung) und der damit verbundenen geistigen Funktionsschwäche erheblich und umfänglich in ihrer Entwicklung eingeschränkt ist.

Zum anderen hat es die Heil- bzw. Sonderpädagogik auch mit Menschen zu tun, bei denen keine funktionelle Schädigung vorliegt, die aber trotzdem einer besonderen Hilfe bedürfen.

Ein Kind, das beispielsweise im Lernen stark beeinträchtigt ist, bei dem aber keine funktionelle Schädigung vorliegt, benötigt ebenfalls eine besondere individuelle pädagogische Hilfe.

Hier wird von **Erlebens- und Verhaltensstörung** gesprochen, die nicht auf organische Ursachen zurückzuführen ist und besondere pädagogische bzw. psychologische Maßnahmen erforderlich macht.

Liegt beispielsweise bei einer Beeinträchtigung im Lernen eine funktionelle Schädigung vor, so spricht man von Lernbehinderung; ist sie aber nicht organisch bedingt, sondern etwa durch eine Fehlform in der Erziehung, so spricht man von einer Lernstörung.

---

[1] vgl. Kapitel 22.3.1

[2] Auf den Begriff „Behinderung" wird in Abschnitt 20.2.1 eingegangen.

Neben Erlebens- und Verhaltensstörung ist in der Literatur auch von Entwicklungshemmung, Verhaltensbesonderheit, emotionaler Störung, Verhaltensauffälligkeit, Verhaltensschwierigkeit, Verhaltensbeeinträchtigung, Erziehungsschwierigkeit u. a. oder auch einfach von auffälligen Kindern und Jugendlichen die Rede. Die Vielzahl der in der Fachliteratur verwendeten Begriffe zeigt die Schwierigkeit, den Sachverhalt angemessen zu umschreiben.

Die Heil- bzw. Sonderpädagogik hat als Gegenstand zum einen Behinderungen und zum anderen Erlebens- und Verhaltensstörungen.

Dieser Einteilung folgen nicht alle Heil- und Sonderpädagogen: Manche ordnen Verhaltensstörungen den Behinderungen zu und sprechen dann von einer Behinderung, wenn eine nicht nur vorübergehende, erhebliche Beeinträchtigung im Erleben und Verhalten einer Person, in ihrem Lebensvollzug und/oder in ihrer Teilhabe am gesellschaftlichen Leben vorliegt. Häufig wird in der Literatur dann von „Verhaltensauffälligkeiten" als weiterer Art von Behinderung gesprochen.

Aufgabe der Heil- bzw. Sonderpädagogik ist es nun, die Ursachen und die Entstehung von Behinderungen sowie von Erlebens- und Verhaltensstörungen zu erforschen sowie Methoden und Maßnahmen zu finden und zu begründen, die über die „Regelerziehung" hinausgehen.

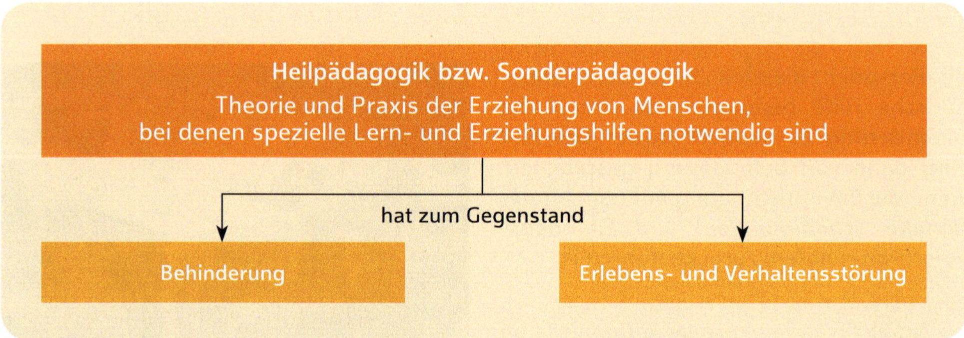

→ **Materialien** 1. Das Lebensrecht von Menschen mit Behinderung und ökonomische Aspekte

Auf den Punkt gebracht

- Heil- bzw. Sonderpädagogik ist die Theorie und Praxis der Erziehung von Menschen, bei denen spezielle Lern- und Erziehungshilfen notwendig sind. Gegenstand der Heilpädagogik sind einmal Behinderungen und zum anderen Erlebens- und Verhaltensstörungen. Gegen den Begriff Heilpädagogik wird eingewandt, dass die Vorsilbe „heil" den falschen Eindruck erwecke, als würde – etwa in Anlehnung an die Medizin – „geheilt" werden und als könne man durch gezielte Förderung und Training eine Heilung erreichen. Der Begriff Sonderpädagogik dagegen ist von seiner Geschichte her zu sehr von der Sonderschule bestimmt; er verselbstständigte sich als Sonderschulpädagogik und beschränkt sich lediglich auf behinderte Menschen.

- Heute kehrt man wieder zu dem Begriff „Heilpädagogik“ zurück, indem man die Vorsilbe „heilen“ nicht mehr im speziellen Sinn des Gesundmachens versteht, sondern in einer umfassenderen Bedeutung von Ganzheitlichkeit des Lebens. In der heutigen Literatur werden die beiden Begriffe „Sonder-“ und „Heilpädagogik“ überwiegend als Synonyme zusammen verwendet, und man spricht von „Heil- bzw. Sonderpädagogik“.

Wiederholen, Vertiefen, Anwenden

1. *Biografie und Internetsuche*
   - Suchen Sie im Internet nach Informationen über das Leben und Werk von
     - Gruppe 1 und 2: *Otto Speck*
     - Gruppe 3 und 4: *Heinz Bach*
   - Fertigen Sie in Kleingruppen eine Übersicht zur jeweiligen Biografie des Heil- bzw. des Sonderpädagogen an.
   - Erarbeiten Sie vier bis sechs wichtige Abschnitte ihres Lebens.
2. *Lernsituation 20.1*
   a) Bestimmen Sie den Begriff „Heil- bzw. Sonderpädagogik“ und zeigen Sie an einem Beispiel ihren Gegenstand auf.
   b) Unterscheiden Sie die beiden Begriffe „Heilpädagogik“ und „Sonderpädagogik“.
   c) Erläutern Sie die Problematik der beiden Begriffe „Heilpädagogik“ und „Sonderpädagogik“.
3. Zeigen Sie an je einem Beispiel den Gegenstand der Heil- bzw. Sonderpädagogik auf.
4. *„Was hier zugleich vor sich geht, ist ein Wandel des Lebenswertes als eines universellen und unbedingten Wertes zu einem Marktwert. Menschliches Leben wird ein ‚kommerzielles Gut‘, das auf dem Markt gehandelt wird.“* (*Speck, 2008[6], S. 155*)
   Setzen Sie sich mit der Feststellung von *Otto Speck* auseinander.
5. *Der Besuch einer heilpädagogischen Einrichtung*
   - Besuchen Sie eine Einrichtung der Heil- bzw. Sonderpädagogik, z. B. eine Sonderschule oder ein Heim für behinderte Kinder und Jugendliche. Erkundigen Sie sich dabei
     - nach den Aufgaben bzw. Zielen dieser Einrichtung,
     - nach Formen erzieherischer Arbeit (wie versucht die Einrichtung, ihren Aufgaben gerecht zu werden bzw. ihre Ziele zu erreichen?),
     - nach dem Aufbau bzw. der Organisation der Einrichtung sowie
     - nach Chancen, Problemen und Grenzen der erzieherischen Arbeit in dieser Einrichtung.
   - Sichten und werten Sie die Ergebnisse in Gruppen aus. Die Ergebnisse können in einer Wandzeitung präsentiert werden. Die Reflexion und die kritischen Anmerkungen können im Klassenverband erfolgen.

6. *Stellen Sie sich vor, Sie wachen auf und sind blind und können Ihre Umgebung nicht erkennen oder Sie sind taub und können nichts hören.*
   - Bilden Sie Dreiergruppen.
   - Einige Gruppen gehen mit verbundenen Augen durch das Schulhaus und erledigen kleinere Aufträge. Einem Schüler werden die Augen verbunden, die beiden anderen geben Hilfestellung. Nach ca. 10 Minuten wird gewechselt.
   - Die anderen Gruppen setzen sich an einem Tisch zusammen. Ein Schüler bekommt Ohrstöpsel in das Ohr. Die Gruppe unterhält sich darüber, was der Einzelne gestern Nachmittag oder Abend gemacht hat. Nach ca. 10 Minuten wird gewechselt.
   - Im Klassenverband werden die Erfahrungen erzählt und ausgewertet.

20.2 Behinderung als Gegenstand der Heil- bzw. Sonderpädagogik

Lernsituation

Maximilian der Rollstuhlfahrer

Sie lernen in einer Diskothek einen Rollstuhlfahrer kennen. Er heißt Maximilian und ist 21 Jahre alt. Sie unterhalten sich ein wenig mit ihm und er erzählt Ihnen, wie es zu seiner Behinderung gekommen ist:
„Ich bin nachts auf einer Bundesstraße Motorrad gefahren, als plötzlich eine Ölspur auftauchte. Dieser konnte ich nicht mehr ausweichen, stürzte, und flog gegen einen Baum. Seit diesem Sturz bis ich hundert Prozent gehbehindert und sitze im Rollstuhl. Meinen Beruf als Maler kann ich nicht mehr ausüben, Rente bekomme ich natürlich keine, da bin ich noch zu jung. Ich liege halt meinen Eltern auf der Tasche. Die kümmern sich sehr um mich, alleine käme ich auch gar nicht zurecht. Wir mussten unser Haus umbauen, damit ich wenigsten zu Hause das Nötigste bewerkstelligen kann. Dort sitze ich die meiste Zeit vor dem Fernseher, denn hierher in die Disco zu kommen, bedeutet schon einen riesen Aufwand. Mein Vater hat mich hierher gebracht. Er hat sein Auto behindertengerecht umbauen lassen.“

Sie möchten nun wissen,
- was eigentlich eine Behinderung ist,
- welche Arten von Behinderung es gibt,
- was ihre Folgen sein können.

I Information

20.2.1 Merkmale von Behinderung

In Anlehnung an die *Weltgesundheitsorganisation* (*1980, S. 27 ff.*) ist der Begriff der Behinderung durch folgende Merkmale gekennzeichnet:

- Bei einer Behinderung liegt eine **funktionelle Schädigung** vor, die zu bestimmten **Funktionseinschränkungen** führt. Die *Weltgesundheitsorganisation* (*WHO*) spricht von **impairment**[1].

  Eine Schädigung des körperlichen Stütz- und Bewegungsapparates, führt zu Einschränkungen des Bewegens und Gehens (siehe *Lernsituation 20.2*).

- Die Folgen dieser Schädigung können nicht wie bei einer Krankheit nach relativ kurzer Zeit behoben bzw. geheilt werden, sondern sind **langfristig** bzw. können gar nicht beseitigt werden.

  Wer ein Bein gebrochen hat, gilt nicht als behindert, weil die nachweisbare körperliche Schädigung zwar umfänglich, aber nicht langfristig ist. Ist aber der Stütz- und Bewegungsapparat geschädigt, so kann die Bewegungseinschränkung nicht mehr beseitigt werden.

- Diese Schädigung führt zu **funktionalen Beeinträchtigungen** von Fähigkeiten und Aktivitäten der/des Betroffenen. Die *WHO* spricht von **disability**[2].

  Die Schädigung des Stütz- und Bewegungsapparates von Maximilian hat beispielsweise eine Einschränkung seiner körperlichen Fähigkeiten zur Folge.

- Die Funktionseinschränkung hat für den Betroffenen und seine soziale Umgebung eine **Beeinträchtigung bzw. Nachteile** zur Folge, die sich auf der **persönlichen, familiären und gesellschaftlichen Ebene** äußert. Die *WHO* spricht von **handycap**[3].

  Persönliche Folgen können beispielsweise Einschränkungen in der Unabhängigkeit oder im beruflichen Leben sein, familiäre Folgen wie eine besondere Pflege des Betroffenen, eine außerordentliche wirtschaftliche Belastung oder gesellschaftliche Folgen gestörter sozialer Beziehungen.

- Aufgrund dieser Beeinträchtigungen sind **besondere pädagogische bzw. psychologische Maßnahmen** sowie **besondere Hilfen durch die Gesellschaft** erforderlich.

[1] impairment (engl.): die Beeinträchtigung, die Schmähung
[2] disability (engl.): das Unvermögen
[3] handycap (engl.): die Einschränkung, die Belastung

Behinderung bezeichnet eine längerfristige bzw. dauerhafte funktionelle Schädigung, die zu funktionellen Beeinträchtigungen des Betroffenen sowie zu Nachteilen auf persönlicher, familiärer und gesellschaftlicher Ebene führt und besondere pädagogische, psychologische und gesellschaftliche Hilfen erforderlich macht.

Wie stark die Folgeerscheinungen einer Schädigung im Einzelfall sind, hängt von den jeweiligen gesellschaftlichen, familiären und persönlichen Gegebenheiten ab.

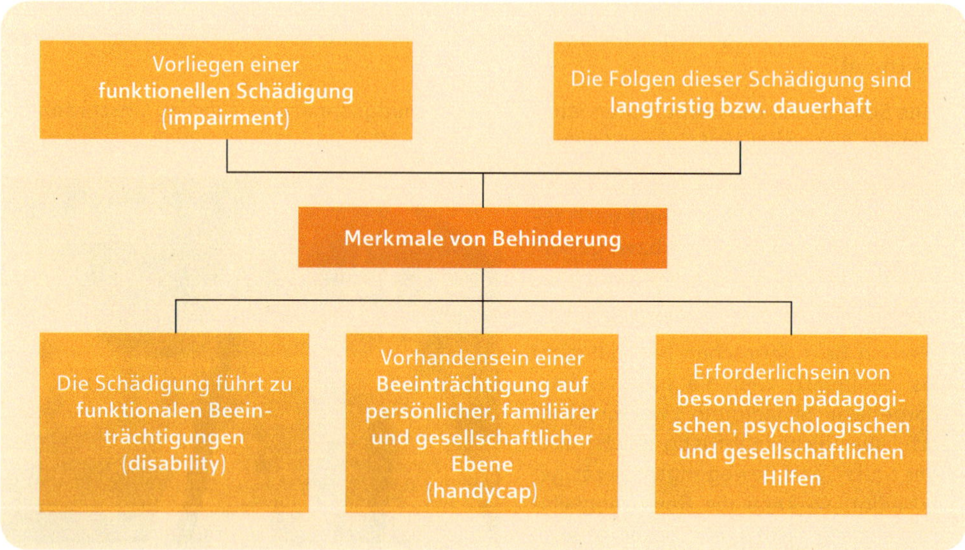

20.2.2 Arten von Behinderungen

Entsprechend der unterschiedlichen Schädigungen können verschiedene Arten der Behinderung unterschieden werden:

- **Geistige Behinderung**, die im Bereich der Intelligenz und des Denkens eine Beeinträchtigung hervorruft,
- **Lernbehinderung**, die im Lernen und damit in Schulleistungen derart einschränkt, dass die Betroffenen den Anforderungen der ‚Normalschule' nicht gerecht werden,
- **Sprachbehinderung**, die die Mitteilungs- und Ausdrucksfähigkeit sowie das Sprachverständnis beeinträchtigt,
- **Sinnesbehinderung**, die die Wahrnehmung (zum Beispiel Sehen, Hören) einschränkt, also Menschen mit einer ***Sehbehinderung, Blinde, Schwerhörige*** und Menschen, die ***gar nichts hören***,
- **Körperbehinderung**, die die Bewegungsfreiheit und/oder Feinmotorik erheblich und dauerhaft einschränkt.

Schädigung	führt zu →	Art der Behinderung
Hirnschädigung, Schädigung des ZNS	führt zu →	geistiger Behinderung, Lernbehinderung, Sprachbehinderung
Schädigung der Sprachorgane	führt zu →	Sprachbehinderung
Sinnesschädigung	führt zu →	Sinnesbehinderung, Sprachbehinderung
Schädigung des körperlichen Stütz- und Bewegungssystems, Missbildung der Bewegungsorgane	führt zu →	Körperbehinderung, Sprachbehinderung

→ **Materialien** 2a. Menschen mit einer Behinderung in Deutschland

20.2.3 Behinderung und ihre Folgen

Die Funktionseinschränkung bei einer Behinderung hat – wie in *Abschnitt 20.2.1* ausgeführt – für den Betroffenen eine **Beeinträchtigung** zur Folge, die sich vornehmlich in einer **persönlichen Lebenserschwerung,** einer **sozialen Beeinträchtigung und in schulischen bzw. beruflichen Problemen** zeigt. Viele Tätigkeiten, die der Nichtbehinderte selbstverständlich ausführen kann, sind für den behinderten Menschen mit einem besonderen Energieaufwand verbunden oder bleiben ihm ganz verschlossen. Bei vielen Tätigkeiten ist er auf die Mithilfe von Freunden, Verwandten oder Betreuern angewiesen.

„Beim Einkaufen muss ich regelmäßig jemanden bitten, wenn ich etwas aus den oberen Regalen oder schon aus den mittleren, die ziemlich weit zurückliegen, haben möchte. Das ist dann einfach oft so, dass man aus dem Laden wieder herausgeht, und hat das, was man möchte, nicht gekauft. Vom Seelischen her gesehen ist es doch ziemlich deprimierend, wenn man für jede Kleinigkeit andere um Hilfe bitten muss. [...] Es ist außerordentlich demütigend, wenn man immer gezwungen ist, jemand zu bitten, er möchte einem helfen und dies und jenes für einen tun, während man sich selber als einen unabhängigen Menschen fühlt."
(Schott, in: Klee, 1992, S. 13)

Das Zusammentreffen von Menschen mit und ohne Behinderung im alltäglichen Leben ist oft problematisch und für die Betroffenen belastend. Die Begegnung mit Menschen mit Behinderung löst bei ihrer Umwelt häufig Befremden, Unsicherheit, Mitleid, Distanzierung, Missmutsäußerungen und dergleichen aus.

Menschen mit Behinderung haben Probleme, einen bestimmten Beruf auszuüben. Viele berufliche Tätigkeiten sind für sie mit einem besonderen Energieaufwand verbunden oder bleiben ihnen ganz verschlossen. Oft bekommen Menschen mit einer Behinderung auch überhaupt keine Arbeit.

> *„Behindert ist man nicht – behindert wird man."*
> *(Heiden, 1997, S. 13)*

Folgeerscheinungen von Behinderungen

- persönliche Lebenserschwerung
- soziale Beeinträchtigung
- schulische und berufliche Probleme

→ **Materialien** 2b. Der Umgang zwischen Menschen mit und ohne Behinderung

Auf den Punkt gebracht

- Behinderung ist die Bezeichnung für eine längerfristige, meist immer vorhandene, Beeinträchtigung eines Menschen, die Folge einer funktionellen Schädigung ist und besondere pädagogische, psychologische und gesellschaftliche Hilfen erforderlich macht.
- Folgen einer Behinderung können eine persönliche Lebenserschwerung, soziale Beeinträchtigung und/oder schulische und berufliche Probleme sein.
- Entsprechend der unterschiedlichen Schädigungen kann man verschiedene Arten der Behinderung unterscheiden: geistige Behinderung, Lern-, Sprach-, Sinnes- und Körperbehinderung.

Wiederholen, Vertiefen, Anwenden

1. Erläutern Sie die Merkmale des Begriffs „Behinderung" und zeigen Sie diese anhand einer Behinderungsart auf.
2. *Die Funktionseinschränkung bei einer Behinderung hat für den Betroffenen und seine soziale Umgebung eine Beeinträchtigung zur Folge.*
   Zeigen Sie an verschiedenen Beispielen aus Ihrem Lebensbereich mögliche Folgen einer Behinderung auf.
3. *Lernsituation 20.2*
   a) Beschreiben Sie anhand des Fallbeispiels „Maximilian, der Rollstuhlfahrer" die Merkmale des Begriffs „Behinderung".
   b) Geben Sie einen Überblick über verschiedene Arten von Behinderung.
   c) Erläutern Sie an diesem Fallbeispiel mögliche Folgen einer Behinderung.

4. *Behindertengerechtes Wohnen*
- Zeichnen Sie in Kleingruppen einen Plan, wie Sie Ihre Wohnung behindertengerecht umändern können.
- Stellen Sie auch einen Finanzierungsplan über den Umbau der Wohnung auf.
- Hängen Sie Ihren Plan an die Pinnwand und erläutern Sie ihn in Ihrer Klasse.

20.3 Risiken und Schädigungen als Ursachen von Behinderung

Lernsituation

Der Contergan-Skandal

Vielleich haben Sie schon von dem Contergan-Skandal in den 60er Jahren des letzten Jahrhunderts gehört: Die als harmlos geltende Schlaftablette „Contergan", eingenommen während der Schwangerschaft, führte zu schweren körperlichen Missbildungen der Kinder. Spiegel Online schrieb am 12.03.2010 hierzu:

„In den Jahren 1957 bis 1961 passiert im Mutterleib von etwa 10.000 schwangeren Frauen in aller Welt etwas Furchtbares. Eine chemische Substanz [...], bekannt als Thalidomid, greift in den Entwicklungsprozess der Embryos ein. Und richtet dadurch unwiderrufbaren Schaden an. Als die Kinder zur Welt kommen, haben sie verstümmelte Arme, Beine oder Ohren. Bei manchen sind die Missbildungen so schwer, dass sie kurz nach der Geburt sterben.

Bald sprechen Wissenschaftler vom ‚schlimmsten Unglück in der Geschichte der modernen Arzneimitteltherapie'. Die Schwangeren hatten gegen morgendliche Übelkeit das Medikament Contergan genommen, ein vermeintlich harmloses Schlafmittel. 3,90 Deutsche Mark (ca. 2 Euro) kostet eine Schachtel, rezeptfrei ist sie zu haben.

Es dauert nicht lange, bis Mediziner herausfinden, dass der darin enthaltene Wirkstoff Thalidomid die Fehlbildungen verursacht. Ende 1961 wird das Medikament vom Markt genommen, 1968 beginnt das Gerichtsverfahren gegen leitende Mitarbeiter des Herstellers [...], zwei Jahre später wird es eingestellt." (Briseño, 2010, o. S.)

Sie möchten sich darüber informieren, welche Risiken und Schädigungen zu einer Behinderung führen können.

I Information

Die Ursachen, die zu einer Behinderung führen können, werden eingeteilt nach dem ***Zeitpunkt***, zu dem sie in der Lebensgeschichte eines Individuums wirksam werden.

20.3.1 Schädigungen vor der Geburt (pränatale Schädigungen)

- **Chromosomale Schädigungen:** Es kann vorkommen, dass in einer Eizelle durch einen Fehler in der Reifungsteilung ein einzelnes Chromosom zu viel vorhanden ist.

→ Beim **Down-Syndrom**, früher Mongolismus genannt, ist das Chromosom 21 dreifach statt zweifach vorhanden, jede Körperzelle weist 47 Chromosomen auf statt 46; bei **Klinefelter** ist in jeder Zelle ein weibliches X-Chromosom zu viel.

- **Stoffwechselstörungen**, die zu erheblichen Beeinträchtigungen der geistigen Fähigkeiten, insbesondere der Wahrnehmung, und im motorischen Bereich führen können.
- **Genetisch bedingte Krankheiten** die eine Schädigung des Gehirns bewirken können.

→ Hierzu zählt beispielsweise das **Hurler-Syndrom**, welches durch eine Speicherung von Zucker im Zentralnervensystem aufgrund eines genetischen Fehlers gekennzeichnet ist. Neben einer geistigen Behinderung treten bei dieser Krankheit oft auch körperliche Deformationen (vorstehende Stirn, dicke Lippen, tatzenartige Hände) auf.

- Durch **Blutgruppenunverträglichkeit** kann eine Hirnschädigung beim Neugeborenen hervorgerufen werden. Diese Gefahr besteht, wenn der Vater den sog. Rhesusfaktor im Blut hat – er ist dann Rh-positiv – und die Mutter den Rhesusfaktor nicht im Blut hat – sie ist dann Rh-negativ. Ist das Kind nun Rh-positiv, kann es im Mutterleib zu Abwehrreaktionen gegen die Blutkörperchen des Kindes kommen.
- **Falsche Ernährung** der schwangeren Frau, wie zum Beispiel Mangel an Vitaminen, kann Schädigungen hervorrufen.
- **Infektionskrankheiten** der werdenden Mutter, vor allem während der ersten vier Monate der Schwangerschaft, können sie sich negativ auf die Entwicklung des Sinnes- und Nervensystems auswirken.

→ Bekannt sind beispielsweise die Folgen einer Röteln-Erkrankung oder Toxoplasmose – eine Infektionskrankheit, deren Erreger von den Sporentierchen, das sind einzellige Parasiten, kommen.

- **Toxische Schädigungen** wie Alkohol, Nikotin, Koffein, Drogen, Medikamente, Chemikalien, (Industrie-)Gifte und dgl. können bestimmte Missbildungen hervorrufen.

→ Der sog. „Contergan-Skandal" in den 60er-Jahren des letzten Jahrhunderts wurde in der *Lernsituation 20.3* schon erwähnt.

Sehr viele Gifte stehen im Verdacht, den Embryo im Mutterleib zu schädigen. Alkohol-, Kaffeegenuss der werdenden Mutter oder Drogenkonsum führen zu Schäden beim Kind. Dabei bringt Alkoholgenuss während der Schwangerschaft das Ungeborene noch weit mehr in Gefahr als bisher angenommen. US-Forscher fanden heraus, dass sogar schon der Konsum geringster Mengen, egal in welcher Schwangerschaftswoche, nachweisbare Schäden wie Gesichtsdeformationen, Hirnschäden und Störungen der Entwicklung des Nervensystems verursacht.

→ Das Fetale Alkoholsyndrom (FAS) – die im Mutterleib entstandene körperliche und geistige Schädigung des Kindes aufgrund von Alkoholgenuss der Mutter in ihrer Schwangerschaft – und seine schwächere Ausbildung, der Fetale Alkoholeffekt (FAE), sind heute die häufigsten Ursachen für eine geistige Entwicklungsstörung. In Deutschland kommen jährlich etwa 10000 Neugeborene mit Schädigungen aufgrund Alkoholkonsums zur Welt. Davon haben 2200 Babys FAS (vgl. *Gelitz, 2015, S. 69*).

Auch Nikotin führt zu Schädigungen des Ungeborenen. Selbst eine geringe Menge Nikotin reicht aus, um Wachstum und Gehirnentwicklung nachhaltig und oft unwiederbringlich zu beeinträchtigen. Man hat festgestellt, dass Kinder von Raucherinnen später im Leben besonders häufig zu Lern- und Konzentrationsschwäche, verminderten Intelligenzquotienten und Hyperaktivität[1] neigen.

Auch wenn der Vater starker Raucher und die Schwangere Nichtraucherin ist, können die gleichen negativen Folgen auftreten.

- **Strahlenschädigungen** wie Röntgenstrahlen oder Radioaktivität können zu Schädigungen des Zentralnervensystems und damit zu Störungen der körperlichen und/oder geistigen Entwicklung führen.

20.3.2 Schädigungen während der Geburt (perinatale Schädigungen)

Etwa 85 % aller Geburten verlaufen problemlos, es kann sich aber eine Reihe von Komplikationen ergeben, die für das Kind und/oder die Mutter gefährlich werden können. Schädigungen, die während der Geburt auftreten, werden *perinatale Schädigungen* genannt.

- **Eine Frühgeburt** kann eine Gefahr für das Kind bedeuten. Ungefähr sechs bis sieben % aller Schwangeren sind davon betroffen. Alle Säuglinge, die vor der vollendeten 36. Schwangerschaftswoche zur Welt kommen, werden als Frühgeburten bezeichnet. Das Geburtsgewicht liegt meist bei weniger als 2500 Gramm.

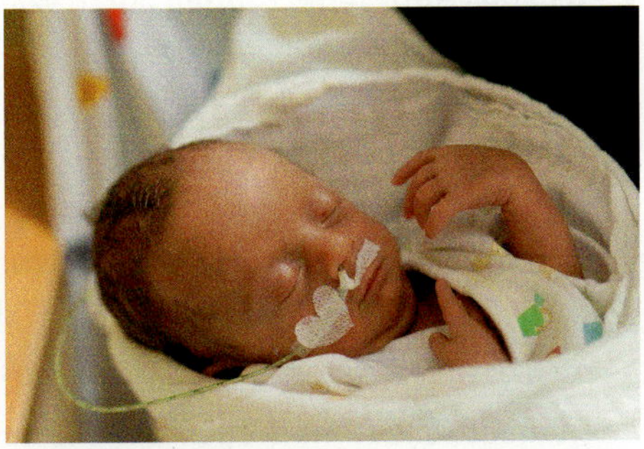

  Die Medizin hat in diesem Bereich allerdings erhebliche Fortschritte gemacht. Inzwischen können Kinder bereits ab der 24. oder 25. Schwangerschaftswoche und einem Geburtsgewicht von 500 Gramm eine Überlebenschance erhalten. Die Sterblichkeitsrate ist nach wie vor relativ hoch, da vor allem die Atmungsorgane noch nicht ausreichend entwickelt sind.

- **Sauerstoffmangel** bei der Geburt stellt eine große Gefahr für das Kind dar. Er kann entstehen, wenn die Sauerstoffzufuhr unterbrochen oder deutlich vermindert wird. Dies kann unterschiedliche Ursachen haben: So kann die Nabelschur im Geburtskanal abgedrückt werden, das Kind kann durch sie stranguliert werden. Auch die Verstopfung der Atemwege kurz nach der Geburt, durch Schleim oder Fruchtwasser kann zur mangelhaften Sauerstoffversorgung führen. Mediziner gehen allerdings davon aus, dass bei gesunden und kräftigen Kindern eine kurzzeitige – weniger als drei Minuten – Verringerung der Sauerstoffzufuhr keine bleibenden Schäden hinterlässt.

- Eine **übermäßige mechanische Belastung** wie zum Beispiel eine komplizierte Geburt, zu enges Becken der Mutter, Druck auf den Schädel bei Zangengeburt kann zu frühkindlichen Hirnschädigungen führen.

[1] Hyperaktivität: eine über die Maßen gesteigerte Aktivität

- Die **Einnahme von Medikamenten** während des Geburtsvorgangs kann bei bereits unterentwickelten Säuglingen zu einer Beeinträchtigung von Nieren und Leber führen, da diese Organe nicht in der Lage sind, die aufgenommenen Substanzen schnell wieder abzubauen.

Alle diese Einflüsse sind Risikofaktoren und können verschiedenartige Schädigungen hervorrufen und körperliche, psychische und kognitive Funktionen des zentralen Nervensystems betreffen.

20.3.3 Schädigungen nach der Geburt (postnatale Schädigungen)

Auch unmittelbar nach der Geburt können noch Schädigungen auftreten, die zu Funktionseinschränkungen führen können. Schädigungen, die unmittelbar nach der Geburt auftreten, werden ***postnatale Schädigungen*** genannt.

- **Chronische Ernährungsstörungen, Hirn- und Hirnhautentzündung** des Säuglings, **Infektionskrankheiten** des Neugeborenen (z. B Scharlach, Masern oder Keuchhusten) oder **Stoffwechselerkrankungen** können das Hirn schädigen und dadurch Intelligenzschäden und/oder Körperbehinderungen nach sich ziehen.
- **Schädel-Hirn-Verletzungen** durch Wickelunfälle, Sturz von der Treppe u. a. haben nicht selten bleibende Folgen.

Schädigungen **zu einem späteren Zeitpunkt** machen einen sehr großen Teil der Entstehung einer Behinderung aus.

- **Krankheiten** und **Unfälle** im Laufe des Lebens wie zum Beispiel Verkehrs-, Berufs- oder Freizeitunfälle können zu Hirnverletzungen oder Wirbelfrakturen mit Rückenmarksverletzungen führen und Behinderungen jeder Art zur Folge haben.

→ Ein Beispiel hierfür befindet sich in *Lernsituation 20.2*.

- **Traumatische Hirnschäden und Störungen der Blutversorgung** sind häufige Ursachen für Hirnschäden.

→ Hierzu zählen beispielsweise Durchblutungsstörungen des Gehirns (weißer Schlaganfall), Schäden durch eine allgemeine Minderdurchblutung des Gehirns (Ischämie) und Hirnblutungen (roter Schlaganfall).

- **Hirnkrankheiten** wie ***Tumore, Multiple Sklerose*** und ***degenerative Krankheiten (Demenzen)*** können Hirnschäden hervorrufen.

... *Wenn hier lediglich Schädigungen als Ursachen von Behinderungen angeführt wurden, so darf nicht übersehen werden, dass es daneben auch noch andere Faktoren gibt, die eine Behinderung verursachen bzw. mit bedingen können. Dies wird beispielsweise sehr deutlich bei einer Lernbehinderung, bei der davon ausgegangen wird, dass bei einer eher „schweren“ Form die organischen Ursachen die entscheidende Rolle spielen, während bei leichteren Formen Umwelteinflüsse im Vordergrund stehen[1]. Nach neueren Erkenntnissen spielen bei der Entstehung einer Behinderung auch soziale und gesellschaftliche Faktoren eine wichtige Rolle.*

[1] vgl. Abschnitt 20.4.2

Schädigungen als Ursache von Behinderungen

Anlagemäßig bedingte Schädigungen	Pränatale Schädigungen	Perinatale Schädigungen	Postnatale Schädigungen	Schädigungen zu einem späteren Zeitpunkt
– chromosomale Schädigungen – Stoffwechselstörungen – genetisch bedingte Krankheiten	– Blutgruppenunverträglichkeit – falsche Ernährung – Infektionskrankheiten – toxische Schädigungen – Strahlenschädigungen	– Frühgeburt – Sauerstoffmangel – übermäßige mechanische Belastung – Einnahme von bestimmten Medikamenten	– chronische Ernährungsstörungen – Hirn- und Hirnhautentzündung – Infektionskrankheiten – Stoffwechselerkrankungen – Schädel-Hirn-Verletzungen	– Krankheiten – Unfälle – traumatische Hirnschäden – Störungen der Blutversorgung – Hirnkrankheiten

Auf den Punkt gebracht

Bezüglich der Schädigungen als Ursachen von Behinderungen wird unterschieden zwischen anlagemäßig bedingten Schädigungen, pränatalen, perinatalen und postnatalen Schädigungen sowie Schädigungen zu einem späteren Zeitpunkt.

Wiederholen, Vertiefen, Anwenden

1. Stellen Sie
   a) Schädigungen vor der Geburt als Ursachen von Behinderungen dar.
   b) perinatale Schädigungen als Ursachen von Behinderungen dar.
   c) Schädigungen nach der Geburt als Ursachen von Behinderungen dar.
2. *Lernsituation 20.3*
   a) Erläutern Sie unterschiedliche Ursachen von Schädigungen als Auslöser von Behinderungen.
   b) Unterscheiden Sie, welche Risikofaktoren individuell und welche sozial beeinflussbar sind.
3. *Rollenspiel*
   Sie sind Berater und ein junges Paar, das gerne ein Kind haben will, möchte sich von Ihnen beraten lassen.
   - Bilden Sie Dreiergruppen.
   - Erfüllen Sie den Auftrag: „Was würden Sie als Berater dem jungen Paar sagen, worauf es achten bzw. was es tun soll?“
   - Jeweils zwei Gruppen schließen sich zusammen und bereiten auf der Grundlage ihrer Ratschläge ein Rollenspiel vor.
   - Die Gruppen spielen das Beratungsgespräch mit anschließender Diskussion.

20.4 Die Lernbehinderung als ausgewählte Behinderung

Lernsituation

Zita und ihre schulischen Schwierigkeiten

Moritz, ein Klassenkamerad von Ihnen, erzählt Ihnen, dass seine Schwester Zita, 7 Jahre alt, vor einem halben Jahr eingeschult wurde. Die Lehrerin hat nun seine Eltern in die Sprechstunde eingeladen und ihnen geraten, Zita einem Schultest unterziehen zu lassen, weil sie enorme Schwierigkeiten in der Schule zeige. Dem kamen Moritz' Eltern nach.
Sie interessieren sich für das Ergebnis des Tests. Moritz nimmt Sie mit nach Hause und zeigt Ihnen das Resultat: „Zitas Lernen läuft sehr verlangsamt ab und sie kann den Umfang des Lernstoffes kaum bewältigen. Dieser Umfang ist gegenüber den Mitschülern bereits deutlich reduziert und die Lernprozesse laufen auf einer einfacheren Ebene ab. Auch die Konzentration ist vor allem bei komplexeren und schwierigeren Anforderungen vermindert, sie unterliegt deutlichen Schwankungen. Abstraktionen, Transferleistungen und Begriffsbildungen gelingen kaum, der Ablauf der Denkprozesse ist verlangsamt und die Denkvollzüge sind in ihrer Beweglichkeit eingeschränkt. Ebenso liegen die Sprachleistungen deutlich unter dem Leistungsstand ihrer Mitschülerinnen, es sind vor allem Mängel in der differenzierten Lautbildung, im Wortschatz und in der Grammatik zu beobachten. Sprachfehler sind keine Seltenheit."[1]
Sie unterhalten sich weiter mit Moritz, warum Zita so zurückgeblieben ist.

Sie möchten wissen, welche Erscheinungsformen und Ursachen Zitas Behinderung hat.

I Information

20.4.1 Erscheinungsformen einer Lernbehinderung

Bei einer Lernbehinderung liegt eine umfängliche und dauerhafte **Beeinträchtigung im Lernen** vor. In der Regel ist diese bedingt durch eine unterdurchschnittliche Intelligenz, der Intelligenz-Quotient liegt etwa zwischen 75 und 55. *Gustav O. Kanter* beschreibt denn auch ein erhebliches Lernversagen beim Erwerb von kognitiven und abstrakten Inhalten. Zudem liegen bei den Betroffenen ineffiziente Lernstrategien sowie Probleme bei der Umsetzung und Anwendung von Gelerntem vor (vgl. *Werner, 2007, S. 107*).

Birgit Werner (*2007, S. 107*) sieht als Hauptmerkmal einer Lernbehinderung das Phänomen, „dass es Schüler gibt, die unter den gegebenen schulischen Bedingungen die Anforderungen der Regelschule (mehrheitlich der Grundschule) nicht im erwarteten Maße erfüllen." Eine Lernbehinderung ist also ein Schulleistungsversagen, das in der Regel mit einer unterdurchschnittlichen Intelligenz einhergeht, die jedoch nicht so gravierend ist, dass es sich um eine geistige Behinderung handelt.

Diese Beeinträchtigung führt zu geringen schulischen Leistungen und der Betroffene kann unter „normalen" schulischen Bedingungen die Anforderungen der Regelschule nicht bzw. nicht in einem erwarteten Maße erfüllen.

---

[1] vgl. Kanter, 1997, S. 106 ff.

Damit ist die Lernbehinderung auch ein gesellschaftliches Problem: Es wäre theoretisch denkbar, dass die Regelschule ihre Anforderungen derart senkt, dass es eine Lernbehinderung nicht mehr gibt.

Folge der Lernbeeinträchtigung sind Erschwernisse auf persönlicher, familiärer und gesellschaftlicher Ebene sowie in der beruflichen Ausbildung und Schwierigkeiten in der sozialen Entwicklung. In all diesen Bereichen sind besondere Lern- und Erziehungshilfen erforderlich.

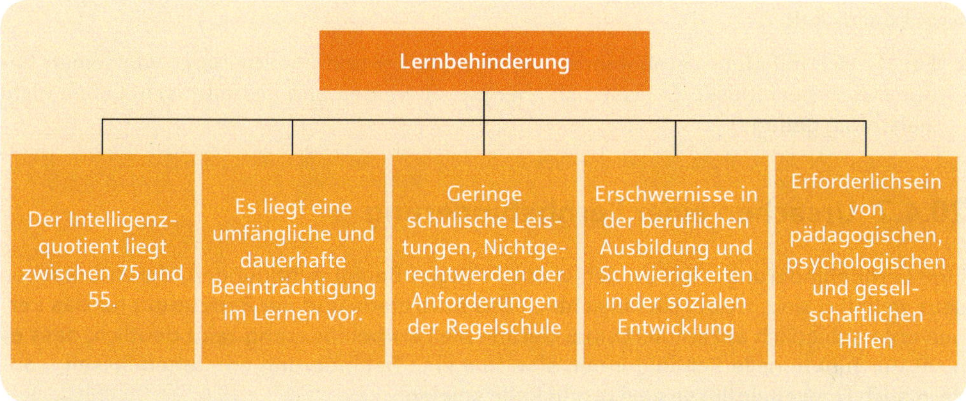

Als lernbehindert bezeichnet man Personen, die schwerwiegend, umfänglich und dauerhaft in ihrem Lernen beeinträchtigt sind, geringe schulische Leistungen erbringen und den Anforderungen der Regelschule nicht gerecht werden sowie Erschwernisse auf persönlicher, familiärer, beruflicher, sozialer und gesellschaftlicher Ebene haben und deshalb besondere pädagogische, psychologische und gesellschaftliche Hilfen benötigen.

Eine Lernbehinderung zeichnet sich durch folgende Erscheinungsformen aus (vgl. *Kanter, 1997, S. 106ff*):

- Im Vergleich zu Menschen mit keiner Behinderung verlaufen die Lernprozesse bei Menschen mit einer Lernbehinderung verlangsamt ab. Der Umfang an Lernstoff, der bewältigt werden kann, ist deutlich reduziert und die Lernprozesse laufen auf einer einfacheren Ebene ab.
- Die Konzentration ist vor allem bei umfassenden, für Menschen mit einer Lernbehinderung schwierigen Anforderungen vermindert. Die Konzentrationsleistung unterliegt deutlichen Schwankungen.
- Die Gedächtnisleistungen sind gegenüber Menschen mit keiner Behinderung schlechter.
- Der Ablauf der Denkprozesse ist verlangsamt und die Denkvollzüge sind in ihrer Beweglichkeit eingeschränkt. Abstraktionen, Transferleistungen und die Begriffsbildung gelingen weniger gut.
- Die Wahrnehmungsleistungen sind im Hinblick auf Differenziertheit und Genauigkeit vermindert.
- Die Sprachleistungen des Menschen mit einer Lernbehinderung liegen deutlich unter dem Leistungsstand dem mit keiner Behinderung. Neben einer allgemeinen Sprachentwicklungsverzögerung sind Mängel in der differenzierten Lautbildung, im Wortschatz und in der Grammatik zu beobachten. Oft kommt es zu Sprachfehlern.

- Im Bereich der Motorik zeigen sich Entwicklungsverzögerungen, die in Problemen bei der Koordination von Handlungsabläufen, in der Reaktionsgeschwindigkeit, in der Genauigkeit und Präzision von Handlungen und im Krafteinsatz deutlich werden.
- Soziale Situationen werden im geringen Umfang analysiert und Konflikte können nur begrenzt bewältigt werden. Die Übernahme von sozialen Rollen fällt Menschen mit Lernbehinderung schwer. Es bestehen Probleme, die angemessene soziale Distanz zum Sozialpartner einzuhalten. Die Kooperationsbereitschaft und -fähigkeit sind weniger gut entwickelt.
- Ein Mensch mit einer Lernbehinderung wird stärker und unmittelbarer von seinen Bedürfnissen beeinflusst. Er lässt sich eher passiv treiben und gestaltet sein Leben nicht zielstrebig genug.

20.4.2 Ursachen einer Lernbehinderung

Eine Lernbehinderung zählt zu den vielschichtigen Beeinträchtigungen, deren Ursachen sehr vielfältig sind, wobei sie hinsichtlich des Auftretens und der Bedeutung für das Lernen unterschiedlich akzentuiert sind. Gerade die Lernbehinderung zeigt deutlich, dass es nicht nur funktionelle Schädigungen sind, die eine Behinderung entstehen lassen, sondern auch Umwelteinflüsse eine große Rolle spielen.

> *„Von allen Arten der Behinderung ist bei der Lernbehinderung der Zusammenhang mit sozialen Faktoren besonders offensichtlich.“*
> *(Bleidick, 1997[4], S. 107)*

Folgende Ursachen können zu einer Lernbehinderung führen:

- **Genetische Faktoren:** Inwieweit Anlagefaktoren an der Entstehung einer Lernbehinderung beteiligt sind, lässt sich nur schwer nachweisen. Es wird davon ausgegangen, dass weniger genetische, sondern mehr organische Faktoren mitwirken als bisher angenommen (vgl. *Speck, 2008[6], S. 205*).
- **Organische Bedingungen:** Bei allen organischen Schädigungen, die vor, während und nach der Geburt auftreten können[1], kann man eine Einschränkung der Lernprozesse prognostizieren. Es wird davon ausgegangen, dass bei einer „schweren“ Lernbehinderung die organischen Ursachen die entscheidende Rolle spielen, während bei leichteren Formen Umwelteinflüsse im Vordergrund stehen.

> *„‚Leichte‘ Hirnfunktionsstörungen fallen im frühen Lebensalter kaum auf, während sie dann unter den spezifischen Anforderungen der Schule zu Problemen werden können, vor allem dann, wenn die sonstigen Entwicklungsbedingungen [...] ungünstig sind.“*
> *(Speck, 2008[6], S. 206)*

- **Unzureichende Erziehung** wie Ablehnung, Vernachlässigung, Laisser-faire vor allem im frühesten Kindesalter sowie mangelnde Anregung und Förderung wie fehlende Spiel-, Experimentier- und Betätigungsmöglichkeiten, sprachliche Anregung u.ä. können die Entwicklung der Hirnsubstanz stören und so zu Lernbehinderungen führen. Unmittel-

[1] siehe Abschnitt 20.3

bar nach der Geburt bilden sich im Gehirn fast explosionsartig neue Kontaktstellen – sog. ***Synapsen***[1] – aus, die die Nervenzellen miteinander verknüpfen und so Lernen ermöglichen. Jedoch nur richtig und erfolgreich verknüpfte Nervenzellen bleiben bestehen, die anderen gehen wieder verloren. Die Entstehung von Synapsen ist jedoch von den Anregungen und der ganzheitlichen Förderung des Kindes abhängig; fehlen diese, kann die Ausbildung des Gehirns nicht stattfinden.

„Dem Säugling fehlen [...] noch weitgehend die Verknüpfungen, die sich durch Erfahrung erst im Laufe des Lebens herausbilden. [...] Während der ersten Lebensjahre gehen alle Nervenzellen zugrunde, die keine sinnvolle Funktion erlangen. [...] Eine aktive Funktion auszuüben ist also für ein Neuron überlebenswichtig."
(Kasten, 2007, S. 20)

- **Unzureichende emotionale Zuwendung,** Geborgenheit und Fürsorge im frühen Kindesalter: Voraussetzung für die Verbindung von Nervenzellen ist eine gute emotionale Grundversorgung des Säuglings bzw. Kleinkindes. Die Entwicklung des Gehirns wird nämlich ganz entscheidend von der emotionalen Zuwendung geprägt; wo sie fehlt, kann sich das Nervensystem nicht optimal entwickeln.

Unzureichende Erziehung und emotionale Zuwendung machen deutlich, wie sehr eine Lernbehinderung von den Erfahrungen, die ein Kleinkind macht, abhängig ist, und nicht in erster Linie von angeborenen Schädigungen.

- **Sozioökonomische Faktoren** wie wirtschaftliche Verhältnisse, Wohnsituation oder Einkommensverhältnisse u.Ä. können bei der Entstehung einer Lernbehinderung eine Rolle spielen.
- **Gesellschaftliche Bedingungen:** In der letzten Zeit rücken mehr Erkenntnisse und Sichtweisen in den Vordergrund, die vor allem eine Lernbehinderung als gesellschaftlich bedingt ansehen[2]. Negative Bewertungen und Erwartungshaltungen seitens der Gesellschaft oder einer ihrer Gruppen sowie Vorurteile führen zu einer negativen Bewertung der eigenen Fähigkeiten, was zur Folge haben kann, dass das Vertrauen in die eigene Leistungsfähigkeit verloren geht.

„Was bisher am Individuum als typische Ausprägung einer Schädigung oder Funktionsbeeinträchtigung beschrieben und interpretiert worden war, erwies sich in viel stärkerem Maße als bisher gesehen als Resultat umweltlicher bzw. gesellschaftlicher Verhältnisse."
(Speck, 2008[6], S. 216)

Dabei sind die genannten Faktoren eng miteinander verbunden. Nach neueren Erkenntnissen ist es kaum möglich, dass – ausgenommen bei schwerer funktioneller Schädigung – lediglich eine dieser genannten Ursachen eine Lernbehinderung hervorruft. Erst durch das **Zusammenspiel mehrerer Ursachen** kann es zu dieser Behinderung kommen.

„Die überwiegende Zahl der Lernbehinderungen entsteht nicht durch einen einzigen Faktor, sondern durch das Zusammenwirken mehrerer Bedingungen. So sind bei vielen Lernbehinderten soziokulturelle Belastungsmomente wie auch häufig ‚Mehrfachbehinderungen' festzustellen."
(Kanter, 1997, S. 107)

[1] synapsis (griech.): Verbindung
[2] vgl. hierzu Abschnitt 20.5

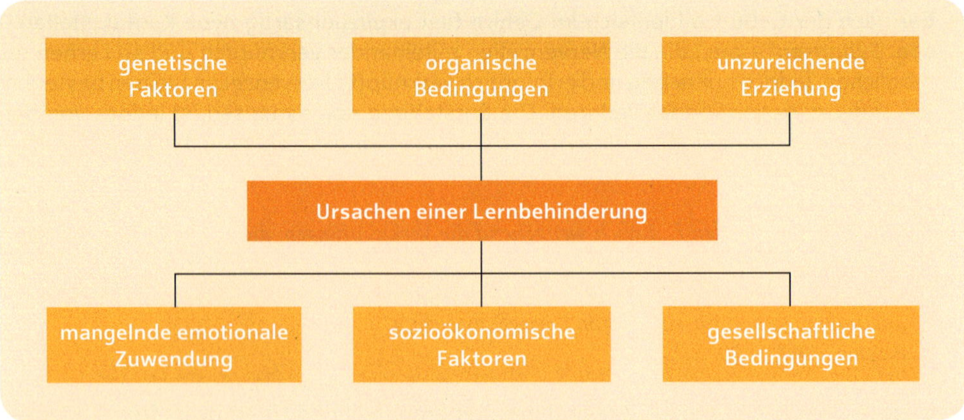

Auf den Punkt gebracht

- Als lernbehindert bezeichnet man Personen, die schwerwiegend, umfänglich und dauerhaft in ihrem Lernen beeinträchtigt sind, geringe schulische Leistungen erbringen und den Anforderungen der Regelschule nicht gerecht werden. Zudem birgt die Lernbehinderung viele Beschwerden auf persönlicher, familiärer, beruflicher, sozialer und gesellschaftlicher Ebene, wodurch besondere pädagogische, psychologische und gesellschaftliche Hilfen benötigt werden.
- Mögliche Ursachen einer Lernbehinderung können genetische Faktoren, organische Bedingungen, unzureichende Erziehung, vor allem Vernachlässigung, unzureichende emotionale Zuwendung, sozioökonomische Faktoren und gesellschaftliche Bedingungen sein. Erst durch das Zusammenspiel mehrerer Ursachen kann es zu einer Lernbehinderung kommen.

Wiederholen, Vertiefen, Anwenden

1. Zeigen Sie mögliche Erscheinungsformen einer Behinderung (zum Beispiel Lernbehinderung) auf.
2. a) Erläutern Sie Ursachen einer von Ihnen ausgewählten Behinderung (zum Beispiel Lernbehinderung).
   b) Zeigen Sie am Beispiel dieser ausgewählten Behinderung das Zusammenwirken mehrerer Ursachen, aufgrund derer eine solche entstehen kann.
3. *Lernsituation 20.4*
   a) Beschreiben Sie anhand des Fallbeispiels „Zita und ihre schulischen Schwierigkeiten“ Erscheinungsformen einer Lernbehinderung.
   b) Zeigen Sie anhand dieses Fallbeispiels auf, welche Ursachen zu Zitas Lernbehinderung geführt haben könnten.

4. *Sie treffen in der Stadt einen Menschen mit einer Lernbehinderung und werden mit ihm konfrontiert. Wie gehen Sie mit ihm um?*
   - Bilden Sie Sechsergruppen.
   - Jedes Gruppenmitglied schreibt auf einem Blatt, das jeder erhält, innerhalb einer bestimmten Zeitspanne eine Möglichkeit, wie es offen und sicher mit einem Menschen
     a) mit einer Lernbehinderung
     b) mit einer Beeinträchtigung
     umgehen kann.
   - Anschließend geben Sie das Blatt an Ihren rechten Nachbarn weiter, zugleich erhalten Sie das Blatt von Ihrem linken Nachbarn.
   - Sie lesen den Vorschlag und schreiben einen weiteren dazu.
   - Nach dem 6. Durchgang erhalten Sie wieder Ihr eigenes Blatt zurück. Sie lesen alle Vorschläge durch.
   - Die Gruppe diskutiert nun diese Möglichkeiten, einigt sich auf die ihrer Meinung nach fünf besten Vorschläge und präsentiert diese auf einem Plakat der gesamten Klasse.
5. Nehmen Sie Kontakt mit einer benachbarten Förderschule für Menschen mit einer Lernbehinderung auf, und besprechen Sie mit dem Personal einen Fall einer Lernbehinderung – über ihre Erscheinungsformen und möglichen Ursachen.

20.5 Behinderung aus sozialtheoretischer Sicht

Lernsituation

Erlebnisse eines Jungen mit Körperbehinderung:

In dem Buch „Unter dem Auge der Uhr – Ein autobiographischer Bericht“ von Christopher Nolan[1] schreibt ein Junge mit einer Körperbehinderung, der in einer Regelschule unterrichtet wird, diesen Bericht, den Sie vielleicht kennen: „Joseph gewöhnte sich langsam daran, dass er zum Diskussionsgegenstand wurde. Ganz offen erörterten die Schüler seine körperlichen Defekte, und da sie sich sicher waren, dass er sie nicht verstehen konnte, nahmen sie sich eine Lautstärke heraus, als sei er gar nicht anwesend gewesen. Sie überlegten, ob der Krüppel wohl eine Windel trüge, und hätten ihn, um sich zu vergewissern, allzu gerne daraufhin untersucht. Dann debattierten sie seinen Mangel an Intelligenz. Sie wählten verschiedene Bezeichnungen, mit denen sie ihn abqualifizieren konnten. So warfen sie mit

[1] Christopher Nolan (* 1965) ist seit seiner Geburt spastisch gelähmt und stumm. Er lebt in Dublin/Irland. Das Foto befindet sich auf der Titelseite seines autobiografischen Berichts „Unter dem Auge der Uhr“, 1996

Wörtern um sich wie Psychopath, Geistesgestörter, Spasti, Gehirnamputierter, Schwachsinniger. Sie fanden, dass er in einer Schule für normale Kinder fehl am Platz sei, und machten sich darüber lustig, dass der Direktor und das Kollegium offensichtlich auf ihn hereingefallen waren. Joseph stellte sich dumm und hörte auf diese Weise, wie andere Schüler ihn beurteilten. Manchmal reagierte er, indem er den Kopf kerzengerade hielt und sie lange prüfend ansah. Aber vergebens, sie grinsten nur – belustigt, weil er so vernünftig tat." (Nolan, 1996, S. 46)

Sie interessieren Erkenntnisse, die sich nicht auf individuelle Defizite einer Behinderung konzentrieren, sondern solche, die Behinderung als normen- und gesellschaftlich bedingt sehen.

I Information

20.5.1 Die Norm als Maßstab

Bei der Feststellung einer Behinderung spielt die **Normvorstellung** der Beurteilenden eine wichtige Rolle. Ob ein Verhalten, ein Aussehen oder ein Entwicklungsstand als ‚normal' oder als ‚nicht mehr normal' gilt, hängt von den Erfahrungen und den Wertvorstellungen der Beurteilenden ab. Die Feststellung von ‚Normalität' und ‚Nicht-Normalität' eines Verhaltens oder Erlebens braucht somit immer eine ***Bezugsgröße***, eine **Norm**.

→ Für ein dreijähriges Kind ist es normal, wenn es nicht lesen und schreiben kann, für ein zehnjähriges Kind ist das nicht normal.

Dabei kann es sich um Gesetze, Regeln, einen Maßstab, ein Ordnungsprinzip oder auch um Verhaltenserwartungen handeln. **Normalität bedeutet** demnach **die relative Übereinstimmung einer Person oder eines bestimmten Sachverhaltes mit den Normen des Beurteilers.**

→ So gilt eine Person als normal, wenn sie beispielsweise zwei Arme und zwei Beine hat. Sogenannte „Contergankinder", denen ein oder beide Arme bzw. Beine fehlen oder bei denen diese verstümmelt sind, stimmen nicht mit unseren Normen überein und gelten deshalb als „nicht normal".

Damit ist eine Norm immer auch ein **Maßstab**, ***an dem das Aussehen, das Erleben und Verhalten eines Individuums gemessen wird***. Bei der Feststellung einer Behinderung wird eine Person also bewertet, beurteilt und verglichen.

Eine Behinderung ist immer eine Abweichung von sozialen Normen.

Bei der normenbezogenen Betrachtung lassen sich drei Arten von Normen unterscheiden, die bei der Einschätzung eines Verhaltens als „noch normal" oder „schon beeinträchtigt" bzw. „behindert" bedeutsam sind:

- die **statistische Norm**
- die **gesellschaftliche Norm**
- die **individuelle Norm**

- **Die statistische Norm**

Normalität wird statistisch betrachtet. Als normal gilt, wie sich die meisten Menschen verhalten. Als Norm wird hierbei ein **statistisch errechneter Durchschnittswert** bzw. die am häufigsten vorkommende Verhaltensweise bezeichnet.

Die meisten Menschen in der Bundesrepublik Deutschland gehen einer geregelten Arbeit nach. Wer nicht arbeitet, weicht von der statistischen Norm ab. Ebenso leben zwei Menschen in einer Partnerschaft als Mann und Frau zusammen, wenn zwei Männer oder zwei Frauen in einer Partnerschaft zusammenleben, weichen sie von der statistischen Norm ab.

Da als Kriterium zur Bestimmung objektiv überprüfbare Fakten zugrunde gelegt werden, spricht man vom **objektiven Kriterium**.

- **Die gesellschaftliche (ideale) Norm**

Normalität wird daraufhin betrachtet, was **gesellschaftlich erwünscht** ist.

Ein Mensch, der durch einen Unfall an seinen Rollstuhl gefesselt ist, entspricht nicht den gesellschaftlichen Idealvorstellungen. Leistung ist in unserer Gesellschaft ein hoher Wert und sehr erwünscht. Wer nichts leistet, entspricht nicht der idealen Norm.

Als normal gilt ein Verhalten, das den allgemein akzeptierten gesellschaftlichen Regeln bzw. den in dieser Gesellschaft herrschenden Idealvorstellungen entspricht. Solche Vorstellungen sind immer im soziokulturellen Kontext zu sehen; man spricht deshalb vom **soziokulturellen Kriterium**.

- **Die individuelle Norm**

Normalität wird danach beurteilt, inwieweit das Verhalten von den **persönlichen Vorstellungen einer Person** über sich selbst abweicht. Aus dieser subjektiven Sichtweise gilt jedes Verhalten als normal, das das körperliche, geistige, psychische und soziale Funktionieren des Individuums nicht beeinträchtigt.

Ein Mensch, der sich fast jeden Augenblick die Hände wäscht, kann sein Verhalten als „normal" erleben, obwohl er von der statistischen oder der idealen Norm abweicht.

Da zur Bestimmung von Normalität/Nicht-Normalität die subjektive Einstellung ausschlaggebend ist, spricht man vom **subjektiven Kriterium**.

Bei der Klassifizierung menschlichen Verhaltens und Erlebens spielen eine Rolle:

die statistische Norm	die gesellschaftliche Norm	die individuelle Norm
Maßstab: Der statistische Durchschnittswert einer Bezugsgruppe bzw. der Gesellschaft	*Maßstab:* Wünschenswertes, das in einer Gesellschaft vorherrscht	*Maßstab:* Die subjektive bzw. persönliche Vorstellung einer Person
das objektive Kriterium	das soziokulturelle Kriterium	das subjektive Kriterium

Diese normenbezogene Betrachtungsweise ist in der Heil- bzw. Sonderpädagogik von besonderer Bedeutung: sie hat Folgen für die Feststellung von ‚normal' und ‚nicht normal' und lässt den Behinderungsbegriff problematisch erscheinen.

Auch wenn man sich an der Mehrheit orientiert, so verhält sich niemand genauso wie es der statistisch errechnete Durchschnitt vorgibt. Demgemäß weicht jeder Mensch mehr oder weniger stark von der Norm ab und es lässt sich nicht eindeutig festlegen, wann ein Verhalten ‚normal' bzw. ‚nicht normal' ist.

Normen sind zudem relativ und weichen von Gesellschaft zu Gesellschaft bzw. von Gruppe zu Gruppe zum Teil sogar erheblich voneinander ab. Was für eine bestimmte gesellschaftliche Gruppe als normal gilt, sieht eine andere durchaus als abnormal.

→ Was beispielsweise Jugendliche für „cool" halten, ist für einen Erwachsenen oft überhaupt nicht nachvollziehbar und erstrebenswert, ja sogar ‚nicht normal'.

Gesellschaftliche und individuelle Normalität ist immer subjektiv und lässt sich nicht aufgrund objektiver Kriterien bestimmen. Normen können sogar individuell unterschiedlich sein. Aus dieser Sicht lässt sich nicht bestimmen, wann ein Verhalten normal bzw. nicht normal ist. Und doch sind es die Normen, die uns als Maßstab dafür dienen, Verhalten einzuschätzen, zu bewerten und zu vergleichen, was fatale Folgen für den Behinderungsbegriff hat.

20.5.2 Die normenbezogenen Betrachtungsweisen von Behinderung

Eine Norm ist immer auch ein **Maßstab**, ***an dem Aussehen, Erleben und Verhalten eines Individuums gemessen und bewertet wird***. Bei der Feststellung einer Behinderung wird eine Person anhand einer geltenden Norm „geprüft" und entsprechend – positiv oder negativ – bewertet und beurteilt. Diese normenbezogene Betrachtungsweise ist in der Heil- bzw. Sonderpädagogik von besonderer Bedeutung: Im Mittelpunkt des Interesses steht nicht so sehr die Frage, wer von einer Norm abweicht, sondern wie andere den „Abweichenden" sehen, beurteilen, definieren (vgl. *Cloerkes, 2007³, S. 163*).

Vor Zeiten gabs ein kleines Land,
worin man keinen Menschen fand,
der nicht gestottert, wenn er redte,
nicht, wenn er ging, gehinket hätte,
denn beides hielt man für galant.
Ein Fremder sah den Übelstand.
Hier, dachte er, wird man dich im Gehn
bewundern müssen
und ging einher mit steifen Füßen.
Er ging, ein jeder sah ihn an,
und alle lachten, die ihn sahn,
und jeder blieb vor Lachen stehen
und schrie: Lehrt doch den Fremden gehen!
Der Fremde hielts für seine Pflicht,
den Vorwurf von sich abzulehnen.
Ihr, rief er, hinkt, ich aber nicht!
Den Gang müsst ihr euch abgewöhnen!
Das Lärmen wird noch mehr vermehrt,
da man den Fremden sprechen hört.
Er stammelt nicht; genug der Schande!
Man spottet sein im ganzen Lande.
(Gellert[1], 1769, S. 22)

Viele Probleme von Menschen mit Beeinträchtigungen wie Behinderungen entstehen aus dem Verhältnis von Mehrheit und **Minderheit zuungunsten** der letzteren. Die Mehrheit diktiert ihre Normen als verbindlich auch für andere – abweichende – Personen bzw. Personengruppen. Diese werden zu „Außenseitern" oder „Randfiguren" und zwar in den Augen einer Majorität. Dies führt dazu, dass Menschen mit einer Behinderung als ‚minderwertig' abgeurteilt werden, was Distanzierungen und Diskriminierungen, unter Umständen auch Aggressions- und Gewalthandlungen zur Folge haben kann (vgl. *Speck, 2008⁶, S. 218 f.*). Diese Abwertung von Beeinträchtigten wird verstärkt durch Normen, die in einer Gesellschaft von hohem Rangwert sind.

Solche Normen in unserer Gesellschaft sind beispielsweise Leistungsfähigkeit und kognitive Fähigkeiten wie Intelligenz, hohe Wertigkeit von gesellschaftlicher Anpassung oder Vitalität und Schönheit.

Zudem werden Abweichungen von für gültig gehaltenen Normen als **„Störung" des gesellschaftlichen Gleichgewichts** verstanden. Eine Gesellschaft ist immer daran interessiert, dass sich ihre Mitglieder „konform" – entsprechend der Normen – verhalten, um die für gültig gehaltenen Normen zu erhalten. Weicht ein Mensch von einer für gültig gehaltenen Norm ab, so wird dieses Verhalten in der Regel nicht akzeptiert. Er erfährt negative Sanktionen wie beispielsweise Ablehnung, Bekämpfung, Feindseligkeit, Ausstoßung, Verachtung und dergleichen. Diese gegen den „Abweichler" gerichteten negativen Sanktionen haben dementsprechend eine **‚normerhaltende Funktion'**.

So zum Beispiel kann eine gegen einen Menschen mit Behinderung gerichtete Aggression wie etwa Spott eine ‚normerhaltende Funktion' haben.

Insofern erzeugt jede Gesellschaft einen Teil ihrer „auffälligen" Menschen selbst.

[1] Christian Fürchtegott Gellert (1715–1769) war deutscher Dichter und Professor für Poesie, Beredsamkeit und Moral in Leipzig.

Eine Gesellschaft ist nicht an der Akzeptierung eines abweichenden Verhaltens, „sondern an deren Konformierung interessiert, als deren Ziel die Anpassung an den gesellschaftlichen Status quo gesehen wird. […] Positiv wird das Konforme eingeschätzt, negativ das Nicht-Konforme.“
(Speck, 2008[6], S. 219)

**„Der Nichtgenormte wird als Verrückter genormt.“
(Ludwig Marcuse[1])**

In der neueren Literatur wird in diesem Zusammenhang häufig von Exklusion[2], was „soziale Ausschließung“ bedeutet, gesprochen: Eine wachsende Zahl von Menschen, zu denen auch Menschen mit Behinderung zählen, haben keinen Anteil (mehr) an den zentralen Lebensvollzügen der Gesellschaft. Sie sind aus den ökonomischen und kulturellen Prozessen ausgeschlossen.

In einem kleinen Dorf boykottierten einige Eltern einen gemeinsamen Konfirmationsgottesdienst mit behinderten und nicht behinderten Jugendlichen, weil sie sich fragten, ob das Niveau passe. Ein Gericht gab einem Ehepaar Recht, das klagte, dass im Urlaub das Ansehen-Müssen von Menschen mit einer Behinderung eine Zumutung ist.

Wie die sozialwissenschaftliche Diskussion in der Literatur zeigt, geht es nicht nur um Distanzierung und Diskriminierung seitens der Gesellschaft, sondern auch darum, dass ein abweichendes Verhalten von dem Beeinträchtigten selbst ebenfalls als solches empfunden wird mit all seinen Folgen für sein Selbstbild und Selbstwertgefühl. Das Problem, das Mitglieder einer Gesellschaft mit abweichendem Verhalten wie zum Beispiel einer Behinderung haben, wird zum Problem desjenigen, der dieses abweichende Verhalten zeigt. Es geht dabei um ein normenverletzendes Verhalten einer Person, das auch von dieser als solches empfunden wird.

Die normenbezogene Betrachtungsweise wirft für Menschen mit Behinderung Probleme auf:

- Nicht normenkonformes Verhalten wird negativ eingeschätzt und negativ sanktioniert.
- Probleme der Diskriminierung und Ablehnung entstehen aus dem Verhältnis von Mehrheit und Minderheit zuungunsten Letzterer.
- Normenverletzendes Verhalten wird von dem Betroffenen selbst als solches empfunden, mit allen negativen Folgen für sein Selbstbild und -wertgefühl.

[1] Ludwig Marcuse (1894–1971) war Literaturkritiker, Philosoph und Journalist.
[2] exclusio (lat.): die Ausschließung

20.5.3 Die Theorie der Zuschreibung

Eine Eigenschaft bzw. ein Merkmal eines Menschen, die/das von der Norm abweicht und anders ist als erwartet, wird als **Stigma**[1] bezeichnet. Dabei geht es nicht um das Merkmal als solches, sondern um die damit verbundene ***negative Bewertung und Diskreditierung:*** Sie beeinflusst den Umgang mit den Betroffenen in negativer Weise, indem sie typisiert und ihnen eine Reihe abwertender Eigenschaften unterstellt werden.

So zum Beispiel werden Wörter wie „Krüppel", „Spasti" oder ein andersartiges Aussehen eines Menschen als „Behinderter" nicht bewertungsneutral wahrgenommen, sondern es fließt zugleich eine negative Bewertung mit ein, die auf den „Träger" übertragen wird und den Umgang mit diesem in einem nicht unerheblichen Maße beeinflusst.

Stigma meint eine Eigenschaft bzw. ein Merkmal eines Menschen, die/das von der Norm abweicht und mit einer negativen Bewertung und Diskreditierung des Betroffenen verbunden ist.

Dabei besitzen die sog. „Normalen" die ***Macht***, den „Nichtnormalen" zu diskreditieren und auszugrenzen.

Der Begriff Stigma geht auf die Griechen zurück als Verweis auf körperliche Zeichen, die dazu bestimmt waren, etwas Ungewöhnliches oder Schlechtes hinsichtlich des Zeichenträgers zu offenbaren. Ein solches Zeichen, in den Körper geschnitten oder gebrannt, tat öffentlich kund, dass der Träger ein Sklave, ein Verbrecher, ein Verräter oder anderes war, der dann gemieden werden musste, vor allem auf öffentlichen Plätzen.

Ein Stigma ist relativ und stellt sich erst in sozialen Beziehungen dar. Es geht also nicht – wie der Behindertensoziologe *Günther Cloerkes* (*2006², S. 20*) betont – um das Merkmal als solches, sondern um die negative Bewertung und Diskreditierung aufgrund dieses Merkmals.

Behinderung ist „nicht in erster Linie eine Eigenschaft des Individuums als vielmehr ein Etikett [...]".
(Bleidick, 2006², S. 80)

Ein Stigma entsteht dort, wo ein Individuum oder eine Gruppe von einer oder mehreren Normen abweichen. Diese werden dann stigmatisiert und ausgegrenzt.

Das Verhalten aufgrund eines zu eigen gemachten Stigmas wird als **Stigmatisierung** bezeichnet (vgl. *Cloerkes, 2007³, S. 170*). Durch die Zuschreibung negativer Eigenschaften bilden sich ablehnende Einstellungen und Vorurteile gegenüber dem Träger eines Stigmas aus. Die Stigmatisierung bewirkt, dass man sich bei der Begegnung mit diesem Individuum von ihm abwendet.

Ein Mädchen mit einer Körperbehinderung erzählt: „Als [...] ich anfing, allein in den Straßen unserer Stadt spazieren zu gehen, [...] da fand ich heraus, dass immer, wenn ich zufällig [...] an Kindern [...] vorbeigehen musste, sie mir etwas nachzurufen pflegten. [...] Manchmal rannten sie sogar schreiend und spottend hinter mir her." (*Goffman, 2010, S. 27 f.*)

Die Stigmatisierung charakterisiert also nicht nur ein von der Norm abweichendes Verhalten, sondern wertet die betroffene Person als „fehlerhaft" und „minderwertig" ab und

[1] stigma (griech.): das „Brandmal"

grenzt sie von den gesellschaftlichen Bezügen aus. Durch derartige stereotype[1] Diskreditierungen wird die Identität eines Menschen stark getroffen und „beschädigt". Stigmatisierung führt also zwangsläufig zu einer massiven Beschädigung der Identität von Betroffenen. *Erving Goffman*[2] spricht von einer **beschädigten Identität**.

Stigmatisierung ist das Verhalten aufgrund eines zu eigen gemachten Stigmas, welches mit einer negativen Bewertung und Diskreditierung des Betroffenen verbunden ist, der dadurch eine beschädigte Identität entwickelt.

Stigmatisierte Personen haben nach *Erving Goffman* (*2010, S. 2, 30*) zwei Identitäten: die der „Normalen", mit der sie identifiziert bleiben, ohne sie zu erfüllen, und ihre reale „defekte", die hinter ihrem Ich-Ideal – ein Leit- und Denkbild, wie die Person gerne sein möchte – weitgehend zurückbleibt. Auf diese Weise wird die Identitätsentwicklung eines Menschen zerstört; er kann zwischen seiner eigenen persönlichen Identität und der ihm zugeschriebenen nicht mehr unterscheiden, was eine beschädigte Identität zur Folge hat: Durch derartige stereotype Diskreditierungen wird die Identität eines Menschen stark getroffen und „beschädigt". Stigmatisierung führt also zwangsläufig zu einer massiven Beschädigung der Identität von Betroffenen.

„Die Identitätsentwicklung eines Menschen, der auf diese Weise stigmatisiert wird, ist gefährdet. Er kann zwischen seiner ursprünglichen persönlichen und der zugeschriebenen sozialen Identität nur noch schwer oder nicht mehr ausbalancieren."
(Klein u. a., 1999[10], S. 45)

Eine Stigmatisierung ist zum großen Teil vom sozialen Status und der Machtposition des Betroffenen abhängig: Je niedriger der Status und die Machtposition, desto stärker die Stigmatisierung.

[1] Stereotypen sind schablonenhafte Beurteilungen, vereinfachte Verallgemeinerungen bzw. Klischeevorstellungen wie zum Beispiel „Männer können besser Auto fahren als Frauen" oder „Südeuropäer sind fauler als Deutsche".

[2] Erving Goffman (1922–1982) war amerikanischer Soziologe und lehrte an der University of California in Berkeley. Er befasste sich vor allem mit Rollenverhalten, Rollenmustern und Institutionen. Bekannt wurde er mit den Ausführungen über das Stigma und die damit verbundene beschädigte Identität.

An der Entstehung von Behinderungen und ihren Auswirkungen sind also auch soziale Bedingungen beteiligt und ***Behinderung darf nicht nur einseitig medizinisch gesehen und an individuellen Defiziten gemessen, sondern muss auch als „gesellschaftlich bedingt" betrachtet werden***. Heute wird Behinderung auch als Ausdruck dessen gesehen, was einem Menschen an angemessenen Möglichkeiten und Hilfen sowie an sozialen Bezügen fehlt bzw. vorenthalten wird, und ist auch Ausdruck der Art und Weise wie man mit ihm umgeht. Aus dieser Sicht liegt das „Defizit" nicht mehr nur beim Behinderten selbst, sondern in der Gesellschaft bzw. in seiner Umwelt, in der er lebt.

> *„Behinderung ist weniger eine Frage des individuellen Schicksals und der Wohltätigkeit, sondern vielmehr eine Bürgerrechtsfrage. Mit unserer körperlichen, geistigen oder seelischen Beeinträchtigung können wir leben, doch die gesellschaftliche Entmündigung und Diskriminierung, die unser Leben tagtäglich bestimmt, ist für uns nicht hinnehmbar!"*
> *(Miles-Paul, in: Heiden, 1996, Umschlag)*

→ **Materialien** 3. Stigmatisierung und ihre Folgen

Auf den Punkt gebracht

- Bei der Feststellung einer Behinderung spielt die Normvorstellung der Beurteilenden eine wichtige Rolle. Die Einschätzung von ‚Normalität' und ‚Nicht-Normalität' eines Verhaltens oder Erlebens braucht immer eine Bezugsgröße, eine Norm. Bei der normenbezogenen Betrachtung lassen sich drei Arten von Normen unterscheiden, die statistische, die gesellschaftliche (ideale) und die individuelle Norm.
- Die normenbezogene Betrachtungsweise wirft für Menschen mit einer Behinderung Probleme auf:
  - Nicht normenkonformes Verhalten wird negativ eingeschätzt und negativ sanktioniert,
  - Probleme der Diskriminierung und Ablehnung entstehen aus dem Verhältnis von Mehrheit und Minderheit zu Ungunsten Letzterer,
  - Normenverletzendes Verhalten wird von dem Betroffenen selbst als solches empfunden mit all seinen negativen Folgen für sein Selbstbild und Selbstwertgefühl.
- Stigmatisierung bezeichnet die Zuschreibung negativer Eigenschaften und Verhaltensweisen verbunden mit einer Diskreditierung des Betroffenen aufgrund eines bestimmten Merkmals, das dieser zeigt. Sie trifft seine Identität und beschädigt sie.

Wiederholen, Vertiefen, Anwenden

1. *Biografie und Internetsuche*
   - Suchen Sie im Internet nach Informationen über das Leben und Werk von *Erving Goffman*.
   - Fertigen Sie in Kleingruppen eine Übersicht zur Biografie von *Goffman* an.
   - Erarbeiten Sie vier bis sechs wichtige Abschnitte seines Lebens.
2. Beschreiben Sie an je einem Beispiel Arten von Normen, die bei der Einschätzung eines Verhaltens als „noch normal" und „nicht (mehr) normal" bedeutsam sind.

3. Die normenbezogene Betrachtungsweise wirft für Menschen mit Behinderung Probleme auf. Erläutern Sie diese normenbezogenen Probleme.

4. *Normenbezogene Betrachtungsweisen*
   - Bilden Sie Kleingruppen.
   - Hinterfragen Sie verschiedene normenbezogenen Betrachtungsweisen von Behinderung.
   - Problematisieren Sie diese an Beispielen aus dem privaten und beruflichen Alltag.

5. *Lernsituation 20.5*
   Zeigen Sie auf, dass Behinderung auch als gesellschaftlich bedingt betrachtet werden kann.

6. Beschreiben Sie die Theorie der Stigmatisierung und setzen Sie sich mit der Stigmatisierung von Menschen mit einer Behinderung hinsichtlich ihrer Identität auseinander.

7. *Negative Zuschreibungen*
   - Notieren Sie negative Zuschreibungen, die Ihnen schon mal begegnet sind.
   - Bilden Sie Vierergruppen und erzählen Sie sich gegenseitig die notierten Zuschreibungen.
   - Reflektieren Sie in der Gruppe kritisch solche negative Zuschreibungen.
   - Ein Gespräch über eine kritische Reflexion im Klassenverband schließt sich an.

8. *„Heute gibt es eine Sozialtechnologie, die die Stigmatisierung in kürzester Zeit bewerkstelligt und verewigt. Dieser Technologie hat man ausgerechnet den Namen ‚soziales Netzwerk' gegeben. Darauf muss man erst mal kommen." (Welzer, 2016, S. 42)*
   Diskutieren Sie in der Klasse die Aussage von Harald Welzer.

9. *„Behinderung ist weniger eine Frage des individuellen Schicksals und der Wohltätigkeit, sondern vielmehr eine Bürgerrechtsfrage. Mit unserer körperlichen, geistigen oder seelischen Beeinträchtigung können wir leben, doch die gesellschaftliche Entmündigung und Diskriminierung, die unser Leben tagtäglich bestimmt, ist für uns nicht hinnehmbar!" (Miles-Paul; in: Heiden, 1996, Umschlagseite)*
   Verdeutlichen Sie die Aussage von Otmar Miles-Paul unter Berücksichtigung der normenbezogenen Betrachtungsweise einer Behinderung und der Stigmatheorie von Erving Goffman.

10. *Der Spiegel berichtete in seiner Ausgabe vom 01.12.2008 (Nr. 49, S. 162): „In Großbritannien kommen wieder mehr Kinder mit Down-Syndrom zur Welt als in den Jahren nach der Einführung von Früherkennungstests, mit denen die Behinderung bereits während der Schwangerschaft festgestellt werden kann. Für 2006 verzeichnen die Statistiken für England und Wales 749 derartige Geburten. 1989, im Jahr der Einführung der Pränataltests, waren es 717 gewesen. In den Jahren dazwischen war die Zahl zum Teil auf deutlich unter 600 Geburten gesunken. Ausschlag gebend für die Entscheidung vieler Eltern, das Kind mit Behinderung nicht abtreiben zu lassen, ist einer Umfrage zufolge der Eindruck, dass solche Kinder heute mit besseren Zukunftschancen rechnen könnten als noch vor 20 Jahren. Außerdem sahen sich Eltern durch die Hilfe von Freunden und Familie in ihrem Entschluss bestätigt: „Ich bin kein Anhänger der Vorstellung von einem ‚perfekten menschlichen Wesen', ein Kind dem anderen vorzuziehen, hätte ich schrecklich gefunden", erklärte eine der Befragten. Deutsche Experten gehen davon aus, dass es hierzulan-*

de einen ähnlichen Trend wie in Großbritannien gibt."
(Gendefekte - Weniger Abtreibungen bei Down-Syndrom. In: DER SPIEGEL 49/2008, S. 162.)

a) Bestimmen Sie den Begriff „Behinderung" und zeigen Sie, dass bei Kindern mit Down-Syndrom eine solche vorliegt.
b) Zeigen Sie unter Berücksichtigung dieses Berichtes die Problematik des Behinderungsbegriffes auf.

11. Fallbeschreibung „Birgit macht alles mit den Füßen"

Ich erblickte etwas zu früh das Licht dieser Welt, und zwar im siebenten Monat. Es ist anzunehmen, dass Sauerstoffmangel die Ursache für meine Behinderung ist. Ich bin also Athetotikerin[1]. Das heißt, dass ich meine Bewegungsabläufe, insbesondere die der Arme, nicht steuern kann. Meine Beine hingegen sind relativ ruhig, und so mache ich alles mit den Füßen. Die Sprache ist ebenfalls gestört. Deshalb habe ich häufig Verständigungsschwierigkeiten bei fremden Personen. Unter Freunden klappt es jedoch recht gut.
Damals, ich zählte gerade sechzehn Jahre. ereignete sich folgendes: Ich fuhr das erste Mal ohne Begleitung mit der Straßenbahn durch Hannover. An der Endstation stieg ich um in einen Bus. An der Haltestelle Peiner Straße wollte ich aussteigen. Plötzlich packte mich jemand am Arm und sagte: „Warte mal hier. Gleich kommt ein Onkel und holt dich ob." Ich brachte vor lauter Schreck keinen Ton heraus. Fünf Minuten später erschien die Polizei. Ohne mich anzuhören, zerrten mich die beiden Beamten gegen meinen Willen ins Auto. Auf dem Revier wurde ich in eine Ecke verfrachtet. Wieder versuchte ich, die Situation zu erklären. Keiner nahm Notiz davon. Das Gespräch der beiden konnte ich genau verfolgen. Sie nahmen an, ich hätte gehascht, weil ich so einen sonderbaren Blick hatte. Im Krankenhaus sollte dieser Verdacht bestätigt werden. [...]
Ein anderes Erlebnis hatten wir in einem griechischen Lokal. Mutter und ich bestellten uns eine Fleischplatte. Ich zog meine Schuhe aus und legte die Füße auf den Tisch. Das Essen kam, und ich begann zu essen. Nach einer Weile kam der Ober an unseren Tisch und forderte uns auf, sofort das Lokal zu verlassen. Die Gäste fühlten sich durch meinen Anblick belästigt. Wir sollten zahlen. Ich sagte zu Mutter: „Ich esse erst auf. Sonst bezahle ich nicht." Der Ober drängte erneut. Mutter zahlte! Dann verließen wir den Laden und ließen halbvolle Teller zurück. Ich finde, jeder hat das Recht, für sein Geld etwas zu verlangen!
Bei der Suche nach einem Arbeitsplatz stoße ich meistens auf Ablehnung. Ein Vorstellungsgespräch verlief folgendermaßen: Zunächst machte ich einen Schreibtest in einem anderen Raum als die übrigen Bewerber. Die Prüfende wusste überhaupt nicht, wie sie sich mir gegenüber verhalten sollte. Ich bat sie, mir die Schreibmaschine auf den Fußboden zu stellen. Sie starrte mich ungläubig an. Dann wandte sie sich an meine Mutter. „Stimmt das auch?" Mutter nickte. Nach einigem Zögern tat sie es dann. Ich tippte nach Vorlage und auf Zeit. Sicher hatten die anwesenden Prüfer noch keinen Fußschreiber erlebt. Sie waren recht zufrieden mit meiner Leistung. Doch dann baten sie nicht mich, sondern meine Mutter, mit nach draußen zu kommen. Nach einer halben Stunde kam Mutter wieder herein. Sie sagte: „Du darfst dich nicht aufregen. Wir haben es ja im Grunde gewusst, daß du keine Chance hast. Du bekommst die Stelle nicht. Ich habe doch wohl in deinem Sinne gesprochen, als ich den Herren erklärte, dass du überfordert bist, wenn du Akten tragen musst oder Kaffee kochen solltest. Außerdem hättest du im Büro von zwei Personalräten

[1] Athetose: Infolge einer Hirnschädigung kann die Bewegung von Beinen und/oder Armen nicht bewusst gesteuert werden.

gesessen." Ich war wie vor den Kopf geschlagen. Mutter hatte einfach über meinen Kopf hinweg entschieden. Mich regte es auf. Keiner brachte den Mut auf, sich mit mir und meiner Situation auseinanderzusetzen.

(Schuschardt, 1993, S. 116 ff.)

a) Stellen Sie dar, wie die Umwelt auf Birgits Behinderung reagiert.
b) Veranschaulichen Sie an diesem Fall die Stigmatisierungstheorie.
c) Diskutieren Sie in der Klasse: Können wir den Fall „Birgit" verallgemeinern?

12. *Ein Passant gibt dem Betreuer eines Menschen, der im Rollstuhl sitzt, 5 Euro.*
    - Überlegen Sie: Wie würden Sie reagieren?
    - Tauschen Sie in der Klasse Ihre Reaktionen aus.

13. *Rollenspiel*
    Erläutern Sie Ihrem Nachbar, welche Probleme Sie als Mutter oder als Vater eines Kindes mit einer Lernbehinderung hätten.

20.6 Gemeinsame Erziehung aller Kinder und Jugendlichen

Lernsituation

Die UN-Behindertenrechtskonvention

Sie besprechen in der Schule ein sehr aktuelles Thema, nämlich die UN-Behindertenrechtskonvention. Ihr Lehrer teilt hierzu ein Blatt aus über das Übereinkommen der Vereinten Nationen über die Rechte von Menschen mit Behinderungen mit dem Auftrag, dieses zu lesen. Dort steht in der Präambel:

„Das Leitbild der Behindertenrechtskonvention ist „Inklusion". Es geht also nicht darum, dass sich der oder die Einzelne anpassen muss, um teilhaben, „mithalten" zu können. Es geht darum, dass sich unsere Gesellschaft öffnet. Dass unser selbstverständliches Leitbild Vielfalt wird und die Grundhaltung, dass jede und jeder Einzelne wertvoll ist mit den jeweiligen Fähigkeiten und Voraussetzungen. Dafür müssen wir in vielen Bereichen neu denken. „Nicht ohne uns über uns" lautet der zentrale Grundsatz der Konvention. Das bedeutet nichts anderes, als dass Menschen mit Behinderungen einbezogen werden müssen in die Umsetzung der Konvention. Ich verstehe es gleichzeitig als Ermutigung, sich zu beteiligen und selbstverständlich mehr Teilhabe einzufordern. Wir alle gemeinsam sind gefordert. Die Konvention ist am 26. März 2009 in Deutschland in Kraft getreten."[1]

In Artikel 3 heißt es: „Die Grundsätze dieses Übereinkommens sind:

- *die Achtung der dem Menschen innewohnenden Würde, seiner individuellen Autonomie, einschließlich der Freiheit, eigene Entscheidungen zu treffen, sowie seiner Unabhängigkeit;*
- *die Nichtdiskriminierung;*

[1] Die UN-Behindertenrechtskonvention, 2014, S. 2

- *die volle und wirksame Teilhabe an der Gesellschaft und Einbeziehung in die Gesellschaft;*
- *die Achtung vor der Unterschiedlichkeit von Menschen mit Behinderungen und die Akzeptanz dieser Menschen als Teil der menschlichen Vielfalt und der Menschheit;*
- *die Chancengleichheit;*
- *die Zugänglichkeit;*
- *die Gleichberechtigung von Mann und Frau;*
- *die Achtung vor den sich entwickelnden Fähigkeiten von Kindern mit Behinderungen und die Achtung ihres Rechts auf Wahrung ihrer Identität"*[1]

In Artikel 4 steht: „Die Vertragsstaaten verpflichten sich, die volle Verwirklichung aller Menschenrechte und Grundfreiheiten für alle Menschen mit Behinderungen ohne jede Diskriminierung aufgrund von Behinderung zu gewährleisten und zu fördern." Deutschland, Österreich und die Schweiz haben diese Übereinkunft unterzeichnet.

Sie möchten nun wissen, was Inklusion bedeutet sowie, welche Chancen und Risiken Inklusion für Menschen mit und ohne Behinderung hat.

I Information

20.6.1 Der Begriff „Inklusion"

Die in *Abschnitt 20.5* genannten Probleme erfordern ein Umdenken dahingehend, dass Menschen mit einer Behinderung und Nichtbehinderung zusammen erzogen werden. Die Alltagswelt ist auf ein nicht behindertes Leben ausgerichtet und schließt Menschen mit Behinderung oft von gesellschaftlichen Vorgängen aus. Der Unterricht in eigenen Einrichtungen (Sonderkindergarten, Förderschulen) sowie das Arbeiten in besonderen Werkstätten verringern den Kontakt zur Alltagswelt und verstärken die sozialen Folgeerscheinungen der Behinderung.

Diese können – so die Inklusions-Anhänger – erst abgebaut werden, wenn von Behinderung betroffene Kinder, Jugendliche und Erwachsene in „normale" Kindertagesstätten, Schulen und Ausbildungsstätten eingegliedert werden und ihnen Begegnung und gemeinsames Handeln in der Öffentlichkeit ermöglicht werden. Diese gemeinsame Erziehung und Unterrichtung von *allen* Kindern und Jugendlichen wird in der heutigen Literatur mit **Inklusion**[2] bezeichnet.

---

[1] Die UN-Behindertenrechtskonvention, 2014, S. 8
[2] inclusio (lat.): Einschließung, Einschluss

Vor nicht allzu langer Zeit war diesbezüglich der Begriff „Integration“[1] als Eingliederung von Menschen mit Beeinträchtigungen (zum Beispiel Menschen mit einer Behinderung) in alle Teilbereiche des öffentlichen Lebens üblich.

Inklusion im weiteren Sinn

Inklusion im weiteren Sinn konzentriert sich auf **die Unterschiedlichkeit, die Vielfalt von Menschen** – ganz egal mit welchen Fähigkeiten, welcher sozialen oder ethnischen[2] Herkunft, welcher Nationalität, welchen Alters, welcher Rasse, Weltanschauung bzw. Religion, welchen Geschlechts oder welcher sexueller Orientierung – **zu akzeptieren und zu respektieren** und nicht zu bewerten. Die Rahmenbedingungen sollen so gestaltet werden, dass alle Menschen sich optimal entfalten können und sich von Anfang an vollständig und gleichberechtigt[3] an allen kulturellen, gesellschaftlichen, politischen und wirtschaftlichen Prozessen beteiligen können.

> *„Inklusion billigt allen Kindern und Jugendlichen gleichberechtigte Teilhabe und Mitgestaltungsmöglichkeiten bei gleichzeitiger Berücksichtigung ihrer individuellen Bedürfnisse zu.“*
> *(Träbert, 2012, S. 225)*

Inklusion ist so ***„bejahte und gewollte Heterogenität“***[4] (*Wocken, 2006², S. 101*). Fürsprecher der Inklusion betrachten die Verschiedenartigkeit von Menschen als „normale“ Gegebenheit, welche sich in Bildung und Erziehung widerspiegeln muss.

> *„Tutti uguali, tutti diversi.“ – „Es ist normal, verschieden zu sein.“*
> *(Wocken, 2006², S. 100)*

Inklusion im weiteren Sinn bedeutet also **eine optimale Entfaltung aller Menschen sowie eine vollständige und gleichberechtigte Beteiligung aller Menschen an allen kulturellen, gesellschaftlichen, politischen und wirtschaftlichen Prozessen**. Alle Menschen haben das gleiche Recht auf volle Teilhabe an der Gesellschaft und „zwar unabhängig davon, ob und wie stark Einzelne dabei unterstützt werden müssen. Bestehende Strukturen und Auffassungen sollen so verändert werden, dass die Unterschiedlichkeit der Menschen zur Normalität wird“ (*Schablon, 2012, o. S.*)

Inklusion im engeren Sinn

Inklusion im engeren Sinn bedeutet dagegen die gemeinsame Erziehung und Unterrichtung von **beeinträchtigten und nicht beeinträchtigten** Menschen. Heute wird dieser Begriff vielfach eingegrenzt auf **Menschen mit und ohne Behinderung**. Ausgangspunkt der Inklusion bildet hier der Grundsatz, wonach „Menschen mit Behinderungen nicht behindert sind, sondern behindert *werden*.“ (*Schulze, 2011, S. 15*). In der aktuellen Literatur spricht man gegenwärtig häufig von **Menschen mit besonderem Förder- und Unterstützungsbedarf**.

Das Konzept der ***inklusiven Erziehung*** sieht dementsprechend die **gemeinsame Erziehung und Unterrichtung von Kindern und Jugendlichen mit besonderem Förder- und Unterstützungsbedarf** in pädagogischen Einrichtungen (Kindertagesstätte, Schule, Ausbil-

[1] integratio (lat.): Wiederherstellung eines Ganzen
[2] ethnisch (ethnikos, griech.: zum Volk gehörig): einer kulturell einheitlichen Volksgruppe mit gleicher Sprache angehörend
[3] Gleichberechtigung heißt nicht Gleichheit für alle, sondern gleiches Recht für alle; sie heißt auch nicht, dass alle das Gleiche tun (müssen), sondern jeder seinen Fähigkeiten, Neigungen und dergleichen entsprechend leben kann.
[4] Dieser Begriff beschreibt die Unterschiedlichkeit der Menschen hinsichtlich verschiedener Merkmale.

dungsstätte, Beruf) von ***vornherein*** vor – ungeachtet ihrer individuellen Unterschiede und Beeinträchtigungen.

Inklusion im engeren (heilpädagogischen) Sinn bedeutet die gemeinsame Erziehung und Unterrichtung von allen Kindern und Jugendlichen mit und ohne besonderem Förder- und Unterstützungsbedarf – insbesondere von behinderten und nicht behinderten Kindern und Jugendlichen – von vorneherein.

Wo niemand ausgeschlossen wird, muss auch niemand wieder einbezogen, integriert, werden.

„Alle sind von vorneherein […] mit dabei und werden nicht erst, nach vorangegangener Separation und Tauglichkeitsprüfung, nachträglich integriert."
(Kobi, 2010[2], S. 33)

Inklusion bedeutet dementsprechend, dass

- Kindertagesstätten, Schulen, Universitäten und Berufsausbildung für alle Menschen offen sind,
- alle – behinderte und nichtbehinderte Menschen – beim Lernen die Unterstützung erhalten, die sie brauchen,
- Menschen mit Behinderung überall mitwirken, wo auch Nichtbehinderte dabei sind.

Menschen sind verschiedenartig

↓

Diese Verschiedenartigkeit
muss sich in der Bildung und in der Erziehung widerspiegeln

↓

Inklusion:
Gleichberechtigte Teilhabe und Mitgestaltungsmöglichkeiten, gemeinsame Erziehung und Unterrichtung von allen Kindern und Jugendlichen

Professor Dr. Kai-Uwe Schablon (2012, o. S.) von der Katholischen Hochschule Münster kritisiert die Einengung des Inklusionsbegriffes und meint, dass Inklusion kein spezielles Thema der Behindertenhilfe ist. Es sind auch Menschen mit psychischen Erkrankungen, alte Menschen, Menschen mit Suchtkrankheiten, pflegebedürftige Menschen oder auch Menschen mit Migrationshintergrund betroffen.
Der ehemalige Schweizer Heilpädagoge Emil E. Kobi und auch andere Heil- bzw. Sonderpädagogen kritisieren den Begriff „Inklusion": Einmal sei dieser Terminus mehrdeutig. Zum anderen heiße Inklusion wörtlich „Eingeschlossensein". Wo jemand eingeschlossen ist, kann er auch nicht wieder heraus.

> *„Keinen [...] kümmert es, was das lateinische ‚inclusio' [...] heißt: Einschluss, Einsperrung. Man propagiert ja gerade das Gegenteil: eine Offenheit, die so umfassend ist, dass sie nicht zulässt, irgendjemanden draußen zu lassen."*
> (Türcke[1], 2016[2], S. 17)

20.6.2 Chancen inklusiver Bildung

Befürworter von Inklusion führen neben der in *Artikel 3* genannten Grundsätze der *UN-Behindertenrechtskonvention*[2] die **volle und wirksame Teilhabe an der Gesellschaft** an - auch der Mensch mit einer Behinderung kann überall dabei sein, in der Kindertagesstätte, im Kindergarten, in der Schule, am Arbeitsplatz, im Wohnviertel, in der Freizeit und dgl. Davon profitieren alle Menschen aufgrund des **Abbaus von Hürden**, durch weniger Barrieren in den Köpfen sowie durch mehr Offenheit, Toleranz und ein **besseres Miteinander**. Dies hat zur Folge – so die Anhänger von Inklusion –, dass **Diskriminierung und Stigmatisierung abgebaut** würden.

> *„Aus dem Miteinander entwickeln sich eine gegenseitig Achtung und das Respektieren der bestehenden Besonderheiten und Bedürfnisse."*
> (Bernitzke, 2011[4], S. 58)

Gegen eine Trennung von Menschen mit und ohne Behinderung spricht auch die Erkenntnis, dass sich der jeweilige Intelligenzquotient (IQ) im Verlauf der Entwicklung ändern kann. Dafür macht sich der Neurobiologe *Gerald Hüther* stark: *Hüther* meint, dass Inklusionsgruppen und -klassen eine erfolgreiche Hirnentwicklung versprechen. Auf diese Weise findet eine **Steigerung des Lern- und Bildungsniveaus** statt. Ebenso **verbessern sich** durch Inklusion **die sozialen Kompetenzen**. Vor allem gemeinsame Projekte geben Schülern mit einer Behinderung die Gewissheit, dazuzugehören; nicht behinderte Kinder lernen dadurch Toleranz, Offenheit und Verantwortung (vgl. *Bernard, 2016, S. 28*).

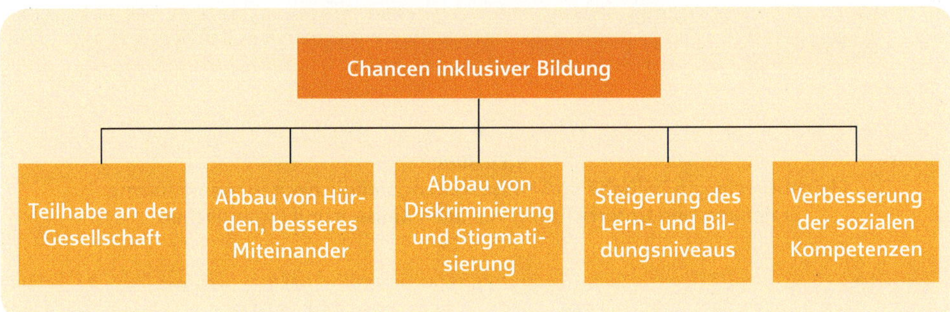

20.6.3 Risiken inklusiver Bildung

Inklusion sei an sich der richtige Weg, wie die meisten einschlägigen Wissenschaftler bekunden. Doch sie birgt auch große Risiken in sich. Das Abschaffen von Förderkindergär-

---

[1] Christoph Türcke (* 1948) war bis 2014 Professor für Philosophie an der Hochschule für Grafik und Buchkunst Leipzig.
[2] Diese sind in Lernsituation 20.6 aufgeführt

ten und -schulen im Sinne der Parole **„Eine Schule für Alle!"** stellen die Chancen inklusiver Bildung infrage. Eine solche Inklusion ist nicht überall und für jeden in gleicher Weise möglich und auch sinnvoll (vgl. *Speck, 2011², S. 65*).

> *„Homogenität und Heterogenität sind keine Werte ‚an sich', sondern Strukturen und Verteilungen."*
> *(Kobi, 2010², S. 39)*

So meinen Gegner dieses extremen Inklusionsgedankens, dass die Förderung von Kindern entsprechend ihrer Individualität und ihrer Fähigkeiten ausschließlich in der Regelschule nicht in jedem Fall der bessere Weg sei, die Förderung aller Kinder und Jugendlichen könne in vielen Fällen nicht durch den Besuch einer Regelschule erreicht werden. Viele Schüler – so einer der bekanntesten Inklusionsforscher *Bernd Ahrbeck* – können eine Regelschule besuchen, „aber einige sind in speziellen Schulen oder Klassen besser aufgehoben" (*Fleischhauer/Friedmann, 2014, S. 38*). Und viele heilpädagogische Forscher und Verbände befürchten, dass die Inklusion Menschen mit einer schwerwiegenderen Behinderung nicht gerecht wird, ja, sie eher sogar stärker ausschließt (*vgl. Bernard, 2016, S. 28*). Viele Heil- bzw. Sonderpädagogen sind überzeugt, dass es Kinder und Jugendliche mit Förderbedarf gibt, die in Förderschulen besser betreut und unterrichtet werden können als in einer völlig heterogenen Regelschule.

> *„Alternativloser Integrationismus[1] hätte daher zur Konsequenz, dass nicht nur jeder in eine „Schule für Alle" hinein, sondern auch keiner mehr heraus darf. Wer überzeugt ist, das höchste Gut als ein Unikat zu verwalten, verfällt denn auch, immanenter[2] Logik gemäß, auf Idee und Praxis einer Inklusion, des, glückhaften Einsperrens Aller in Allem'."*
> *(Kobi, 2010, S. 8)*

Eine gänzliche Inklusion ist sicher bezüglich des Wohnens und Lebens in der Gemeinde, des Gesundheitssystems und des Freizeitbereichs möglich, nach *Speck* (*2011², S. 70 f.*) und vielen anderen Heilpädagogen aber nicht im Bereich der Bildung. Es geht nicht darum, dass jeder „das Gleiche" bekommt, jedem soll das gegeben werden, was er braucht. *Andreas Hinz* meint, dass Inklusion als wirkliches gemeinsames Lernen erst dann gegeben sei, wenn sich das ganze Schulsystem „zu einem Modell der pädagogisch gewollten Vielfalt und Gleichheit der individuellen Chancen umgewandelt habe [...]" (*Speck, 2011², S, 71*). Doch dies sei eine Illusion und führe den Inklusionsgedanken selbst ad absurdum. Und der ehemalige Schweizer Heilpädagoge *Emil E. Kobi*[3] (*2010, S. 28 ff.*) bezeichnet diesen extremen Inklusionsgedanken als „pädagogischen Mythos".

> *„Jedem das Seine, nicht das Gleiche!"*
> *(Speck, 2011², S. 71)*

Die Schule heute kann sich in erster Linie nicht an den Bedürfnissen der unterschiedlichen Schüler orientieren, sondern muss sich an den von Lehrplänen vorgegebenen Inhalten richten. Die hohe Aktualität der schulischen Leistungsorientierung und die damit verbundene Selektierung passen nicht zu der Idee des Miteinanders von Menschen mit und ohne Behinderung. Eine solche Schule erzeugt zwangsläufig Verlierer und das würden die Menschen mit Behinderung sein. Und *Kobi* (*2010², S. 39*) meint, dass **extreme Heterogenität kommunikatives Lehren und Lernen unmöglich mache und zerstöre.**

[1] Gemeint ist in diesem Zusammenhang, dass Inklusion ohne Alternative, alternativlos, ist.
[2] immanent (lat.): innewohnend, in etwas enthalten; innerhalb der Grenzen der Erfahrung bleibend
[3] Emil E. Kobi (1935–2011), Schweizer Heilpädagoge, war Dozent und Leiter am Institut für Spezielle Pädagogik und Psychologie an der Universität Basel.

„Nicht: Eine Schule für Alle! Sondern: Alle Schulen für Einen!“
(Kobi, 2010², S. 42)

Nach *Emil E. Kobi* besteht in einer „Schule für Alle“ die **Gefahr der Außenseitersituation.** Es ist kaum möglich, dass sich beeinträchtigte Kinder zugehörig fühlen, eine gesunde Identität und (Selbst-)Vertrauen entwickeln und die damit verbundene Selbstwirksamkeit aufbauen. Zudem kommt, dass oft der Schwächere gemobbt und gehänselt wird. Die Autoren der *Bielefelder Längsschnittstudie zum Lernen in inklusiven und exklusiven Förderarrangements* weisen darauf hin, dass bei gänzlicher Inklusion „Stigmatisierung ein langsam wirkendes Gift sei bei Kindern mit Lernbehinderung.“ Und derlei Erfahrungen würden sich „erst später in deren Selbsteinschätzung“ niederschlagen (*von Bredow u. a., 2017, S. 103*).

Kobi (*2010², S. 34*) sieht als weiteres Problem, dass Lehrer kaum auf die neuen Aufgaben vorbereitet und die Schulen mit den notwendigen Mitteln ausgestattet werden. Viele Pädagogen fühlen sich in der gemeinsamen Unterrichtung von Kindern und Jugendlichen mit und ohne besonderem Förder- und Unterstützungsbedarf überfordert.

Inklusion ist „nicht ohne erhebliche Zusatzkosten zu realisieren, da z.B. Doppelbesetzungen von Lehrerstellen unabdingbar sind [...] und eignet sich jedenfalls nicht als Sparkonzept [...]. Diese Finanzierung erfolgt oft jedoch nicht oder nur unzureichend.“
(Kobi, 2010², S. 34)

Zudem verträgt sich nach *Kobi* (*2010², S. 34 f.*) der schulische Regelungs-, Vollzugs- und Kontrollbedarf nicht mit inklusiver Erziehung und Unterrichtung, die Flexibilität voraussetzt.

Schule unterliegt einem **Ökonomisierungsdruck**, der vor allem bei Eltern, die um die Begabungen und Karriere ihrer Kinder besorgt sind, selektive Bildungsinteressen entfacht. Beeinträchtigte Kinder und Jugendliche stören hier nur, sie bilden auch für die Wirtschaft kein ***„Humankapital“***[1] (vgl. *Speck, 2011², S. 28*). „Inklusion ist mit einem leistungsbetonten Schulsystem [...] schwer zu vereinbaren.“ (*von Bredow u. a., 2017, S. 104*)

Interessant ist, dass Schüler mit Behinderungen von Schulleistungstests wie PISA, TIMSS oder PIRLS ausgeschlossen sind (vgl. Hörmann/Hopmann, 2011, S. 105 f.).

Eine zu große Heterogenität in den Schulklassen kann dazu führen, dass die sehr guten Schüler zu wenig gefordert und die weniger Begabten auf der Strecke bleiben. Tatsächlich sind die Auswirkungen eines gemeinsamen Schulbesuches für die einzelnen Schüler bis jetzt nur wenig untersucht. Die bisher bedeutendste Inklusionsuntersuchung ist der *„Hamburger Schulversuch“* um das Team von *Andreas Hinze* von der Martin-Luther-Universität in Halle-Wittenberg. Er ergab, dass die Kinder mit den schlechtesten Bildungsvoraussetzungen auch in der Klasse die schlechtesten Schüler geblieben sind (vgl. *Wolf, 2013, S. 18*). Eine andere Untersuchung von *Sharon Vaughn und Jeanne Shay Schumm* erbrachte, dass Schüler mit Lernschwierigkeiten in Regelklassen nicht gut vorankommen (vgl. *Speck, 2011², S. 45*). Und *Bernd Ahrbeck* stellt die Frage: „Wie fühlen sich Kinder im Klassenverbund, wenn sie nirgendwo mithalten können?“ (*Fleischhauer/Friedmann, 2014, S. 38*).

→ **Materialien** 4. „Mama, ich bin dumm“

---

[1] Unter Humankapital wird der Wert der Qualifikation (Wissen, Fähigkeiten, Kenntnisse, Können, Bildung) einer Arbeitskraft für Gesellschaft und Unternehmen verstanden (vgl. Hobmair, 2014³, S. 295). Neben dem Finanzkapital und dem strukturellen Kapital bildet es den Marktwert eines Unternehmens bzw. einer Organisation.

Alle diese Tatsachen können die Chancen inklusiver Bildung in das Gegenteil verkehren. Damit jedoch die Chancen inklusiver Bildung realisiert werden können, müsste das Ziel sein: **„So viel Inklusion wie möglich!“** (vgl. *Speck, 2011*[2]*, S. 135*).

> *„Inklusion könnte das deutsche Bildungssystem langfristig ruinieren, wenn die Grenzen des Möglichen und Sinnvollen nicht gesehen werden.“*
> *(Ahrbeck; in: von Bredow u. a., 2017, S. 101)*

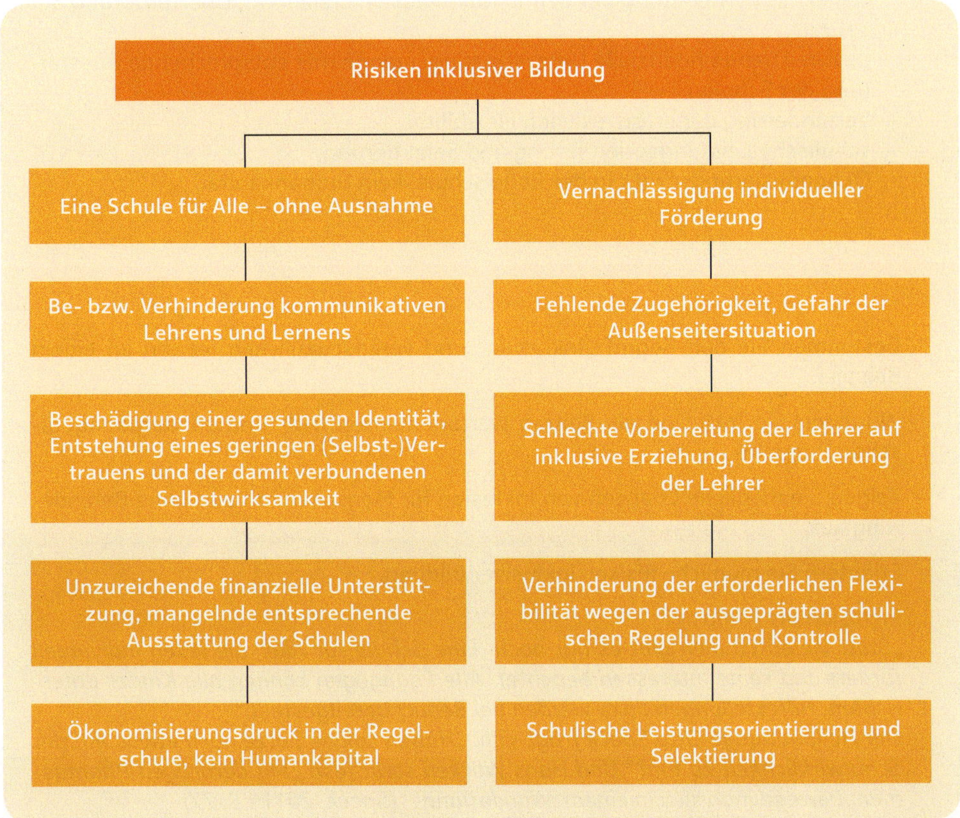

Auf den Punkt gebracht

- Inklusion im (heil-)pädagogischen Sinn bedeutet eine gemeinsame Erziehung und Unterrichtung von allen Kindern und Jugendlichen mit und ohne Beeinträchtigungen von vornherein. Chancen inklusiver Bildung sind
  - Teilhabe an der Gesellschaft,
  - Abbau von Hürden und ein besseres Miteinander,
  - Abbau von Diskriminierung und Stigmatisierung,
  - Steigerung des Lern- und Bildungsniveaus,
  - Verbesserung der sozialen Kompetenzen.

- Risiken inklusiver Bildung können sein
  - der Besuch der Regelschule von allen Kindern und Jugendlichen,
  - Vernachlässigung individueller Förderung,
  - Be- bzw. Verhinderung kommunikativen Lehrens und Lernens,
  - Gefahr der Außenseitersituation, fehlende Zugehörigkeit,
  - beschädigte Identität, geringes (Selbst-)Vertrauen und geringe Selbstwirksamkeit,
  - schlechte Vorbereitung der Lehrer auf inklusive Erziehung, Überforderung der Lehrer,
  - unzureichende finanzielle Unterstützung, mangelnde entsprechende Ausstattung der Schulen
  - Verhinderung der erforderlichen Flexibilität,
  - schulische Leistungsorientierung und Selektierung,
  - Ökonomisierungsdruck in der Regelschule, kein Humankapital.

Wiederholen, Vertiefen, Anwenden

1. Bestimmen Sie den Begriff „Inklusion" und veranschaulichen Sie ihn an einem Beispiel.
2. Würdigen Sie Inklusion als Beitrag wertorientierten heil- und sonderpädagogischen Handelns.
3. Zeigen Sie mögliche Chancen von Inklusion für Menschen mit und ohne Behinderung auf.
4. Erläutern Sie mögliche Risiken inklusiver Bildung.
5. *Inklusion als Fantasie?*
   „Statt vieler Schulen gibt es nur noch ‚Eine Schule für Alle', die jeden individuell fördert und seine Interessen beachtet. Alle Pädagogen können alle Kinder unterrichten. Hilfestellungen dazu werden bei Bedarf bereitgestellt."
   Der Heilpädagoge Otto Speck fragt sich: „Haben solche Sätze noch etwas mit der Schulwirklichkeit zu tun?" Und Hans Wocken stellt fest: „Mit derartigen Phantasmen ‚bewege man sich in einem ‚Wunderland'." (Speck, 2011², S. 77)
   Diskutieren Sie diese Aussage.
6. *Inklusion – Rhetorik statt Realität?*
   „Fortschritte sind" – so konstatiert Otto Speck (2011², Umschlagsseite) – „bisher eher in der Rhetorik als in der Praxis zu verzeichnen". Und Emil E. Kobi (2010², S. 86) fragt, ob Inklusion nicht viel mehr als „ein pädagogischer Mythos[1]" sei.
   Sie veranstalten über dieses Thema eine Podiumsdiskussion.
   - Teilen Sie die gesamte Klasse in zwei Gruppen auf.
   - Die eine Gruppe macht sich mit dem Standpunkt vertraut, dass Inklusion Realität werden muss und wichtig ist, die andere Gruppe versucht Inklusion als einen „Mythos" zu entlarven.
   - Von jeder Gruppe werden ein bis zwei Moderatoren benannt, die die Diskussion leiten.

[1] mýthos (griech.): Dichtung, Fabel

- Jede Gruppe hat Zeit, sich etwa 15 bis 20 Minuten vorzubereiten.
- Jede Gruppe bestimmt zwei bis drei Sprecher, die auf das Podium gehen.
- Die Podiumsdiskussion sollte etwa 20 bis 25 Minuten dauern.
- Nach den Statements der Sprecher wird zunächst auf dem Podium diskutiert, es werden aber auch Meldungen der Teilnehmer (der übrigen Klassenmitglieder) berücksichtigt, die Fragen stellen oder einen Beitrag leisten können.
- Am Ende der Podiumsdiskussion wird diese im Klassenverband ausgewertet und reflektiert.

7. Inklusion in Schulen – ja oder nein?
„Die gemeinsame Unterrichtung von allen Kindern und Jugendlichen, ob mit oder ohne Behinderung, muss der Regelfall sein."
„Die optimale Förderung von Kindern und Jugendlichen entsprechend ihrer Individualität und ihrer Fähigkeiten ist nur in entsprechenden Schularten möglich."
   - Stellen Sie in der Klasse je sechs Stühle gegeneinander gerichtet auf. Fünf Mitschüler, die für die Inklusion ausschließlich in der Regelschule (keine Förderschulen oder spezielle Schulen) argumentieren, setzen sich in die eine Reihe, weitere fünf Mitschüler, die die entsprechenden Schularten beibehalten wollen, nehmen auf den Stuhlen gegenüber Platz. In jeder Reihe bleibt ein Stuhl leer.
   - Die zehn Mitschüler diskutieren die These „Inklusion vorbehaltlos nur in Regelschulen – ja oder nein?" kontrovers aus ihrer jeweiligen Sichtweise.
   - Wer aus der Klasse einen Diskussionsbeitrag leisten möchte, setzt sich auf den leeren Stuhl. Er nimmt auf derjenigen Seite Platz, die er mit seinem Beitrag unterstützen will. Nach dem Beitrag verlässt der Schüler den Stuhl wieder.

8. *Projekt „Aktion Grundgesetz"*
Am 15. November 1994 trat die neue Verfassung für das geeinte Deutschland in Kraft. In Artikel 3, Absatz 3 wurde der Satz „Niemand darf wegen seiner Behinderung benachteiligt werden" angefügt. Um diese angesprochene Grundgesetzänderung in der Bevölkerung bekannt zu machen, wurde 1997 eine von über 80 Behindertenverbänden und Selbsthilfegruppen getragene „Aktion Grundgesetz" gestartet. Mit Plakaten, Postkarten, Aufklebern, Buttons, Aktionskärtchen und Briefaufklebern wurde versucht, die Öffentlichkeit auf die Probleme von Menschen mit Behinderung hinzuweisen.
Entwerfen Sie in Kleingruppen ein Konzept, wie die Aktion Grundgesetz die Öffentlichkeit für die Probleme von Menschen mit einer Behinderung sensibilisieren kann.

9. *Die „Handelstheke"*
   - Finden Sie sich zu Fünfergruppen zusammen und entwerfen Sie auf je einem roten Zettel fünf Aufgaben zu dem Thema „Erziehung unter besonderen Bedingungen".
   - Auf je einen grünen Zettel schreiben Sie die Antworten dieser Aufgaben.
   - Die Aufgaben werden an einer „Theke" (Tisch, Bank etc.), die Antworten auf einer anderen „Theke" ausgelegt.
   - Jeder Schüler wählt eine Aufgabe aus, die nicht in seiner Gruppe entworfen wurde und bearbeitet diese. Anschließend überprüft er seine Bearbeitung mit der Antwort auf der zweiten „Theke".
   - Nach erfolgreicher Überprüfung wählt er eine weitere Aufgabe usw.

10. Fallbeschreibung „Markus“

Frau Elsner, Markus Mutter, wurde vom Hausarzt an die integrierte Beratungsstelle einer Kinder- und Jugendpsychiatrie überwiesen. Bei dem ersten Gespräch stellte sich die Situation nach den Ausführungen der Mutter folgendermaßen dar: Ihren Sohn Markus gebar sie nach sieben Monaten einer Risikoschwangerschaft. Damals wussten die Ärzte noch nichts von einer Behinderung. Da Herz und Lunge nicht arbeiteten, war man zunächst froh, dass das Kind überlebte und drei Monate später anscheinend gesund aus der Klinik entlassen wurde. Erste Beobachtungen von Auffälligkeiten machte die Mutter einige Wochen später. Sie stellte fest, dass Markus zwar auf Geräusche und Ansprache reagierte, nicht aber auf ein Lächeln von ihr. Auch wenn sie die Rassel vor ihm hin und her bewegte, so folgte er ihr nicht mit den Augen. Dies versetzte sie und ihren Mann in große Unruhe. Weitere ärztliche Untersuchungen bestätigten dann die heimliche Furcht der Eltern, dass Markus blind sei. Frau Elsner erinnert sich noch genau an den Schock an diesem Tag und an die Belastungen der nachfolgenden Zeit. Ihre Gefühle wechselten zwischen Hoffnung und Verzweiflung; manchmal konnte oder wollte sie die neue Diagnose nicht wahrhaben. Sie befragte andere Experten, aber ohne die erhoffte Beruhigung zu erhalten, die sie in dieser Zeit so benötigte. Sie wusste nicht mehr, wie sie mit dem Kind umgehen sollte. Ebenso wie sie war auch ihr Mann mit dem Problem überfordert. Sie traute sich lange Zeit nicht, ihrer eigenen Mutter von der Situation von Markus zu erzählen. Zu deutlich hatte sie noch deren abwertende Bemerkungen über ein stotterndes Kind aus der Nachbarschaft im Ohr.

Zu diesen belastenden Gefühlen und Einstellungen kamen zunehmend Erschwernisse in der Betreuung von Markus. Der Junge schrie oft so laut, dass es die Nachbarn hörten.

Allmählich gab es kaum eine Nacht, in der sie richtig durchschlafen konnte. Markus ließ sich beruhigen, wenn sie ihn streichelte oder ihm etwas vorlas. Oft musste sie so lange vorlesen, bis der Junge einschlief – und das konnte sehr lange dauern. Danach war sie selbst so müde, dass sie nicht mehr in der Lage war, ihren Haushalt in Ordnung zu bringen und für sich selbst etwas zu tun. Markus allgemeine Entwicklungsfortschritte waren gering, verglichen mit denen anderer Kinder aus dem Bekanntenkreis.

Allmählich befand sie sich am Rande eines seelischen und körperlichen Zusammenbruchs. Sie fühlte sich allein gelassen, im Innersten verunsichert und überfordert, ihr Mann war tagsüber in der Arbeit, sodass sie mit ihm die drängenden Probleme nicht besprechen konnte. In diesem Zustand begann sie, das Kind immer wieder für lange Zeit sich selbst zu überlassen.

Zu den bisherigen Auffälligkeiten in der Entwicklung des Jungen kam hinzu, dass der Junge begann, sich mit der Hand an den Kopf zu schlagen. Die Mutter lief immer sofort zu ihm und versuchte ihn mit einem Spiel abzulenken, damit er davon ablasse. Doch sobald sie sich entfernte, begann er kurze Zeit danach, sich wieder an den Kopf zu schlagen. Als der Junge schließlich laufen konnte, stieß er sich in unbeaufsichtigten Augenblicken häufig an Möbelkanten, oder er stolperte über irgendwelche Gegenstände, die im Zimmer umherlagen. Dabei erschrak er jedes Mal sehr. Manchmal verletzte er sich. Nach einiger Zeit wurde er auffallend ängstlich und traute sich nicht mehr zu, allein in der Wohnung umherzugehen, sondern wollte nur noch von der Mutter geführt werden. →

a) Bestimmen Sie den Begriff „Behinderung“ und zeigen Sie auf, dass bei Markus eine Behinderung vorliegt.
b) Beschreiben Sie mögliche Ursachen, die zu Markus Behinderung geführt haben könnten.
c) Setzen Sie sich auf der Grundlage der Fallbeschreibung „Markus“ mit normenbezogenen Betrachtungsweisen von Behinderung auseinander.
d) Zeigen Sie anhand der Fallbeschreibung die Problematik des Behinderungsbegriffes auf.

11. *Fazit ziehen*
- Notieren Sie auf einen Zettel:
  - Was hat mir das Thema „Erziehung unter besonderen Bedingungen“ gebracht?
  - Womit kann ich nichts anfangen?
  - Was ich zu diesem Thema noch sagen wollte ...
- Lesen Sie, wenn Sie wollen, Ihre Notizen der Klasse vor.
- Sprechen Sie in der Klasse über die Bemerkungen.

Materialien Kapitel 20

1. Das Lebensrecht von Menschen mit Behinderung und ökonomische Aspekte

Das Lebensrecht behinderter Menschen wird gegenwärtig auch in Verbindung mit ökonomischen Aspekten in Frage gestellt. Der gestiegene Kostendruck wird geltend gemacht. Dabei erhebt sich die Frage, ob tatsächlich im Behindertenbereich die Kosten übermäßig gestiegen sind, ob wirklich eine „Überförderung und Überbetreuung von Behinderten und Schwerstbehinderten" vorliege, die beendet werden müsse, wie es ein Bezirkstagspräsident (1992) forderte. Es ist im Übrigen nicht unmittelbar nachzuvollziehen, gerade von einer Verminderung des Kostenaufwands für behinderte Menschen eine Lösung der großen Finanzierungsprobleme zu erwarten.

Tatsache war und ist, wie sehr der ökonomische Faktor in der gesamten Behindertenszene bestimmend geworden ist, und wie unverhüllt die Notwendigkeit einer Kosten-Nutzen-Prüfung geltend gemacht wird. Es ist zu befürchten, dass dieser Druck vor allem den Bereich treffen wird, in dem der rationale Nutzen-Nachweis am wenigsten möglich ist. Allein schon die Frage, ob sich der Aufwand „lohne", ist eine bedrohliche. Sie ist letztlich nicht eingrenzbar und könnte eine gefährliche Eigendynamik entfalten, die am Ende nicht nur die Lebensqualität und das Lebensrecht derer trifft, die am schwersten behindert sind und am wenigsten zum Bruttosozialprodukt beitragen können.

Die argumentative Verbindung von Ökonomie und utilitaristischer Ethik ist nicht neu. Man denke an die „unnützen Esser" und „Ballastexistenzen" bei *Binding und Hoche*, die davon sprachen, dass deren „objektiver Lebenswert für die Gesellschaft [...] unter Null sinken könne". Aber auch heute lassen sich analoge Folgerungen vernehmen.

So wird in einem 1990 erschienen Buch eines deutschen Rechtswissenschaftlers (*Th. Ramm*) lakonisch gefordert: „Künftige soziale Belastungen der Allgemeinheit sind gering zu halten. Daher ist sowohl der Erzeugung oder Geburt behinderter Kinder entgegenzuwirken, als auch eine übermäßige Belastung durch die Bildungspolitik zu vermeiden.

Maßstab für dieselbe ist, dass jede Ausbildung dem Bedarf entsprechen muss und andererseits der vorhandenen Begabung gerecht werden muss". Auch *E. Quambusch*, ein anderer deutscher Rechtswissenschaftler, macht in Bezug auf Menschen mit geistiger Behinderung die finanziellen Grenzen jeder Gesellschaft geltend, die erreicht würden, wenn von ihr „materielle Solidarität zugunsten derjenigen abverlangt wird, die an der Erstellung des Sozialproduktes nicht nennenswert mitwirken".

Schon *Binding und Hoche* hatten nach dem verlorenen Ersten Weltkrieg auf dieses Argument gesetzt: „Die Frage, ob der für diese Kategorien von Ballastexistenzen notwendige Aufwand nach allen Richtungen hin gerechtfertigt sei, war in den verflossenen Zeiten des Wohlstandes nicht dringend; jetzt ist es anders geworden, und wir müssen uns ernstlich mit ihr befassen". Haben wir es heute nicht auch mit einem verfließenden Wohlstand zu tun? Es wird ganz offensichtlich das Lebensrecht von der wirtschaftlichen Prosperität abhängig gemacht. Gegenwärtig kommen ökonomische Werte vor allem bei der Anwendung der Gentechnologie stärker ins Spiel. Allein in den USA gab es schon vor Jahren etwa eintausenddreihundert Biotechnologiefirmen mit jährlichen Einkünften von insgesamt dreizehn Milliarden Dollar und über einhunderttausend Beschäftigten. Da das genwissenschaftliche Wissen sich alle zwei Jahre verdoppele, sei mit enorm steigenden Wachstumsraten der Pharma- und Bio-Industrie zu rechnen. Universitätswissenschaft und Gentechnikfirmen seien weithin miteinander verflochten; die meisten Spitzenforscher seien nicht unbeträchtlich an der Gewinnausschüttung der Firmen beteiligt. Ein weltweiter Wettlauf um die kommerzielle Verwertung des menschlichen Genoms habe begonnen.

Was hier zugleich vor sich geht, ist ein Wandel des Lebenswertes als eines universellen und unbedingten Wertes zu einem *Marktwert*. Menschliches Leben wird ein „kommerzielles Gut", das auf dem Markt gehandelt wird. Dient dieser wirklich und nur der Verbesserung der Lebensqualität im Sinne von mehr „Wohlstand" – für alle? *Baudrillard* mahnt, man könne das Gute nicht befreien, ohne gleich auch das Böse freizusetzen.
Die liberale Gesellschaft will unter dem Gesichtspunkt der Sicherung ihrer eigenen Lebensqualität selber bestimmen, wem darin Lebensrecht zukommt. Das Ja zum Leben wird von Bedingungen abhängig gemacht; die unbedingte Zugehörigkeit wird ausgehöhlt.

(Speck, 2008[6], S. 154f.)

Gnadentod für Babys

Ein britischer Medizinerverband hat sich für Euthanasie an schwerstbehinderten Neugeborenen ausgesprochen. In bestimmten Fällen, so lautet ein Vorschlag des Royal College of Obstetricians and Gynaecologists an die Ärzteschaft, sollen Mediziner Babys aktiv töten dürfen. Damit sollen den betreffenden Familien unter anderem die emotionalen und finanziellen Konsequenzen erspart werden, die das Aufziehen eines sehr schwer behinderten Kindes zwangsläufig nach sich zöge. Die Mediziner schweigen sich darüber aus, welche konkreten Behinderungen ihrer Meinung nach die Tötung rechtfertigten. Der Vorstoß hat Empörung ausgelöst bei vielen Patientenvereinigungen, aber auch Zuspruch gefunden. Aus den Niederlanden – wo Euthanasie unter bestimmten Umständen legal ist – meldete sich der Mediziner Pieter Sauer zu Wort. Nach seinen Angaben ist der Gnadentod auf der Neugeborenenstation auch in Großbritannien längst nicht mehr so selten. Es sei an der Zeit, dass darüber in der Gesellschaft offen gesprochen werde.

Gnadentod für Babys. In: DER SPIEGEL 46/2006, S. 167.

2. Menschen mit einer Behinderung in Deutschland

Am 31. Dezember 2015 waren bei den Versorgungsämtern 7,6 Millionen Menschen als Schwerbehinderte mit gültigem Ausweis amtlich anerkannt. Das entsprach einem Anteil von rund 9,3 % der Bevölkerung. Über die Hälfte dieses Personenkreises (51,0%) waren Männer.
Erwartungsgemäß kamen Behinderungen bei Personen im fortgeschrittenen Alter häufiger vor als bei jüngeren Menschen. So war fast ein Drittel (32,4 %) der Menschen 75 Jahre und älter; knapp die Hälfte (44,1 %) gehörte der Altersgruppe der 55 bis unter 75jährigen an. Dagegen fiel der Anteil der unter 25-Jährigen mit 3,8 % gering aus.
Am häufigsten litten schwerbehinderte Menschen unter körperlichen Behinderungen (61,1 %): Bei 24,9 % der Personen waren die inneren Organe bzw. Organsysteme betroffen. Bei 12,6 % waren Arme und Beine in ihrer Funktion eingeschränkt, bei weiteren 11,6 % Wirbelsäule und Rumpf. In 4,7 % der Fälle lag Blindheit oder Sehbehinderung vor. 3,9 % litten unter Schwerhörigkeit, Gleichgewichts- oder Sprachstörungen.
Auf geistige oder seelische Behinderungen entfielen zusammen 12,1 % der Fälle, auf zerebrale Störungen 8,9%. Bei den übrigen Personen (17,8 %) war die Art der schwersten Behinderung nicht ausgewiesen. [...]

Zum allergrößten Teil – nämlich 86,4 % der Fälle – wurde die Behinderung durch eine Krankheit verursacht. Weitere 0,3 % der schwerbehinderten Menschen hatten dauernde Schäden in Krieg, Wehrdienst oder Zivildienst erlitten und bei 3,8 % der Menschen war die Behinderung angeboren bzw. trat im ersten Lebensjahr auf; bei 1,7 % war die Ursache ein Unfall oder eine Berufskrankheit. Der Rest (7,7 %) entfiel auf sonstige, mehrere oder ungenügend bezeichnete Ursachen.

(Statistisches Bundesamt, 2017, S. 5)

3. Stigmatisierung und ihre Folgen

a) Funktionen und Folgen von Stigmatisierung

Welche Funktionen haben Stigmata?

1. Funktionen auf der Mikroebene (Individuum):

- ***Orientierungsfunktion.*** Vorausstrukturierung sozialer Situationen, dadurch Verringerung von Unsicherheit.
- ***Entlastungsfunktion*** durch selektive und verzerrte Wahrnehmung sowie durch Projektion verdrängter Triebansprüche (Aggressionen) auf »Sündenböcke«.
- ***Identitätsstrategie.*** Wiederherstellung des gefährdeten seelischen Gleichgewichts durch betonte Abgrenzung gegenüber der Andersartigkeit.

2. Funktionen auf der Makroebene (Gesellschaft):

- ***Systemstabilisierung*** durch Regelung des Umgangs zwischen gesellschaftlichen Gruppen und des Zugangs zu knappen Gütern wie Status, Berufschancen, etc.
- ***Kanalisierung von Aggressionen*** auf schwache »Sündenböcke«.
- ***Verstärkung der Nonkonformität*** des Nicht-Stigmatisierten: Ohne Stigmatisierte wäre es kein Vorteil, »normal« zu sein.
- ***Herrschaftsfunktion.*** Unterdrückung und Ausschluss von konkurrierenden Gruppen.

Ganz offenkundig haben Stigmata also sehr wichtige Funktionen für den einzelnen wie für die Gesellschaft. Diese Interessenkongruenz sorgt dafür, dass Stigmatisierungsprozesse allgegenwärtig und außerordentlich schwer reduzierbar sind. So gesehen sind alle prinzipiell »Diskreditierbare« und stehen ständig in der Gefahr, erfolgreich stigmatisiert zu werden. ...

Welche Folgen haben Stigmatisierungen? Sie sind für Betroffene tief greifend und außerordentlich schwer rückgängig zu machen:

- ***Auf der Ebene gesellschaftlicher Teilhabe*** droht Diskriminierung durch formellen oder informellen Verlust von bisher ausgeübten Rollen, es kommt zu Kontaktverlust, zu Isolation und Ausgliederung.

- ***Auf der Ebene der Interaktionen***[1] orientiert sich alles am Stigma, die Person und ihre Biographie wird in diesem Sinne umdefiniert. Die Interaktionen sind durch Spannungen, Unsicherheit und Angst erschwert.
- ***Auf der Ebene der Identität*** drohen daher erhebliche Gefährdungen und Probleme.

(Cloerkes, 2007[3], S. 170f.)

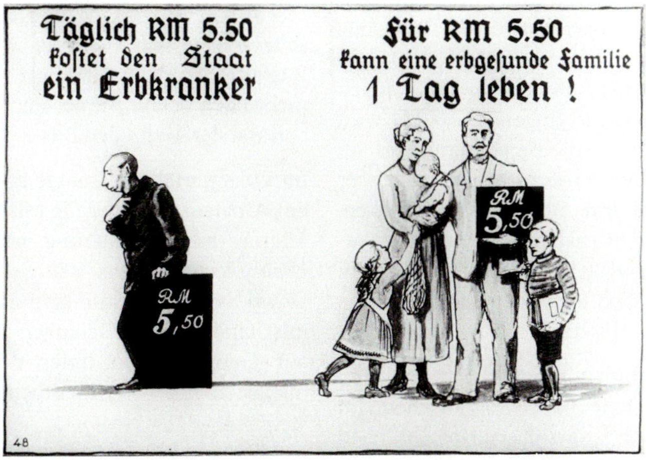

b) Gewalt hat viele Gesichter

„Schläge gegen Behinderte, Terror gegen Behinderte"; „Sechs Verletzte bei Brand in Behindertenwohnheim"; „Behinderte sexuell missbraucht"; „Das Essen gestrichen und in den Kerker gesteckt" – solche Zeitungsüberschriften sind schon fast alltäglich geworden. Noch alltäglicher, aber auch diskriminierend sind die vielfältigen Formen der strukturellen Gewalt, die in Gesetze oder Verordnungen geronnen sind oder sich einfach in einer Unterlassung äußern. Hier einige Beispiele (*Arnade, 1997, S. 29 f.*):

Als eine rollstuhlfahrende Frau mit dem Zug von Köln nach Hannover fahren will, fehlt beim Intercity der Wagen mit der Behindertentoilette. Der Schaffner zuckt die Achseln. Die Frau schafft es, bis Hannover auszuhalten. Da es dort im Bahnhof aber nur eine Behindertentoilette für extrem schmale Rollstühle gibt, sitzt sie schließlich doch im Nassen.

Ein Paar mit geistiger Behinderung, das in einer Werkstatt für Menschen mit Behinderung arbeitet und in einem Wohnheim lebt, will heiraten. Der Standesbeamte lehnt dies ab. Eine Frau mit Behinderung bucht über Neckermann-Reisen einen 14-tägigen Urlaub an der Nordsee. Als sie anreist, lässt man sie nicht ins Hotel mit der Begründung man wolle keine Menschen mit Behinderung.

Eine Gruppe junger Leute mit körperlicher und geistiger Behinderung will in eine Disco in einem esoterischen Zentrum in Berlin. Dort kann man auf Auslegeware barfuß tanzen. Die Gruppe wird nicht hereingelassen. Begründung: Die Rollstuhlreifen sind unhygienisch, und so viele Behinderte verbreiten „bad vibrations".

[1] Statt „Interaktionen" müsste es genauer „soziale Interaktionen" heißen. Dieser Begriff ist in Band 2, Kapitel 15.1.1 geklärt

Ein Ehepaar mit körperlicher Behinderung will an einem Nachmittag im Hochsommer seinen Sohn ins Freibad begleiten. Sie werden nicht hereingelassen: „Behindertenschwimmen ist morgens von 10.00 bis 12.00 Uhr", heißt es.

Eine allein erziehende Mutter mit Behinderung bekam vom Sozialamt für ihr Auto eine Betriebsmittelpauschale von 41,93 € monatlich. Sie braucht das Auto, um ihr Kind täglich zum Kindergarten zu bringen. Das Geld wird ihr gestrichen, als sie die Berechtigung erhält, den örtlichen Fahrdienst zu benutzen. Dieser kann aber nicht ihre Bedürfnisse abdecken. Als sie sich an den zuständigen Behindertenbeauftragten wendet, bekommt sie zu hören: „Das hätten Sie sich überlegen sollen, ehe Sie sich ein Kind anschafften."

Eine Rollstuhlfahrerin möchte sich den Film „Das Leben ist eine Baustelle" ansehen. Im Kino ist aus „versicherungsrechtlichen Gründen" niemand bereit, ihr über wenige Stufen ins Souterrain zu helfen. Eine Weile kämpft sie, dann verlässt sie frustriert das Kino. „Das war sehr entwürdigend" sagt sie.
Ein blinder Mann steigt mit seinem Führhund in einen Doppeldeckerbus. Da unten alle Plätze besetzt sind, er aber erschöpft ist und sich setzen will, geht er nach oben. Der Busfahrer ruft ihn zurück: „Hunde dürfen nicht nach oben." An der nächsten Haltestelle verlässt der Mann den Bus.

Im Videoportal von Google Italien wurde 2006 ein Amateurfilm über die Misshandlung eines Mannes mit Behinderung veröffentlicht. Das Handy-Video zeigte, wie Schüler einen am Down-Syndrom erkrankten Mitschüler brutal misshandelten und schlugen. Der Film wurde auf Google Video unter der Rubrik „Die lustigsten Filme" veröffentlicht.

(dpa-Meldung; in: DonauKurier, 46/2010, S. 6)

Schwerbehinderter Sohn zu laut: Vermieter setzt Räumung durch

Itzehoe (dpa) Die Eltern eines schwerbehinderten Buben aus Glückstadt müssen wegen der Lautstärke des Sohnes ihre Mietwohnung räumen. Das ergab gestern ein Vergleich der Eltern mit dem Hausbesitzer vor dem Landgericht Itzehoe. Die Mieter haben nun drei Monate Zeit, die Wohnung zu räumen; der Vermieter verzichtet im Gegenzug auf Schadensersatzansprüche. Vor der Berufsverhandlung hatte bereits am 25. Januar des Amtsgerichts Itzehoe die 55 und 51 Jahre alten Eltern zur Räumung verurteilt. Nachbarn in dem Vierfamilienhaus hatten sich unter anderen vom nächtlichen Schreien, Weinen und Klopfen des 13-Jährigen gestört gefühlt. Der Bub ist seit seiner Geburt schwerbehindert und auf ständige Hilfe angewiesen. Das Amtsgericht hätte das Mietverhältnis auf Klage des Hausbesitzers trotz der „menschlich schwierigen Situation" der Familie ausgelöst. Die Richterin vor dem Landgericht hob gestern den besonderen Schutz von Behinderten durch das Gesetz auf. „Grenzenlos ist die geforderte Toleranz aber nicht", meinte die Richterin. Sollten beide Seiten den Vergleich widerrufen, werde am 15. August ein Urteil ergehen.

(wgr/dpa: Behinderter Sohn zu laut: Eltern müssen Wohnung räumen. 18.07.2002. © dpa Deutsche Presse-Agentur GmbH.)

Keine Klage wegen Kastration

Basel. Die Basler Staatsanwaltschaft will im Fall der Kastration eines geistig Behinderten in der Psychiatrischen Universitätsklinik (PUK) keine Klage gegen den verantwortlichen Abteilungsleiter erheben: Sie gehe davon aus, dass Professor Hans Feer genügend Gründe gehabt habe, um die medizinisch-psychiatrische Indikation für gegeben zu halten, erklärte der Erste Staatsanwalt. Die 1987 vorgenommene Kastration war mit vier früheren Eingriffen im letzten März bekannt geworden; Klinikleitung und Sanitätsdepartement setzten darauf eine Expertenkommission ein, die sich in ihrem Urteil aber nicht einig war. (SDA)

(Kobi, 2004[6], S. 16)

„Wer möchte schon einen Buckligen töten, seine Ehre mit dem Tod eines Narren beflecken? – Da war kein Reichtum, kein Ruhm zu gewinnen, nur Spott und Verachtung. Keiner war schwach genug, einen Krüppel niederzustechen. Sie ließen mich leben."
(Alioth[1], 1995, S. 176)

4. „Mama, ich bin dumm"

Vor einem Jahr beschloss Tina Brune, dass es so nicht weitergehe. Die Mutter aus Plettenberg in Nordrhein-Westfalen saß bei der Klassenlehrerin ihres jüngsten Sohnes, um das Deutschdiktat zu besprechen. „Die kleine Hexe" sollte die Überschrift lauten. Max, ein lernbehinderter Junge mit Seh- und Hörstörungen, hatte nur drei Buchstaben zu Papier gebracht: K, L, H.

Die Lehrerin erkannte darin Wortfragmente, die Mutter aber einen Beleg für die hoffnungslose Überforderung ihres Sohnes. Sie meldete ihn von der Schule ab. „Aus meinem fröhlichen war ein trauriges Kind geworden", sagt die Krankenschwester. Max habe häufig geweint, beim Aufstehen, auf dem Weg in die Schule, beim Abholen, bei den Hausaufgaben. Seine tägliche Klage: „Mama, ich bin dumm."

Seit der achtjährige Max die Vier-Täler-Schule in Plettenberg besucht, eine Förderschule für Lernbehinderte, gehe es ihm besser, sagt seine Mutter. Diese Erfahrung hat sie zu einer Kämpferin gemacht. „Frau Löhrmann, erhalten Sie die Förderschulen in NRW", so lautet ihr Onlineaufruf, den sie an Nordrhein-Westfalens Schulministerin Sylvia Löhrmann (Grüne) richtet. 8000 Unterstützer haben bereits unterschrieben, im Herbst will Brune die Petition dem Landtag übergeben. Ihre Initiative rückt eine Schulform in den Blick, die derzeit einen schweren Stand hat.

Angesagt ist Inklusion: Behinderte Schüler sollen als Folge einer Uno-Konvention vermehrt an Regelschulen unterrichtet werden. Förderschulen gelten als Einrichtungen von gestern. Den Ton geben Betroffene wie die Mutter des elfjährigen Henri aus Baden-Württemberg vor, die ihren Sohn aufs Gymnasium schicken will, obwohl der Junge mit Down-Syndrom dort dem Unterricht nicht folgen könnte.

Als Henris Mutter vor zwei Wochen in der Show von Günther Jauch zu Gast war, flankierten sie dort drei Inklusionsbefürworter und nur ein Skeptiker. Die Redaktion hatte auch bei Tina Brune angefragt, dann aber abgesagt. Andere Gäste würden bereits die Position abdecken, lautete Brune zufolge die Begründung.

Vielerorts löst die Inklusion indes Sorgen und Spannungen aus. In Nordrhein-Westfalen etwa tritt zum August ein verändertes Schulgesetz

[1] Gabrielle Alioth (* 1955 in Basel) ist Schweizer Schriftstellerin und verfasste Romane, Erzählungen und Kinderbücher.

in Kraft, das behinderten Kindern einen Rechtsanspruch auf einen Platz an einer Regelschule garantiert. Für Lern-Förderschulen wie in Plettenberg gilt künftig eine Mindestgröße von 144 Schülern, derzeit hat die Schule 92.

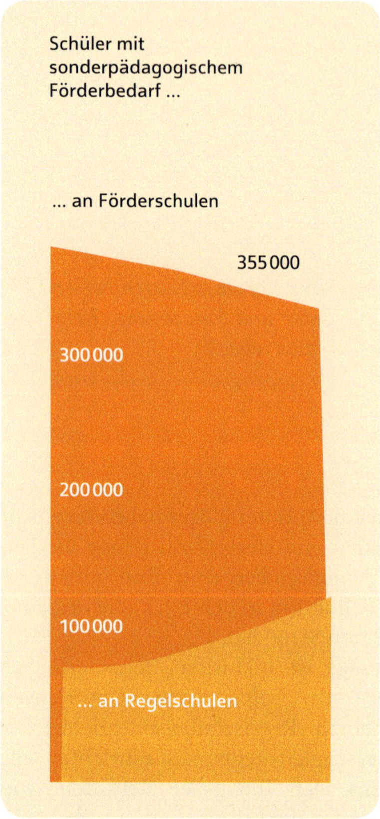

Kritiker dieser starren Größenvorgabe wie Udo Beckmann, der Vorsitzende des Verbands Erziehung und Bildung (VBE), sprechen von einer „kalten Schließung" der Förderschulen. „Die Politik kann nicht einerseits den Elternwillen hochhalten und andererseits den Eltern die Optionen nehmen", so Beckmann. Eine VBE-Umfrage wies sinkende Zustimmungsraten zur Inklusion in Nordrhein-Westfalen aus. […]

„Unser Sohn wurde behandelt wie alle anderen Kinder", sagt Sonja Maibach aus Koblenz, Sozialarbeiterin und Mutter des zwölfjährigen Christian. „Aber er kann nicht alles leisten". „Christian hat eine Lernbehinderung und eine Entwicklungsverzögerung. In der Grundschule hielt er noch mit, doch als er in die Intergrationsklasse einer Realschule wechselte, begannen die Probleme: Der Schulalltag war ihm zu hektisch, der Pausenhof zu laut, die Lehrer zu ungeduldig. Wir sind von der Inklusion enttäuscht", sagt seine Mutter. Seit Januar besuche Christian eine Förderschule; er habe dort nur noch neun Mitschüler.

Marianne Schardt, Sprecherin des Verbands Sonderpädagogik, fordert die Politik auf, die Lehrer besser zu schulen – entsprechend der Ausbildung der Sonderpädagogen. Es gehe eher um die Stärkung des Kindes als nur darum, Wissen zu vermitteln. Doch die Lehrer, die nun mit behinderten Kindern zu tun haben, werden darauf oft nur in Crashkursen vorbereitet.

Die Inklusion sei die „größte Herausforderung für unsere Schulen", sagt Mecklenburg – Vorpommerns Bildungsminister Mathias Brodkorb (SPD). Seine Kollegin Löhrmann, derzeit Präsidentin der Kultusministerkonferenz, appellierte unlängst an den Bund, „seiner Verantwortung bei der Umsetzung der schulischen Inklusion" nachzukommen, also mehr Geld zu spendieren.

„Auch wir haben den Anspruch, unsere Schüler in die Gesellschaft zu integrieren", sagt Peter-Paul Marienfeld, Leiter der Vier-Täler-Schule, Marienfeld verweist auf Werkräume und Kurse zur Berufsvorbereitung. Er will der Abwicklung seiner Schule dadurch entgehen, dass sie mit der Förderschule im 25 Kilometer entfernten Lüdenscheid fusioniert, als Filiale muss die Schule nur 72 Schüler haben. Doch angesichts des politischen Willens und sinkender Schülerzahlen sei er sich nicht sicher, wie lange das Aufschub gewähre, sagt Marienfeld.

Hoffnung habe er auf lange Sicht. Alle Schüler ins Regelschulsystem zu integrieren sei illusorisch, sagt der Schulleiter. „In ein paar Jahren wird uns die Politik wohl wieder einführen, unter neuem Namen."

(Friedmann, Markus/Greiner, Lena: „Mama, ich bin dumm". In: DER SPIEGEL 23/2014, S. 47.)

21 Unterstützung von beeinträchtigten Menschen

Folgende Kompetenzen sollen Sie erwerben:

- *Sie können auf der Basis zweier unterschiedlicher Theorien zwei Konzepte – das verhaltensorientierte Konzept und das Unterstützungsmanagement von Wolf R. Wendt – zur Unterstützung von Menschen mit Behinderungen entwickeln und deren Umsetzung an konkreten Beispielen der pädagogischen Praxis aufzeigen.*
- *Sie sind in der Lage, die Unterschiede des verhaltensorientierten Konzeptes und des Unterstützungskonzeptes von Wendt zu analysieren, um diese in Bezug auf ausgewählte Kriterien miteinander zu vergleichen und zu bewerten.*

21.1 Das verhaltensorientierte Konzept

Lernsituation

Zita und ihre schulischen Schwierigkeiten

Sie kennen bereits das Fallbeispiel „Zita und ihre schulischen Schwierigkeiten" aus Kapitel 20.4: Zita, 7 Jahre alt, wurde vor einem halben Jahr eingeschult. Die Lehrerin hatte nun ihre Eltern in die Sprechstunde eingeladen und ihnen geraten, Zita einem Schultest unterziehen zu lassen, weil sie enorme Schwierigkeiten in der Schule zeige. Dem sind die Eltern nachgekommen.

Das Ergebnis des Tests war Folgendes: „Zitas Lernen läuft sehr verlangsamt ab und sie kann den Umfang des Lernstoffes kaum bewältigen. Dieser Umfang ist gegenüber den Mitschülern bereits deutlich reduziert und die Lernprozesse laufen auf einer einfacheren Ebene ab. Auch die Konzentration ist vor allem bei komplexeren und schwierigeren Anforderungen vermindert, sie unterliegt deutlichen Schwankungen. Abstraktionen, Transferleistungen und Begriffsbildungen gelingen kaum, der Ablauf der Denkprozesse ist verlangsamt und die Denkvollzüge sind in ihrer Beweglichkeit eingeschränkt. Ebenso liegen die Sprachleistungen deutlich unter dem Leistungsstand ihrer Mitschülerinnen und Mitschüler, es sind vor allem Mängel in der differenzierten Lautbildung, im Wortschatz und in der Grammatik zu beobachten. Sprachfehler sind keine Seltenheit" (vgl. *Kanter, 1997, S. 106ff.*).

Sie möchten nun wissen, wie Zita geholfen werden kann. Sie informieren sich nochmal über das verhaltensorientierte Konzept, das Sie schon von der 12. Klasse her kennen[1].

I Information

21.1.1 Grundlagen des verhaltensorientierten Konzeptes

Verhaltensorientierte Konzepte sind gegenüber ökologischen ***individuumsorientiert***: Gegenstand therapeutischer Veränderungsversuche ist das problematische Verhalten – die Beeinträchtigung – selbst, die im Individuum angesiedelt ist.

Wissenschaftliche Grundlagen verhaltensorientierter Konzepte sind die **Lerntheorien**, bei „reinen" behavioristisch orientierten Verfahren insbesondere die ***Konditionierungstheorien***[2]. Bei diesen spielen Reize, die einem bestimmten Verhalten vorausgehen oder folgen, die zentrale Rolle. Auf sie wird im Folgenden Bezug genommen.

Gegenstand von Veränderungsversuchen ist das problematische Verhalten selbst. Verhaltensorientierte Konzepte gehen von der Grundannahme aus, dass ***alles Verhalten*** – auch das unangepasste – ***erlernt ist und wieder verlernt werden kann***. Ziel verhaltensorientierten Vorgehens ist demnach der **Abbau unerwünschten Verhaltens und der Aufbau erwünschten Verhaltens durch gezielte Lernhilfen**.

Das Symptom ist die Neurose.

[1] siehe Band 2, Kapitel 14.1
[2] Die Konditionierungstheorien sind in Band 1, Kapitel 6 dargestellt.

Da bei Behinderungen häufig organische Ursachen vorliegen, ist es oft nur mit Einschränkung möglich, auf der Grundlage von psychotherapeutischen Verfahren zu helfen. Doch es geht bei solchen Konzepten in erster Linie darum, Menschen mit einer Behinderung zu unterstützen und so – wie in *Kapitel 20.1.2* ausgeführt – eine Heilung im Sinne einer ganzheitlichen Förderung des Beeinträchtigten mit seinen persönlichen Eigenarten und Begabungen und in seinem gesamten sozialen Umfeld zu erreichen.

Es ist bekannt, dass Menschen mit Behinderung durch verhaltenstherapeutische Methoden verblüffende Leistungen erbringen können. Selbst die Lernkapazität eines jeden Einzelnen mit Lern- oder geistiger Behinderung ist wesentlich größer als die, die beim herkömmlichen Lernprozess zum Tragen kommt. Aus dieser Sichtweise ist jeder Mensch mit Behinderung potentiell förderbar. Es ist nun Aufgabe der Heilpädagogen und Psychologen, die Leistungsreserven von Behinderten unter Berücksichtigung von lernpsychologischen Gesetzen zu mobilisieren.

→ **Materialien 1**. Jeder kann gefördert werden.

21.1.2 Das Vorgehen auf der Grundlage des operanten Konditionierens[1]

Voraussetzung für gezielte Verhaltensänderungen ist eine **Verhaltensanalyse**, die ausführlich in *Band 2, Kapitel 14.1.2* dargestellt ist:

[1] Eine ausführliche Darstellung der verhaltenstherapeutischen Vorgehensweise befindet sich in Band 2, Kapitel 14.1.4.

Aufgrund der Verhaltensanalyse ist es nun möglich, eine **Verhaltensmodifikation**[1] durchzuführen. Dabei ist zunächst, wenn (noch) nicht vorhanden, die ***Schaffung von Motivation*** erforderlich: Ein Verhaltensaufbau kann erst erfolgen, wenn der Lernende die Bereitschaft besitzt, sein Verhalten auch ändern zu wollen[2].

→ Hierzu stehen verschiedene Möglichkeiten zur Verfügung: Der Heilpädagoge kann zum Beispiel an den Bedürfnissen des Menschen mit Behinderung, die schon vorhanden sind, anknüpfen, er kann neue Bedürfnisse wecken oder auch wirksame Belohnung in Aussicht stellen.

Aus der Sicht der operanten Konditionierung wird häufig die Methode der **Verhaltensformung – shaping** genannt – angewendet: Jedes Verhalten, das auch nur annähernd in die gewünschte Richtung geht, wird verstärkt.

→ Bei Zita, deren Sprachleistung grundlegend verbessert werden muss, wird das gewünschte Endverhalten „Sprechen-Können" in einzelne Teilschritte zerlegt und jeder einzelne Schritt, der in die gewünschte Richtung zeigt, verstärkt.

Verhaltensformung (shaping) meint den schrittweisen Aufbau eines Verhaltens, indem man bereits kleine Schritte in Richtung des Endverhaltens systematisch verstärkt.

Die Aufteilung des gesamten zu erlernenden Verhaltens in kleine Schritte und ihre systematische Verstärkung ist gerade in der Behindertenarbeit ein wichtiger Bestandteil, um Erfolg zu haben.

Sowohl **differentielle Verstärkung** als auch **kontinuierliche und intermittierende Verstärkung** sind Teil des shapings. Bei der differentiellen Verstärkung geht es darum, unerwünschtes Verhalten durch Nicht-Verstärkung abzubauen und gleichzeitig alle Ansätze erwünschten Verhaltens zu verstärken[3].

Zunächst wird erwünschtes Verhalten jedes Mal sofort verstärkt, sobald es auftritt. Wir sprechen hier von einer kontinuierlichen Verstärkung. Wird ein Verhalten dann des Öfteren gezeigt, so verstärkt man es nur noch ab und zu. Bei diesem zweiten Schritt handelt es sich um eine intermittierende Verstärkung[3].

Setzt man – wie bereits in *Band 1, Kapitel 6.2.6* ausgeführt – Verstärker kontinuierlich ein, werden rasche Lernerfolge erzielt. Bleibt nach dem Lernprozess die Verstärkung jedoch aus, so wird das Verhalten relativ schnell gelöscht. Verstärkt man dagegen nur gelegentlich, erfolgt der Lernzuwachs langsamer. Ein auf diese Weise erlerntes Verhalten wird aber beim Ausbleiben von Verstärkung auch langsamer gelöscht.

Die Verhaltensformung lässt sich folgendermaßen durchführen:

- **Formulierung eines Zielverhaltens** und **Festlegung der relevanten Teilschritte** bis hin zum Endverhalten.
- **Schrittweise Annäherung an das Zielverhalten**, indem jedes Verhalten, das dem gewünschten Endverhalten irgendwie ähnelt, sofort und regelmäßig positiv verstärkt wird.
- Dabei wird **differentiell verstärkt**. Die Verstärkung erfolgt für die Ausführung des aktuellen, neuen Schrittes und nicht mehr für die vorausgegangenen Verhaltensweisen. Die Verstärker, die zur Verhaltensänderung eingesetzt werden, müssen jedoch der ***Bedürfnislage des Klienten*** entsprechen[4].

[1] Modifikation (lat.): Abänderung, Veränderung; Verhaltensmodifikation bedeutet das Verändern von Verhaltensweisen.
[2] vgl. hierzu das Gesetz der Bereitschaft in Band 1, Kapitel 6.2.1
[3] vgl. Band 1, Kapitel 6.2.6 und 14.1.4
[4] vgl. hierzu die Relativität von Verstärkern in Band 1, Kapitel 6.2.3

Zum nächsten Schritt wird erst übergegangen, wenn der vorherige sicher beherrscht wird.

- **Die Verstärkung erfolgt nach Plan**: Zunächst wird ***kontinuierlich verstärkt***, um das erwünschte Verhalten rasch aufzubauen. Zur Festigung wird dann das neu erlernte Verhalten ***intermittierend verstärkt***, bis dieses aufgrund von Gewöhnung stabil auftritt. Erst dann kann auf eine Verstärkung verzichtet werden.
- Die jeweiligen Schritte und das erwünschte Endverhalten werden durch **Übung und Wiederholung** gefestigt[1].

Um Zitas Sprachkompetenz weiter zu verbessern, wird sie bereits verstärkt, wenn sie Wörter nachahmt, dann für die Unterscheidung von richtiger und falscher Aussprache von Wörtern, darauf für die richtige Aussprache der Begriffe bei Benennung von Bildern, dann für die Verwendung sinnvoller Vierwortsätze, schließlich für die grammatikalisch richtige Bildbeschreibung mit kurzen und dann längeren Sätzen. Diese Zerlegung in einzelne Teilschritte wird so lange fortgesetzt, bis Zita grammatikalisch richtig und flüssig sprechen kann. Zunächst wird dabei jedes erwünschte Verhalten verstärkt, mit der Zeit wird nur noch unregelmäßig verstärkt, bis die Verstärkung ganz überflüssig wird. Letztlich wird das erreichte Sprachniveau durch Übung gefestigt.

Im Gegensatz zur Arbeit mit Menschen ohne Behinderung sind bei der Behindertenarbeit die einzelnen Schritte des shapings wesentlich kleiner zu gestalten und die Verstärkung muss noch spürbarer und unmittelbarer erfolgen. Auch für die Festigung durch Übung und Wiederholung wird mehr Zeit benötigt.

> *„Es ist allerdings notwendig, die Lern-Gesetzmäßigkeiten je nach Behinderungsgrad noch systematischer zu gestalten. Die Lernschritte müssen in kleine Schritte aufgeteilt werden. Die Belohnungen müssen noch anschaulicher, spürbarer gestaltet und im unmittelbarsten Anschluss an die Leistung erfolgen. Die Teilleistungen müssen noch öfters wiederholt werden. Die Übertragungen des Gelernten auf andere Situationen müssen noch viel direkter sein als bei Nichtbehinderten."*
> *(Diakonisches Werk, 1978, S. 54)*

Das verhaltensorientierte Konzept

Wissenschaftliche Grundlage: Die Konditionierungstheorien – hier das operante Konditionieren

Grundannahme: Alles Verhalten, auch das Unangepasste, ist er lernt und kann wieder verlernt werden.

Zielsetzung: Abbau unerwünschten Verhaltens, Aufbau erwünschten Verhaltens durch gezielte Lernhilfen

Vorgehensweise:

- Verhaltensanalyse
- Verhaltensmodifikation:
  - Schaffung von Motivation
  - Verhaltensformung (shaping) mit differentieller Verstärkung sowie mit kontinuierlicher und intermittierender Verstärkung
  - Festigung durch Übung und Wiederholung

[1] vgl. Frequenzgesetz in Band 1, Kapitel 6.2.1

Auf den Punkt gebracht

- Das verhaltensorientierte Konzept geht von der Grundannahme aus, dass alles Verhalten – auch das Unangepasste – erlernt ist und wieder verlernt werden kann. Das therapeutische Ziel ist demnach der Abbau unerwünschten Verhaltens und der Aufbau erwünschten Verhaltens durch gezielte Lernhilfen. Je nachdem, welche Lerntheorie zugrunde gelegt wird, ergeben sich verschiedene Techniken des verhaltensorientierten Konzeptes.
- Voraussetzung für eine gezielte Verhaltensänderung ist die Verhaltensanalyse. Die Verhaltensmodifikation beinhaltet die Schaffung von Motivation, die Verhaltensformung (shaping) mit differentieller Verstärkung sowie mit kontinuierlicher und intermittierender Verstärkung und die Festigung durch Übung und Wiederholung.

Wiederholen, Vertiefen, Anwenden

1. Beschreiben Sie Grundannahmen und die Zielsetzung des verhaltensorientierten Konzeptes.
2. *Lernsituation 21.1*
   a) Erstellen Sie zu dem Fallbeispiel „Zita und ihre schulischen Schwierigkeiten" eine Verhaltensanalyse.
   b) Erläutern Sie auf der Grundlage des verhaltensorientierten Konzeptes, wie Zita geholfen werden kann.
3. Fallbeschreibung „Hannah"
   Die Lehrerin von Hannah, 10 Jahre alt, lädt ihre Eltern in die Sprechstunde und rät ihnen an, Hannah einem Schultest unterziehen zu lassen, weil sie enorme Schwierigkeiten in der Schule zeige. Dem kamen die Eltern nach.
   Eine Analyse der Antworten im Rechentest ergab, dass Hannah die Operationen des Addierens, Subtrahierens, Zerlegens und Ergänzens zwar versteht und sie auch im Zahlenraum bis 100 anwenden kann, wenn sie genügend Zeit hat. Die aufgetretenen Fehler lagen dicht am richtigen Ergebnis und waren auf falsches Zählen von Einern und Zehnern, falsche Zahlzerlegung und dergleichen zurückzuführen. Der Psychologe meinte, dass diese Fehler wie auch das langsame Rechentempo wahrscheinlich Ausdruck mangelnder Geläufigkeit der Operationen seien. Größere Schwierigkeiten traten beim Addieren und Subtrahieren zweistelliger Zahlen auf. Der Rechtschreibtest zeigte Folgendes: Hannah kann schreiben, sie kann Wortklangbilder in ihre Lautbestandteile aufgliedern und diesen Lauten die entsprechenden grafischen Zeichen zuordnen. Sie kennt auch die Buchstaben. Die Lautanalyse ist jedoch noch wenig geläufig, sodass bei nicht sehr prägnanten Lauten und bei komplizierten Lautfolgen viele Buchstabenauslassungen und -umstellungen auftreten. Sie schrieb beispielsweise Schank statt Schrank oder Bute statt Beute. Die visuellen Wortbilder auch häufig gelesener Wörter sind noch nicht sicher gespeichert, sodass Hannah meist schreibt, wie man spricht. Das führte zu Fehlern wie „Glud" statt „Glut" oder „färd" statt „fährt". Hannah kennt noch nicht sicher die Groß- und Kleinschreibregeln.

Im Lesetest beherrschte Hannah im Prinzip den Lesevorgang, sie konnte einer Buchstabenfolge die entsprechende Lautfolge zuordnen und dem Gelesenen auch die Bedeutung entnehmen.

Erläutern Sie anhand der Fallbeschreibung „Hannah" das verhaltensorientierte Konzept zur Unterstützung von Menschen mit Behinderungen.

4. Besuchen Sie mit der Klasse eine Beratungsstelle, die Menschen mit Behinderungen unterstützt. Bringen Sie dort in Erfahrung, wie diese arbeitet und welche Probleme sich hinsichtlich der Arbeit mit Menschen mit Behinderung in dieser Einrichtung ergeben.

5. *Interview führen*
   - Entscheiden Sie sich für eine Beratungsstelle, die Menschen mit Behinderungen unterstützt.
   - Bereiten Sie in Kleingruppen Fragen zu folgenden Themen vor: Ziele, Organisation, Arbeitsweise, Klientel, Chancen, Probleme und Grenzen der Arbeit in dieser Institution.
   - Überlegen Sie sich geeignete Möglichkeiten der Präsentation.
   - Berichten Sie die Ergebnisse Ihres Interviews der Klasse.

6. Laden Sie in Ihre Klasse einen in der Praxis tätigen Sozial- oder Heilpädagogen oder Psychotherapeuten ein, der mit Menschen mit Behinderung arbeitet. Lassen Sie sich von ihm erzählen, nach welchem Grundkonzept er vorgeht, welche Vorgehensweise er anwendet (vielleicht kann er dieses an einem ganz konkreten „Fall" erläutern), wie hoch seine „Erfolgsquote" ist und mit welchen Problemen er in seiner Arbeit konfrontiert ist.

21.2 Das Unterstützungsmanagement

Lernsituation

Frau Strüber und ihr Sohn John

Sie kennen die Strübers, die einen Sohn namens John haben. Dieser ist neun Monate alt. Er hat das Down-Syndrom[1]. Seitdem gibt es in der Familie von John Spannungen: Der Vater wollte, dass seine Frau abtreibt, als er erfuhr, das Kind sei behindert. Doch sie wollte das nicht. Der Vater konnte sich aber mit der Geburt eines behinderten Kindes nicht abfinden, er ist seitdem kaum zu Hause und hat auch keine Beziehung zu seinem Sohn John. Alle pflegerischen und erzieherischen Maßnahmen überlässt er seiner Frau. Die Mutter fühlt sich alleingelassen und ist mit der Betreuung von John und der gesamten Hausarbeit überfordert. Sie zeigt seit der Geburt ihres Sohnes starke depressive Symptome. Sie weiß auch nicht, was sie tun soll und wer ihr helfen kann.
Frau Strüber fragt Sie, ob Sie diesbezüglich nicht näher Bescheid wissen, da Sie doch an der Fachoberschule sind.

Sie machen sich kundig, wohin sich Frau Strüber mit ihrem Sohn John wenden kann und wo sie Unterstützung bekommt.

[1] Beim Down-Syndrom, früher Mongolismus genannt, ist das Chromosom 21 dreifach statt zweifach vorhanden, jede Körperzelle weist 47 Chromosomen auf statt 46 (siehe Kapitel 20.3.1).

I Information

20.2.1 Grundlagen des Unterstützungsmanagements

Das bekannteste ökologisch orientierte Konzept, das sich vor allem in der Behindertenarbeit bewährt, ist das Unterstützungsmanagement, auch ***Case Management*** genannt. Die Methode des Unterstützungsmanagements kommt aus den USA und wurde Ende der achtziger Jahre des vergangenen Jahrhunderts durch *Wolf Rainer Wendt* (*1995*[2] *und 2015*[6]) in Deutschland bekannt gemacht. Im Gegensatz zum verhaltensorientierten Konzept ist das Unterstützungsmanagement mehr ***umweltorientiert***: Gegenstand ist die Mensch-Umwelt-Beziehung, die eine lebenserhaltende Bedeutung hat, aber auch „schädigend" auf das Individuum wirken kann.

Wolf Rainer Wendt*, Dr. phil., ist seit 1978 Professor an der Berufsakademie in Stuttgart und dort Leiter des Ausbildungsbereichs Sozialwesen. Zugleich ist er Vorsitzender der Deutschen Gesellschaft für Sozialarbeit.*
Vor 1978 war er in einer Erziehungsberatungsstelle, später beim Jugendamt Stuttgart tätig, zuständig für die Heimerziehung und das Adoptions- und Pflegestellenwesen. Seit den 80er Jahren des letzten Jahrhunderts machte er sich für ökologisch orientierte Konzepte in der sozialen Arbeit stark. Bekannt wurde er vor allem durch seine Verbreitung des Case Managements im deutschsprachigen Raum. Zusammen mit Claus Mühlfeld, Hubert Oppl und Hartmut Weber-Falkensammer ist er Herausgeber der Schriftenreihe „Brennpunkte Sozialer Arbeit".

Wissenschaftliche Grundlagen des Unterstützungsmanagements bilden **ökologische Theorien**, wie zum Beispiel das ***Life Model***[1]. Dieses beinhaltet eine ganzheitliche Sichtweise mit Blick auf den wechselseitigen Austausch zwischen Person und Umwelt.

Eine ökologische Sichtweise eröffnet die Möglichkeit, eine Beeinträchtigung und damit zusammenhängende Probleme nicht nur einem als unzulänglich erscheinenden Individuum zuzuschreiben. **Probleme werden im sozialen Kontext gesehen und aus dem politischen und wirtschaftlichen Beziehungsgefüge heraus verstanden**. Adressat der Unterstützungsleistungen ist dabei nicht nur der einzelne Klient – in unserem Falle der Behinderte –, zu berücksichtigen ist auch seine Umwelt, wie beispielsweise seine Angehörigen, Arbeitskollegen, Nachbarn oder verschiedene soziale Einrichtungen. Die Bedeutung ökologisch orientierter heilpädagogischer Arbeit besteht also darin, dass sie eine Verbindung zwischen dem Individuum und der Umwelt herstellt.

Meist benötigen Behinderte eine Unterstützung auf Dauer. Dabei soll das Unterstützungsmanagement den Betroffenen soziale Integration und ein möglichst wenig beeinträchtigtes Leben ermöglichen. Je nach Behinderungsart und -ausprägung benötigen viele Behinderte neben einer möglichen speziellen Behandlung vor allem Hilfen zur Bewältigung des Alltags und für ein ihnen mögliches normales Dasein, was das Unterstützungsmanagement optimal leisten kann.

→ **Materialien 2.** Einsatzgebiete des Case Managements

[1] siehe Band 2, Kapitel 14.2

21.2.2 Aufgaben des Unterstützungsmanagements

Im Unterstützungsmanagement geht es einmal um die **Erschließung aller möglichen Hilfsquellen**, die einer hilfesuchenden Person – zum Beispiel einem Behinderten – in einem Gemeinwesen zur Verfügung stehen.

Solche Hilfsquellen können zum Beispiel eine Beratungsstelle, Sozialstation oder Nachbarschaftshilfe sein.

Den Klienten sind die Unterstützungsmöglichkeiten jedoch nicht zwangsläufig bekannt und unter den verschiedenen Anbietern (Träger sozialer Dienste) mangelt es häufig an Kooperation und bedarfsgerechten Angeboten. Deshalb geht es zum anderen um die Koordination dieser Hilfsquellen, um eine möglichst effektive Hilfe zu gewährleisten.

Frau Strüber in *Lernsituation 21.2* kann sich an eine solche Einrichtung wenden. Aufgabe des Unterstützungsmanagements ist es nun, die entsprechenden Dienste und Einrichtungen zu mobilisieren – zum Beispiel einen medizinischen und pflegerischen Dienst, eine Beratungsstelle u. Ä. – und diese zu koordinieren. Zugleich kann geprüft werden, wie die Frau mögliche Verwandte, evtl. auch Bekannte und/oder Nachbarn, unterstützen können. Case Management hilft beispielsweise auch bei der Suche nach einer kleineren Wohnung (falls es zur Trennung kommt), welche die Frau leichter bezahlen kann, und kümmert sich darum, dass auch der Mann in die Pflicht genommen wird.
Soll nun die Normalisierung gelingen, ist ein koordiniertes Vorgehen erforderlich und alle Beteiligten werden an einen Tisch geladen, an dem die Aufgabenstellung geklärt, juristischer Rat eingeholt und Zusammenarbeit vereinbart wird.

Diese Erschließung und Koordination bedarf – wenn die Hilfe erfolgreich sein soll – einer **sorgfältigen Planung und Organisation** des Unterstützungsverlaufs, was ein kompetentes Handeln erfordert[1].

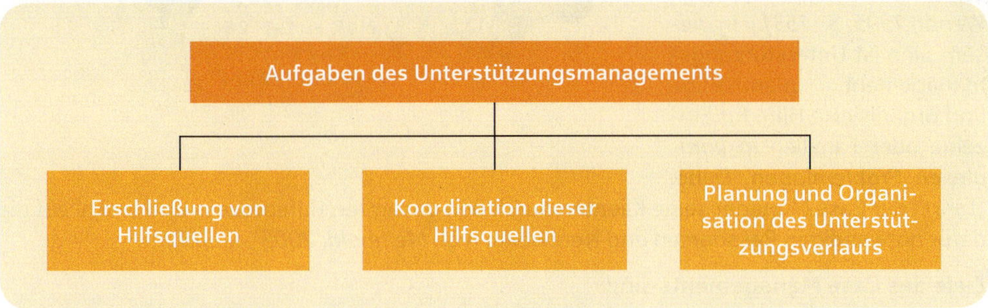

Unterstützungsmanagement (Case Management) versteht sich als planmäßige und organisierte Erschließung und Koordination von Hilfsquellen zur Unterstützung einzelner Menschen und Gruppen mit Problemen.

Dabei geht es nicht darum, dass der Case Manager für den Klienten die Unterstützung bewerkstelligt, ***der Klient wird aktiv an seiner Problemlösung beteiligt***.

[1] vgl. Abschnitt 21.2.3

Aufgabe des Case Managements ist die **Planung und Organisation der Unterstützung**, um dem Klienten und gegebenenfalls seinen Angehörigen in ihrer Lage effektiv zu helfen *(vgl. Wendt, 1995, S. 153 f.)*. Bei der Bewältigung von Problemen und bestimmten Situationen im Sinne des Unterstützungsmanagements spielen **Ressourcen**[1] eine wichtige Rolle.

Durch das Unterstützungsmanagement wird nach Einschätzung der Dringlichkeit von Problemen eine erforderliche Hilfe, die unter aktiver Mitarbeit des bzw. der Klienten selbst zustande kommt, eingeleitet sowie effektiv gestaltet.

> *Case Management ist „ein Prozess der Zusammenarbeit, in dem geklärt, geplant, umgesetzt, koordiniert, überwacht und bewertet wird, was an Dienstleistungen zur individuellen Bedarfsdeckung notwendig und im Hinblick auf verfügbare Ressourcen qualitäts- und kostenbewusst erreichbar ist.“*
> *(Wendt, 2015⁶, S. 65)*

Das Unterstützungsmanagement geht davon aus, dass ein Hilfsbedürftiger regelmäßig mehrere Schwierigkeiten aufweist und es in dem Gemeinwesen, in welchem der Hilfsbedürftige lebt, Unterstützungsmöglichkeiten gibt. Es ist nun Aufgabe des Case Managements, dem Klienten und gegebenenfalls seinen Angehörigen in ihrer Lage effektiv zu helfen und die ihnen oft nicht bekannten oder für sie alleine nicht erreichbaren Dienste und Einrichtungen in dem entsprechenden Gemeinwesen an dem Problem bzw. der Situation zu beteiligen und aufeinander abzustimmen (*vgl. Wendt, 1995, S. 153f.*). In diesem Sinn ist Unterstützungsmanagement planmäßige und organisierte Hilfe für Einzelne oder Familien in ***komplexen Problemlagen***. Dabei „führt“ der Case Manager seine Klienten durch den gesamten Hilfeprozess und erschließt die dafür notwendigen Ressourcen und Netzwerke (vgl. *Meinhold, 2005², S. 515*).

Ziele des Case Managements sind:

- eine optimale Versorgung des Klienten mit Unterstützungsleistungen sozialer Dienste durch Erschließung und Koordination der Hilfsquellen,
- sorgfältige Planung und Ablauforganisation der Erschließung und Koordination der Hilfsquellen,
- eine aktive Beteiligung des Klienten an der Lösung der Situation und
- eine kostengünstige, effektive Durchführung von Hilfsangeboten.

[1] vgl. Band 2, Kapitel 14.2.4

21.2.3 Organisation der Unterstützung

Durch das Unterstützungsmanagement wird eine erforderliche Hilfe, die unter aktiver Mitarbeit des bzw. der Klienten selber zustande kommt, eingeleitet sowie effektiv gestaltet. Dieses Vorgehen weist eine bestimmte Organisation des Unterstützungsverlaufs auf *(vgl. Wendt, 1995, S. 154 f.)*:

- **Die Hilfe wird den Klienten angeboten, die Hilfe benötigen.** Dabei ist zu prüfen, welche Hilfsbedürftigen in besonderem Maße einer Unterstützung bedürfen.
- **Die Dringlichkeit von Problemen wird festgestellt.** Solche Probleme können zum Beispiel eine Behinderung, aber auch drückende Schulden, Verlust des Arbeitsplatzes, Abbruch von Schulausbildung oder Lehre, plötzliche Erkrankung usw. sein.
- **Problembezogene bisher ungenützte Hilfsquellen für Bedürftige werden erschlossen.** Der Case Manager ist die Schlüsselperson zwischen Bedürftigen und möglichen Hilfsquellen. Zur Unterstützung des Klienten hilft er, denkbare Hilfsmöglichkeiten durch Familie, andere Verwandte, Freunde oder Nachbarn und organisierte Angebote des Dienstleistungsbereichs aufzubauen und zu bewerten.
- **Gemeinsam wird die gesamte Lage des Hilfesuchenden** bzw. der gesamten Familie **eingeschätzt.**
- **Die erbrachten Leistungen werden koordiniert und überwacht.** Die verschiedenen Hilfsquellen werden miteinander verknüpft; dabei ist zu überprüfen, ob der Hilfsplan eingehalten wird.
- **Das Selbsthilfepotenzial des Klienten wird gefördert**, das heißt, dessen Fähigkeit, selbst Hilfsangebote sachgerecht zu erschließen.

Eine wichtige Frage des Case Managements ist, ob und wie man die Menschen erreicht, für die es gedacht ist. Damit einzelne Personen und Familien eher bereit sind, sich an Helfer zu wenden und ihre Unterstützungsbedürftigkeit zu artikulieren, ist lokale Öffentlichkeitsarbeit unerlässlich. Andererseits ist ein solches Vorgehen nach *Wolf R. Wendt (2015[6], S. 133 ff.)* nur angebracht, wenn viel Zeit und eine Menge Ressourcen benötigt werden, um an ein Ziel zu gelangen, oder wenn Alternativen zu wählen sind und mehrere Personen beteiligt sind. Deshalb gehört zum Case Management, ein **Screening, das heißt eine Auslese unter den möglichen „Nutzern" vorzunehmen.**

> *„Geprüft wird, ob der Status (die Berechtigung) und die Situation einer Person zu der möglichen Dienstleistung passen. […] Je nach rechtlichen oder sachlichen Voraussetzungen erfolgt also eine Zugangskontrolle. […] Die ‚Siebung' erfolgt sowohl im Interesse der Nutzer, die […] eine Hilfe oder Behandlung benötigen, als auch im Interesse des Anbieters, der seine Ressourcen optimal einsetzen will, und schließlich im Interesse der ganzen Gesellschaft an einer sinnvollen Mittelverwendung und angemessenen Versorgung."*
> *(Wendt, 2015[6], S. 138)*

→ **Materialien 3**. Das Leistungsangebot eines gewerblichen Case Managements

21.2.4 Vorgehensweise des Unterstützungsmanagements

Wolf R. Wendt (*2015*[6], *S. 142–171*) unterscheidet bei der Vorgehensweise fünf Phasen:

Assessment (Einschätzung und Bedarfsklärung)

In diesem ersten Schritt geht es um die Erfassung der Probleme, eine umfassende Beschreibung und Bewertung der Situation sowie die Bedarfsklärung. Beim Erstkontakt mit dem Case Manager werden die Erwartungen der Beteiligten geklärt, welche Personen bzw. Familienmitglieder Unterstützung brauchen und ob das Unterstützungsmanagement diese leisten kann. Eine sorgfältige Einschätzung der Lebenslage ermöglicht es, einerseits die objektiven Gegebenheiten wie die Lebensgeschichte des Klienten, körperliche Bedingungen (Alter, Gesundheit u.a.) oder soziale Bedingungen (vorhandenes Netzwerk, Verwandte, Bekannte, Nachbarn), andererseits seine subjektive Orientierung (Zukunftserwartungen, Wert- und Normvorstellungen, Gefühle etc.) aber auch seine Stärken zu berücksichtigen.

→ Um bei dem Beispiel mit John in *Lernsituation 21.2* zu bleiben: Der Case Manager erstellt nun gemeinsam mit der Mutter von John eine Problemliste, zum Beispiel die Art und Ausprägung der Behinderung von John die Depression der Mutter und ihre Überforderung mit Haushalt und Betreuung von John sowie Konflikte mit ihrem Mann. Als nächstes werden die Prioritäten innerhalb der festgestellten Probleme festgelegt. Ein weiterer Schritt ist dann die Einschätzung der individuellen und sozialen Ressourcen von John und seiner Mutter sowie eventuelle Hindernisse bei der Lösung der Probleme.

Planning (Zielvereinbarung und Hilfeplanung)

Aus der Einschätzung der Problemlage und dem festgestellten Bedarf leitet der Klient zusammen mit dem Case Manager entsprechende Ziele der Veränderung ab (***Zielvereinbarung***). Zur persönlichen Lebensplanung passende Mittel und Wege sind zu suchen, die bei aktiver Beteiligung des Klienten zur Verbesserung seiner Lebenslage bzw. Situation beitragen. Die Unterstützung des Betroffenen besteht darin, bisher unerschlossene eigene und Ressourcen aus der Umwelt besser zu nutzen. In der Kompetenz des Case Managers liegt es, Geldmittel zu erschließen und die im Gemeinwesen vorhandenen informellen Hilfen wie durch Angehörige, Freunde, Nachbarn usw. mit formellen Hilfen – verschiedene Einrichtungen, sozialer Dienste – planmäßig, personenbezogen zu vernetzen und zu koordinieren. Das Ergebnis ist ein Unterstützungs- bzw. Hilfeplan, der erstellt wird in Absprache mit dem Klienten und in Abstimmung mit formellen Diensten, Behörden und informellen Unterstützern. Aus Gründen der Überprüfbarkeit enthält der schriftlich formulierte Hilfeplan neben der Zielvereinbarung Angaben zur Art, zum Umfang und zur Dauer der Unterstützung (***Hilfeplanung***). Nach Unterschrift der Beteiligten wird auch dem Klienten ein Exemplar dieser Hilfevereinbarung ausgehändigt.

→ Geplant wird schließlich, welche Art von Hilfen John und seine Mutter benötigen und welche Ressourcen zur Verfügung stehen, beispielsweise medizinische und pflegerische Dienste, Familienberatung, Nachbarn, Selbsthilfegruppe, Wohnungsamt usw. Ziele werden formuliert und nach Dringlichkeit geordnet. Der Case Manager bespricht mit seinem Klienten die weiteren Verfahrensweisen und erstellt einen Unterstützungs- bzw. Hilfeplan.

Die Planung sichert zudem, dass Geldmittel und/oder Ressourcen vorhanden sind, um den Plan durchzusetzen.

Intervention (Kontrollierte Durchführung der Hilfe)

Intervention bedeutet im Unterstützungsmanagement kontrollierte Durchführung des Hilfeplans. Bei der Durchführung der einzelnen Hilfen und deren Umsetzung hat der Case Manager eine begleitende, anwaltliche, daneben aber auch eine steuernde und kontrollierende Funktion. Er koordiniert die Hilfen, leistet diese jedoch nicht selbst, sondern ist Dienstleister, der den Auftrag übernommen hat. Der Case Manager erkundigt sich auch immer wieder über den Fallverlauf. Nötigenfalls erfolgt eine Anpassung der Hilfsstrategie an neue Erfordernisse bis schließlich die Ziele erreicht sind.

Der Unterstützungsplan wird nun unter Kontrolle des Case Managers durchgeführt.

Neben der Überwachung der Leistungserbringung fällt dem Case Manager auch die Rolle zu, *anwaltlich* einzutreten.

> *„Die Anwaltschaft (advocacy) kann darin bestehen, dass der Case Manager von sich aus die Einhaltung einer vereinbarten Leistungserbringung bei Diensten oder von Absprachen mit der Familie, einzelnen Betreuern oder mit dem Klienten selber anmahnt. Anwaltschaft kann auch heißen, dass der Case Manager Beschwerden des Klienten nachgeht oder seine (berechtigten) Wünsche weitergibt. Andererseits hat der Case Manager Interessen anderer Parteien zu vertreten, insbesondere die des Trägers von Maßnahmen, oder er nimmt im Einzelfall das Wächteramt des Staates wahr, etwa wenn das Wohl eines Kindes dadurch gefährdet ist, dass ein Klient sich rücksichtslos ihm gegenüber verhält."*
> *(Wendt, 2015[6], S. 162 f.)*

Monitoring (Begleitung und Überprüfung der Hilfen)

Monitoring bedeutet im Unterstützungsmanagement Begleitung und Beobachtung des Ablaufs sowie fortlaufende Überprüfung der Leistungserbringung hinsichtlich der Angemessenheit und Wirksamkeit vereinbarter Hilfen. Durch regelmäßige Kontakte werden die vereinbarte Versorgung sowie der Veränderungsprozess des Klienten vom Case Manager gemeinsam mit dem Klienten laufend beobachtet, um Teilerfolge, Fortschritte in der Situationsbewältigung und erreichte Ziele oder neu aufgetretene Probleme feststellen zu können. Notfalls sind Korrekturen und Nachbesserungen im Versorgungs- und Unterstützungssystem vorzunehmen (***Re-Assessement***). Als Nachweis für die Qualität der Arbeit und zur Erfolgskontrolle wird der Veränderungsprozess dokumentiert.

Die im Unterstützungsplan benannten Probleme werden im Plan dokumentiert und hinsichtlich ihrer Angemessenheit und Effektivität überprüft. Notfalls wird der vorläufige Aktionsplan auch abgeändert, wenn während der Durchführung andere Maßnahmen erforderlich werden.

> *„Monitoring besteht in einer fortlaufenden Prüfung des geregelten Ablaufs der Versorgung und der Fortschritte, die ein Klient dabei gemäß dem Plan macht, der in seinem Fall zur Bedarfsdeckung erarbeitet wurde."*
> *(Wendt, 2015[6], S. 161)*

Evaluation (Dokumentation und Bewertung der Ergebnisse)

Am Ende eines Case-Management-Prozesses wird überprüft, ob und inwieweit das gesetzte Ziel des Hilfeplans auch tatsächlich erreicht wurde. Case Manager und Klient vergleichen und bewerten den Ist-Zustand der Problemlage mit dem Soll-Zustand der anzustrebenden Lebenslage, um feststellen zu können, welche formellen und oder informellen Hilfen beendet oder weitergeführt werden sollten. Ergebnisse und Erfahrungen werden dokumentiert, damit sowohl gegenüber dem Klienten als auch den Auftraggebern Rechenschaft abgelegt werden kann. Die Evaluationsphase kann sowohl als Neueinschätzung der Situation des Klienten (Re-Assessement) fungieren, somit einen neuen Case Management-Prozess einleiten als auch dessen Beendigung bedeuten.

→ Der Case Manager überprüft, ob die im Plan vereinbarten Ziele, dass John und seiner Mutter geholfen wird, die Mutter dadurch eine Entlastung erfährt und es ihr emotional besser geht, auch tatsächlich erreicht wurden.

→ **Materialien 4**. Case Management in der Behindertenhilfe

Das Unterstützungsmanagement

Wissenschaftliche Grundlage: Ökologische Theorien – zum Beispiel das Life Model[1]

Grundannahme:	Erleben und Verhalten werden im sozialen Kontext gesehen und aus dem politischen und wirtschaftlichen Beziehungsgefüge heraus verstanden.
Zielsetzung:	Erschließung und Koordination von Hilfsquellen, Planung und Organisation des Unterstützungsverlaufs
Vorgehensweise:	■ Assessment ■ Planning ■ Intervention ■ Monitoring ■ Evaluation

Auf den Punkt gebracht

- Unterstützungsmanagement (Case Management) versteht sich als planmäßige und organisierte Erschließung und Koordination von Hilfsquellen zur Unterstützung einzelner Menschen und Gruppen mit Problemen. Wissenschaftliche Grundlagen des Unterstützungsmanagements bilden ökologische Theorien, wie zum Beispiel das Life Model. Eine ökologische Sichtweise eröffnet die Möglichkeit, eine Beeinträchtigung und damit zusammenhängende Probleme nicht nur einem als unzulänglich erscheinenden Individuum zuzuschreiben. Probleme werden im sozialen Kontext gesehen und aus dem politischen und wirtschaftlichen Beziehungsgefüge heraus verstanden. Adressat der Unterstützungsleistungen ist dabei nicht nur der einzelne Klient – in unserem Falle der Behinderte –, zu berücksichtigen ist auch seine Umwelt, wie beispielsweise seine Angehörigen, Arbeitskollegen, Nachbarn oder verschiedene soziale Einrichtungen.
- Das Case Management weist eine bestimmte Ablauforganisation auf:
  - Die Hilfe wird den Klienten angeboten, die Hilfe benötigen.
  - Die Dringlichkeit von Problemen wird festgestellt.
  - Problembezogene bisher ungenützte Hilfsquellen für Bedürftige werden erschlossen.
  - Die gesamte Lage des Hilfesuchenden bzw. die der gesamten Familie wird gemeinsam eingeschätzt.
  - Die erbrachten Leistungen werden koordiniert und überwacht.
  - Das Selbsthilfepotenzial des Klienten wird gefördert.

  Das Unterstützungsmanagement unterscheidet fünf Phasen des Vorgehens: Assessment, Planning, Intervention, Monitoring und Evaluation.

[1] siehe Band 2, Kapitel 14.2

Wiederholen, Vertiefen, Anwenden

1. *Biografie und Internetsuche*
   - Suchen Sie im Internet nach Informationen über das Leben und Werk von *Rolf Rainer Wendt*.
   - Fertigen Sie in Kleingruppen eine Übersicht zur Biografie von *Wendt* an.
   - Erarbeiten Sie vier bis sechs wichtige Abschnitte seines Lebens.
2. Beschreiben Sie Grundannahmen und die Zielsetzung des Unterstützungsmanagements.
3. Erläutern Sie anhand einer Behinderung (zum Beispiel Lernbehinderung) Aufgaben des Unterstützungsmanagements.
4. Beschreiben Sie eine Situation eines behinderten Menschen und zeigen Sie an dieser die Ablauforganisation des Unterstützungsmanagements auf.
5. Beschreiben Sie am Beispiel einer Behinderung (zum Beispiel Körper- oder Lernbehinderung) die Vorgehensweise des Unterstützungsmanagements.
6. Stellen Sie am Beispiel der Lebenssituation eines Menschen mit Behinderung dar, wie auf der Basis eines Konzeptes Menschen mit einer Behinderung unterstützt werden können.
7. *Lernsituation 21.2*
   Erläutern Sie auf der Grundlage des Unterstützungsmanagements, wie Frau Strüber mit ihrem Sohn John unterstützt werden kann.
8. *Fallbeschreibung „Hannah"*
   - Lesen Sie die Fallbeschreibung *„Hannah"* in *Aufgabe 3* des *Abschnitts 21.1*.
   - Erläutern Sie anhand dieser Fallbeschreibung ein ökologisch orientiertes Konzept zur Unterstützung von Menschen mit Behinderungen.
9. Eltern von Kindern mit einer Behinderung werden häufig von der Gesellschaft ausgegrenzt. Erläutern Sie auf der Grundlage eines ökologisch orientierten Modells, wie dieser Problematik begegnet werden kann.
10. Besuchen Sie mit der Klasse eine Beratungsstelle, die Menschen mit Behinderungen unterstützt. Bringen Sie dort in Erfahrung, wie diese arbeitet und welche Probleme sich hinsichtlich der Arbeit mit Behinderten in dieser Einrichtung ergeben.
11. Machen Sie zusammen mit Ihrer Klasse ausfindig, ob sich in Ihrer Nähe eine Einrichtung befindet, die nach dem Konzept des Case Managements arbeitet. Bringen Sie gegebenenfalls dort in Erfahrung, wie diese arbeitet und welche Probleme sich hinsichtlich der Arbeit mit Behinderten in dieser Einrichtung ergeben.
12. *Interview führen*
    - Entscheiden Sie sich für eine Beratungsstelle, die Menschen mit Behinderungen unterstützt.
    - Bereiten Sie in Kleingruppen Fragen zu folgenden Themen vor: Ziele, Organisation, Arbeitsweise, Klientel, Chancen, Probleme und Grenzen der Arbeit in dieser Institution.
    - Überlegen Sie sich geeignete Möglichkeiten der Präsentation.
    - Berichten Sie die Ergebnisse Ihres Interviews vor der Klasse.

21.3 Vergleich und Bewertung des verhaltensorientierten und ökologisch orientierten Konzeptes

Lernsituation

Psychische Krankheit – liegt der Konflikt im Menschen oder außerhalb von ihm?

Im Fernsehen läuft heute Abend auf dem Studienkanal „Bildung One“ eine Debatte mit zwei Professoren, einem Psychotherapeuten, einem ehemaligen psychisch Kranken, einem Klinikleiter für akute psychische Erkrankungen und einer Journalistin über das Thema „Psychisch krank – liegt der Konflikt im Menschen oder außerhalb ihm in seinen Beziehungen?“ Sie sehen sich die Sendung an.
In dieser Diskussion gehen die Meinungen weit auseinander und die Debattenteilnehmer liefern sich ein hartes Streitgespräch. Die eine Seite vertritt vehement die Anschauung, dass das problematische Verhalten des Individuums selbst die Störung sei, während die andere Seite meint, die Entstehung nicht angepassten Erlebens und Verhaltens liege in der Mensch-Umwelt-Beziehung begründet – also nicht individuumsorientiert, sondern umweltorientiert sei.
Diese Sendung regt Sie an, sich mit den Vor- und Nachteilen der beiden Auffassungen zu beschäftigen.

Sie vergleichen das verhaltensorientierte und das ökologisch orientierte Konzept miteinander und bewerten diese beiden Konzepte.

I Information

21.3.1 Vergleich des verhaltensorientierten und des ökologisch orientierten Konzeptes

Bezüglich des Vergleiches von Therapiekonzepten haben sich folgende Kriterien bewährt[1]:

- das **Menschenbild**[2]
- die **Grundannahmen** der zugrunde liegenden Theorie
- der **Gegenstand**
- die **Anwendbarkeit** des jeweiligen Konzeptes
- die **Wirksamkeit** des jeweiligen Konzeptes

Menschenbild

Der Mensch erscheint nach „reiner“ behavioristischer Auffassung als ein Wesen, das nahezu ausschließlich von Umweltreizen beherrscht wird. Dementsprechend findet eine einseitige Betonung der Bedeutung von Umweltfaktoren für die Entwicklung statt. Damit berücksichtigt der Behaviorismus nicht die Möglichkeit, dass der Mensch eine aktive Selbststeuerung besitzt, die ihn aus der passiven Haltung der Umwelt gegenüber herausführt in den Bereich der aktiven Auseinandersetzung mit ihr[3].

[1] In Kapitel 25.1.3 wird ausführlich auf das Vergleichen als Leistungsbereich in Pädagogik/Psychologie eingegangen.
[2] vgl. Kapitel 18.2.2
[3] vgl. Band 1, Kapitel 6.3.1

Aus der Sicht der ökologischen Theorien dagegen ist der Mensch ein aktives Wesen. Er wird zwar ebenfalls von seiner Umwelt beeinflusst, die ihn in seinem Verhalten steuert, er kann aber als aktives Wesen auf seine Umwelt einwirken und sie verändern und gestalten. Während es nach behavioristischer Sicht die Umwelt ist, die den Menschen beherrscht, gestaltet aus ökologischer Sicht der Mensch aktiv seine Umwelt, die sich dann rückwirkend wiederum auf sein Erleben und Verhalten auswirkt.

Grundannahmen

Das verhaltensorientierte Konzept geht davon aus, dass alles Erleben und Verhalten, auch das unangepasste, erlernt ist und wieder verlernt werden kann. Das ökologisch orientierte Konzept sieht dagegen das Erleben und Verhalten als Resultat wechselseitiger Austauschprozesse zwischen dem Individuum und der Situation bzw. seiner Umwelt.

Gegenstand

Gegenstand therapeutischer Veränderungsversuche ist im verhaltensorientierten Konzept das problematische Verhalten selbst. Das „Symptom“ selbst ist das Problem, es gibt keine „zugrunde liegende Störung.“ Dabei handelt es sich um einen am Individuum orientierten Ansatz. Entsprechend befasst sich die Unterstützung von beeinträchtigten Menschen mit ihrem Erleben und Verhalten selbst.

Der Gegenstand beim ökologisch orientierten Konzept ist die Mensch-Umwelt-Beziehung, „fehlerhaftes“ Erleben und Verhalten wird im sozialen Kontext gesehen und entsteht als Folge von fehlgelaufenen Beziehungen zwischen Person und Umwelt. Ungleichgewichte und Störungen in der Wechselbeziehung zwischen diesen beiden rufen Stress, Hilflosigkeit, Überforderung hervor und beeinträchtigen die Lebensqualität des Menschen. Entsprechend befasst sich die Unterstützung von Beeinträchtigten mit deren individuellen und sozialen Ressourcen, die durch Vernetzungsarbeit aktiviert werden.

Anwendbarkeit

Im verhaltensorientierten Konzept geht es um den Abbau unerwünschten und den Aufbau erwünschten Erlebens und Verhaltens durch gezielte Lerntechniken. Das bedeutet, die professionelle Hilfe ist psychotherapeutisch im Sinne der Einzelhilfe am Individuum ausgerichtet. Das verhaltensorientierte Konzept lässt sich dementsprechend nur dort anwenden, wo das Symptom selbst das Problem ist – also im Individuum liegt.

Adressat des ökologisch orientierten Konzeptes dagegen ist nicht nur der einzelne Klient an sich, sondern seine Umwelt wie beispielsweise seine Angehörigen, Bekannten oder auch verschiedene soziale Einrichtungen aller Art. Damit geht der Akzent weg von der rein therapeutischen Arbeit hin zu gesellschaftlichen Bezügen und ihre Aufgabenstellung zielt auf eine Gemeinschaftsleistung ab, wobei das Wesentliche die Gestaltung der Begegnung von Menschen in ihrer sozialen oder gesundheitsbezogenen Zusammenarbeit ist.

Wirksamkeit

Sowohl das verhaltensorientierte als auch das ökologisch orientierte Konzept sind wissenschaftlich fundiert und ihre Erfolge sind unumstritten. Das verhaltensorientierte Konzept hat vor allem bei solchen Beeinträchtigungen Erfolg, deren Probleme im Individuum selbst liegen und die erlernt worden sind. Dort, wo soziale, wirtschaftliche und/oder politische Faktoren eine Rolle spielen, hat ein verhaltensorientiertes Konzept wegen seiner individuellen defizitorientierten Sichtweise kaum Chancen der Hilfe.

Anders als das verhaltensorientierte Konzept ist das Unterstützungsmanagement von *Wendt* keine Psychotherapie an sich, sondern es erschließt und koordiniert bestimmte Hilfsquellen zur Unterstützung von Menschen und Gruppen, die Probleme haben. In diesem Sinn kann es etwa einem verhaltensorientierten Konzept oder auch einer anderen psychologischen Hilfe „vorgeschaltet" sein, sodass in diesem Zusammenhang nicht von einer Wirksamkeit des Unterstützungsmanagements gesprochen werden kann. Sein Adressat ist nicht nur der einzelne Klient an sich (wie bei dem verhaltensorientierten Konzept), sondern auch seine Beziehungen und seine Umwelt. Es ist ganzheitlich orientiert, da es den Menschen in seiner entsprechenden Lage in allen Teilen gerecht wird und sowohl individuelle als auch soziale Ressourcen aktiviert werden. Aus dieser Sicht hat das Unterstützungsmanagement eine sehr große Breite der wirksamen Unterstützung.

Vergleich des verhaltensorientierten und des ökologisch orientierten Konzeptes im Überblick

Kriterium	Verhaltensorientiertes Konzept	Ökologisch orientiertes Konzept
Menschenbild	Der Mensch ist ein Wesen, das nahezu ausschließlich von Umweltreizen beherrscht wird; einseitige Betonung der Bedeutung von Umweltfaktoren.	Der Mensch kann als aktives Wesen auf seine Umwelt einwirken und sie verändern und gestalten.
Grundannahmen	Alles Erleben und Verhalten, auch das unangepasste, ist erlernt und kann wieder verlernt werden.	Das Erleben und Verhalten ist Resultat wechselseitiger Austauschprozesse zwischen dem Individuum und der Situation bzw. seiner Umwelt.
Gegenstand	Das problematische Verhalten selbst, das „Symptom" selbst ist die Störung; ein am Individuum orientierter Ansatz.	Die Entstehung nicht angepassten Erlebens und Verhaltens liegt in der Mensch-Umwelt- Beziehung begründet.
Anwendbarkeit	Abbau unerwünschten und Aufbau erwünschten Erlebens und Verhaltens durch gezielte Lerntechniken; die Hilfe ist im Sinne der Einzelhilfe am Individuum selbst ausgerichtet.	Koordinierte, geplante und kontrollierte Erschließung aller möglichen Quellen zur Hilfe und Unterstützung von Menschen; Adressat ist nicht nur der einzelne Klient an sich, sondern auch seine Umwelt.
Wirksamkeit	Wissenschaftlich fundiert, Erfolge unumstritten; soziale, wirtschaftliche und politische Faktoren werden nicht berücksichtigt.	Wissenschaftlich fundiert, Erfolge unumstritten; ganzheitliche Orientierung, Gerechtwerden des Menschen in allen Teilen.

21.3.2 Bewertung des verhaltensorientierten Konzeptes[1]

Die Verhaltenstherapie ist nicht – wie man meinen könnte – eine in sich geschlossene Vorgehensweise, sie besteht aus unterschiedlichen Behandlungsverfahren, die auf der Grundlage der verschiedenen Lerntheorien beruhen. Heute existieren ca. 200 verschiedene verhaltenstherapeutische Einzelverfahren.

Verhaltenstherapeutische Konzepte wurden unter Bezug auf den Erkenntnisstand der empirischen Psychologie[2] entwickelt und sind **wissenschaftlich fundiert**. Ihre Wirksamkeit ist vielfach nachgewiesen und ihre Erfolge sind unumstritten. Die Verhaltenstherapie konnte den eindeutigen Nachweis erbringen, dass es sich bei ihr um sehr taugliche Therapieverfahren und Methoden handelt, die auch bei Behinderten verblüffende Ergebnisse zeigen, wenn auch nur bestimmte Behinderungen therapierbar sind. Bei nicht klar zu umreißenden und vor allem sehr umfassenden Störungen stoßen jedoch verhaltenstherapeutische Techniken an ihre Grenzen, hier können sie keine solch wirksamen Ergebnisse nachweisen. Neben der psychoanalytischen und der kognitiven Therapie ist die Verhaltenstherapie als Einzel- und Gruppenverfahren im Rahmen der gesetzlichen Krankenversicherung anerkannt.

Die Verhaltenstherapie genießt hohes Ansehen unter anderem auch deshalb, weil sie gegenüber anderen Therapien, wie zum Beispiel der psychoanalytischen, in relativ kurzer Zeit zu bewältigen ist. Wie *Klaus Grawe u. a. (2001[5], S. 696)* festgestellt hat, treten „die sich als besonders wirksam erwiesenen [...] Wirkungen der Therapie in erstaunlich kurzen Zeiträumen ein bzw. werden mit einer erstaunlich geringen Sitzungszahl erfahren“. Aus dieser Sichtweise handelt es sich bei der Verhaltenstherapie um ein sehr kostengünstiges psychotherapeutisches Verfahren.

Kritiker wenden ein, dass in der Verhaltenstherapie zum einen nicht nach möglichen Ursachen für ein bestimmtes Verhalten gesucht werde, es interessieren lediglich auslösende und aufrechterhaltende Bedingungen[3]. Zudem werde die eigentliche Störung, die bestimmten Symptomen zugrunde liegt, weder bearbeitet noch geheilt.

So sind Psychoanalytiker der Überzeugung, dass beispielsweise dem Stottern als Symptom ein unverarbeiteter Konflikt zugrunde liegt – etwa unterdrückte Aggressionen gegenüber den Eltern, die nicht gezeigt werden durften. In der Verhaltenstherapie wird aber lediglich das Stottern als unerwünschtes Verhalten abgebaut, jedoch nicht die eigentliche Störung – die unterdrückten Aggressionen – bearbeitet.

In der Verhaltenstherapie ist das „Symptom“ das Problem, eine „zugrunde liegende Störung“ wird nicht anerkannt. Diese Sichtweise ist sehr umstritten und bringt ihr häufig den Vorwurf der **Symptomverschiebung** ein: Da lediglich die typischen „Zeichen“, die einer bestimmten Krankheit zugrunde liegen, beseitigt, „weg konditioniert“ werden, finde keine echte Heilung statt – die nicht behandelte eigentliche **Krankheit** sucht sich dann andere Wege, in denen sie sich äußert.

So wird den Verhaltenstherapeuten vorgeworfen, lediglich – um bei obigem Beispiel zu bleiben – das Stottern zu beseitigen. Da nicht das eigentliche Problem behandelt wird, könnte sich dieses Problem auf andere Weise zeigen, etwa in Form von Depressionen.

[1] In Kapitel 25.1.4 wird ausführlich auf das Bewerten als Leistungsbereich in Pädagogik/Psychologie eingegangen.
[2] vgl. Kapitel 18.3.1 und 19
[3] siehe Abschnitt 21.1.2

Diese Symptomverschiebung konnte jedoch nicht nachgewiesen werden, längerfristige Untersuchungen bestätigen stabile Erfolge.

Verhaltenstherapeutisches Vorgehen ist **individuumsorientiert**, der größere Bezugsrahmen sozialer, wirtschaftlicher und politischer Einflussfaktoren und Austauschprozesse wird ausgeblendet, was die Erfassung der Problemlage in allen Dimensionen unmöglich macht. Einzelfallbezogene Konzepte nehmen zwar die Umwelt des Klienten zur Kenntnis, aber es wird nicht ausdrücklich mit ihr gearbeitet, es wird lediglich das Verhalten des Einzelnen verändert, damit er sich den Umweltanforderungen optimaler anpassen kann. Individuenzentrierte Konzepte, wie das verhaltensorientierte, gehen immer von einer individuellen defizitorientierten Sichtweise aus.

Die Behavioristen haben eine eher mechanistische Vorstellung vom menschlichen Verhalten, welches grundsätzlich mit dem „Reiz-Reaktions-Schema" erklärt werden kann: Der Mensch „funktioniert" reaktiv, durch Reize ausgelöst oder auf Verstärkung hin fixiert, ohne sich selbst einbringen zu können. Dieses Menschenbild brachte der Verhaltenstherapie oft die Kritik ein, sie gleiche einer „Dressur", in der der Mensch wie ein Tier mit Lob und Strafe konditioniert werde. Freier Wille und kognitive Vorgänge werden in der Therapie nicht berücksichtigt.

Die Verhaltenstherapie hat sich jedoch weiterentwickelt. Heute gibt es eine Menge verhaltenstherapeutischer Verfahren, die auch innere Prozesse heranziehen, sodass sowohl Verhalten als auch innere Vorgänge, wie Gedanken, Gefühle und Motivationen, mit einbezogen werden.

21.3.3 Bewertung des Unterstützungsmanagements

Das Unterstützungsmanagement kommt aus den USA und ist in Deutschland eine Antwort auf die Defizite des sozialen Dienstleistungsbereichs und der damit verbundenen Überforderung hilfsbedürftiger Menschen bei ihrer persönlichen Lebensführung allein mit dem Versorgungssystem zurechtzukommen.

Ökologisch orientierte Konzepte sind wissenschaftlich und theoretisch fundiert. Dies trifft insbesondere für das Case Management zu, welches in erster Linie für Menschen gedacht ist, die sozial oder gesundheitlich mit Problemen beladen sind und ihre Situation ändern wollen. Aus diesem Grund findet es vor allem in der humandienstlichen Versorgung Anwendung. Es bezieht sich auf alle wesentlichen Lebensbereiche. Nicht geeignet ist das Case Management, wie *Wendt* (*2015*[6], *S. 127*) selbst nachvollziehbar begründet, für einzelne Beratung, medizinische Akutversorgung und soziale Nothilfe – also immer dort, wo auf der Hand liegt, was zu tun ist. Bislang wird es hauptsächlich in der Behindertenarbeit, als Hilfe für chronisch psychisch oder physisch Kranke, in der Altenhilfe und in Diensten des Gesundheitswesens eingesetzt, es findet aber auch in anderen Bereichen zunehmend mehr Beachtung, wie zum Beispiel beim Allgemeinen Sozialdienst ASD.

Die große Effektivität des Unterstützungsmanagements liegt in dem zielgerichteten, organisierten und geplanten Zusammenwirken, um Lebensumstände und Zustand einer oder mehrerer Personen zu verbessern. Zudem ist es **ganzheitlich** orientiert, da es dem Menschen in seiner entsprechenden Lage in allen Teilen gerecht wird und sowohl individuelle als auch soziale Ressourcen aktiviert werden.

Gelegentlich wird in der Literatur von einer „**Entpädagogisierung**" und Verabschiedung von einer am Betroffenen orientierten sozialen Arbeit gesprochen (vgl. *Meinhold, 2005*[3],

S. 365). Dies offenbart die Grenzen ökologisch orientierter Sozialarbeit: Es gibt Klienten, deren Probleme nicht im Bezugsrahmen bestimmter Einflussfaktoren zu suchen sind, sondern bei denen die Entstehung des Problems bei der Person selbst angesiedelt ist.

Einer großen Überforderung dürfte der Case Manager in seiner Rolle als „Anwalt" (***advocacy***) ausgesetzt sein: Er soll der Anwalt des Klienten sein, zugleich soll er der Anwalt des Trägers von Maßnahmen und Anwalt des Staates sein[1]. Konflikte sind vorprogrammiert, da der Case Manager vor allem in Problemfällen nicht Anwalt aller Beteiligten sein kann.

Wenngleich dieses Konzept relativ jung ist, sehen Kritiker als Nachteil die starke **Bürokratisierung**, die das Case Management beinhaltet: Obwohl es sich als „ein Instrument zur Rationalisierung von Versorgung" versteht, müssen Hilfepläne als Schriftstück dokumentiert und vor allem ***Rechenschaftsberichte*** abgelegt werden. Das Case Management fordert bei *Wendt* (*2015*[6], *S. 169 ff.*) in jedem Stadium des Vorgehens – also mehrmals und immer wieder – die Angemessenheit des Handelns schriftlich nachzuweisen mit der Begründung „gegenüber der Öffentlichkeit und dem einzelnen Nutzer rechenschaftsfähig zu sein". Dies kostet jedoch viel Energie und Zeit, die zwangsläufig von der Arbeit mit Klienten eingespart werden muss. Sozialarbeiter beklagen schon heute den immensen bürokratischen Aufwand, der nur auf Kosten der eigentlichen Arbeit betrieben werden kann. Es sei auch dahingestellt, ob solche Rechenschaftslegung die Position des Dienstes im Markt stützt, wie *Wendt* meint.

Wendt äußert hinsichtlich der Rationalisierung von Versorgung weiter, dass die Auswahl der Hilfsbedürftigen „in einem Prozess des Aushandelns und des Entscheidens" erfolgt[2]. Die Frage, wer darüber entscheidet, ob und inwieweit einem Menschen geholfen wird, bleibt offen. Rationalisierung kann nach *Wendt* (*2015*[6], *S. 116 f.*) u. a. auch dadurch erfolgen, dass man durch einfache Festlegung mögliche Nutzer von Leistungen ausschließt oder dass eine Auslese der Personen erfolgt, denen eine Unterstützung oder Behandlung am meisten nutzt. Es ist – wie *Otto Speck* (*2008*[6], *S. 154*) schreibt – zu befürchten, dass der Druck einer Kosten-Nutzen-Prüfung „vor allem den Bereich treffen wird, in dem der rationale Nutzen-Nachweis am wenigsten möglich ist. Allein schon die Frage, ob sich der Aufwand ‚lohne', ist eine bedrohliche. Sie ist letztlich nicht eingrenzbar und könnte eine gefährliche Eigendynamik entfalten, die am Ende nicht nur die Lebensqualität und das Lebensrecht derer betrifft, die am schwersten behindert sind und am wenigsten zum Bruttosozialprodukt beitragen können."

> *„Helfen bedeutet [...], dass er (der Hilfebedürftige) kein Objekt meiner Hilfeleistung wird, die ich bestimme, sondern er ist Subjekt."*
> *(Speck, 2008*[6]*, S. 179)*

Es zeigt sich der Trend, dass soziale Dienstleistungen von ökonomischen Gesichtspunkten dominiert werden und zur Ware zu werden drohen – Unterstützungen werden, wie *Otto Speck* (*2008*[6], *S. 185*) es formuliert, „an Kunden verkauft". Dieser Entwicklung folgt auch das Unterstützungsmanagement, es fordert nach *Wendt* (*2015*[6], *S. 27*) tatsächlich die Erstellung einer **Kosten-Nutzen-Analyse** – ein Vergleich der Aufwendungen mit den Erträgen, gemessen in Geldbeträgen –, und eine Gewährleistung einer Kosten-Nutzen-Kontrolle. Was hier vor sich geht, ist nach *Otto Speck* (*2008*[6], *S. 155*) ein „Wandel

[1] vgl. Abschnitt 21.2.4
[2] vgl. Abschnitt 21.2.4

des Lebenswertes als eines universellen und unbedingten Wertes zu einem ***Marktwert***. Menschliches Leben wird ein ‚kommerzielles Gut', das auf dem Markt gehandelt wird." So wird im Case Management der Klient denn auch als „***Kunde***" bezeichnet, der – gegen Bezahlung – ein „Produkt" erhält, und als „***Konsument***", als Nachfrager und Verbraucher von bestimmten Gütern. *Wendt* spricht in diesem Zusammenhang auch von „***Produktorientierung***" (vgl. *Wendt, 2015*[6], *S. 35 ff.*).

Die Sichtweise des Klienten als Kunden kennzeichnet nicht nur eine begriffliche Unterscheidung, sondern hat neben den oben angesprochenen Problemen Auswirkungen auf die soziale und therapeutische Arbeit: Der Klient als Kunde ist passiver Konsument, der eine soziale Dienstleistung in Anspruch nimmt und als solcher zufriedenzustellen ist. Als Kunde ist er kein Mitgestalter und Mitverantwortlicher, was aber gerade auf der anderen Seite im Case Management so betont wird. Im wirtschaftlichen Sinn ist der Kunde „Mittel zum Zweck" für Gewinnerzeugung, es würde nicht mehr der Mensch selbst als Hilfsbedürftiger im Mittelpunkt stehen. Der Kunde ist nicht „König", er steht nicht im Mittelpunkt, sondern wird bewusst manipuliert, um ein bestimmtes Gut zu kaufen. Das darf bei einer Dienstleistung wie dem Unterstützungsmanagement nicht der Fall sein. Dienstleister sind auch in erster Linie nicht dazu da, Gewinn zu machen oder zu optimieren. Zudem wird im Case Management in den wenigsten Fällen der Betroffene selbst bezahlen, was Kunden aber tun müssen.

Soziale Dienstleistungen sind in erster Linie dem Gemeinwohl verpflichtet und insofern sind ökonomische oder Profitinteressen diesem Ziel unterzuordnen. Das bedeutet aber nicht, sinnvoll und unter Beachtung betriebswirtschaftlicher Erkenntnisse zu handeln.

> *Sozial- und heilpädagogische Arbeit ist kein freier Markt – weder auf der Angebots- noch auf der Nachfrageseite.*
> *(vgl. Renz-Polster, 2014, S. 202)*

Auf der anderen Seite wird die Selbstbestimmung des Klienten als Voraussetzung dafür gesehen, dass ihn überhaupt ein Case Manager begleitet *(vgl. Wendt, 2015*[6]*, S. 54)*. Dieser Gedanke, konsequent zu Ende gedacht, bedeutet, dass Menschen, die sich aufgrund von Krankheit oder Behinderung nicht mehr selbst bestimmen können, Hilfe im Sinne des Unterstützungsmanagements nicht in Anspruch nehmen könnten.

Finanziell abgesichertes Case Management beginnt sich im deutschsprachigen Raum erst allmählich zu etablieren. Seine Finanzierung durch öffentliche Förderung oder durch Zuwendung der Pflegekassen ist noch nicht gegeben (vgl. *Meinhold, 2005*[3], *S. 365*).

Bewertung von verhaltensorientierten Konzepten	Bewertung des Unterstützungsmanagements als ein ökologisch orientiertes Konzept
▪ Wissenschaftlich fundiert, die Wirksamkeit ist vielfach nachgewiesen ▪ Große Bewährung bei der Arbeit mit Menschen mit Behinderung ▪ Sehr kostengünstiges Verfahren, da kurzer Zeitraum der Therapie	▪ Wissenschaftlich und theoretisch fundiert ▪ Anwendung bei Menschen, die sozial oder gesundheitlich mit Problemen beladen sind und ihre Situation ändern wollen ▪ Vorteil ist das zielgerichtete, organisierte, geplante und kontrollierte Zusammenwirken; ganzheitlich orientiert

Bewertung von verhaltensorientierten Konzepten	Bewertung des Unterstützungsmanagements als ein ökologisch orientiertes Konzept
■ „Symptomverschiebung" konnte nicht nachgewiesen werden ■ Individuumsorientiert; Ausblendung sozialer, wirtschaftlicher und politischer Einflussfaktoren und Austauschprozesse bei verhaltensorientierten Konzepten ■ Therapie „gleicht" einer Dressur ■ Vernachlässigung von kognitiven Vorgängen und des freien Willens	■ Probleme, die bei der Person selbst begründet liegen, bleiben unberücksichtigt ■ Überforderung des Case Managers in der Rolle als advocacy ■ Starke Bürokratisierung ■ Problematik der Kosten-Nutzen-Analyse: Der Mensch kann ein „kommerzielles Gut" werden, in welchem nicht mehr der Mensch im Mittelpunkt steht ■ Finanzierung (noch) nicht gesichert

Auf den Punkt gebracht

- Bezüglich des Vergleiches von Therapiekonzepten haben sich als Kriterien das Menschenbild, die Grundannahmen der zugrunde liegenden Theorie, der Gegenstand, die Anwendbarkeit und die Wirksamkeit des jeweiligen Konzeptes bewährt.
- Verhaltensorientierte Konzepte und das Case Management als ein ökologisch orientiertes Konzept sind wissenschaftlich fundiert, zeigen aber in ihren Konzeptionen sowohl Stärken als auch Schwächen.

Wiederholen, Vertiefen, Anwenden

1. Eltern von Kindern mit einer Behinderung werden häufig von der Gesellschaft ausgegrenzt. Erläutern Sie auf der Grundlage eines ökologischen Modells, wie dieser Problematik begegnet werden kann.
2. Vergleichen Sie das verhaltensorientierte Konzept mit dem Unterstützungsmanagement.
3. Unterziehen Sie das verhaltensorientierte Konzept einer Bewertung.
4. Bewerten Sie das Case Management hinsichtlich seiner Effektivität bei der Unterstützung von Menschen mit Behinderungen.
5. Diskutieren Sie ein Konzept zur Unterstützung von Menschen mit Behinderungen.
6. *Lernsituation 21.3*
   - Spielen Sie die Fernsehsendung auf dem Studienkanal „Bildung One" mit dem Thema „Psychisch krank – liegt der Konflikt im Menschen oder außerhalb von ihm in seinen Beziehungen?"
   - Bilden Sie in der Klasse zwei Gruppen.
   - Die eine Gruppe vertritt die Anschauung, dass das problematische Verhalten des Individuums selbst die Störung ist. Auf ihrer Seite stehen ein Professor, ein Psychotherapeut und ein Klinikleiter für akute psychische Erkrankungen.

- Die andere Gruppe vertritt die Sichtweise, dass die Entstehung nicht angepassten Erlebens und Verhaltens in der Mensch-Umwelt-Beziehung begründet liegt. Sie wird vertreten durch eine Professorin, einem ehemaligen psychisch Kranken und einer Journalistin.
- Die Klasse bestimmt einen oder zwei Moderatoren, die das Gespräch einleiten, führen und beenden. Zugleich bestimmen sie zwei Mikrofon-Leute, die auf die Meldungen aus dem Publikum reagieren.
- Vorbereitungszeit für die beiden Gruppen und dem (den) Moderator(en): 20 Minuten.
- Moderator(en) und die sechs Diskussionsteilnehmer sitzen um einen Tisch herum, nach vorne offen.
- Der Rest der Klasse bildet das Fernsehpublikum, wobei sich jeder Zuhörer melden kann und eine Frage stellen oder einen Beitrag leisten kann, sobald ein Mikrophon-Mensch zu ihm gekommen ist.
- Die Sendung dauert 30 Minuten, wobei der (die) Moderator(en) diese rechtzeitig beenden.
- In der Klasse wird die gespielte Sendung ausgewertet.

7. *Es zeigt sich der Trend, dass soziale Dienstleistungen von ökonomischen Gesichtspunkten dominiert werden und zur Ware zu werden drohen.*
   - Informieren Sie sich im Unterricht für Wirtschaftslehre oder im Internet, was „Kunde“, „Konsument“ und „Kosten-Nutzen-Analyse“ bedeuten.
   - Diskutieren Sie auf diesem Hintergrund die Problematik, wenn Dienstleistung insbesondere in der Behindertenarbeit unter diesen Gesichtspunkten geleistet wird.

8. Laden Sie in Ihre Klasse einen in der Praxis tätigen Sozial- oder Heilpädagogen oder Psychotherapeuten ein, der mit Behinderten arbeitet. Lassen Sie sich von ihm erzählen, nach welchem Grundkonzept er vorgeht, welche Vorgehensweise er anwendet (vielleicht kann er dieses an einem ganz konkreten „Fall“ beschreiben), wie hoch seine „Erfolgsquote“ ist und mit welchen Problemen er in seiner Arbeit konfrontiert ist.

9. *Welche psychologische Hilfe halte ich für geeignet?*
   - Stellen Sie eine Lebenssituation eines Menschen mit Behinderung dar.
   - Schließen Sie sich in Vierergruppen zusammen und erzählen Sie sich diese Lebenssituation.
   - Einigen Sie sich in der Gruppe auf eine Situation und diskutieren Sie, welche Art der Hilfe Ihrer Meinung nach für diese am ehesten geeignet ist. Begründen Sie Ihre Wahl.
   - Einigen Sie sich auf eine Hilfeart.

10. *Richtig oder falsch?*
    - Bilden Sie Vierergruppen.
    - Jede Gruppe stellt drei verzwickte Behauptungen auf über den Vergleich und die Bewertung des verhaltensorientierten und ökologisch orientierten Konzeptes. Sie können – sollen – richtig oder falsch sein.
    - Im Klassenverband werden die einzelnen Behauptungen vorgelesen. Die Klasse muss herausfinden und begründen, ob die Behauptung richtig oder falsch ist.

11. *Spiel: „Tabu“*
Schreiben Sie in Kleingruppen wichtige Begriffe
a) des verhaltensorientierten Konzeptes,
b) des Unterstützungsmanagements
auf je eine Karte und notieren Sie unter jeden Begriff vier Wörter, die bei der Beschreibung des Begriffes nicht verwendet werden dürfen. Im Spiel geht es darum, dass verschiedene Teams gegeneinander spielen. Ein Spieler eines Teams zieht einen Begriff, den seine Mitspieler nicht sehen und den er seinen Mitspielern (seines Teams) beschreiben muss. Bei dieser Beschreibung darf er die Wörter, die bei dem jeweiligen Begriff angegeben sind, nicht verwenden. Das Team, das die meisten Begriffe erraten hat, hat gewonnen.

12. *Fazit ziehen*
- Notieren Sie auf einen Zettel:
  - Was hat mir das Thema „Unterstützung von beeinträchtigten Menschen“ gebracht?
  - Womit kann ich nichts anfangen?
  - Was ich zu diesem Thema noch sagen wollte ...
- Lesen Sie, wenn Sie wollen, Ihre Notizen der Klasse vor.
- Sprechen Sie in der Klasse über die Bewertungen.

Materialien Kapitel 21

1. Jeder kann gefördert werden

„Es gehört zu den Aufgaben der Psychologen und Heilpädagogen, die mit der Betreuung Menschen mit geistiger Behinderung beauftragt sind, deren Leistungsreserven zu entdecken und zu mobilisieren. Dies geschieht unter Berücksichtigung lern- und entwicklungspsychologischer Gesichtspunkte.

Zu den wichtigsten Gesetzmäßigkeiten eines günstigen Lernens zählen

- Frühes Lernen – wirksames Lernen
- Lernen am Erfolg
  Es ist erwiesen, dass ein Lernen unter dem Leistungsdruck geringeren Erfolg hat als solches, das mit Aufmunterung, Befreiung der Neugierde und der Entdeckungslust, mit Lob und Anerkennung, je nach Reife und Persönlichkeitseinstellung des Lernenden auch mit sachlicher Belohnung, gekoppelt wird. Eine positive Motivation bringt die Lernlust in Gang.
- Verteilung des Lernstoffes in kleine Schritte
  Erst nachdem eine Teilleistung nach der anderen eingeübt und gefestigt wurde, können diese schrittweise zu einer synthetischen Leistung zusammengebracht und höhere Lernschritte aufgebaut werden.
  So lassen sich unter notwendigen vorgeübten Teilleistungen, auf denen eine Schreibfähigkeit beruht, folgende aufzählen: Pinzettengriff, Halten eines Bleistiftes in der Hand, Nachahmen von Bewegungen, Erfahren verschiedener Formen wie Gerade oder Kreis, durch eigenen Körper in Form von Bewegungsspielen, freies Experimentieren mit Formengestaltung im Sand, Schnee oder Knetmasse mit loser Hand oder mit Klotz in der Hand, freies Kritzeln, Nachbauen oder Nachzeichnen. Erst alle diese Fertigkeiten bieten eine feste Basis, die einem weiteren Entwicklungsschritt (Nachschreiben eines Buchstaben) zugrunde liegt.
- Die Festigkeit einer Lerngrundlage entsteht durch Wiederholungen und Übertragungen des Gelernten auf ähnliche Gegenstände und ähnliche Situationen.
  Beispiel: Nur durch wiederholte Erfahrungen lernt ein Kind die vier Grundfarben unterscheiden. Der Farbenbegriff wird ihm allerdings erst dann begreifbarer, nachdem er im Zusammenhang mit anderen Gegenständen verdeutlicht wurde. Das Kind lernt „rot“ und „gelb“ nicht nur an Aufsteckringen (Übungsmaterial) kennen, sondern auch an Äpfeln, Wäscheklammern, Bällen und dergleichen.

Solche Gesetzmäßigkeiten beziehen sich auch auf die Lernprozesse von Menschen mit Behinderung. Für sie ist das Einhalten dieser Grundsätze von besonderer Bedeutung. Einen eindeutigen Beweis liefert dafür die Verhaltenstherapie, die auf Lernpsychologie gründet: den Menschen mit geistiger Behinderung können durch verhaltenstherapeutische Methoden verblüffende Leistungen beigebracht werden. Es ist allerdings notwendig, die Lern-Gesetzmäßigkeiten je nach Behinderungsgrad noch systematischer zu gestalten. Die Lernschritte müssen in kleine Schritte aufgeteilt werden. Die Belohnungen müssen noch anschaulicher, spürbarer gestaltet und im unmittelbarsten Anschluss an die Leistung erfolgen. Die Teilleistungen müssen noch öfter wiederholt werden. Die Übertragungen des Gelernten auf andere Situationen müssen noch viel direkter sein als bei Menschen ohne Behinderung.“

(Diakonisches Werk, 1978, S. 53 f.)

2. Einsatzgebiete des Case Managements

a) „**Häusliches Pflegemanagement (Home Care Case Management):** Die ambulante Versorgung Pflegebedürftiger wird mit dessen Selbstversorgung (Eigenpflege) und der Hilfe Angehöriger (Angehörigenpflege) abgestimmt. Hauswirtschaftliche Hilfen, Mobile Dienste, Behandlungspflege sind zu koordinieren.

b) **Geriatrisches Case Management (Geriatrie Case Management):** Die spezialisierte medizinische und pflegerische Versorgung alterskranker Menschen wird ausgehend von einer stationären Versorgung arrangiert.

c) **Case Management im Krankenhaus (Hospital Case Management):** Die Versorgung des einzelnen Patienten in Zusammenarbeit aller Beteiligten ist von der Aufnahme bis zur Entlassung auf Qualität und den kostengünstigen Einsatz der Ressourcen hin zu organisieren. Hinzu kommen in der Begleitung sterbenskranker Menschen ein Palliative Care Case Management und das hospizdienstliche Case Management.

d) **Notfall-Verfahrensmanagement (Catastrophic Case Management):** Bei einer akuten medizinischen, psychiatrischen oder sozialen Krise bedarf es schneller und routinierter Reaktionen und einer für ihren Ablauf gerüsteten Einrichtung (Aufnahme-, Intensivstation, Notfalldienst, Krisenintervention). Versicherungen wollen bei schwerverletzten Unfallopfern eine abgestimmte, kosteneffiziente Behandlung erreichen.

e) **Langzeit-Versorgungsmanagement (Long-Term Care Case Management):** Wenn chronisch Kranke oder Behinderte auf Dauer versorgt werden müssen, wird ihnen ein Case Manager an die Seite gestellt, der für eine Langzeit-Planung, die Beschaffung der erforderlichen Dienstleistungen und für deren Abstimmung mit informeller Unterstützung im sozialen Umfeld verantwortlich ist.

f) **Klinisches Case Management (Clinical Case Management):** Sozialarbeiter und Psychologen, die Menschen mit psychischen Problemen und Störungen behandeln, beziehen in diese Behandlung die soziale Umgebung und verschiedene formelle Dienste und informelle Hilfen ein. Patienten werden zu Therapietreue (compliance) angehalten und ihnen wird Psychoedukation geboten. Dieses Behandlungsmanagement wird in den USA vom Case Management in der Arbeit mit psychisch kranken Menschen oft nicht unterschieden.

g) **Psychiatrisches Case Management (Mental Health Case Management):** Mit der medizinischen Behandlung psychisch kranker Menschen ist die Aufgabe nicht erledigt, ihnen (wieder) zu einem selbstständigen Leben und zu sozialer Integration in Familie, Beruf und Freizeit zu verhelfen.

h) **Case Management mit Straffälligen (Correctional Case Management):** Die Resozialisierung Straffälliger vor und nach ihrer Entlassung aus dem Strafvollzug oder mit Bewährungsauflagen erfordert eine vielseitige Unterstützung, die geplant, koordiniert und überwacht werden muss [...].

i) **Case Management am Arbeitsplatz (Employer Case Management, Vocational Case Management):** In den USA haben viele Unternehmen erkannt, dass es für sie am günstigsten ist, wenn sie ihre Mitarbeiter im Betrieb in ihrem Wohlbefinden, bei ihrer Gesunderhaltung und im Krankheitsfall individuell unterstützen. Sie bieten Präventionsprogramme an, arrangieren soziale Unterstützung bei einer Erkrankung oder Behinderung und kümmern sich um eine frühzeitige berufliche Wiedereingliederung von Arbeitnehmern nach einer Therapie. Analog gibt es das Betriebliche Eingliederungsmanagement im deutschsprachigen Raum. Vocational Case Management kann auch Teil der Rehabilitation behinderter Menschen sein."

(Wendt, 2015[6], S. 71 ff.)

3. Das Leistungsangebot eines gewerblichen Case Managements

Leistungsangebot eines gewerblichen Case Managements

In Fällen von Erkrankungen mit hohem Risiko, bei andauernden Krankenhausaufenthalten, Kosten über 10000 $, nach erfolglosen oder wiederholten operativen Eingriffen wird

↓

ein Case Management für den Patienten bestellt.

↓

Es erfolgen Patienten-Assessments (der Case Manager besucht den Patienten/die Familie), ein medizinisches Assessment (der Case Manager sucht die Krankenbehandler auf), ein Assessment der Ansprüche (der Case Manager prüft Rechtsansprüche und Finanzierungsfragen).

↓

Der Case Manager diskutiert Empfehlungen mit Leistungserbringer, Bezahler, Patient und Familie.

↓

Der Case Manager erstellt einen ersten Bericht mit Empfehlungen.

↓

Billigung der Empfehlungen

↓

Umsetzung der Empfehlungen

↓

Der Case Manager überprüft persönlich die Fortschritte.

↓

Der Case Manager erstellt eine Kosten-Nutzen-Analyse und Berichte zur Entwicklung des Falles.

↓

Patient gewinnt
Bezahler gewinnt
Leistungsbringer gewinnt

↓

Abschluss des Falles

(Wendt, 2015[6], S. 196)

4. Case Management in der Behindertenhilfe

„Behinderungen sind definiert als dauernde Beeinträchtigung, die auf in der Regel irreversible körperliche bzw. organische Schädigungen oder Anlagenmängel zurückzuführen sind. Menschen mit Behinderungen benötigen daher auch eine Unterstützung auf Dauer, Rehabilitation eingeschlossen. Sie soll den Betroffenen soziale Integration und ein möglichst wenig beeinträchtigtes Leben ermöglichen. Das Case Management ist demnach bei behinderten Menschen so weit es geht auf deren Selbstmanagement abzustimmen. Sie brauchen allein wegen ihrer Beeinträchtigung keine spezielle Behandlung, sondern vor allem Hilfen zur Bewältigung des Alltags und für ein ihnen möglichst normales Dasein.

Beispiel: Eine junge, erheblich lernbehinderte Frau hat in der Werkstatt für Menschen mit Behinderung einen jungen Mann kennengelernt, und beide wollen heiraten. Sie selber finden es „normal“, dass sie heiraten. Ihre Angehörigen sind dieser Meinung nicht. Außerdem stellen sich der Absicht des Paaren eine Menge Schwierigkeiten in den Weg. Beide haben bisher bei ihren Eltern gewohnt und wollen nun einen eigenen Hausstand gründen. Es fehlt an Geld. Ämter müssen aufgesucht und Anträge gestellt werden. Der betreuende Dienst bespricht die einzelnen anstehenden Aufgaben mit dem Paar, kann aber nicht erwarten, dass es sie allein in der richtigen Reihenfolge und an den richtigen Stelle erledigt. Außerdem müssen die Angehörigen angemessen mitwirken – weder widerständig noch zu behütend-fürsorglich. Soll die „Normalisierung“ gelingen, ist also im Unterstützungsmanagement ein koordiniertes Vorgehen erforderlich. Alle Beteiligten werden an einen Tisch geladen, an dem die Aufgabenstellung geklärt, juristischer Rat eingeholt, Zusammenarbeit vereinbart und Verantwortung übertragen wird. Die Entscheidungsfindung wird in unserem Fall von der Planung weiterer Unterstützung und Begleitung des Paares bestimmt sein.

Oft sind es die Angehörigen behinderter Menschen, die einen Großteil der Belastungen tragen, die ein Leben mit Behinderungen mit sich bringt. Es sind deshalb *familienentlastende Dienste* entstanden, die im Haushalt der Familie und in ihrem Umfeld den Angehörigen zur Seite stehen. Die Abstimmung dieser Hilfen mit den Eingliederungsmaßnahmen (und deren Kostenträgern) ist eine Aufgabe, die im Verfahren des Case Managements erfolgen kann.

In Deutschland sieht der § 58 SGB XII vor, dass zur Eingliederung behinderter Menschen ein „Gesamtplan“ aufgestellt werden soll. In der Praxis geschieht das oft nicht. Solange sich die Eltern eines behinderten Menschen um ihn kümmern, überlässt man ihnen die Steuerung der Betreuung. Bei stationärer Unterbringung scheint eine weitere Planung nicht erforderlich. Bei ambulanter Versorgung hat man aber inzwischen begriffen, wie wichtig eine abgestimmte Förderung ist, besonders bei Kindern und Jugendlichen. Damit Sonderschulen mit den Beteiligten innerhalb und außerhalb des Schulwesens besser zusammenarbeiten, sind in Baden-Wüttemberg „Arbeitsstellen Kooperation“ eingerichtet worden. Sie sollen auf ein Hilfesystem hinwirken, das durch Kontakte zum Elternhaus, zur Jugendhilfe und zu anderen Bildungseinrichtungen den Verbleib eines Kindes an seinem Lebens-, Förder- und Erziehungsort ermöglicht. Im Einzelfall wird das durch einen überlegten Zusammenhang personbezogener Unterstützung und Begleitung erreicht. Für eine planmäßige Förderung ist es aber, wenn ein Kind bereits in der Sonderschule ist, schon ziemlich spät.

Anderswo ist man in dieser Hinsicht weiter. Seit dem Gesetz über die Erziehung aller behinderten Kinder von 1975 wird in den USA für jedes sonderpädagogisch zu fördernde Kind ein individualisierter Bildungsplan gefordert, der unter Mitwirkung der Eltern erstellt wird. Diese bekamen das Recht, alle Unterlagen einzusehen und einen neutralen Gutachter beizuziehen. Für die Frühförderung wurde 1986 ergänzend bestimmt, dass zur Umsetzung des „Individualized Family Service Plan“ ein Case Manager vorzusehen ist, der den Zugang zu den erforderlichen Dienstleistungen für die Familie eines behinderten Kindes schafft und die Unterstützung koordiniert. Die Dienste sind zur Zusammenarbeit verpflichtet. Alle sechs Monate soll geprüft werden, ob die Fördermaßnahmen Erfolg haben und ausreichen.

Die Aufgaben des Case Managers entsprechen hier denen der traditionellen Schulsozialarbeit in den USA. Es werden Hausbesuche gemacht und Elterngespräche geführt. Die Erziehungsberechtigten erhalten einen bestimmten Case Manager zugeordnet, und der ist vom Assessment bis zur Evaluation für das Fortkommen des Kindes und seiner Familie verantwortlich. Analog haben sich die Funktionen des „*Versorgungsberaters*" für geistig behinderte Menschen in den Niederlanden entwickelt.

In den USA wird im Rahmen von Case Management auch mit *Life Care Plans*, Versorgungsplänen auf Lebenszeit, gearbeitet. Schließlich hat man bei Behinderungen, die nicht rückgängig gemacht werden können, vorzusorgen.
In einem „Lifetime Case Management" sind vorläufig und dann fortzuschreibende Bedarfsklärungen und eine Gesamtplanung vorzunehmen. *Life Care Plans* sind speziell für Unfallopfer entwickelt worden, deren Versorgung nach der Erstbehandlung organisiert werden muss.
Hier fragt die Versicherung, oder wer sonst für die Kosten aufkommen muss, nach den kurz- und langfristig zu erwartenden Aufwedungen. Um sie abschätzen zu können, ist eine Bestimmung der zu erreichenden Lebensqualität und eine umfassende Abklärung des Versorgungsbedarfs auf medizinischem, pflegerischem und sozialem Gebiet in der zu erwartenden Lebenszeit vorzunehmen. Dieses Assessment geht in eine Planung des Versorgungsablaufes über.

Ein Versorgungsplan auf Lebenszeit orientiert sich an der Person und nicht an der Schädigung, die sie erlitten hat. Es werden sowohl die medizinischen als auch die nichtmedizinischen Erfordernisse beachtet. Der Plan hat eine tertiärpräventive Funktion und kann auch als ein umfassender Rehabilitationsplan betrachtet werden.

In der Planung wird zunächst ein Rahmen erstellt, der ungefähr den Versorgungsumfang und die Versorgungsbereiche absteckt. Nach und nach präzisiert der Plan dann das Erforderliche und die Ressourcen, die heranzuziehen sind. Der Case Manager wird sich zu speziellen Leistungsaspekten des Rates der jeweiligen Fachkräfte bedienen. Man hat geschätzt, dass er – je nach Komplexität des Falles – 20 bis 40 Arbeitsstunden braucht, um einen Versorgungsplan anzufertigen."

(Wendt, 2015[6], S. 226–232, gekürzt)

22 Die Klinische Psychologie

Mehr seelische Leiden

Besonders Depressionen werden häufiger diagnostiziert

BERLIN – Bedrückt, antriebslos und ständig müde: Bei immer mehr Menschen werden Depressionen und andere psychische Erkrankungen diagnostiziert.

Das ist das Ergebnis des [...] DAK-Psychore-ports, für den das Berliner Iges Institut die Daten zur Arbeitsunfähigkeit von rund 2,6 Millionen berufstätigen DAK-Versicherten analysiert hat.

Das Ergebnis: Seit 1997 hat sich die Zahl der Fehltage wegen Seelenleiden verdreifacht. DAK-versicherte Beschäftigte blieben deswegen 2014 an mehr als 6,3 Millionen Tagen zu Hause. Die Daten der Versicherung hochgerechnet, sind demnach 1,9 Millionen Menschen betroffen – und jeder 20. Arbeitnehmer war im vergangenen Jahr wegen psychischer Probleme krankgeschrieben.

Häufiger werden die Erkrankungen nicht unbedingt: „Die auffällige Steigerung ist dadurch erklärbar, dass sowohl Ärzte als auch Patienten heute offener mit psychischen Problemen umgehen", sagte Hans-Peter Unger von der Asklepios Klinik Hamburg. „Früher wurden eher körperliche Beschwerden diagnostiziert, in denen sich psychische Erkrankungen häufig manifestieren."

Rekord bei Krankheitstagen

Psychische Erkrankungen verursachten 2014 zwar deutlich mehr Ausfalltage als in den Vorjahren. Zugleich fehlten Arbeitnehmer aber seltener wegen körperlicher Leiden. Auffällig ist [...] der hohe Anteil von Depressionen. Fast jeder zweite Fehltag durch ein seelisches Leiden wird damit begründet.

(wgr/dpa: DAK-Studie: Mehr Fehltage wegen psychischer Erkrankungen. 27.10.2015. © dpa Deutsche Presse-Agentur GmbH.)

Folgende Kompetenzen sollen Sie erwerben:

- *Sie können den Gegenstand und die Aufgaben der Klinischen Psychologie verdeutlichen und ihren Gegenstand problematisieren.*
- *Sie sind in der Lage, die Abgrenzbarkeit von psychischen Störungen, psychischen Aspekten körperlicher Erkrankungen und psychische Krisen zu problematisieren.*
- *Sie können Erklärungs- und Behandlungsansätze der Klinischen Psychologie auf der Grundlage wissenschaftlicher Kriterien bewerten und sich kritisch mit nicht wissenschaftlichen Erklärungs- und Behandlungsansätzen auseinandersetzen.*
- *Sie sind in der Lage, sich mit Prävention, Intervention und Rehabilitation auseinanderzusetzen.*

- *Sie können Merkmale des Begriffs „psychische Störung“ beschreiben.*
- *Sie sind imstande, sich kritisch mit Vorteilen, aber auch mit Problemen und Gefahren von diagnostischen Urteilen auseinanderzusetzen, um zu erkennen, dass Kategorisierungen im Sinne einer Etikettierung und selbsterfüllenden Prophezeiung wirken können.*
- *Sie können die Begriffe „Gesundheit“ und „Krankheit“ klären und diese als Kontinuum verstehen.*
- *Sie sind in der Lage, die Vielfalt individueller und gesellschaftlicher Möglichkeiten zur Gesundheitsförderung zu reflektieren.*
- *Sie können mit belastenden Lebensereignissen und Stressoren[1] konstruktiv umgehen und Möglichkeiten für eine achtsame, selbstverantwortliche Lebensgestaltung aufzeigen.*
- *Auf der Grundlage des Anforderung- und Ressourcen-Modells können Sie eigene Überforderung und Gefährdung wahrnehmen. Sie setzen sich mit schädlichen Konsumgewohnheiten und Stressauslösern, wie Belastungen in Schule, Arbeit, Familie und Freizeit auseinander.*
- *Sie können auf der Basis des Modells von Becker Vorgehensweisen zur Bewältigung von Stresssituationen erstellen und begründen.*

22.1 Grundfragen der Klinischen Psychologie

Lernsituation

Die Klinische Psychologin

Bei einer Geburtstagsfeier hören Sie interessiert zu, was eine Bekannte von ihrer Arbeit erzählt. Sie arbeitet in einer Erziehungsberatungsstelle. Eltern wenden sich an sie, wenn sie sich wegen der Gefühle, Verhalten und Leistungen ihrer Kinder sorgen. Die Bekannte berichtet, dass sie gemeinsam mit ihrem Team herausfindet, ob und unter welchen psychischen Störung dieses Kind leidet und dann Maßnahmen plant, wie die Eltern unterstützt und dem Kind geholfen werden kann. Besonders spannend in ihrer Arbeit ist für Sie eine

[1] Umweltreize, die von einer Person als belastend empfunden und bewertet werden sowie Stress auslösen (vgl. Hobmair, 2010, S. 320)

Gruppe für Kinder, die die Scheidung ihrer Eltern erlebt haben. Diese Gruppe soll dazu beitragen, dass die Kinder keine psychischen Störungen entwickeln. Im Laufe des Gespräches stellt sich heraus, dass die Bekannte als Klinische Psychologin arbeitet. Sie finden dieses Berufsfeld spannend und können sich ein Studium in diesem Bereich vorstellen.

Sie interessieren sich für Informationen zum Thema „Klinische Psychologie".

I Information

22.1.1 Der Gegenstand der Klinischen Psychologie

Der Begriff „Klinische Psychologie" wurde von dem Amerikaner *Lightner Witmer* (1867–1956) Ende des 19. Jahrhunderts geprägt, indem er die erste psychologische Klinik gründete, welche man heute als „Erziehungsberatungsstelle" bezeichnen würde. Er verstand unter „klinisch" die Arbeit mit dem Einzelfall, nicht im Sinne von Klinik und Krankenbehandlung. In Deutschland wird der Begriff erst seit der Mitte des letzten Jahrhunderts verwendet. Klinische Psychologie ist heute sowohl ein Teilbereich der wissenschaftlichen Forschung als auch ein Berufsfeld (vgl. *Perrez/Baumann 2011[4], S. 31 f.*).

Die Klinische Psychologie stellt sowohl eine Teildisziplin als auch ein bedeutendes Anwendungsgebiet der Psychologie dar und beschäftigt sich nach *Reiner H. E. Bastine (1998[3], S. 17 f.)* mit psychischen Störungen, psychischen Aspekten körperlicher Erkrankungen und psychischen Krisen.

- **Psychische Störungen** sind – wie in *Abschnitt 22.2.1* näher ausgeführt – alle Erlebens- und Verhaltensweisen einer Person, die über einen längeren Zeitraum hinweg erheblich von der Norm abweichen und mit einem Leidensdruck verbunden sind. Sie haben für die Person selbst und/oder ihre soziale Umgebung eine Beeinträchtigung zur Folge.
- **Psychische Aspekte körperlicher Erkrankungen**: Eine Krankheit hat nicht nur körperliche Anteile, sondern ebenfalls psychische. Vor allem schwere körperliche Krankheiten wirken sich auch auf das seelische Wohlbefinden aus.

  Beispiele für Krankheiten, bei denen psychische Aspekte eine große Rolle spielen, sind Seh-, Hör- und Sprachbehinderungen, HIV-Infektionen und AIDS, Krebserkrankungen, koronare Herzerkrankungen oder Querschnittslähmung (vgl. *Bastine, 1998[3], S. 18*).
- **Psychische Krisen** sind nach *Bastine (1998[3], S. 23)* seelische Belastungsreaktionen, die durch äußere Umstände – bspw. Scheidung, Arbeitsplatzverlust, schwere Erkrankungen oder traumatische Erfahrungen – verursacht sind.

  Sie sind im Gegensatz zu psychischen Störungen zwar länger andauernd, aber nicht über einen längeren Zeitraum hinweg. Psychische Krisen können jedoch auch langfristig psychische Störungen zur Folge haben.

Diese drei Bereiche lassen sich kaum voneinander trennen, sie überschneiden sich und beeinflussen sich gegenseitig.

So treten bei psychischen Störungen und/oder bei körperlichen Erkrankungen auch meist physische und psychische Symptome gemeinsam auf, sodass eine Zuordnung aufgrund des Erscheinungsbildes nur sehr schwer getroffen werden kann.

Körper, Geist und Seele sind untrennbar miteinander verbunden und stehen in ständiger wechselwirksamer Beziehung. Eine psychische Störung äußert sich immer auch körperlich und eine körperliche Krankheit wirkt sich immer auf das Seelische aus.

Zwischen diesen Gegenstandsbereichen „gibt es jedoch einen breiten Übergangsbereich, in dem die Zuordnung zu einer der [...] Gruppen außerordentlich schwer fällt.“
(Bastine, 1998³, S. 20)

→ **Materialien 1**. Gesund oder krank ist immer der ganze Mensch

22.1.2 Aufgaben der Klinischen Psychologie

Die Aufgaben der Klinischen Psychologie sind die **Diagnostik**, die **Prävention/Gesundheitsfürsorge** und die **Behandlung** von psychischen Störungen, psychischen Aspekten körperlicher Erkrankungen und psychischen Krisen.

- Die **psychologische Diagnostik** (**Psychodiagnostik**) will aufgrund von Informationen eine Erfassung und Registrierung des vorliegenden Problems sowie ein genaues Bild von dem Klienten und seinen Persönlichkeitsmerkmalen, um bestimmte angemessene Maßnahmen zu planen und durchzuführen.

Psychologische Diagnostik (Psychodiagnostik) ist das wissenschaftlich fundierte Sammeln und Aufbereiten von Informationen über den Hilfesuchenden mit dem Ziel, Entscheidungen und daraus ergebende Handlungsweisen zu begründen, zu kontrollieren und zu optimieren.

Psychologische Diagnostik umfasst in der Regel eine ***Anamnese*** – in einem Gespräch werden Daten über den Lebenslauf einer Person erfragt –, eine ***Exploration*** – in einem Gespräch werden gezielte Fragen zu den individuellen Lebensumständen gestellt –, eine ***Verhaltensbeobachtung*** und verschiedene Formen von ***Tests***.

- Mit **Prävention und Gesundheitsförderung**[1] sind alle Maßnahmen und Möglichkeiten gemeint, die das Entstehen von psychischen Störungen, psychischen Aspekten körperlicher Erkrankungen und psychischen Krisen verhindern und Gesundheit fördern sollen.

→ Beispielsweise werden in der Schule Programme zur Suchtprävention durchgeführt, in denen einerseits über Drogen informiert wird, aber auch die Lebenskompetenz der Jugendlichen gefördert wird. Das geschieht durch die Stärkung ihrer sozialen Kompetenzen, des Selbstwertgefühles und der Fähigkeit, Krisen und Probleme zu bewältigen. Andere Präventionsprogramme helfen, kritische Lebensereignisse zu vermeiden oder zu bewältigen. Es werden Therapiegruppen für Erwachsene und Kinder durchgeführt, die eine Trennung oder Scheidung erlebt haben. Über Krankenkassen werden Raucherentwöhnungsprogramme und Entspannungstechniken angeboten. Städte starten Initiativen, in denen es in vielen Aktionen um die Förderung von Gesundheit geht, wie Volksläufe, gesunde Ernährung und Information über Selbsthilfegruppen.

[1] praevenire (lat.): zuvorkommen; auf Gesundheit (und Gesundheitsförderung) wird in Abschnitt 22.3 eingegangen.

In den letzten Jahrzehnten ist neben der Vermeidung von Krankheit (Prävention) die Förderung von Gesundheit bedeutsam geworden. Mit den individuellen und gesellschaftlichen Möglichkeiten der Gesundheitsförderung beschäftigte sich die *Weltgesundheitsorganisation (WHO)* 1986 in Ottawa (Kanada). Nach der *Ottawa-Charta* sind Grundbedingungen für Gesundheitsförderung Frieden, angemessene Wohn- und Umweltbedingungen, Bildung, Ernährung, Einkommen, soziale Gerechtigkeit und Chancengleichheit. Gesundheitsförderung soll auf ein höheres Maß an Selbstbestimmung über die eigene Gesundheit und deren Stärkung gerichtet sein. Individuen und Gruppen sollen ihre Bedürfnisse wahrnehmen und Einfluss auf ihre Lebensumstände nehmen können.

„Gesundheitsförderung zielt auf einen Prozess, allen Menschen ein höheres Maß an Selbstbestimmung über ihre Gesundheit zu ermöglichen und sie damit zur Stärkung ihrer Gesundheit zu befähigen. Um ein umfassendes körperliches, seelisches und soziales Wohlbefinden zu erlangen, ist es notwendig, dass sowohl Einzelne als auch Gruppen ihre Bedürfnisse befriedigen, ihre Wünsche und Hoffnungen wahrnehmen und verwirklichen sowie ihre Umwelt meistern bzw. verändern können."
(vgl. Weltgesundheitsorganisation 1986).

Gesellschaft und Politik sollen laut Ottawa-Charta die notwendigen Bedingungen für Gesundheitsförderung schaffen, indem sie eine gesundheitsfördernde Gesamtpolitik entwickeln, gesundheitsförderliche Lebenswelten schaffen, gesundheitsbezogene Gemeinschaftsaktionen unterstützen, Maßnahmen zur Stärkung sozialer Kompetenzen und lebenspraktischer Fähigkeiten von Personen ermöglichen und Gesundheitsdienste stärken. Ziel ist es, Menschen zu lebenslangem Lernen zu befähigen, dass sie ihren Alltag und ihre Umwelt so gestalten, dass es ihre Gesundheit stärkt.

Prävention und Gesundheitsförderung umfasst Maßnahmen und Programme, die Gesundheit und Persönlichkeitsentfaltung fördern, um psychischen Störungen, psychischen Aspekten körperlicher Erkrankungen und psychischen Krisen vorzubeugen.

- **Behandlung** umfasst in diesem Zusammenhang alle Formen professioneller psychologischer Hilfe und Interventionen, die dem Patienten helfen, seine psychische Störung, psychischen Aspekte körperlicher Erkrankungen oder psychischen Krisen zu verstehen, deren Folgen zu reduzieren oder geheilt zu werden.

Behandlung im Sinne der Klinischen Psychologie meint alle Formen professioneller psychologischer Hilfe zum Abbau bzw. Reduzierung von psychischen Störungen, psychischen Aspekten körperlicher Erkrankungen und psychischen Krisen.

„Neben der Psychotherapie, die zwar immer noch eine beherrschende Rolle einnimmt, sind [...] mehr und mehr auch andere Behandlungsformen getreten, die z. B. bei komplexeren sozialen Systemen ansetzen [...], die kurzfristige Hilfen wie Beratung, Krisenintervention, Selbsterfahrungs- und Trainingsgruppen oder Methoden der Selbsthilfe anbieten oder die auf die Etablierung sozialer Unterstützungssysteme [...] ausgerichtet sind."
(Bastine, 19983, S. 26)

Je nachdem, um welche Art der Behandlung es sich handelt, wird von **Beratung**, **Psychotherapie** oder **Rehabilitation** gesprochen.

- Psychologische **Beratung** bedeutet in der Klinischen Psychologie ***ein wissenschaftlich fundiertes Vorgehen, das als Ziel die Beseitigung von persönlichen und/oder sozialen Problemen bzw. den effektiven Umgang mit diesen hat.***
- Unter **Psychotherapie**[1] ***versteht man alle psychologischen, wissenschaftlich fundierten Techniken und Verfahrensweisen, mit denen versucht wird, psychische Störungen, psychische Aspekte körperlicher Erkrankungen und psychische Krisen zu heilen.***
- **Rehabilitation**[2] fasst alle Maßnahmen zusammen, die ***der Wiedereingliederung von beeinträchtigten Personen in Arbeit und Beruf und der Sicherung an der Teilhabe am gesellschaftlichen Leben dieser Personen dienen.*** Wichtige Felder von Rehabilitation sind die Frühförderung in Frühförderstellen, medizinische Rehabilitation in Suchtkliniken, Kurkliniken für Krebskranke oder psychosomatisch[3] Erkrankte, berufliche Rehabilitation in Werkstätten für Behinderte oder Integrationsfirmen und soziale Rehabilitation wie sie sich zum Beispiel in Wohngruppen für Behinderte abspielt.

Die Klinische Psychologie beschäftigt sich mit der Diagnostik, Prävention und der Behandlung von psychischen Störungen, psychischen Aspekten körperlicher Erkrankungen und psychischen Krisen.

Ihre Aufgabe ist die Beschreibung, Klassifizierung, Verhütung und Behandlung von psychischen Störungen, psychischen Aspekten körperlicher Erkrankungen und psychischen Krisen sowie die Erklärung ihrer Entstehung. Sie wendet die Ergebnisse und Methoden aller Disziplinen der Psychologie an und findet bei Einzelnen oder Personengruppen jeden Alters – zum Beispiel Paare, Familien – Anwendung, die unter psychischen Störungen, psychischen Folgen körperlichen Störungen oder psychischen Krisen leiden bzw. davon bedroht sind. Sie findet in Beratungsstellen, stationären und ambulanten medizinischen Einrichtungen, Heimen, psychologischen Praxen und gemeindenahen Einrichtungen statt.

Ebenfalls mit der Erforschung, Diagnostik, Prävention und Behandlung psychischer Störungen und Krankheiten beschäftigt sich die Psychiatrie[4], ein Teilgebiet der Medizin. Sie berücksichtigt jedoch stärker die körperliche und biologische Perspektive und befasst sich mit den schweren Ausprägungen psychischer Störungen, wie zum Beispiel der Schizophrenie, von affektiven Störungen sowie von massiven Zwängen und Ängsten. Medikamentöse Therapie und sonstige me-

[1] Psychotherapie (griech.): die Behandlung der Seele
[2] Rehabilitation (*lat.* rehabilitatio: das Wiederherstellen): Wiedereingliederung
[3] Mit dem Begriff „psychosomatisch" wird zum Ausdruck gebracht, dass psychische Faktoren den Organismus – den Körper (soma, griech.: der Körper) – beeinflussen.
[4] psyche (griech.): die Seele; iatros (griech.): der Arzt

dizinische Maßnahmen sind allein den Psychiatern vorbehalten. Eine klare Trennungslinie zwischen den Gegenstandsbereichen der Psychiatrie und der Klinischen Psychologie gibt es nicht.

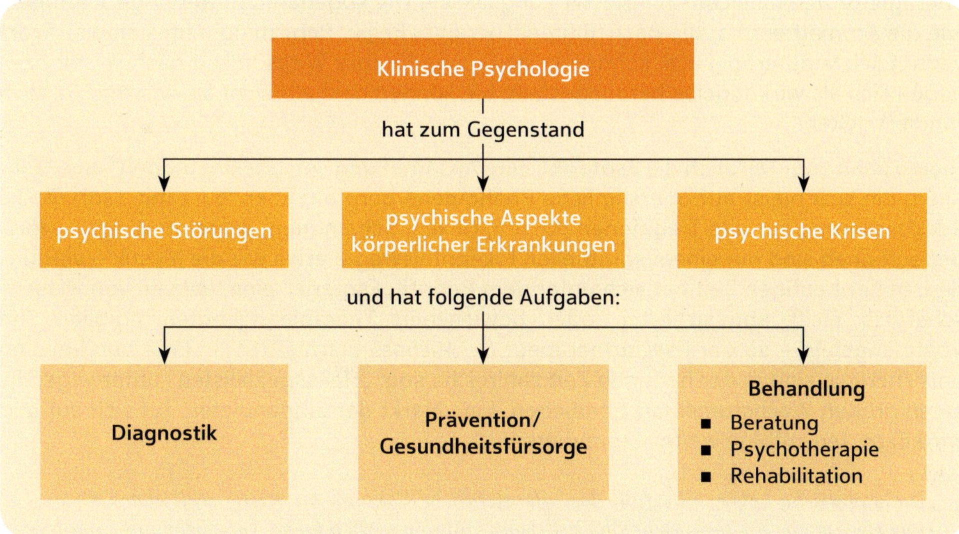

22.1.3 Die Wissenschaftlichkeit der Klinischen Psychologie

Die Klinische Psychologie ist anfällig für Heilverfahren und Psychotherapien, die nicht wissenschaftlich abgesichert sind. Gerade die Psychologie ist – so *Siegfried Macho* von der Universität Fribourg/Schweiz – ein „reichhaltiger Nährboden für pseudowissenschaftliche Theorien und Praktiken“ *(Macho, 2016, letzte Umschlagsseite)*. Gutgläubige Hilfesuchende werden dabei mit falschen Hoffnungen geködert, nachweislich wirksame Behandlungen bleiben so ungenutzt (vgl. *Hackenbroch, 2018, S. 93*). Ein großer Psychomarkt hat sich entwickelt, der mit einer wissenschaftlich fundierten Klinischen Psychologie nichts oder sehr wenig zu tun hat und den Leidensdruck und die psychische Belastung von Menschen mehr oder weniger ausnutzt. Obwohl die Klinische Psychologie immer mehr wissenschaftliche Erkenntnisse gewinnt, boomen „Engelseminare, Geistheilung und Schamanismus[1]“ *(Utsch, 2017, S. 34)*.

> *„Auf der einen Seite immer neue, vielversprechendere, besser verpackte Angebote, auf der anderen Seite enthusiastische selbsterfahrungs- und erlebnishungrige Abnehmer. Die Renner auf diesem freien Markt sind jeweils diejenigen Angebote, die die intensivsten persönlichen Erfahrungen versprechen oder etwas ganz Neues anzubieten haben. Das Erscheinungsbild der Psychotherapie in der Öffentlichkeit wird stark von diesen Angeboten bestimmt. Tatsächlich vermitteln die Inseratenabteilungen von Zeitungen und Zeitschriften und die Verkaufsregale von Buchhändlern jedoch ein sehr verzerrtes Bild von der Psychotherapie. Das bisher Nichtdagewesene, das Spektakuläre, Sensationen-Versprechende ist darin überrepräsentiert.“*
>
> *(Grawe u. a., 2001[5], S. 7)*

1 Ein Schamane (tunguisch: shaman) ist ein mit magischen Fähigkeiten, besonders der Fähigkeit, mit Geistern in Verbindung zu treten, ausgestatteter Mensch, der als Priester, Medizinmann und dgl. tätig ist.

Selbst der Fachmann, geschweige denn der Hilfesuchende, kennt sich kaum noch in dem Dschungel von Therapieangeboten aus, welche wissenschaftlich fundiert und damit effektiv sind und welche nicht. *Klaus Grawe u. a. (2001⁵, S. 735)* untersuchten die etablierten Therapieformen hinsichtlich ihrer Wirkungsweise. Die sogenannten **New Age Therapien** wie die Aromatherapie, die Bach-Blüten-Therapie, Reijki, Rebirthing, Kinesiologie, Ayurveda, Edelsteintherapie u. a. können keine Belege für ihre Wirksamkeit nachweisen bzw. haben sich als wirkungslos herausgestellt. Sie können deshalb nicht als wissenschaftlich fundiert gelten.

Hierzu zählt zum Teil auch die **Esoterik**[1], eine Ansammlung von „Heilmethoden" und Praktiken, die sich meist auf übersinnliche Phänomene berufen; ebenso ist mit Esoterik die Rückbesinnung auf alte Traditionen (Kelten, Hexen, Schamanen) gemeint. Weitere Wortbedeutungen sind mit einem spirituellen Erkenntnisweg – etwa wie die Mystik – verbunden. In der heutigen Zeit hat sich unter dem Begriff „Esoterik" eine Vielzahl von wissenschaftlich nicht abgesicherten oder bewiesenen Therapieangeboten etabliert. Im Spannungsfeld – so der Psychotherapeut *Dr. Michael Utsch (2017, S. 35)* – von Religion und Therapie sind in der heutigen Zeit zahlreiche sog. „Heilsspezialisten" unterwegs, die einen großen Wachstumsmarkt bedienen. Ein „Markt der Sinnanbieter" tut sich auf und wird Experten zufolge weiter expandieren.

> *„Die esoterische Lebenshilfe füllt das offensichtliche Vakuum an geistig-seelischer Orientierung perfekt aus. Sie verspricht Glück, Lebenserfüllung und einfache Antworten auf komplexe Fragen" […] und „Menschen suchen nun einmal nach Sinn und Bedeutung."*
> *(Utsch, 2017, S. 35, 37)*

Die Grenze zum ***Psychomarkt*** – ein kommerzielles Angebot an psychologischen Dienstleistungen – ist fließend geworden, der mit einer wissenschaftlich fundierten Klinischen Psychologie nichts oder sehr wenig zu tun hat und den Leidensdruck und die psychische Belastung von Menschen mehr oder weniger ausnutzt („Scharlatanerie").

> *„Die Psychologie hat es schwer. Seit jeher wird ihr Name für alles Mögliche vereinnahmt und immer wieder gerät sie in Misskredit. In Zeiten eines nicht enden wollenden Psychobooms wird das Prädikat ‚psychologisch' – und mit ihm der Nimbus der Wissenschaft dieses Namens – für allerlei Lehren und Praktiken missbraucht, die mit ernsthafter Wissenschaft nichts zu tun haben. So werden beispielsweise esoterische Kulte, religiöse Heilslehren oder absonderliche therapeutische Praktiken, manchmal sogar kosmologische oder astrologische Welterklärungssysteme als irgendwie ‚psychologisch' ausgegeben. […] Und die wissenschaftliche Psychologie, die ja auf die Alleinverwendung ihres Namens kein Patent hat, sieht verdrossen zu und kann sich nicht wehren."*
> *(Prinz/Müsseler, 2008², S. 1)*

Die psychotherapeutische Praxis gilt als **wissenschaftlich fundiert**, wenn (vgl. *Perrez, 2011⁴, S. 81*):

- die **beabsichtigte Wirksamkeit therapeutischen Vorgehens nachgewiesen ist,**
- die **Wirksamkeit nicht** – ausschließlich – **auf die positive Erwartung, die Überzeugung bzw. den Glauben des Klienten an das therapeutische Vorgehen zurückzuführen ist,**

[1] esōterikós (griech.): innerlich; ursprünglich wurde mit Esoterik die Suche des Menschen nach der innersten Wahrheit verstanden.

- das **Vorgehen auf Voraussetzungen beruht, die mit wissenschaftlichen Grundsätzen (Prinzipien, Regeln u. a.) vereinbar sind**[1],

→ **Materialien 2**. Grundsätze wissenschaftlichen Vorgehens

- die **Maßnahmen und Möglichkeiten aus bewährten psychologischen Gesetzmäßigkeiten, in der Regel aus einer Theorie, abgeleitet sind.** Die Basis wissenschaftlicher Fundierung bilden ***Theorien der Verhaltensänderung*** und ***Persönlichkeitstheorien***, von denen sich Maßnahmen und Möglichkeiten zur gezielten Veränderung von Erleben und Verhalten „ableiten" lassen.

Theorien der Verhaltensänderung sind zum Beispiel die Lerntheorien, wie sie in *Band 1, Kapitel 6 und 7* dargestellt sind, Persönlichkeitstheorien sind beispielsweise die Psychoanalyse, ausgeführt in *Band 2, Kapitel 8*, oder die personenzentrierte Theorie in *Band 2, Kapitel 12*.

Das Verhältnis zwischen psychologischen Theorien und psychotherapeutischer Praxis
(in Anlehnung an Bastine, 1998[3], S. 60)

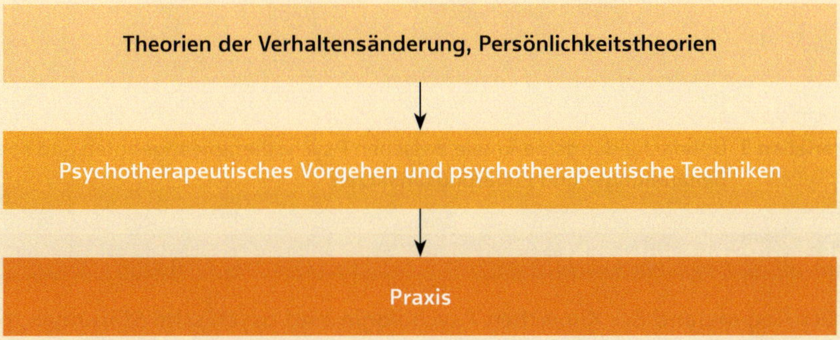

- **„unerwünschte Nebenwirkungen" unwahrscheinlich und wenig schwerwiegend sind,**
- die **Behandlungsziele ethisch legitimiert** sind und **das Vorgehen ethisch vertretbar ist**, und
- eine **vertretbare Kosten-Nutzen-Relation** besteht.

„Die akademische Wissenskultur hat sich strenge Regeln auferlegt, und die Aufgabe der Universität besteht darin, diesen Typ des Wissens zu mehren und auf dieser Grundlage zur Lösung praktischer Probleme beizutragen. Die wissenschaftliche Argumentationskultur hat die Funktion, uns und die Gesellschaft vor Scharlatanen zu schützen und hat damit letztlich eine gesellschaftliche Begründung."
(Perrez, 2011[4], S. 86)

[1] vgl. Kapitel 19.2.1

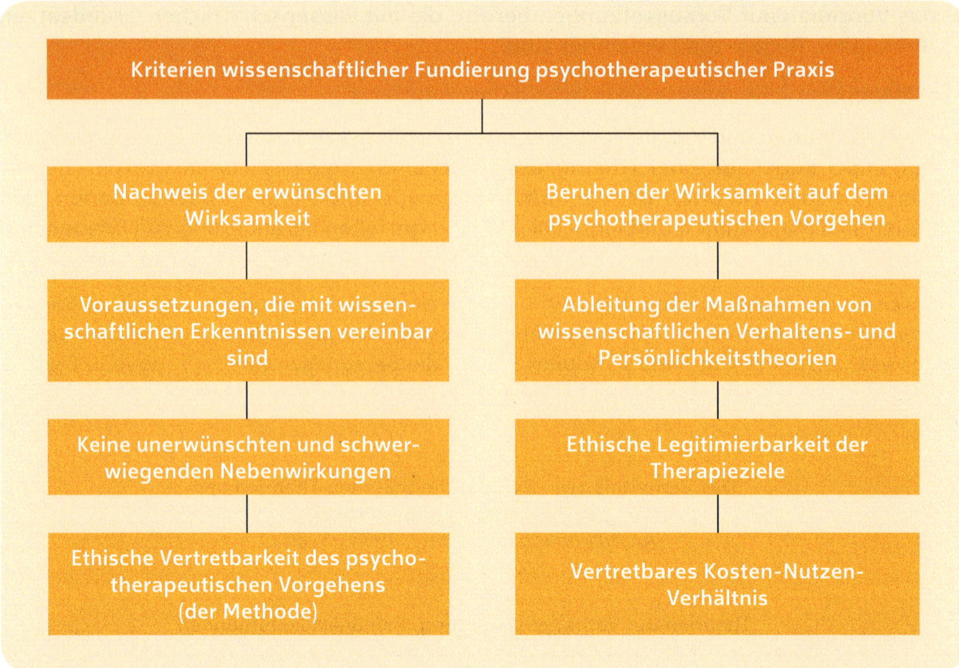

→ **Materialien 3**. Unterscheidungsmerkmale zwischen Psychotherapieangeboten und spekulativen Behandlungs- und Erklärungsansätzen

Auf den Punkt gebracht

- Der Gegenstand der Klinischen Psychologie sind psychische Störungen, psychische Aspekte körperlicher Erkrankungen und psychische Krisen. Psychische Störungen sind alle Erlebens- und Verhaltensweisen einer Person, die über einen längeren Zeitraum hinweg erheblich von der Norm abweichen und mit einem Leidensdruck verbunden sind sowie für diese selbst und/oder ihre soziale Umgebung eine Beeinträchtigung zur Folge haben. Mit psychischen Aspekten körperlicher Erkrankungen ist gemeint, dass eine Krankheit nicht nur körperliche Anteile hat, sondern auch psychische. Es gibt kaum eine Krankheit, bei der die psychische Seite keine Berücksichtigung erfordern würde. Psychische Krisen sind seelische Belastungsreaktionen, die durch äußere Umstände veranlasst sind. Sie si im Gegensatz zu psychischen Störungen zwar länger andauernd, aber nicht über einen längeren Zeitraum hinweg. Diese Gegenstandsbereiche lassen sich kaum voneinander abgrenzen.
- Die Aufgaben der Klinischen Psychologie sind die Diagnostik, Prävention und die Behandlung von psychischen Störungen, psychischen Aspekten körperlicher Erkrankungen und psychischen Krisen. Psychologische Diagnostik (Psychodiagnostik) ist das wissenschaftlich fundierte Sammeln und Aufbereiten von Informationen über den Hilfesuchenden mit dem Ziel, Entscheidungen und daraus ergebende Handlungsweisen zu begründen, zu kontrollieren und zu optimieren. Prävention umfasst Maßnahmen und Programme, die Gesundheit und Persön-

lichkeitsentfaltung fördern, um psychischen Störungen, psychischen Aspekten körperlicher Erkrankungen und psychischen Krisen vorzubeugen. Behandlung im Sinne der Klinischen Psychologie meint alle Formen professioneller psychologischer Hilfe zum Abbau bzw. Reduzierung von psychischen Störungen, psychischen Aspekten körperlicher Erkrankungen und psychischen Krisen. Je nachdem, um welche Art der Behandlung es sich handelt, wird von Beratung, Psychotherapie oder von Rehabilitation gesprochen.

- Psychotherapeutisches Vorgehen kann als wissenschaftlich fundiert gelten, wenn ein wissenschaftlicher Nachweis der erwünschten Wirksamkeit besteht und sie auf Voraussetzungen beruht, die mit wissenschaftlichen Erkenntnissen vereinbar sind. Wenn sie sich an Regeln orientiert, deren Grundlagen von bewährten psychologischen Verhaltens- und Persönlichkeitstheorien hergeleitet sind, die Therapieziele und das Vorgehen selbst ethisch legitimierbar sind, die zu erwartenden unerwünschten Wirkungen in ihrer Art und Wahrscheinlichkeit untersucht, veröffentlicht und vertretbar sind und wenn eine sinnvolle Kosten-Nutzen-Relation besteht.

Wiederholen, Vertiefen, Anwenden

1. Beschreiben Sie an je einem Beispiel den Gegenstand der Klinischen Psychologie.
2. Zeigen Sie die Problematik der Abgrenzung der Gegenstandsbereiche der Klinischen Psychologie auf.
3. Geben Sie einen Überblick über die Aufgaben der Klinischen Psychologie.
4. Erläutern Sie an einem ausgewählten Beispiel
   a) die Diagnostik als Aufgabe der Klinischen Psychologie.
   b) die Prävention als Aufgabe der Klinischen Psychologie.
5. Zeigen Sie die Behandlung als Aufgabe der Klinischen Psychologie auf.
6. *Seit einem halben Jahr hört Markus Stimmen. Sie befehlen ihm, sich auf eine bevorstehende Invasion vorzubereiten. Er darf das Haus nicht mehr verlassen und darf nur wenige Nahrungsmittel zu sich nehmen, da sein Essen vergiftet ist. Wenn er sich einer Anordnung widersetzt, beleidigen und bedrohen ihn die Stimmen, die von Lebewesen aus dem Universum stammen. Freunde und Verwandte versuchen an ihn heranzukommen, doch er zieht sich immer stärker in seine Welt der Stimmen und vermeintlichen Bedrohungen zurück.*
   Veranschaulichen Sie an diesem Beispiel Gegenstand und Aufgaben der Klinischen Psychologie.
7. *Lernsituation 22.1*
   Erläutern Sie anhand des Fallbeispiels Grundfragen der Klinischen Psychologie (Gegenstand, Aufgaben und Wissenschaftlichkeit).
8. *Die Klinische Psychologie*
   - Bilden Sie Vierergruppen.
   - Fertigen Sie ein Handout zum Thema „Klinische Psychologie“ an.
   - Hängen Sie dieses Handout am „Schwarzen Brett“ des Klassenzimmers auf.
   - Die Klasse liest die einzelnen Informationsschriften.
   - Ein Gespräch in der Klasse rundet diese Einheit ab.

9. Erläutern Sie die wissenschaftliche Fundierung der Klinischen Psychologie. Gehen Sie dabei darauf ein, wann die psychotherapeutische Praxis als wissenschaftlich fundiert gelten kann.

10. Setzen Sie sich mit der wissenschaftlichen Fundierung der Klinischen Psychologie in Abgrenzung von spekulativen Erklärungs- und Vorgehensweisen auseinander.

22.2 Abweichendes Erleben und Verhalten

Lernsituation

Manuel, der Schwierigkeiten hat

Ein Mitschüler von Ihnen, Manuel, hat in der Schule Schwierigkeiten, dem Unterricht zu folgen und sich auf seine Aufgaben zu konzentrieren; ihm passieren leicht Flüchtigkeitsfehler. Das zeigt sich auch in seinen schlechten Noten. Die Lehrerin muss ihn oft zurechtweisen, da er redet, ohne aufgefordert zu sein, ständig Geräusche macht und wegen Kleinigkeiten Wutanfälle bekommt. Er hat Schwierigkeiten, Freunde zu finden, und wird zum Außenseiter. Manuel hat zu nichts mehr Lust und zeigt oppositionelles und aggressives Verhalten. Er schwänzt häufig die Schule, beginnt zu stehlen und Alkohol zu trinken. Er traut sich nichts mehr zu und ist oft niedergeschlagen.

Sie wollen nun wissen, ob bei Manual eine psychische Störung vorliegt.

I Information

22.2.1 Der Begriff „Psychische Störung"

Die Klinische Psychologie beschäftigt sich – wie in *Abschnitt 22.1.1* deutlich wird, auch mit **psychischen Störungen**.

Die *Weltgesundheitsorganisation (WHO)* führte den Begriff „Psychische Störung" ein, um den problematischen Gebrauch von Begriffen wie „Krankheit" oder „Erkrankung" zu vermeiden (vgl. *Dilling u. a., 2015*[10], *S. 26*). Von einer psychischen Störung wird gesprochen, wenn ein Individuum ein Erleben und/oder Verhalten zeigt, welches von den in einer Gesellschaft für gültig gehaltenen Normen abweicht.

Klara weint sich jeden Abend in den Schlaf. Sie hat Angst, die Augen zu schließen, weil sie Albträume quälen und sie befürchtet, nicht mehr aufzuwachen. Sie ist davon überzeugt, dass die Zukunft nur Schlechtes bringt, die Welt scheußlich ist. Das Aufstehen fällt ihr schwer, weil sie voller Angst ist und sich wie gelähmt fühlt. Sie beschließt eines Morgens, nicht zur Arbeit zu gehen und zu Hause zu bleiben, und bleibt im Bett liegen. Sie hat Angst vor der Welt und vor dem Leben. Sie empfindet Verzweiflung und wünscht sich, tot zu sein. Es gibt für sie keine Hoffnung, Freude und Perspektive, alles ist grau und zäh.

Bei Klara lässt sich beobachten, dass bspw. ihr Verhalten – das Fernbleiben von der Arbeit – von den in unserer Gesellschaft geltenden Normen abweicht.

Die Definition dessen, was als psychische Störungen verstanden wird, ist sehr stark von der jeweiligen Kultur und den jeweils geltenden Normen abhängig und muss auch in diesem Zusammenhang gesehen werden.

Wenn wir über Klara erfahren, dass sie vor kurzem ihren Mann und ihr Kind bei einem Verkehrsunfall verloren hat, dann wird ihr Verhalten vor diesem Hintergrund verständlich und als Trauerprozess nachvollziehbar und nicht als psychische Störungen gesehen.

Psychische Störungen sind deshalb auch je nach Land und Kultur verschieden.

Psychische Störungen dürfen nicht nur einfach als eine „Krankheit" in einer „gesunden" Umgebung aufgefasst werden, sondern auch als Sichtbarwerden einer gesamtgesellschaftlichen Tendenz.

Aus diesem Grund unterliegt das, was als psychische Störung gesehen wird, einem Wandel.

Homosexualität zum Beispiel galt vor etwa 40 Jahren noch als psychische Störung, erst Anfang der 70er-Jahre des letzten Jahrhunderts wurde sie aus den Klassifikationssystemen gestrichen.

Einige Wissenschaftler sind der Meinung, dass die Abweichung des Erlebens und Verhaltens von einer Norm als Kriterium für eine psychische Störung weniger geeignet ist, und sprechen eher von fehlangepasstem Verhalten. Von einem solchen spricht man, wenn Erleben und Verhalten negative Auswirkungen auf den Betroffenen selbst und/oder auf seine Mitwelt bzw. Gesellschaft haben.

Die Abweichung des Erlebens und Verhaltens von einer Norm ist bei einer psychischen Störung jedoch **erheblich** und tritt **über einen längeren Zeitraum** hinweg auf – sie ist also relativ beständig.

So spricht man nicht von einer psychischen Störung, wenn ein Mensch an einem Tag einmal sehr traurig und niedergeschlagen ist; hält diese Traurigkeit und Niedergeschlagenheit jedoch über einen längeren Zeitraum an, so handelt es sich um eine Störung.

Um von einer psychischen Störung zu sprechen, muss zudem ein **Leidensdruck** hinzukommen: Die Abweichung des Erlebens und Verhaltens von einer Norm ***belastet*** in emotionaler Hinsicht die betroffene Person und möglicherweise auch ihre Mitwelt.

Bei einer Depression oder einer Angststörung beispielsweise erlebt der Betroffene einen mehr oder weniger großen Leidensdruck, diese Störung kann aber auch für die Familienangehörigen belastend sein.

Bei Erlebens- und Verhaltensweisen, die zwar ungewöhnlich und unangemessen wirken, aber kein Leidensdruck vorhanden ist, spricht man in der Regel nicht von einer psychischen Störung.

Die Abweichung des Erlebens und Verhaltens von einer Norm hat bei Vorliegen einer psychischen Störung überdies für die betroffene Person und/oder für ihre Mitwelt eine **Beeinträchtigung** zur Folge.

Hans Dilling u. a. (2015[10], S. 26) verstehen aus diesem Grund unter einer psychischen Störung auch einen klinisch erkennbaren „Komplex von Symptomen oder Verhaltensauffälligkeiten, die immer auf der individuellen und oft auch auf der Gruppen- oder sozialen Ebene mit Belastung und mit Beeinträchtigung von Funktionen verbunden sind. Soziale Abweichungen oder soziale Konflikte allein, ohne persönliche Beeinträchtigungen, sollten nicht als psychische Störung [...] angesehen werden."

Eine Beeinträchtigung liegt auch bei **dysfunktionalem Verhalten** vor: Die betroffene Person kann alltägliche Handlungen nicht mehr hinreichend verrichten.

Auch eine vorliegende Gefährdung der betroffenen Person und/oder der Umwelt zählt zu den psychischen Störungen. Doch nicht bei jeder psychischen Störung muss eine solche vorliegen. Eine Gefährdung liegt zum Beispiel bei einer Selbstmorddrohung vor oder bei lebensbedrohlicher Gewichtsabnahme magersüchtiger Menschen.

Merkmale des Begriffs „Psychische Störung"

- **Eine psychische Störung bedeutet eine Abweichung des Erlebens und Verhaltens von einer für gültig gehaltenen Norm (fehlangepasstes Verhalten).**
- **Diese Abweichung ist erheblich und liegt über einen längeren Zeitraum vor.**
- **Das gezeigte Erleben und Verhalten ist mit einem Leidensdruck bzw. einer Belastung für den Betroffenen verbunden.**
- **Es hat für den Betroffenen und/oder seine soziale Umgebung eine Beeinträchtigung zur Folge.**

Unter einer psychischen Störung versteht man alle Erlebens- und Verhaltensweisen einer Person, die über einen längeren Zeitraum hinweg erheblich von der Norm abweichen und mit einem Leidensdruck verbunden sind sowie für diese selbst und/oder ihre soziale Umgebung eine Beeinträchtigung zur Folge haben.

Psychische Störungen

sind

alle **Erlebens- und Verhaltensweisen** einer Person, die

- erheblich und über einen längeren Zeitraum von der Norm abweichen (fehlangepasstes Verhalten).
- mit einem Leidensdruck (Belastung) verbunden sind.
- eine Beeinträchtigung für den Betroffenen und/ oder seine Umgebung zur Folge haben.

Wissenschaftler wollen mithilfe von Theorien erklären, warum bestimmte Ursachen zu psychischen Störungen führen. Abhängig vom Menschenbild und dem psychologischen Ansatz, der jeweils eine bestimmte Sichtweise und ein unterschiedliches methodisches Vorgehen hervorhebt, gibt es verschiedene Theorien, die die Entstehung von psychischen Störungen erklären.

22.2.2 Die Problematik der Bestimmung einer psychischen Störung

Eine wichtige Aufgabe ist die **Diagnostik**, bei der aufgrund vom Sammeln von Informationen die Krankheit bestimmt wird[1]. Die Bestimmung einer körperlichen oder psychischen Krankheit bezeichnen wir als **Diagnose**[2], welche aufgrund des erhobenen Befundes getroffen wird.

Diagnose ist die Feststellung, die Bestimmung einer körperlichen oder psychischen Krankheit.

Eine solche Diagnostik ist auch bei psychischen Störungen wichtig, birgt aber auch Probleme und Gefahren in sich.

Diagnosen sind wichtig, weil

- sie dem Patienten helfen, seine Störung zu verstehen, einzuordnen und sich verstanden zu fühlen,
- eine Entscheidung für oder gegen Therapie getroffen werden kann,
- Interventionen und Maßnahmen passgenau geplant werden können,
- der Erfolg der Therapie gemessen werden kann.

Die Diagnose ist das Bindeglied zwischen dem Leiden des Patienten und dem Änderungswissen des Therapeuten.

[1] vgl. Abschnitt 22.1.2
[2] Diagnosis (griech.): die Unterscheidung, die Entscheidung

Diagnosen dienen auch der wissenschaftlichen Erforschung von psychischen Störungen, der Definition von Kontraindikationen, der wissenschaftlichen Kommunikation und sind die Grundlage, um eine Psychotherapie über die Krankenkasse abrechnen zu können.

Doch das Fällen einer Diagnose ist nicht ganz unproblematisch: **Normalität ist nicht objektiv messbar** und lässt sich auch nicht aufgrund objektiver Kriterien exakt bestimmen. Aus diesem Grunde kann auch kaum mit Sicherheit geklärt werden, wann eine Störung vorliegt und wann nicht[1].

Oft wird dabei übersehen, dass Verhalten immer einen Spielraum hat. ***Gesellschaftliche und individuelle Normalität*** – was die Gesellschaft bzw. eine ihrer Gruppen für wünschenswert hält oder welche Vorstellungen der Einzelne hat – ist zudem immer subjektiv und entzieht sich einer objektiven Messung. Was für eine Person „normal" ist, ist für eine andere vielleicht „noch hinnehmbar" für eine dritte vielleicht schon „nicht mehr normal"[2].

→ So gibt es viele Personen, die sich als „zu dick" oder als „nicht gut aussehend" empfinden und unter diesem Zustand sogar leiden, obwohl ihre körperlichen Parameter weder von Idealvorstellungen der Gesellschaft noch vom Durchschnittswert abweichen.

Wert- und Normvorstellungen sind relativ und weichen von Gruppe zu Gruppe bzw. von Gesellschaft zu Gesellschaft voneinander ab.

→ Im Griechenland der Antike zum Beispiel war Homosexualität unter Männern eine selbstverständliche Lebensform, bis in die 1970er Jahre war es in unserer Gesellschaft eine behandlungsbedürftige Krankheit. Das Gesetz zur „Ehe für Alle" im Jahr 2017 ist Ausdruck davon, dass Homosexualität zunehmend wieder eine akzeptierte Form ist, die eigene Sexualität zu leben.

Welches Erleben und Verhalten als psychische Störung definiert wird, ist also abhängig von kulturellen und sozialen Normen und damit starken Zeitströmungen unterworfen.

Die Zuschreibung des Begriffs „gestört" oder „Gestörter" zu einem Menschen ist fast immer mit einer **negativen Bewertung und Diskreditierung**[3] der betroffenen Person verbunden und beeinflusst den Umgang mit ihr in negativer Weise.

→ Selbst die Benennung einer psychischen Störung selbst wie etwa „Ich habe eine Depression" oder „Ich bin schizophren" wird nicht bewertungsneutral wahrgenommen, sondern es fließt zugleich eine negative Bewertung mit ein, die auf den „Träger" übertragen wird und den Umgang mit diesem in einem nicht unerheblichen Maße beeinflusst.

Nach dem **Etikettierungsansatz**[4] entsteht ein abweichendes Verhalten im Sinne einer psychischen Störung durch die Einordnung in eine bestimmte Kategorie durch Andere bzw. durch die Gesellschaft: Menschen zeigen irgendwann einmal ein nicht übliches Verhalten oder sprechen bzw. berichten darüber, so kann es möglich sein, dass sie in eine bestimmte Kategorie eingeordnet werden – sie werden etikettiert[5]. Diese Einordnung wird in der Regel zugleich negativ bewertet.

→ So zeigt ein Schüler Anzeichen von Traurigkeit, und schon sagt die Klasse, der ist „depressiv" und lassen ihn „links liegen". Die Mitschüler sehen ihn als „krank" an und behandeln ihn entsprechend.

---

[1] vgl. hierzu Kapitel 20.5.1 und 20.5.2
[2] siehe Kapitel 20.5.1
[3] Diskreditierung (discréditer, franz.): jemanden in Verruf bringen, verunglimpfen
[4] Der Etikettierungsansatz wird oft auch Labeling-approach (engl.), gelegentlich auch „social reaction approach" genannt.
[5] Étiquette (franz.): „an einem Pfahl befestigtes Zeichen"

Die Einordnung in eine bestimmte Kategorie durch Andere bzw. durch die Gesellschaft aufgrund eines bestimmten Verhaltens wird als Etikettierung bezeichnet.

Diese Etikettierung kann nun, ähnlich einem Teufelskreis, für das weitere Verhalten bestimmend sein: Das Individuum übernimmt diese Identitätszuschreibung und definiert sich selbst als „krank“. Diese Tatsache schafft dann das als abweichend bezeichnete Verhalten.

Abweichendes Verhalten entsteht aufgrund einer Etikettierung durch Andere bzw. durch die Gesellschaft; diese Etikettierung wird von dem Betroffenen übernommen und ist für sein Verhalten bestimmend.

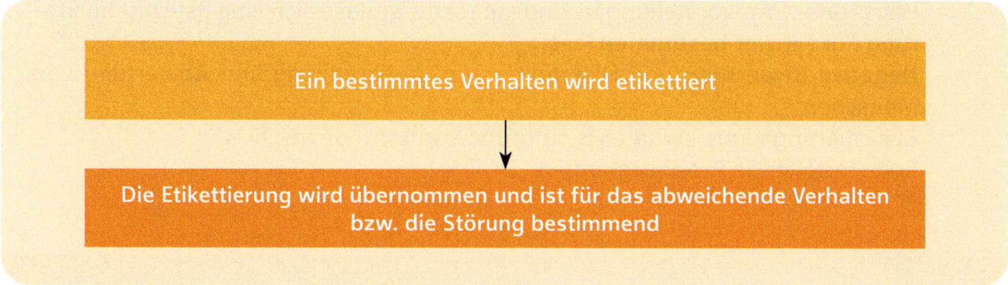

Diese Theorie wird in der Literatur nicht unwidersprochen hingenommen: Dabei wird kritisiert, dass die Etikettierung von außen nicht automatisch zu deren Übernahme führen muss. Es bleibt unberücksichtigt, dass der Einzelne eine Zuschreibung annehmen oder auch zurückweisen kann.

Die Entstehung einer psychischen Störung wird also mithilfe des Etikettierungsansatzes dadurch erklärt, dass die Störung sozial ***zugeschrieben*** ist. Etikettierungen wirken auf diese Weise wie **selbsterfüllende Prophezeiungen** (vgl. *Sack, 2007*[3], *S. 190*): Es wird eine Aussage – Diagnose – über den Betroffenen aufgestellt, die dazu geeignet ist, aufgrund der aufgebauten Erwartung ein Verhalten bei der/den Betroffenen zu erzeugen, das dieser Aussage entspricht[1].

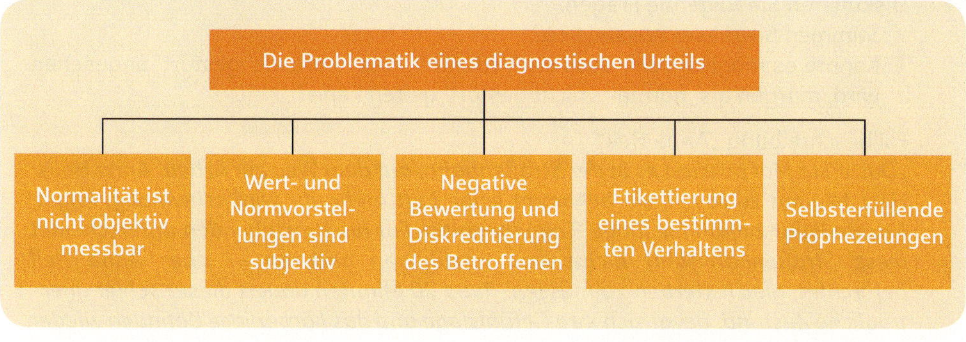

[1] vgl. hierzu Band 2, Kapitel 16.1.3

Auf den Punkt gebracht

- Psychische Störungen sind alle Erlebens- und Verhaltensweisen einer Person, die über einen längeren Zeitraum hinweg erheblich von der Norm abweichen und mit einem Leidensdruck verbunden sind sowie für diese selbst und/oder ihre soziale Umgebung eine Beeinträchtigung zur Folge haben.
- Diagnose ist die Feststellung, die Bestimmung einer körperlichen oder psychischen Krankheit. Diagnosen sind wichtig, doch sie bergen auch Probleme und Gefahren mit sich:
  - Normalität ist nicht objektiv messbar; sie lässt sich nicht aufgrund objektiver Kriterien exakt bestimmen.
  - Wert- und Normvorstellungen sind subjektiv, sodass sich eine psychische Störung nur schwer bestimmen lässt.
  - Negative Bewertung und Diskreditierung, Ausgrenzung und Abwertung von Menschen
  - Etikettierung eines Verhaltens aufgrund von Normabweichun
  - Selbsterfüllende Prophezeiungen

Wiederholen, Vertiefen, Anwenden

1. Erläutern Sie anhand einer psychischen Störung (zum Beispiel Depression, Panikangst, Zwangsverhalten) die Merkmale des Begriffes psychische Störung.
2. *Lernsituation 22.2*
   - Weisen Sie nach, ob bei Manuel eine psychische Störung vorliegt.
   - Zeigen Sie am Beispiel von Manuel mögliche Vorteile eines diagnostischen Urteils auf.
   - Setzen Sie sich kritisch mit Problemen und Gefahren von diagnostischen Urteilen auseinander.
3. *Ein schlauer Psychologe sagte einmal, dass die Definition dessen, was als psychische Störung verstanden wird, sehr stark von der jeweiligen Kultur abhängig ist.*
   Diskutieren Sie folgende Fragen:
   - Stimmen Sie dieser Aussage zu?
   - Könnte es möglich sein, dass ein Verhalten, das heute als ‚gestört' angesehen wird, morgen als ‚normal', ‚nicht gestört' gelten kann?
4. Fallbeschreibung „Anna Hell"
   „Das erste Mal passiert es in der Straßenbahn, auf dem Weg zur Arbeit. Anna Hells[1] Herz beginnt zu rasen, sie bekommt keine Luft mehr, ihr wird schwindlig. Angst. Nackte Panik befällt die junge Finanzbeamtin. Für die Umstehenden unterscheidet diese Straßenbahnfahrt nichts von unzähligen anderen — aber Anna Hell befürchtet, gleich sterben zu müssen. Rund 20 Minuten dauert dieser schier unerträgliche Zustand, bevor sich ihre Gefühlslage und das körperliche Befinden wieder halbwegs einpendeln.

[1] Name geändert

Als sich Ähnliches am übernächsten Tag wiederholt, beschließt Anna Hell Busse und Bahnen zu meiden und steigt aufs Taxi um. Ohne Erfolg: Die Panikattacken, die immer gleich ablaufen, treten bald darauf auch während der Arbeit auf. Anna Hell lässt sich krankschreiben. Der Hausarzt schickt sie zum Kardiologen, der bescheinigt: Herz und Lunge funktionieren einwandfrei. [...]
Als der erste Arbeitstag nach ihrer Krankschreibung naht, wird ihre Angst davor, wieder ins Büro zu gehen, immer größer — sie bleibt schließlich zu Hause. Überhaupt traut sie sich kaum noch ohne Begleitung aus dem Haus. Schließlich sucht sie die Angst-Ambulanz [...] auf." (Erhardt/Schmidt, 2015, S. 55)

a) Beurteilen Sie, ob es sich bei Anna Hell um eine psychische Störung handelt. Begründen Sie Ihre Entscheidung.
b) Zeigen Sie anhand der Fallbeschreibung mögliche Probleme und Gefahren von diagnostischen Urteilen auf.

5. Bestimmen Sie, was in der Klinischen Psychologie mit „Diagnose" gemeint ist und zeigen Sie die Bedeutung einer Diagnose auf.

6. Beschreiben Sie, wie durch Etikettierungen und selbsterfüllenden Prophezeiungen psychische Störungen entstehen können.

22.3 Gesundheit und Krankheit

Lernsituation

„Ich bin krank"

Thomas, ein Freund von Ihnen fühlt sich überhaupt nicht wohl, und sagt, er sei krank. Sie sagen zu ihm: „Hast Du Fieber gemessen?" „Ja." „Und?" „Ich habe kein Fieber." „Dann bist Du auch nicht krank!" Doch Thomas sagt: „Du hast keine Ahnung, ich habe riesen Kopfschmerzen, meine Augen tränen und meine Nase läuft." Sie schauen sich nun Ihren Freund näher an und stellen fest, dass er gerötete Augen hat. Außerdem sehen Sie, dass er auf der Stirn schwitzt. Thomas sagt, er habe das schon mal von etwa einem Monat gehabt und fühle sich dann immer so elendig. Sie zweifeln daran, ob das eine Krankheit ist und diskutieren mit Ihrem Freund eine Zeitlang darüber, bis er sagt, er könne nicht mehr.

Sie möchten wissen, wann eigentlich ein Mensch krank ist und wann gesund, und wie diese beiden Phänomene heute in der Wissenschaft gesehen werden.

I Information

22.3.1 Die Begriffe „Gesundheit“ und „Krankheit“

Die Klinische Psychologie beschäftigt sich neben psychischen Krisen mit psychischen Aspekten körperlicher Erkrankungen und psychischen Störungen, die unter organmedizinischer Perspektive als Krankheiten aufgefasst werden. Die *Weltgesundheitsorganisation (WHO)* vermeidet zwar in der neuen *internationalen Klassifikation psychischer Störungen (ICD-10)* den Gebrauch von Begriffen wie „Krankheit“ oder „Erkrankung“, doch aus organmedizinischer Sicht werden psychische Störungen als Krankheiten aufgefasst. Entsprechend wird denn auch von ***psychischen Krankheiten*** oder von ***psychischen Störungen mit Krankheitswert*** gesprochen (vgl. *Bastine, 1998*[3], *S. 152*).

Wenn man das Wort Krankheit hört, so denkt man meist daran, dass körperlich irgendetwas nicht in Ordnung ist. Damit wird eine **Störung der physischen Funktionen angesprochen**.

→ Eine Nierenerkrankung beispielsweise bedeutet eine Störung der normalen Funktionen des Körpers bzw. seiner Organe oder Organsysteme – hier der Niere – sowie des normalen Stoffwechsels.

Körperliche Veränderungen sind die Folge von Störungen der normalen Funktionen des Körpers bzw. seiner Organe oder Organsysteme sowie des normalen Stoffwechsels. Dieser veränderte Zustand lässt sich in der Regel ***objektiv bestimmen***.

→ Beispiele für eine objektive Bestimmung einer Krankheit sind Temperaturmessung, Erhebung von Blutwerten, Messung des Blutdrucks, EKG usw.

Diese Beobachtungen entsprechen jedoch nicht immer dem subjektiven Eindruck eines Menschen, der sich selbst als krank bezeichnet. Bei Krankheit ist auch das **subjektive Empfinden** ausschlaggebend. Es lässt sich nicht bei jedem, der sich krank fühlt, eine Störung im Zusammenspiel der Funktionsabläufe und des Stoffwechsels nachweisen.

→ So kann es möglich sein, dass jemand starke Rückenschmerzen hat, obwohl kein „organischer Befund“ nachweisbar ist. Von zwei Menschen, die sich in einem vergleichbaren körperlichen Zustand befinden, kann sich der eine krank und der andere gesund fühlen.

Es muss also auch der psychologische Aspekt mit berücksichtigt werden: Der Einzelne erlebt zum einen ein **seelisches Unwohlsein**, zum anderen kann sich die Störung auch auf rein **psychische Befindlichkeiten**, auf das Erleben und Verhalten, beziehen wie dies bei psychischen Störungen der Fall ist.

Schließlich bedeutet Krankheit auch eine **Beeinträchtigung** im Leben des Betroffenen: Das Individuum ist eingeschränkt in seiner Leistungsfähigkeit, in der Erfüllung seiner Rollen und Aufgaben, die es zu bewältigen hat, sowie in seinen sozialen Kontakten.

→ Bei einer Grippeerkrankung zum Beispiel ist der Mensch sehr stark eingeschränkt und muss das Bett hüten. Ein Kranker kann – vorübergehend – seinen Beruf nicht mehr ausüben, er kann seine Freunde nicht mehr besuchen oder einfach nicht mehr „weggehen“.

Krankheit ist eine objektiv feststellbare und/oder subjektiv empfundene Störung von (einer) körperlichen und/oder psychischen Funktion(en) und bedeutet eine Beeinträchtigung im Leben des Betroffenen.

Krankheiten können in unterschiedlicher Schwere und Zeitdauer auftreten; es gibt leichtere Krankheiten wie etwa eine Erkältung oder schwere wie eine Krebserkrankung. Sie können nur kurzfristig und mit völliger Ausheilung ohne bleibende Folgen sein oder aber auch chronisch und schicksalhaft mit bleibenden Folgen. Krankheiten können eine Krise im Leben auslösen oder diese bewusst machen. Durch die mit ihr verbundenen Schmerzen und Leiden kann sie auch Anlass sein, Lebenseinstellungen zu korrigieren. Krankheit kann Schmerz, Leid und Krise bedeuten, sie kann aber auch Chance und Bewährung sein.

Oft meint man, Gesundheit ist die Abwesenheit von Krankheit. Doch eine solche klare Trennungslinie zwischen gesund und krank ist nicht möglich, die Grenzen sind fließend. In der überwiegenden Literatur bedeutet Gesundheit einen körperlichen und psychischen Zustand des Individuums, der von einer relativen Freiheit von Beschwerden und Beeinträchtigungen gekennzeichnet ist. Zugleich meint Gesundheit Handlungs- und Leistungsfähigkeit im Leben des Menschen. So sieht der Soziologe *Talcott Parsons (1902–1979)* Gesundheit als einen Zustand der optimalen Leistungsfähigkeit eines Menschen für die Erfüllung seiner beruflichen und gesellschaftlichen Aufgaben.

Gesundheit bezeichnet einen körperlichen und psychischen Zustand des Individuums, der von einer relativen Freiheit von Beschwerden und Beeinträchtigungen gekennzeichnet ist, sowie einen Zustand der optimalen Handlungs- und Funktionsfähigkeit eines Menschen.

Die Weltgesundheitsorganisation (WHO) geht in ihrer Bestimmung von Gesundheit weit darüber hinaus: Nach ihr bedeutet Gesundheit einen Zustand allseitigen körperlichen, seelischen und sozialen Wohlbefindens und nicht nur ein Freisein von Krankheit und Gebrechen.
Seelische bzw. psychische Gesundheit bedeutet „die Fähigkeit, ein produktives und erfülltes Leben zu führen.“ (Schmalt/Langens, 2009[4], S. 251). Dazu gehört auch fähig zu sein, psychische Anforderungen und Belastungen zu bewältigen. Eine Person gilt dementsprechend als seelisch gesund, wenn sie innerpsychische Prozesse zu regulieren und einen Ausgleich zwischen ihnen und den Ansprüchen der Umwelt herzustellen imstande ist.

22.3.2 Der Zusammenhang von Gesundheit und Krankheit

Gesundheit und Krankheit sind wesentliche Prozesse, die im menschlichen Leben immer wieder auftreten. Beides – Gesundheit und Krankheit – gehören zum Leben. Der Soziologe *Aaron Antonovsky* versteht **Gesundheit und Krankheit als Kontinuum**[1]. Damit meint er eine Dimension[2], welche zum einen durch den Pol der „völligen Gesundheit und Wohlbefindens“ (health ease) und zum anderen durch den Pol der „völligen Abwesenheit von Gesundheit und Wohlbefinden“ (dis-ease) gekennzeichnet ist. Antonovsky bezeichnet dieses Kontinuum als ***Health-ease-dis-ease-Kontinuum*** (***HEDE-Kontinuum***). Ein Mensch hat immer sowohl kranke als auch gesunde Anteile in sich und befindet sich auf dem Kontinuum – der Dimension – irgendwo zwischen „gesund“ und „krank“, aber nie auf den beiden Eckpunkten. Es gibt also weder ein vollständiges Gesundsein noch ein solches Kranksein. Die Übergänge sind fließend, der Mensch ist grundsätzlich mehr oder weniger gesund bzw. krank.

---

[1] continuus (lat.): zusammenhängend
[2] dimensio (lat.): die Ausmessung, die Ausdehnung; Dimensionen werden durch Gegensatzpaare wie zum Beispiel „stark – schwach“ oder „hoch – niedrig“ bestimmt.

„Gesundheit als umfassendes psychophysisches Wohlbefinden verstanden, das nicht als einmal erreichter Zustand gegeben ist, sondern in einem ständigen Prozess […] immer wieder neu hergestellt und aufrechterhalten wird.“
(Kaluza, 2015[6], S. 9)

Entscheidend ist nicht, ob ein Mensch gesund oder krank ist, sondern wie groß seine Entfernung zu diesen beiden Polen jeweils ist.

Gesundheit und Krankheit als Kontinuum bedeutet, dass jeder Mensch zwischen „völlig gesund“ und „völlig krank“ lokalisiert werden kann, aber nicht auf den beiden Eckpunkten selbst. Die Übergänge zwischen diesen beiden Polen sind fließend.

Gesundheit und Krankheit als Kontinuum
(Health-ease-dis-ease-Kontinuum – HEDE-Kontinuum)

völlige Gesundheit und Wohlbefinden ⟷ Abwesenheit von Gesundheit und Wohlbefinden

Gesundheit ist kein statischer Zustand, den es zu erreichen gilt, sondern ein dynamischer Prozess, den es zu gestalten gilt.

22.3.3 Die heutige Sichtweise von Gesundheit und Krankheit

Entgegen früheren Modellen, in welchen die Krankheit im Mittelpunkt stand, geht man heute von der ***Gesundheit*** des Menschen aus. Der Blick wird nicht so sehr auf die Entstehung von Krankheit gerichtet, sondern auf das Gesunde. Wir sprechen von dem **salutogenetischen[1] Modell**, welches von *Aaron Antonovsky* stammt. Nicht was uns krank macht, interessiert *Antonovsky*, sondern welche Faktoren eigentlich dafür sorgen, dass wir gesund bleiben.

Das Modell, was untersucht, was krank macht, bezeichnet man als Pathogenese[2] im Gegensatz zur Salutogenese, die sich um „Schutzfaktoren“ unserer Gesundheit kümmert.

Pathogenetisches Modell	Salutogenetisches Modell
Was macht krank? Welche Ursachen sind für die Entstehung und Verlauf von Krankheit ausschlaggebend?	Was erhält gesund? Welche Einflüsse sind für den Erhalt und die Förderung von Gesundheit ausschlaggebend?
Verhütung bzw. Verminderung von krankheitsspezifischen Risiken	Stärkung von gesundheitsfördernden Potentialen im Menschen und in seiner Umwelt

(vgl. Badura/Feuerstein, 2007[3], S. 401)

[1] salus (lat.): die Gesundheit, das Wohlbefinden; genesis (griech.): die Geburt, die Entstehung; Salutogenese: Die „Gesundheitsentstehung“
[2] pathos (griech.): das Leiden, die Leidenschaft

***Aaron Antonovsky** (1923–1994) war Professor der Soziologie. Mit seiner Frau emigrierte er 1960 nach Jerusalem und gründete 1972 die Fakultät der Gesundheitswissenschaften in Bees Shiva. Während seiner Zeit am Applied Social Research Institute beschäftigte er sich mit Studien von Frauen, die ihre Internierung im Konzentrationslager überlebten. Ihm fiel auf, dass sich knapp 30 % der ehemals internierten Frauen trotz der extremen Stressoren, denen sie in ihrem Leben ausgesetzt waren, in einem guten gesundheitlichen Zustand befanden. Dies führte Antonovsky zu der Fragestellung, was Menschen gesund hält, aus der letztlich das Konzept der Salutogenese hervorging.*

Bei diesem Modell geht es um das **Ergründen gesundheitserhaltender Bedingungen**. Es stehen nicht Ursachen und Bedingungen von Krankheiten im Mittelpunkt, sondern gesundheitsfördernde Einflüsse, wie Menschen trotz Risikofaktoren gesund bleiben[1].

Oft wird gefragt, warum der ehemalige Bundeskanzler *Helmut Schmidt* trotz Jahrzehnte langen und starken Rauchens fast 97 Jahre alt werden, Bücher schreiben und an großen Diskussionen teilnehmen konnte.
Einige Menschen überstanden den Horror von Konzentrationslagern (KZ) im Nationalsozialismus in einem hinreichenden Gesundheitszustand, während andere daran körperlich zerbrachen.

Risiko im klinischen Sinn bezeichnet die Wahrscheinlichkeit für das Auftreten von psychischen Störungen, Erkrankungen oder anderer negativer Zustände (vgl. *Petermann u.a., 2004, S. 323*). Dementsprechend steht das **Gesundheitsverhalten** von Menschen im Mittelpunkt: ***Was hält einen Menschen gesund?***

Die Salutogenese stellt die Gesundheit des Menschen in den Mittelpunkt des Forschens, es stehen gesundheitsfördernde Einflüsse im Zentrum, unter denen Menschen trotz Risikofaktoren gesund bleiben (vgl. *Hobmair, 2010, S. 102*).

Antonovsky nennt ein Gefühl des Vertrauens, der Verbundenheit, des inneren und äußeren Zusammenhalts als zentralen Punkt seines Salutogenesemodells. Er spricht von **Kohärenzgefühl („Sense Of Coherence“**, abgekürzt **SOC**)[2].

Kohärenzgefühl (Sense Of Coherence) bedeutet in der Salutogenese ein beständiges Gefühl des Vertrauens, welches sich durch eine grundlegende positive Lebenseinstellung ausdrückt und dem Menschen eine Orientierung in seinem Leben gibt.

„Das Kohärenzgefühl wird definiert als eine globale Orientierung [...], die das Maß ausdrückt, in dem man ein durchdringendes, andauerndes aber dynamisches Gefühl des Vertrauens hat, dass die eigene interne und externe Umwelt vorhersagbar ist und dass es eine hohe Wahrscheinlichkeit gibt, dass sich die Dinge so entwickeln werden, wie vernünftigerweise erwartet werden kan.“
(Antonovsky, 1997, S. 16)

Er hat das Kohärenzgefühl in drei Komponenten unterteilt:

- Die **Verstehbarkeit (comprehensibility)** als die Fähigkeit, die eigene Umwelt so zu strukturieren, zu ordnen und zwischen den Geschehnissen im Leben Zusammenhänge herzustellen, dass sie für den Einzelnen fassbar, einleuchtend – verstehbar – ist.

[1] Auf Risikofaktoren und die psychische Widerstandsfähigkeit (Resilienz) wird in Band 2, Kapitel 9.3.3 und 9.3.4 eingegangen.
[2] cohaerentia (lat.): der Zusammenhang, das Zusammenhängen

- Die **Machbarkeit (manageability)** als die innere Überzeugung, mit seinen eigenen Ressourcen[1] die Lebensanforderungen aus eigener Kraft bewältigen zu können. Bedeutsam ist also bei der Salutogenese, wie gut eine Person imstande ist, ihre Ressourcen zum Erhalt bzw. Wiedererlangen ihrer Gesundheit zu nutzen.
- Die **Sinnhaftigkeit (meaningfulness)** als die bedeutendste Komponente besteht darin, einen Sinn hinter seinen Anstrengungen und seinem Engagement zu sehen, für den es sich einzusetzen lohnt.

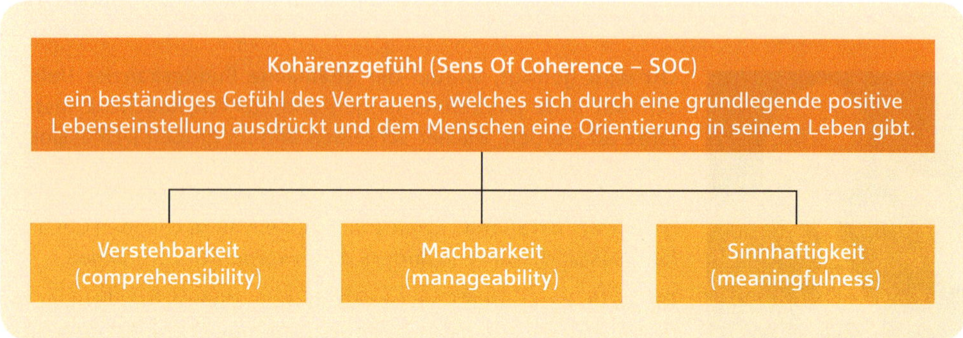

Auf den Punkt gebracht

- Krankheit ist eine objektiv feststellbare und/oder subjektiv empfundene Störung von (einer) körperlichen und/oder psychischen Funktion(en) und bedeutet eine Beeinträchtigung im Leben des Betroffenen. Gesundheit dagegen bezeichnet einen körperlichen und psychischen Zustand des Individuums, der von einer relativen Freiheit von Beschwerden und Beeinträchtigungen gekennzeichnet ist, sowie einen Zustand der optimalen Handlungs- und Funktionsfähigkeit eines Menschen.
- Heute werden Gesundheit und Krankheit als Kontinuum gesehen – das bedeutet, dass jeder Mensch zwischen „völlig gesund“ und „völlig krank“ lokalisiert werden kann, aber nicht auf den beiden Eckpunkten selbst. Die Übergänge zwischen diesen beiden Polen sind fließend.
- Die Salutogenese stellt die Gesundheit des Menschen in den Mittelpunkt des Forschens, es stehen gesundheitsfördernde Einflüsse im Zentrum, unter denen Menschen trotz Risikofaktoren gesund bleiben. Kohärenzgefühl (Sense Of Coherence) bedeutet in der Salutogenese ein beständiges Gefühl des Vertrauens, welches sich durch eine grundlegende positive Lebenseinstellung ausdrückt und dem Menschen eine Orientierung in seinem Leben gibt. Dieses Gefühl besteht aus drei Komponenten, der Verstehbarkeit (comprehensibility), der Machbarkeit (manageability) und der Sinnhaftigkeit (meaningfulness).

[1] Ressourcen sind die zur Bewältigung des Lebens verfügbaren Kräfte und Möglichkeiten eines Individuums (vgl. Abschnitt 22.4.1).

Wiederholen, Vertiefen, Anwenden

1. *Biografie und Internetsuche*
   - Suchen Sie in Gruppen im Internet nach Informationen über das Leben und Werk von *Aaron Antonovsky.*
   - Fertigen Sie in Kleingruppen eine Übersicht zur Biografie von *Aaron Antonovsky* an.
   - Erarbeiten Sie vier bis sechs wichtige Abschnitte seines Lebens.
   - Tragen Sie in der Klasse Ihre Ergebnisse zusammen.

2. *Gesundheit und Krankheit*
   a) Zeigen Sie anhand eines kranken Menschen den Begriff „Krankheit" auf.
   b) Bestimmen Sie den Begriff „Gesundheit" und zeigen Sie unter Berücksichtigung der Sichtweise „Gesundheit und Krankheit als Kontinuum" an einem Beispiel auf, wann man einen Menschen als „gesund" oder als „krank" bezeichnen kann.

3. *Die Ärzte teilen nach einer eingehenden Untersuchung Frau Brechtel mit, dass ihre Organe schrumpfen und ihre Leber verkümmere. Frau Brechtel ist sehr erstaunt, sie selbst fühlt sich sehr wohl. „Aber ich merke nichts davon!" ist ihre Antwort auf den ärztlichen Befund.*
   Setzen Sie sich bezogen auf dieses Beispiel kritisch mit wesentlichen Merkmalen von Gesundheit und Krankheit auseinander.

4. Stellen Sie die salutogenetische Sichtweise dar.

5. Fallbeschreibung „Max"
   Max fuhr nach umfangreichen Besichtigungen an einem Urlaubstag mit dem Bus zurück in das Hotel. Während der 34 km langen Fahrt verspürte er plötzlich ein flaues Gefühl in der Magengegend, das ihn zwang, rasch eine Toilette aufzusuchen. Widerstrebend bat er den Busfahrer, am nächsten Gasthaus anzuhalten, aus Angst, er könne im Bus in eine für ihn peinliche Situation geraten. Nach diesem Vorfall stellte sich bei Max, wann immer er einen Bus bestieg, der Zwang ein, eine Toilette aufzusuchen, sogar bei kurzen Busfahrten. Diese Gegebenheit übertrug sich dann auch auf PKW-Fahrten. Konsequenterweise begann er, Bus- und Autofahrten zu vermeiden. Da er über keine anderen Transportmöglichkeiten verfügte – Max wohnt auf dem Land-, schränkte dies sein Leben erheblich ein. (vgl. Breton, 1991, S. 24 f.)
   Beurteilen Sie, ob man bei Max von einer Krankheit sprechen kann. Begründen Sie Ihre Entscheidung.

6. *Lernsituation 22.2*
   a) Bestimmen Sie, wann ein Mensch gesund oder krank ist.
   b) Zeigen Sie an dem Fallbeispiel von Thomas die heutige Sichtweise von „Gesundheit und Krankheit als Kontinuum" auf.
   c) Stellen Sie an diesem Fallbeispiel das salutogenetische Modell dar.

7. *Gesund oder krank?*
   - Markieren Sie auf dem Kontinuum Gesundheit/Krankheit Ihre aktuelle Position:

Gesundheit ●————————————————● Krankheit

- Diskutieren Sie mit Ihrem Banknachbarn:
  - Wie sind Sie zu Ihrer Einschätzung gekommen?
  - Wie äußert sich Gesundheit/ Krankheit?
  - Welche Verhaltensweisen von Ihnen verschieben Ihre Position in Richtung Gesundheit und Krankheit?

8. *Mein eigenes Gesundheitsverhalten*
   - Überlegen Sie:
     - Was habe ich in der letzten Woche in den Bereichen Bewegung, Ernährung, Arbeit/Schule, Freizeit, Freunde für meine Gesundheit getan?
     - In welchen Bereichen bin ich zufrieden, welche Bereiche brauchen mehr Aufmerksamkeit und Aktivität?
     - Was motiviert mich, mich gesundheitsfördernd zu verhalten?
     - Welche Faktoren (innere und äußere) hindern mich, mich gesundheitsbewusst zu verhalten?
     - Was hilft mir diese Hindernisse zu überwinden, wer unterstützt mich dabei?
     - Was sind meine Motive für ungesundes Verhalten?
   - Bilden Sie Gruppen und diskutieren Sie in der Gruppe Gemeinsamkeiten und Unterschiede.
   - Erstellen Sie grüne Karten für fördernde Faktoren und rote Karten für Hindernisse.
   - Entwickeln Sie daraus Ideen, wie eine gesundheitsfördernde Schule aussehen könnte.

22.4 Ein Modell zur Erhaltung der Gesundheit

Lernsituation

Thomas ist krank

Sie kennen Thomas bereits aus Lernsituation 22.3. Sie zweifeln daran, ob Thomas krank ist oder nicht. Im Laufe des Gespräches mit Thomas kommen Sie beide auf das Ergebnis, einen Arzt zu holen. Etwa eine Stunde später kommt dieser und diagnostiziert nach einer eingehenden Untersuchung, dass Thomas krank ist. Der Arzt gibt ihm Hinweise, was Thomas tun soll, damit er wieder gesund wird.

Sie möchten erfahren, wie man aus psychologischer Sicht einer Krankheit vorbeugen bzw. einem kranken Menschen helfen kann.

I Information

22.4.1 Eigene Kraftquellen zur Erhaltung der Gesundheit

Gesundheitsförderung zielt „auf die Stärkung der Gesundheitsressourcen und -potenziale“ (*Sterdt/Walter, 2012, S. 28*). *Peter Becker und seine Mitarbeiter* haben auf der Grundlage der Salutogenese[1] ein Modell zur Erhaltung der Gesundheit entwickelt. Sie gehen in Anlehnung an *Aaron Antonovsky* davon aus, dass der Gesundheitszustand eines Menschen nicht durch die Störung einer körperlichen oder seelischen Funktion beeinflusst wird, sondern durch eigene Ressourcen, die er zur Bewältigung von Herausforderungen nutzt.

Professor Dr. Peter Becker (1942), 1963 bis 1969 Studium der Psychologie in Saarbrücken. 1972 Promotion. 1970 bis 1978 als Wissenschaftlicher Mitarbeiter bzw. als Assistenzprofessor am Psychologischen Institut der Universität des Saarlandes an der Ausbildung in Klinischer Psychologie und Psychotherapie beteiligt. Seit 1979 Professor für Psychologie an der Universität Trier. Seine Arbeits- und Forschungsschwerpunkte sind Persönlichkeits-, Gesundheits-, Diagnostische und Klinische Psychologie.*

Wie *Antonovsky* versteht *Becker* **Gesundheit und Krankheit als Kontinuum**[2]. Durch Gesundheitsförderung kann sich die Position des Individuums in Richtung Gesundheit verschieben.

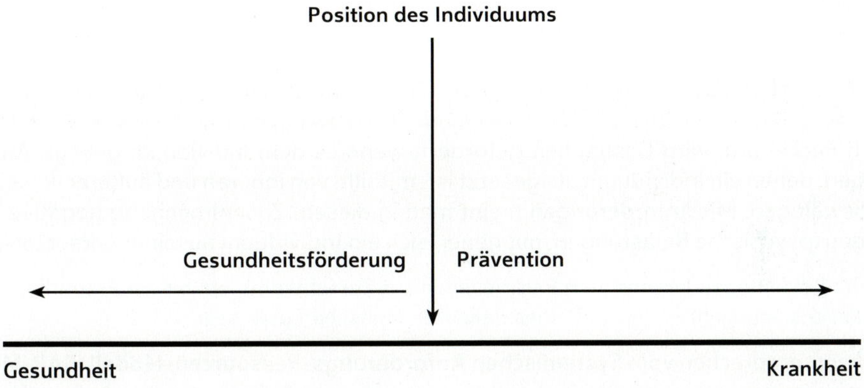

Hinsichtlich der Erhaltung der Gesundheit und Vermeidung von Krankheit gewinnt die **Prävention** eine immer größere Bedeutung[3].

Das Modell von *Becker u. a.* wird als ***„systemisch“*** bezeichnet, da Umwelt und Individuum in einer sich gegenseitig beeinflussenden Beziehung gesehen werden. Der Gesundheitszustand einer Person wird davon beeinflusst, ob sie Anforderungen bewältigt, die sich aus der Umwelt ergeben oder durch ihre individuellen Persönlichkeitsmerkmale bestimmt sind. Bei der Bewältigung sind **Ressourcen**[4] hilfreich.

Bestimmte Persönlichkeitsmerkmale wie Beständigkeit, Robustheit und Zähigkeit oder das Eingebundensein in gute soziale Beziehungen wie Ehe, Familie, Partnerschaft oder Freundschaft sind Beispiele für Ressourcen.

[1] vgl. Abschnitt 22.3.1 und 22.3.2
[2] vgl. Abschnitt 22.3.2
[3] vgl. Abschnitt 22.1.2
[4] Ressource (resurgere, lat.: auf(er)stehen, emporkommen, hervorquellen): zur Wirkung gelangen; source (franz.): „Quelle“

Ressourcen sind die zur Bewältigung des Lebens verfügbaren Kräfte und Möglichkeiten einer Person.

Dabei unterscheidet man zwischen ***personalen und sozialen Ressourcen***. Personale Ressourcen sind Bewältigungskräfte, die bei einer Person selbst liegen, soziale sind in ihrem Umfeld zu suchen.

Bei Persönlichkeitsmerkmalen wie Beständigkeit, Robustheit und Zähigkeit handelt es sich um personale Ressourcen, das Eingebundensein in gute soziale Beziehungen wie Ehe, Familie, Partnerschaft oder Freundschaft stellt eine soziale Ressource dar.

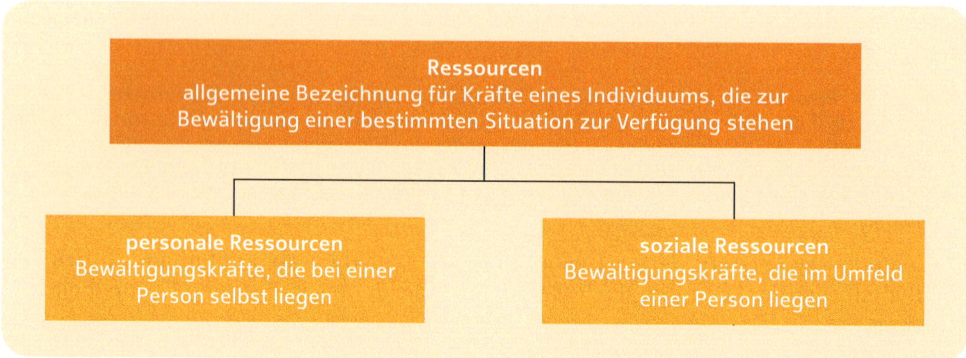

22.4.2 Herausforderungen im Leben und ihre Bewältigung

Nach *Becker u. a.* wird Gesundheit gefördert, wenn es dem Individuum gelingt, Anforderungen, denen ein Individuum ausgesetzt ist, mithilfe von inneren und äußeren Ressourcen zu bewältigen. Mit Anforderungen meint man in diesem Zusammenhang negative Belastungen (psychische Belastungen, mit denen sich ein Individuum auseinandersetzen muss).

Solche Belastungen können zum Beispiel ein nicht Zurechtkommen mit der Freundin, das Bestehen des Schuljahres, der Tod eines geliebten Menschen usw. sein.

Becker u. a. sprechen vom **Systemischen Anforderungs-Ressourcen-Modell (SAR-Modell)**. Dabei unterscheiden sie zwischen **äußeren und inneren Anforderungen**. Äußere (externe) Anforderungen sind Aufgaben und Probleme, die aus der Umwelt entstehen und die es zu lösen gilt.

Die 19-jährige Schülerin Mareike steht kurz vor dem Abitur und lebt mit ihren Eltern und Geschwistern zusammen. Ihre Anforderungen sind Lernen zu können und das Wissen in der Prüfung abzurufen. Sie will in der Klasse gemocht werden, und eine zuverlässige Schwester für ihren Bruder sein, der gerade in der Schule gemobbt wird. Außerdem will sie eine gute Sportlerin sein und sich an die Regeln halten können, die in ihrer Familie gelten.

Innere (interne) Anforderungen sind einerseits angeborene und erworbene Bedürfnisse, andererseits Ziele, Wünsche, Ideale, Normen und Werte, die eine Person im Laufe ihrer Entwicklungsgeschichte erwirbt. Diese Ziele bezeichnet *Becker* als ***Sollwerte***.

Mareike geht gerne in die Schule, weil sie die neuen Lerninhalte spannend findet und sie gerne diskutiert (Explorationsbedürfnis). Sie trifft auch dort ihre Freundinnen, die sie wertschätzen und mit denen es Freude macht gemeinsam etwas zu unternehmen. Dieses Bedürfnis nach

Bindung und Liebe wird auch gestillt, wenn sie ihrem Bruder hilft und die ganze Familie in guter Stimmung abends zusammen isst.

Um die Anforderungen zu bewältigen, werden personale und soziale Ressourcen aktiviert, um gesund zu bleiben bzw. Gesundheit wieder herbeizuführen.

Interne und externe Anforderungen werden mithilfe von personalen und sozialen Ressourcen bewältigt. Diese Bewältigung führt zu einem hohen Maß an Gesundheit und Wohlbefinden.

Das Systemische Anforderungs-Ressourcen-Modell (SAR-Modell)

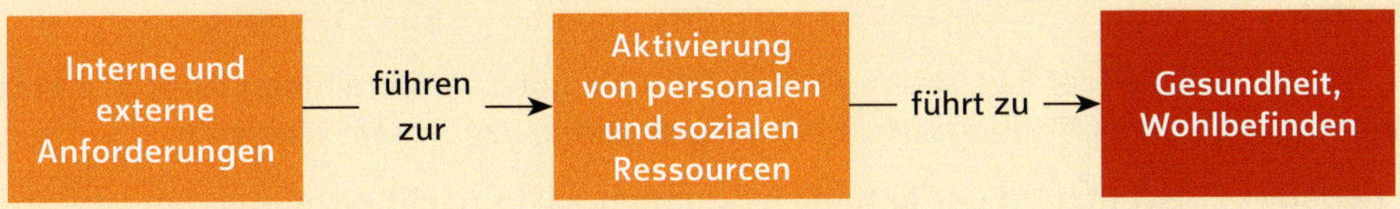

Nach dem SAR-Modell ist die wichtigste Ressource für die Bewältigung von Anforderungen eine **emotionale Stabilität**.

Mareike, seelisch gesund und emotional stabil, geht ihr Leben selbstbewusst und zuversichtlich an. Auch in schwierigen Situationen glaubt sie an sich und kann gelassen bleiben. Sie ist mit ihrem Leben zufrieden, findet es sinnvoll. Andere Personen schätzen sie, weil sie voller Energie, gefühlsoffen, vertrauensvoll und selbstständig ist.

Personen mit einer emotionalen Instabilität zeigen einen hohen Wert an ***Neurotizismus***[1]. Solche Personen sind nach *Herzberg/Roth (2014, S. 41)* generell empfindlicher und neigen unter Stress dazu, leichter aus dem Gleichgewicht zu geraten. Sie können als ängstlich, nervös, selbstunsicher, aufgeregt, klagend und depressiv beschrieben werden und haben weniger geeignete Stressbewältigungsmechanismen zur Verfügung.

Personen mit erhöhten Neurotizismuswerten erleben im Alltag mehr belastende Situationen, die sie nur unzureichend bewältigen können und die deshalb zu mangelnder Bedürfnisbefriedigung, zu mehr Stress[2] und zu Gesundheitsgefährdung führen (vgl. *Becker, 2006, S. 149*).

In seinen Untersuchungen kam *Becker u. a.* zu dem Ergebnis, dass der Mangel an Bedürfnisbefriedigung einen negativen Einfluss auf die Gesundheit hat. Gelingt es Menschen über einen längeren Zeitraum hinweg nicht, wichtige Bedürfnisse zu befriedigen, kommt es zu akuten psychischen und physischen Beschwerden, die mittelfristig zu Krankheit führen können.

---

[1] vgl. Band 2, Kapitel 11.2.1
[2] Der Begriff „Stress" ist in Abschnitt 22.4.3 geklärt.

„Große theoretische und praktische Bedeutung kommt dem Ergebnis zu, dass es der Mangel an Bedürfnisbefriedigung und nicht der chronische Stress aufgrund hoher Anforderungen ist, der den Gesundheitszustand beeinträchtigt."
(Becker, 2006, S. 11)

22.4.3 Selbst- und Stressmanagement

Stress[1] wird in der Regel als ein unangenehmer Zustand beschrieben; er wird immer dann erlebt, wenn eine Person das Gefühl hat, **mit einer schwierigen Situation nicht (mehr) fertig zu werden bzw. wenn sie ihre Bewältigungsmöglichkeiten als nicht ausreichend bewertet.**

Dies ist zum Beispiel der Fall, wenn ein Schüler trotz guter Vorbereitung glaubt, die Fragen oder Aufgaben in einer Prüfungsarbeit nicht beantworten bzw. lösen zu können.

Die negative Einschätzung der aktuellen Situation allein reicht nicht aus, um von Stress sprechen zu können. Für die Person müssen auch die **Folgen des Nicht-Bewältigen-Könnens als bedrohlich bewertet werden.** ***Erst wenn beide Gegebenheiten zusammenwirken – mangelhafte Lösungsmöglichkeiten und bedrohliche Folgen des Scheiterns –, kann man von Stress sprechen.***

So kann man erst dann von Stress sprechen, wenn neben der Überzeugung des Schülers, die Fragen nicht beantworten zu können, noch hinzukommt, dass er glaubt, in der Prüfung zu versagen und eine schlechte Note zu erzielen, von seinen Eltern Vorhaltungen zu bekommen oder nicht in die nächst höhere Klasse versetzt zu werden.

Stress ist ein zeitlich begrenzter, gefühlsmäßig belastender Zustand, der durch eine Situation bzw. eine Anforderung ausgelöst wird, von der die Person glaubt, sie nur schlecht oder gar nicht bewältigen zu können, und deren nicht bewältigte Folgen als bedrohlich empfunden werden.

Ziel jeder Gesundheitsförderung muss es aus der Sicht des SAR-Modells sein, Lebensbedingungen zu schaffen, die es Einzelpersonen oder Gruppen ermöglichen, ihre Bedürfnisse zu befriedigen. ***Zur Bedürfnisbefriedigung trägt bei, interne und externe Anforderungen zu verändern und interne und externe Ressourcen zu fördern.***

„Gesundheit erflehen sich die Menschen von den Göttern. Dass es aber in ihrer Hand liegt, diese zu erhalten, daran denken sie nicht."
(Demokrit[2])

Interne Anforderungen, die die Gesundheit beeinträchtigen sind Unter- oder Überforderungen in verschiedenen Lebensbereichen wie Arbeit, Familie, Ausbildung, Freizeit und schädliche Konsumgewohnheiten wie Alkohol, Drogen und minderwertiges Essen.

Christina arbeitet als Erzieherin in einer Kindertagesstätte. Obwohl ihr der Kontakt mit den Kindern gefällt, ist sie oft müde und energielos. Im Gespräch mit ihrem Hausarzt, der keine körperliche Ursache für ihren Zustand findet, wird deutlich, dass sie sich in der Arbeit unterfor-

---

1 stress (engl.): der Druck, die Anspannung
2 Demokrit (460-371 v. Chr.) war griechischer Philosoph, der schon damals postulierte, dass die Natur aus kleinsten, unteilbaren Einheiten zusammengesetzt sei.

dert und gelangweilt fühlt. Sie entschließt sich ein Sozialpädagogikstudium zu beginnen. Durch die neuen Herausforderungen blüht sie auf.
Alles was Paul anpackt, will er perfekt machen. Er lernt intensiv für die Schule, trainiert für Marathons und folgt einem ausgeklügelten Ernährungsplan. Häufig wiederkehrende Erkältungen und der zunehmende Rückzug seiner Freunde bringen ihn dazu seinen Lebensstil zu verändern und sich mehr Zeit für Entspannung und Freunde zu nehmen.
Tim ernährt sich hauptsächlich von Pizza, Burger und Chips, trinkt regelmäßig zu viel Bier und Gin. Er ist übergewichtig, fühlt sich energie- und lustlos, die meiste Zeit verbringt er mit Computerspielen.

Um diese internen Anforderungen zu verändern braucht es einen Anstoß, Informationen, die Entwicklung konkreter Ziele, einen umsetzbaren Plan mit machbaren kleinen Schritten, das Einstellen auf Rückschläge, Geduld sowie Unterstützung durch soziale Kontakte und Freude an dem neuen Tun, bis das neue Verhalten zur Gewohnheit geworden ist.

Merkmale eines gesundheitsfördernden Lebensstils sind ausreichender, erholsamer Schlaf; gesunde Ernährung; regelmäßige Bewegung; effektive Kontakte zu Partnern, Familie, Freunde, Kollegen mit der Möglichkeit über Konflikte und Gefühle sprechen zu können; regelmäßige Erholungs- und Entspannungspausen; anregende Aktivitätsphasen sowohl in der Arbeit, wie auch in der Freizeit; liebevolle Beziehung zum eigenen Körper, bei der Beschwerden oder Symptome als Hinweis zur Veränderung von Verhaltensweisen genommen werden (vgl. *Becker, 2006, S. 240 f.*)

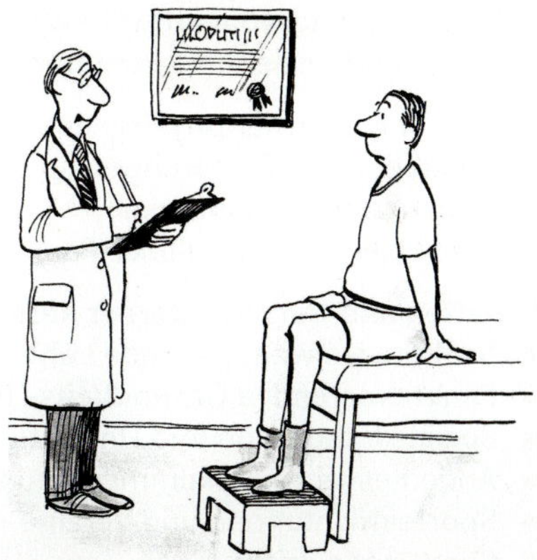

„Wie lange habe ich noch, bevor ich anfangen muss, gesund zu leben?"

Gesundheitsfördernde Maßnahmen, die bei den äußeren Anforderungen ansetzen, sind beispielsweise eine bessere Vereinbarkeit von Beruf und Familie, Reduktion von Belastungen in der Ausbildung und Beruf und Reduzierung von Lärm und Umweltverschmutzung.

Gesundheitsförderung kann auch durch die Bereitstellung und Nutzung externer Ressourcen geschehen, wie soziale Unterstützungssysteme (Familie, Freundschaften, Vereine, religiöse Gemeinschaften, Selbsthilfegruppen); Gesundheitsaufklärung in Schulen und Einrichtungen der Erwachsenenbildung und einer guten medizinischen und psychosozialen Versorgung.

Interne Ressourcen können verstärkt werden durch die Förderung psychosozialer Kompetenzen (Kommunikationstrainings, Partnerschaftsseminare, Elterntrainings, Anti-Aggressionstrainings, Psychotherapie); Verbesserung der körperlichen Fitness durch regelmäßigen, richtig dosierten Sport; Verbesserung des beruflichen und gesundheitsbezogenen Wissens durch Fortbildung und das Lernen von Vorgehensweisen zur Bewältigung von Stresssituationen.

→ **Materialien 4**. Beispiel der Stressreduzierung am Beispiel der betrieblichen Gesundheitsförderung

Gesundheit nach dem Systemischen-Anforderungs-Ressourcen-Modell nach *Peter Becker u.a.*, entsteht – wie bereits ausgeführt – durch Bedürfnisbefriedigung. Folgende Maßnahmen können dazu beitragen:

1. **Beachtung interner psychischer und physischer Anforderungen**
   - Vermeidung von psychischer Über- und Unterforderung und Akzeptieren eigener Grenzen
   - Vermeiden von Über- und Unterforderung des Körpers durch Drogen, Alkohol, falsche Ernährung und Bewegungsmangel
   - Befriedigung durch Entspannung, Aufbau von Bindungen, genügend Schlaf und Bewegung, Erfolgserlebnisse
2. **Stärkung interner Ressourcen**
   - Aufbau oder Stärkung der körperlichen Fitness
   - Fördern von seelischer Gesundheit
   - Verbesserung von Stressbewältigung, Konfliktlösungsfähigkeit und Kommunikations- und Beziehungskompetenzen
3. **Anpassung externer physischer und psychischer Anforderungen**
   - Reduktion von Belastungen im Beruf (Leistungsdruck, Lärm, Schichtarbeit, Luftverschmutzung, Monotonie)
   - Verbesserung der Balance Familie und Arbeit
4. **Schaffen und Nützen externer Ressourcen**
   - Saubere Umwelt, gesunde Lebensmittel
   - Funktionierendes Gesundheits- Bildungs- und politisches System
   - Soziale Integration und Unterstützung, Selbsthilfegruppen
   - Angemessenes Einkommen und zufriedenstellende Wohnbedingungen
   - Sporteinrichtungen und Vereine
   - Beratungseinrichtungen

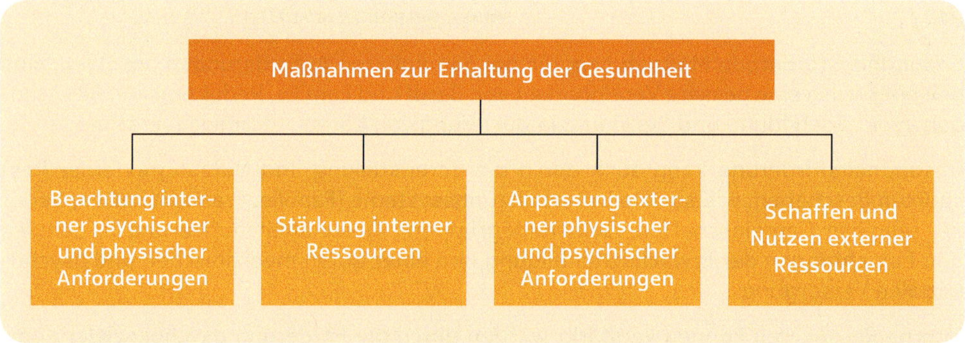

Auf den Punkt gebracht

- Hinsichtlich der Erhaltung der Gesundheit und Vermeidung von Krankheit gewinnt die Prävention eine immer größere Bedeutung. Nach dem Systemischen Anforderungs-Ressourcen-Modell (SAR-Modell) von *Peter Becker u.a.* wird Gesundheit und Wohlbefinden gefördert, wenn es dem Individuum gelingt, äußere und innere Anforderungen, denen ein Individuum ausgesetzt ist, mithilfe von inneren und äußeren Ressourcen zu bewältigen. Mit Anforderungen meint man in diesem Zusammenhang negative Belastungen (psychische Belastungen), mit denen sich ein Individuum auseinandersetzen muss.

- Interne und externe Anforderungen werden mithilfe von personalen und sozialen Ressourcen bewältigt. Diese Bewältigung führt zu einem hohen Maß an Gesundheit und Wohlbefinden. Diese Anforderungen sind die wichtigste Ressource für die Bewältigung von Anforderungen einer emotionale Stabilität.
- Maßnahmen zur Erhaltung der Gesundheit sind aus der Sicht *Beckers* die Beachtung interner psychischer und physischer Anforderungen, die Stärkung interner Ressourcen, die Anpassung externer psychischer und physischer Anforderungen sowie das Schaffen und Nutzen von externen Ressourcen.

Wiederholen, Vertiefen, Anwenden

1. *Biografie und Internetsuche*
   - Suchen Sie in Gruppen im Internet nach Informationen über das Leben und Werk von *Peter Becker*.
   - Fertigen Sie in Kleingruppen eine Übersicht zur Biografie von *Peter Becker* an.
   - Erarbeiten Sie vier bis sechs wichtige Abschnitte seines Lebens.
   - Tragen Sie in der Klasse Ihre Ergebnisse zusammen.
2. *Meine Ressourcen und Anforderungen*
   a) Beschreiben Sie interne und externe Ressourcen und interne und externe Anforderungen.
   b) Überlegen Sie, wie sich diese Ressourcen und Anforderungen auf Ihr Erleben und Verhalten auswirken.
3. Stellen Sie das Systemische Anforderungs-Ressourcen-Modell (SAR-Modell) von *Peter Becker u. a.* dar.
4. *Lernsituation 22.2*
   - Überlegen Sie, wie man aus psychologischer Sicht einer Krankheit vorbeugen bzw. einem kranken Menschen helfen kann.
   - Bilden Sie einen großen Kreis.
   - In der Mitte des Kreises liegen zwei große Papierrollen. Auf der einen steht „Vorbeugung“, auf der anderen „Bewältigung“.
   - Schreiben Sie Möglichkeiten der Vorbeugung bzw. der Bewältigung auf die jeweilige Papierrolle.
   - Hängen Sie die beiden Papierrollen auf und sprechen Sie in der Klasse über die festgehaltenen Möglichkeiten.
5. Erläutern Sie Maßnahmen zur Erhaltung der Gesundheit aus der Sicht *Beckers*.
6. *Gesundheit erhalten, Krankheit bewältigen*
   - Bilden Sie Vierergruppen.
   - Die eine Hälfte der Vierergruppen beschäftigt sich in Gruppen mit der Frage: „Wie können wir unsere Gesundheit erhalten und fördern?“
   - Die andere Hälfte der Vierergruppen beantwortet in Gruppen die Frage: „Wie können wir mit unserer Krankheit umgehen und sie bewältigen?“

- Schließen Sie sich erneut zu Vierergruppen zusammen – je zwei Schüler von der Gruppe, die sich mit der Gesundheit, und je zwei, die sich mit der Krankheit beschäftigten.
- Tauschen Sie sich gegenseitig aus.
- Sprechen Sie in der Klasse über das Thema.

7. *Stichwortgeschichte*
   - In Vierergruppen werden auf einer Karte zwei Begriffe zum Thema „Klinische Psychologie“ notiert.
   - Die Karten werden eingesammelt und gemischt.
   - Jede Gruppe zieht eine Karte und diskutiert die beiden Begriffe.
   - Die Gruppe erfindet eine (lustige) Geschichte, die beide Begriffe enthält, und erzählt diese der gesamten Klasse.

8. *Fazit ziehen*
   - Notieren Sie auf einen Zettel:
     - Was hat mir das Thema „Klinische Psychologie“ gebracht?
     - Womit kann ich nichts anfangen?
     - Was ich zu diesem Thema noch sagen wollte ...
   - Lesen Sie, wenn Sie wollen, Ihre Notizen in der Klasse vor.
   - Sprechen Sie in der Klasse über die Äußerungen.

Materialien Kapitel 22

1. Gesund oder krank ist immer der ganze Mensch

Körperliche und seelische Vorgänge stehen nicht nebeneinander, zwischen Körper und Psyche[1] besteht ein enger Zusammenhang; sie stehen zueinander in einer engen Wechselwirkung. Leib und Seele sind also nicht zwei voneinander getrennte Erscheinungen, sondern bilden eine Einheit, die von vornherein zusammengehört. Veränderungen im Körper führen auch zu Veränderungen des Erlebens und Verhaltens und umgekehrt. So werden einerseits gefühlsmäßige Erregungen von körperlichen Vorgängen begleitet, andererseits haben körperliche Vorgänge seelische Begleiterscheinungen. Diese Wechselwirkung zwischen Körper und Psyche kann sowohl unter psychosomatischen[2] als auch unter dem somatopsychischen[3] Gesichtspunkt betrachtet werden.

Die psychosomatische Betrachtungsweise bringt zum Ausdruck, dass die Psyche den Körper beeinflusst. Starke Gefühlsregungen wie beispielsweise Angst und Wut werden von körperlichen Erregungen im Nervensystem begleitet. Angstzustände gehen zum Beispiel einher mit erhöhter Puls- und Atemfrequenz, erhöhtem Blutdruck und Hautwiderstand, hormonellen Veränderungen und erhöhtem Muskeltonus. Wenn solche Erregungszustände aufgrund äußerer Umstände länger andauern, belasten sie den Organismus. Diese Dauerbelastung kann dann zu Schäden bestimmter Körperorgane führen. Die Krankheit zeigt sich hierbei am Körper, hat aber psychische Ursachen. Psychosomatische Krankheiten können zum Beispiel Hautkrankheiten, Erkrankungen der Atemorgane, des Herz- und Kreislauf-Systems, des Blutes und des Lymphsystems, des Magen- und Darmtraktes, Störungen der Sinnesorgane oder der Skelettmuskulatur sein.

Die somatopsychische Betrachtungsweise bringt zum Ausdruck, dass seelische Vorgänge ihren Ursprung in körperlichen Zuständen oder körperlichen Veränderungen haben können. Eine Überproduktion des Schilddrüsenhormons Thyroxin hat zum Beispiel als körperliche Folgen Nervosität, Konzentrationsstörungen, Überempfindlichkeit und Stimmungsschwankungen. Länger andauernde körperliche Krankheiten oder Beeinträchtigungen können zu psychischer Verstimmung oder zu Depression führen. Die Auswirkungen zeigen sich also zuerst im psychischen Bereich, haben aber körperliche Ursachen. Insbesondere bei psychischen Störungen ist abzuklären, ob das Erleben bzw. Verhalten durch körperliche Prozesse bedingt ist oder nicht.

Sowohl aus medizinischer als auch aus psychologischer Sicht ist es deshalb wichtig, den ganzen Menschen zu sehen und nicht nur etwa den psychischen oder nur den körperlichen Aspekt. In der Regel ist es so, dass der Schmerz beispielsweise am Körper wahrgenommen wird, die vom Arzt verordneten Heilmaßnahmen wie Medikamente sich lediglich auf den Körper beziehen und am körperlichen Wohlbefinden die Gesundheit festgemacht wird. Aber es gibt praktisch keine Krankheit, bei der die Psyche keine Rolle spielt. Selbst bei einem Unfall oder Knochenbruch hängt der Heilungsprozess in einem nicht unerheblichen Maße davon ab, welche „innere“ Einstellung der Patient zu diesem Geschehnis hat. Krank ist immer der ganze Mensch.

[1] Körper (griech.: soma); Psyche (griech.): die Seele)
[2] psychosomatisch: die Psyche beeinflusst den Körper
[3] somatopsychisch: körperliche Zustände beeinflussen die Psyche

2. Grundsätze wissenschaftlichen Vorgehens[1]

- **Allgemeingültigkeit:** Die Aussage trifft auch tatsächlich auf die in der Aussage angegebenen Personen bzw. -gruppen zu. Wissenschaftliche Aussagen treffen also nicht nur auf den Einzelfall zu, sondern besitzen hohen Allgemeinheitsgrad.
- **Überprüfbarkeit:** Die Aussage und die Art und Weise, wie der Forscher diese Aussage gewonnen hat, sind in der Realität jederzeit nachvollziehbar und wiederholbar.
- **Validität (Gültigkeit):** Tatsächliche Beobachtung bzw. Untersuchung dessen, was zu beobachten und zu messen angegeben wird.
- **Reliabilität (Zuverlässigkeit):** Genaue und exakte Beobachtung dessen, was zu beobachten und zu messen angegeben ist.
- **Objektivität:** Verschiedene Forscher erzielen bei gleichem Sachverhalt unter gleichen Bedingungen die gleichen Ergebnisse. Eine Beobachtung bzw. Untersuchung muss also in ihrer Durchführung, Auswertung und Interpretation unabhängig sein von der Person des Forschers.
- **Systematische Gewinnung:** Wissenschaftliche Aussagen werden nach ganz bestimmten Regeln durch wissenschaftliche Methoden gewonnen, das methodische Vorgehen ist geplant und organisiert.
- **Widerlegbarkeit:** Wissenschaftliche Aussagen sind so lange richtig, bis ihre Falsifizierung gelungen ist; eine endgültige Verifikation ist nicht möglich. Es ist nicht möglich, die Wahrheit zu beweisen, sondern nur die Unwahrheit nicht (mehr) richtiger Aussagen; Wissen kann nur durch Falsifikationsversuche untermauert, entkräftet oder als bloßes „Scheinwissen" aufgedeckt werden.

3. Unterscheidungsmerkmale zwischen Psychotherapieangeboten und spekulativen Behandlungs- und Erklärungsansätzen

Anspruch und Prognose

Während wissenschaftlich fundierte Therapieangebote begrenzte aber konkrete Erfolgsaussichten benennen, sind die Erfolgsversprechen unseriöser Anbieter oft sehr umfassend, aber vage. Letztere versprechen meist eine schnelle und umfassende Persönlichkeitsveränderung ohne eigene Bemühungen. Außerdem sind „ganzheitliche" Heilung, Glück und Zufriedenheit bzw. Ausgeglichenheit in allen Lebensbereichen beliebte Werbeslogans.

Weltbild

Wissenschaftlich ausgebildete Psychotherapeuten handeln auf der Basis wissenschaftlicher Erkenntnisse und rationaler Grundlagen. Das Weltbild anderer Lebenshilfeangebote ist meist in weiten Teilen „energetisch-spirituell". In einigen Fällen findet auch eine prinzipielle Abwertung von Leiden, Schmerz und Behinderung statt. Sie werden bisweilen als selbstverursacht oder selbstverschuldet definiert.

---

[1] vgl. Band 1, Kapitel 1.1.2

Ätiologie[1]

Grundannahmen über die Entstehung von Störungsbildern sind bei wissenschaftlich fundierter Psychotherapie immer theoriegeleitet. Andere Anbieter hingegen ziehen weltanschauliche Erklärungsmuster heran, die meist weder bestätigt noch widerlegt werden können. Häufig dient dabei eine religiöse Lehre als Deutungsgrundlage für persönliche Konflikte und zur Welterklärung.

Diagnose

Psychologische oder ärztliche Psychotherapeuten stellen ihren therapeutischen Interventionen in jedem Fall eine umfassende Diagnoseerstellung voran, um gezielte Maßnahmen einleiten zu können. Unseriöse Anbieter benötigen demgegenüber oft keine Diagnose im eigentlichen, wissenschaftlichen Sinn. Selbst eine von anderer Seite erstellte Diagnose interessiert meist nicht. Einige dieser „Therapeuten“ arbeiten zwar mit Diagnosestellungen, begründen diese jedoch mit „Intuition“.

Vorgehen

Das zentrale Werkzeug psychotherapeutischer Therapieverfahren ist in der Regel das Gespräch. In pseudotherapeutischen Angeboten soll Heilung dagegen häufig mittels unterschiedlichster Rituale herbeigeführt werden.

Wirksamkeit

Die Wirksamkeit seriöser Verfahren wurde wissenschaftlich überprüft und erst nach einem langwierigen „Beweisverfahren“ erfolgt eine Kassenzulassung. Bei unseriösen Psychotherapieangeboten sind demgegenüber nicht überprüfbare Glaubensüberzeugungen maßgeblich. Die Wirksamkeit wird als symptomunspezifisch propagiert. Ursachen für Misserfolge werden regelmäßig nicht in der Methode, sondern ausschließlich beim Patienten gesucht.

Überprüfbarkeit

Die Wirksamkeit seriöser Therapieformen muss durch empirische Studien nachgewiesen worden sein. Sie sind nachprüfbar. Bei Lebenshilfe-Angeboten gibt es keine Überprüfbarkeit im wissenschaftlichen Sinn. Anbieter sprechen meist davon, dass ihr Angebot weder erklärbar noch überprüfbar ist, sondern nur erfahrbar.

Kontrollmöglichkeit

Fundiert ausgebildete Psychotherapeuten mit Approbation sind verpflichtet, ihre Arbeit in Supervision zu überprüfen und so fortlaufend zu kontrollieren. Sonstige Anbieter unterschiedlicher „Therapien“ unterziehen sich in der Regel keinem Überprüfungsverfahren. Psychotherapeuten sind folglich qualifizierte Fachleute mit einem klar definierten Know-how und keine Gurus, Wunderheiler, „Weise Frauen“, charismatische Götterboten, Schamanen, Chanelling-Medien, Neu-Offenbarer oder „geistige Führer“.

(vgl. ZBFS – Bayerisches Landesjugendamt Mitteilungsblatt 2010; http://www.blja.bayern.de/service/bibliothek/fachbeitraege/spiritualisierung.php, o. S.)

---

[1] Ätiologie (griech.) beschäftigt sich mit den Ursachen für das Entstehen einer Krankheit und ihren auslösenden Faktoren.

4. Beispiel der Stressreduzierung am Beispiel der betrieblichen Gesundheitsförderung

Becker (2006) hält die Befriedigung von Bedürfnissen des Menschen für eine gesundheitsrelevante Schlüsselvariable. Dies wird im Folgenden am Beispiel der betrieblichen Gesundheitsförderung erläutert. Demnach sollten am Arbeitsplatz die Bedürfnisse der Beschäftigten durch Bereitstellung folgender Ressourcen berücksichtigt werden:

Physiologische Bedürfnisse:
- Ergonomische Arbeitsplätze[1]
- Erholungspausen und Bewegungsangebote
- Erste Hilfe bei Unfällen und Verletzungen
- Gesundes Speisenangebot

Explorationsbedürfnis:
- Vermeidung von Monotonie
- Gelegenheiten zu Kontakten und zum Informationsaustausch

Selbstaktualisierungsbedürfnis:
- Förderung intrinsisch motivierter Tätigkeiten[2]
- Gelegenheiten zu kreativen Problemlösungen
- Übertragung von Verantwortung
- Arbeitsbereicherung, Aufgabenvielfalt, sinnvolle Tätigkeiten

Bedürfnis nach Orientierung, Sicherheit und Kontrolle:
- Arbeitsplatzsicherheit
- Mitbestimmungs-, Partizipationsmöglichkeit
- Kontrolle über Arbeitsausführung; hoher Entscheidungsspielraum
- Klare Aufgaben und Zuständigkeiten: transparente Informations- und Kommunikationsstrukturen
- Arbeitsschutzmaßnahmen

Bedürfnis nach Achtung und Wertschätzung, Bindung und guten Beziehungen:
- Gutes Betriebsklima, vertrauensvolle Zusammenarbeit
- Wertschätzendes Verhalten sowie gegenseitige Unterstützung von Vorgesetzten und Arbeitskollegen bzw. -kolleginnen
- Anerkennung erbrachter Leistungen
- Aufstiegschancen
- Gute Bezahlung

Fehldosierte Anforderungen sowie Defizite und Verluste von Ressourcen und daraus resultierende Misserfolge bei der Anforderungsbewältigung sind begleitet von negativen Gefühlen, Lebensunzufriedenheit. Veränderungen im Gesundheitsverhalten (z. B. erhöhter Konsum von Alkohol) und oftmals kurz- oder langfristigen Beeinträchtigungen der körperlichen und seelischen Gesundheit. Hingegen tragen wohldosierte Anforderungen und die Bewahrung oder Vergrößerung von Ressourcen sowie die erfolgreiche Bewältigung externer und interner Anforderungen zu Wohlbefinden, Lebenszufriedenheit und körperlicher und seelischer Gesundheit bei.

(vgl. Blümel, 2017, S. 3 f.)

---

[1] Ergonomie (érgon, griech.: die Arbeit; economics, engl.: die Volkswirtschaft(slehre), hier: wechselseitige Anpassung zwischen dem Menschen und seinen Arbeitsbedingungen.

[2] instrinsisch (intrisecus, lat.: innerlich): von innen heraus

23 Die Erklärung und Behandlung von psychischen Störungen

Er macht mich noch wahnsinnig mit seiner Spinnen-Phobie! Wo er die nur her hat!
Und wie kann ich ihm nur helfen?

Folgende Kompetenzen sollen Sie erwerben:

- ***Sie können das Störungsbild einer affektiven Störung – Angststörung oder Depression – erkennen und diese Störung mithilfe der psychoanalytischen und der kognitiven Theorie erklären.***
- ***Sie sind in diesem Zusammenhang imstande, diese beiden Theorien miteinander zu vergleichen und zu bewerten.***
- ***Sie können auf der Grundlage eines kognitiven und eines tiefenpsychologischen Therapiekonzeptes beispielbezogen das jeweilige therapeutische Vorgehen erläutern.***
- ***Sie sind in der Lage, diese beiden Therapierichtungen miteinander zu vergleichen und zu bewerten.***

23.1 Die soziale Phobie und ihre Erklärung[1]

Lernsituation

Georg und sein Fachreferat

Georg muss heute in Deutsch sein Fachreferat halten. Er bereitet alles vor, doch als er beginnen soll, hat er Schwierigkeiten mit dem Sprechen: Er bringt kaum ein Wort heraus, wiederholt stets Laute und bleibt an ihnen krampfartig hängen. Er fängt an zu zögern und hält inne. So geht das eine Weile, bis er schließlich ganz aufhört zu sprechen. Mit rotem Gesicht und zitternden Händen geht er in seine Bank zurück.

Nach der Stunde ergibt es sich, dass Sie im Pausenhof neben ihm stehen und Sie beide kommen auf das Referat zu sprechen. Er erzählt Ihnen, dass er schon immer, wenn er vor Leuten etwas sagen müsse, große Probleme habe. Er würde sich auch im Unterricht nie zu melden trauen. Er würde dann rot werden, bekäme Herzrasen und ein Zittern am ganzen Körper, vor allem an den Händen. Aber das sei nur der Fall, wenn mehrere oder gar viele Menschen da seien, sonst nicht. „Wir beide können ja jetzt auch ganz normal miteinander sprechen, damit habe ich keine Probleme. Aber so wie vorher vor der Klasse, das geht gar nicht. Am liebsten wäre ich heute gar nicht gekommen, das hat mich eine riesen Überwindung gekostet. Ich habe gedacht, ich sterbe ...!“

Sie und Georg sprechen noch weiter über das Problem. Georg erzählt Ihnen, dass, immer wenn er vor anderen Menschen reden oder ein Referat halten solle, ihm dann „dumme“ Gedanken durch den Kopf schießen wie zum Beispiel, dass ihn seine Mitschüler auslachen würden. „Sie würden nur darauf warten, dass ich mich verhasple und mir ein Fauxpas passiert und würden dann mit Sicherheit in sich hineinkichern. Ich merke, dass, wenn ich vor anderen Menschen referiere oder etwas sage, die mich dann nicht ernstnehmen.“ Sie meinen, dass das an seinen Meinungen über sich selbst und über die Mitschüler liege, weshalb er solche Angst habe.

Sie informieren sich darüber, wie eine solche Angststörung mithilfe der psychoanalytischen Theorie von *Sigmund Freud* und der kognitiven Theorie von *Aaron T. Beck* erklärt werden kann.

I Information

23.1.1 Das Störungsbild der sozialen Phobie

Eine psychische Störung beschreibt – wie in *Kapitel 22.2.1* ausgeführt – alle Erlebens- und Verhaltensweisen einer Person, die über einen längeren Zeitraum hinweg erheblich von der Norm abweichen und mit einem Leidensdruck verbunden sind sowie für diese Person

[1] Als affektive Störung ird hier eine Angststörung – die soziale Phobie – ausgewählt.

selbst und/oder ihre soziale Umgebung eine Beeinträchtigung zur Folge haben. **Eine Phobie ist eine – extreme – Angst vor einer bestimmten Situation oder einem Objekt** und stellt eine psychische Störung dar.

Bei einer Angst vor dem Fliegen, vor Spinnen oder vor Menschenmassen handelt es sich um Phobien.

Das zentrale Merkmal einer sozialen Phobie – auch **Soziophobie** genannt – **ist die Angst, die durch die Gegenwart anderer Menschen ausgelöst wird**. Insbesondere hat der Betroffene Angst, in sozialen Situationen im Zentrum der Aufmerksamkeit zu stehen und/oder sich in solchen peinlich oder blamabel zu verhalten.

Vor allem, wenn man vor bzw. mit anderen sprechen muss – sei es beispielsweise ein Referat zu halten oder in der Gruppe einen Beitrag zu leisten – kann dieses Sprechen zu extremen Ängsten führen.

Wenn möglich, versuchen die Betroffenen, eine solch für sie bedrohlich erlebte Situation zu vermeiden bzw. zu umgehen. Ist das nicht möglich, so stellt dies für sie eine große emotionale Belastung dar.

Eine soziale Phobie liegt vor, wenn in sozialen Situationen ausgeprägte Ängste auftreten.

Betroffene einer sozialen Phobie reagieren mit einer auffallend großen, den Gegebenheiten völlig unangemessener Angst, da die Gegenwart vor anderen Menschen oft keine wirkliche Gefahrenquelle darstellt.

Bei einer reinen Schüchternheit ist die Angst weit nicht so stark wie bei einer sozialen Phobie.

Soziale Phobien treten meist schon im Kindes- und Jugendalter auf, wo sie in bestimmtem Rahmen noch als normal gelten. Doch als eine psychosoziale Störung sind sie einzuordnen, wenn die Ängste so stark sind, dass sie zu einem schicksalhaften Vermeidungsverhalten führen oder sogar zu Rückzug und Isolation. Ebenso liegt bei einer deutlichen Beeinträchtigung und Belastung in emotionaler Hinsicht – also ein Leidensdruck – eine Störung vor.

Eine soziale Phobie äußert sich nicht nur in Ängsten vor Examina, öffentlichem Auftreten, Sprechen müssen und dgl. Oft sind es vielmehr „Alltäglichkeiten", wie die Angst vor Partys, Einladungen, Restaurants oder Essen, vor allem aber fremde Menschen treffen zu müssen, insbesondere des anderen Geschlechts. Es bereitet – große – Ängste, in Gegenwart Anderer das Wort ergreifen, essen, trinken, schreiben, telefonieren zu müssen oder ein Geschäft zu betreten.

Anhand von bestimmten Symptomen – das sind für eine bestimmte Krankheit bzw. Störung charakteristische Erscheinungsformen – wird eine Krankheit bzw. eine Störung diagnostiziert.

Eine gedrückte, niedergeschlagene Stimmung oder eine verminderte Konzentration und Aufmerksamkeit sind zum Beispiel Symptome einer Depression.

Ein Symptom ist aus medizinischer und klinischer Sicht ein Anzeichen, das für eine bestimmte Krankheit bzw. bestimmte psychische Störung charakteristisch ist.

Eine bestimmte Gesamtheit von Symptomen ergibt ein bestimmtes Krankheitsbild, sie bildet die Grundlage für die Stellung einer Diagnose einer Krankheit bzw. einer Störung.

Symptome einer sozialen Phobie (vgl. *Dilling, 2015*[10], *S. 157 f.*):

- Ein Ich-Zustand, der in Gegenwart Anderer als beklemmend, bedrückend und unangenehm empfunden wird.
- Dieser Ich-Zustand wird als bedrohlich erlebt.
- Er ist verbunden mit physiologischen[1] Vorgängen, wie Erröten, Schweißabsonderung, Atembeschleunigung, Herzklopfen, Magendrücken, Händezittern und Muskelanspannung, manchmal auch Übelkeit oder Drang zum Wasserlassen.
- Der Ich-Zustand wird in sozialen Situationen, durch die Gegenwart anderer Menschen hervorgerufen.
- Die Gegenwart anderer Menschen, insbesondere wenn man vor oder mit ihnen sprechen muss, wird gemieden (Vermeidungsverhalten) oder voller Angst ertragen.

Die Entstehung einer sozialen Phobie lässt sich u. a. mit der psychoanalytischen Theorie und der kognitiven Theorie erklären.

23.1.2 Erklärung der Entstehung einer sozialen Phobie auf der Grundlage der psychoanalytischen Theorie[2]

Psychische Störungen entstehen aus der Sicht der Psychoanalyse neben Konflikten und Problemen, die im Zusammenhang mit der Entwicklung der Libido stehen, dadurch, dass die ***Persönlichkeitsinstanzen Ich, Es, Über-Ich und die Realität zueinander in einem Ungleichgewicht*** stehen. Dabei treten Ängste auf, die veranlassen, dass das Individuum Abwehrmechanismen einsetzt, welche die bedrohlichen und angstauslösenden Erlebnisinhalte abwehren, unbewusst machen. Diese unterdrückten und unverarbeiteten Erlebnisinhalte „lauern in der Tiefe" weiter, werden aber bei längerem und übertriebenem Einsatz von Abwehrmechanismen daran gehindert, in das Bewusstsein zu dringen. Dadurch ergeben sich innerpsychische Spannungen, die wegen ständiger Verdrängung nicht gelöst werden können. Über ein oder mehrere Symptome wie eine Phobie verschafft sich dieser als unangenehm erlebte Konflikt Ausdruck.

Nach *Sigmund Freud* handelt es sich bei einer sozialen Phobie um eine ***Abwehr der Angst*** von verdrängten Es-Wünschen, die das Ich nicht zulassen kann bzw. darf, weil dieses entweder von den Forderungen der Realität beherrscht wird oder das zu stark ausgebildete Über-Ich den Es-Wunsch „verbietet". Das Ich muss deshalb den Es-Wunsch unterdrücken. Um die Abwehr zu sichern, setzt das Individuum den Abwehrmechanismus der ***Verschiebung*** ein: Die Angst vor der gefürchteten Triebregung wird auf andere Lebewesen, Gegenstände oder Situationen verschoben.

> *Diese Lebewesen, Gegenstände oder Situationen „werden dann zu phobischen Reizen. Vermeidet der Betroffene diese Reize, vermeidet er damit auch die Auseinandersetzung mit den verdrängten Konflikte [...]". Die Phobie stellt „für das Ich eine Möglichkeit dar, einer Konfrontation mit dem wirklichen Problem, einem verdrängten Kindheitskonflikt, aus dem Wege zu gehen."*
> *(Davison u. a., 2007*[7]*, S. 154)*

[1] physiologisch (physiología, griech.: die Naturkunde): die Lebensvorgänge im Organismus betreffend
[2] Die Aussagen und Begriffe der psychoanalytischen Theorie sind in Band 2, Kapitel 8 dargestellt.

Nach *Silvano Arieti* haben Betroffene als Kind darauf vertraut, dass die Menschen in ihrer Umgebung sie vor jeglicher Gefahr schützen würden. Doch sie machten die beängstigende Erfahrung, dass auf die Beziehungspersonen kein Verlass ist (vgl. *Davison u. a., 2007[7], S. 154*). Mit diesem Erlebnis können sie nicht leben und verdrängen dieses. Doch jedes Mal, wenn der Betroffene vor anderen Menschen steht, kommt diese verdrängte Angst wieder hoch und er fühlt sich diesen „ausgeliefert".

23.1.3 Die Grundlagen der kognitiven Theorien

Mit dem Begriff „Kognition"[1] werden – wie in *Band 1, Kapitel 2.1.1* ausgeführt – ***alle psychischen Vorgänge zusammengefasst, die der Aufnahme, Verarbeitung und Speicherung sowie des Abrufens und Weiterverwendens von Informationen dienen***.

Hierzu zählen zum Beispiel die Intelligenz, die Kreativität, das Gedächtnis, die Sprach- und Lernfähigkeit, die Wahrnehmung und das Erkennen, Denken, Vorstellen und Problemlösen, das Entscheiden und Urteilen sowie das Behalten, Erinnern und Vergessen.

Die kognitive Psychologie ist keine einheitliche und geschlossene Grundauffassung. Die grundlegende Annahme der kognitiven Theorien ist, **dass es die kognitiven Prozesse und Strukturen eines Menschen sind, die einen erheblichen Einfluss auf das Verhalten und Erleben ausüben und entscheiden, wie ein Individuum erlebt und sich verhält.** Es ist nicht ein bestimmter Reiz oder die Situation an sich, die das Erleben und Verhalten eines Menschen beeinflussen; es kommt darauf an, ***wie er Umweltereignisse wahrnimmt, diese gedanklich verarbeitet, beurteilt und bewertet***.

Ein junger Mann beispielsweise, der davon überzeugt ist, dass Frauen ihn nicht mögen, weil er zu unattraktiv sei, und dass er bei ihnen keine Chancen habe, wird in einer Diskothek möglicherweise Frauen, die ihn nicht sehen und ignorieren, eher wahrnehmen als Frauen, die ihn beachten. Er wird das Ansprechen oder Zulächeln einiger Frauen als unbedeutend einstufen oder auch umdeuten – etwa als nicht ernst gemeint. Entsprechend wird er sich auch verhalten und die Situation erleben.

> *„Es sind nicht die Dinge selbst, die uns beunruhigen, sondern die Meinungen, die wir über die Dinge haben."*
> *(Epiktet[2], 2014, S. 24)*

23.1.4 Die Ebenen von Kognitionen

Die bekannteste kognitive Theorie ist neben der sozial-kognitiven Theorie von *Albert Bandura*[3] und der Theorie der kognitiven Entwicklung von *Jean Piaget* die **Kognitive Theorie** von *Aaron T. Beck*.

Aaron T. Beck (* 1921) *erarbeitete seinen theoretischen Ansatz in der Auseinandersetzung mit der Psychoanalyse. Beck war selbst Psychoanalytiker, bevor er seinen Ansatz einer kognitiven Therapie Anfang der 1960er Jahre vorstellte. Er war zunächst als Psychiater, später als Professor für Psychiatrie tätig. Seine Arbeitsgruppe an der University of Pennsylvania, Philadelphia, befasste sich seit Ende der 1950er-Jahre speziell mit der Erforschung der Entstehung und Aufrechterhaltung von De-*

[1] cognitio (lat.): die Erkenntnis; Kognitionen: alle Vorgänge, durch die ein Organismus Kenntnis von seiner Umwelt erlangt.
[2] Epiktet war griechischer Philosoph (um 50 bis 138), dessen Philosophie die Werte Freiheit, Moral und Humanität betont. Er wurde in Hierapolis (heutige Türkei) als Sklave geboren, dem später die Freiheit geschenkt wurde.
[3] Die sozial-kognitive Theorie ist in Band 1, Kapitel 7 dargestellt.

pressionen. Seine Untersuchungen führten ihn bald zu seinem Konzept des „Kognitiven Modells der Depression", welches in der Folgezeit auch auf weitere Bereiche psychischer Störungen angewendet wurde – zum Beispiel auf den Bereich der Angststörungen, der Persönlichkeitsstörungen und der Süchte. 1971 wurde er Professor und Direktor des Zentrums für Kognitive Therapie an der University of Pennsylvania, Philadelphia, wo 1994 das Beck-Institut for Cognitive Therapie and Research gegründet wurde. Gegen Ende des vergangenen Jahrhunderts wurde sein Konzept für die Behandlung nahezu aller wichtigen klinischen Symptome nutzbar gemacht.

Die kognitive Theorie von *Beck* geht davon aus, dass Erleben und Verhalten durch Kognitionen bewirkt werden. Nicht die Situation an sich beeinflusst das Verhalten und Erleben, insbesondere die Gefühle, sondern die Art und Weise, wie man die Situation interpretiert. (*Beck, 1999, S. 14*)

Nicht die Situation als solche löst Angst aus, sondern wie der Betroffene diese Situation bewertet.

Beck unterscheidet verschiedene Ebenen von Kognitionen:

Automatische Gedanken

Für das Erleben und Verhalten sind die automatischen Gedanken von zentraler Bedeutung, die nicht das Ergebnis von Überlegungen oder logischem Denken sind, sondern die Situation bewertende Gedanken, die kurz und schnell durch den Kopf „schießen".

→ Solche automatischen Gedanken sind zum Beispiel „Das schaffe ich nie, das ist zu schwer, das kapiere ich nie.", wenn man eine Prüfungsarbeit bewältigen soll, oder „Ich kann es keinem recht machen.", wenn eine Person mit etwas nicht einverstanden ist, oder „Ich bin halt ein Schlappschwanz.", wenn etwas daneben ging.

Automatische Gedanken – das können konkrete Wörter, Sätze oder auch Bilder sein – kommen unweigerlich von selbst und führen zu entsprechenden Reaktionen im Erleben und Verhalten sowie zu physiologischen Reaktionen.

→ Physiologische Reaktionen können beispielsweise Schwitzen, Erröten, Schweißabsonderung, Atembeschleunigung, Herzklopfen, Magendrücken oder Händezittern oder Muskelanspannungen bzw. -verspannungen sein.

Ausgelöst werden die automatischen Gedanken durch ein **aktuelles Ereignis bzw. einer aktuellen Situation.**

→ Eine solche Situation kann beispielsweise das Reden-Müssen vor Menschen oder das Referieren vor der Klasse.

Automatische Gedanken sind schnell ablaufende und in der Situation subjektiv plausibel erscheinende Kognitionen, die von einem Ereignis (Situation) ausgelöst werden und zu einem bestimmten Erleben und Verhalten sowie zu physiologischen Reaktionen führen.

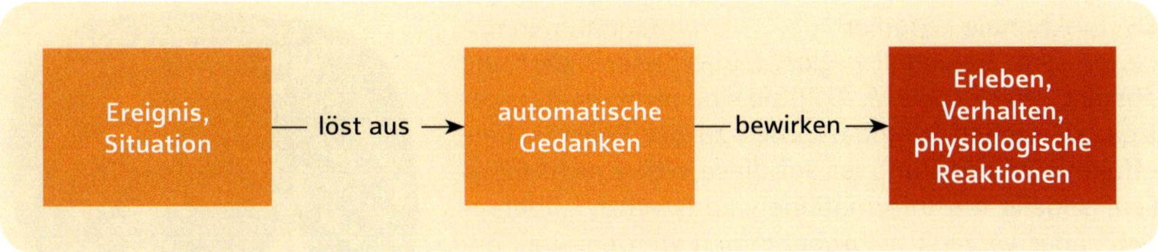

Kognitive Grundannahmen

Automatischen Gedanken liegen grundlegende Überzeugungen, Werthaltungen und Einstellungen zugrunde, die *Beck* als **kognitive Grundannahmen („core beliefs")** bezeichnet. Sie stellen gleichsam die „Lebensphilosophie" eines Menschen dar, nach der er sich selbst, die Welt und seine Zukunft ordnet, beurteilt und strukturiert.

Beispiele für solche kognitiven Grundannahmen sind „Ich bin unfähig.", „Ich muss perfekt sein." oder „Ich bin ein Versager.", „Ich bin wertlos.".

Kognitive Grundannahmen sind grundlegende Überzeugungen, Werthaltungen und Einstellungen, nach denen der Mensch sich selbst, die Welt und seine Zukunft ordnet, beurteilt und strukturiert.

Kognitive Grundannahmen stellen die unterste, am wenigsten zugängliche Ebene dar, sind nicht bewusst, situationsunabhängig, meist starr und verallgemeinert („übergeneralisiert"). Die automatischen Gedanken dagegen befinden sich auf der obersten Ebene, sind bewusst und situationsspezifisch. So lassen sich die kognitiven Grundannahmen nur über die automatischen Gedanken erschließen.

→ **Materialien** 1. Arten von Grundannahmen

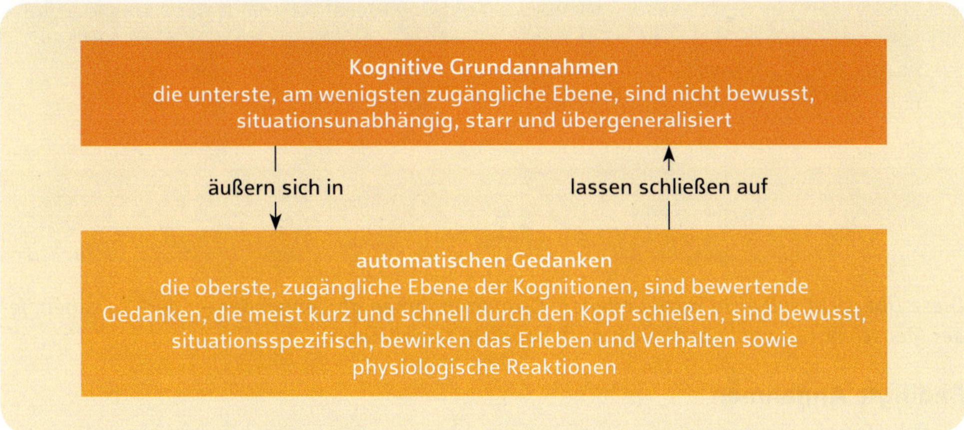

→ **Materialien** 2. Das Konzept der kognitiven Triade

Kognitive Grundannahmen entwickeln sich nach *Beck* (*1999, S. 171*) in der Kindheit. Er unterscheidet dabei zwischen **funktionalen (positiven) und dysfunktionalen (negativen) Grundannahmen.** Funktionale Grundannahmen entsprechen mehr der Realität, die Informationen stimmen mit diesen überein. Aus diesem Grund ist eine effektive Verarbeitung der Informationen möglich, was der Ausgangspunkt für eine gesunde seelische Entwicklung ist.

Dysfunktionale – „fehlerhafte“ – Grundannahmen dagegen sind „gewöhnlich global, übergeneralisiert und absolut“ (*Beck, 1999, S. 172*); sie sind nicht realitätsgetreu, sie stehen in Widerspruch zu der Realität. Eine effektive Verarbeitung ist auf diese Weise nicht möglich, sodass die Informationen abgewehrt, „übersehen“ oder verzerrt wahrgenommen werden, was der Ausgangspunkt für die Entstehung von psychischen Störungen ist.

Die Grundannahme „Ich bin unfähig“ beispielsweise kann zu Versagensängsten führen.

„Wenn eine Grundannahme aktiviert ist, kann der Patient damit übereinstimmende Informationen leicht verarbeiten, aber Informationen, die im Widerspruch zu der Annahme stehen, wird er oft übersehen oder verzerrt wahrnehmen.“
(Beck, 1999, S. 172)

Kognitive Grundannahmen

Funktionale (positive) Grundannahmen
entsprechen mehr der Realität, Informationen stimmen mit den Grundannahmen überein
↓
effektive Verarbeitung der Informationen mit den Grundannahmen
↓
gesunde seelische Entwicklung

Dsyfunktionale („falsche“) Grundannahmen
entsprechen meist nicht der Realität, Informationen stehen in Widerspruch zu den Grundannahmen
↓
Informationen werden „übersehen“ oder verzerrt wahrgenommen
↓
Entstehung psychischer Störungen

Diese Übersicht soll nicht dazu verleiten, Grundannahmen als „entweder – oder“ zu sehen, jeder Mensch hat sowohl positive als auch negative Kognitionen.

Bedingte Annahmen

Zwischen diesen beiden Ebenen – den kognitiven Grundannahmen und den automatischen Gedanken – liegen die **bedingten Annahmen („intermediate beliefs“)** Damit meint *Beck* die von den ***Grundannahmen abgeleiteten Regeln und Axiome***[1] **sowie *Erwartungen*** (vgl. *Beck, 1999, S. 16*).

Die Grundannahme „Ich bin unfähig“ kann etwa das Axiom nach sich ziehen, „Wenn ich unfähig bin, heißt das, ich bin dumm“. Entsprechend bau der Betroffene die Erwartung auf, dass der Betroffene „dumm“ ist.

[1] Axiom (axíōma, griech.: Grundwahrheit): ein Grundsatz, von dem ausgegangen wird und der keines Beweises bedarf.

Bedingte Annahmen sind von den kognitiven Grundannahmen abgeleitete Regeln, Axiome und Erwartungen.

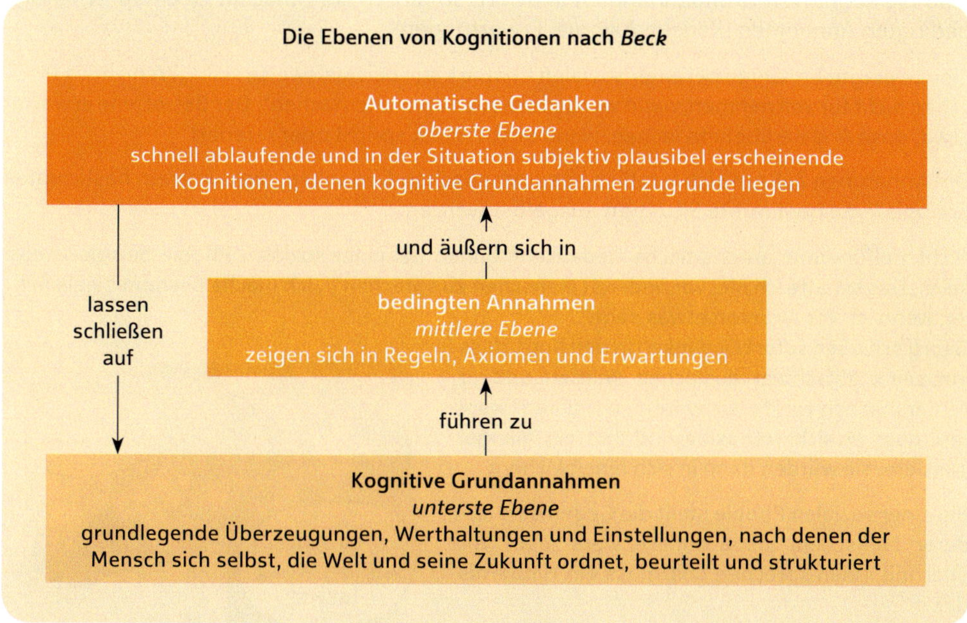

23.1.5 Das kognitive Modell nach Beck

Das kognitive Modell geht davon aus, dass dysfunktionale (= fehlerhafte) Kognitionen[1], die auch die Gefühle (das Erleben) und das Verhalten beeinflussen, „ein gemeinsames Merkmal aller psychischen Störungen ist" (*Beck, 1999, S. 1*).

Ausgangspunkt für eine gesunde Entwicklung oder eine seelische Fehlentwicklung sind die kognitiven Grundannahmen. Bei der Entstehung einer psychischen Störung handelt es sich um dysfunktionale Kognitionen.

Bei einer sozialen Phobie können zum Beispiel folgende dysfunktionale Kognitionen vorliegen: „Menschen meinen es nicht gut mit mir", „Ich muss perfekt sein und darf keine Fehler machen", oder „Ich bin nicht wichtig und wertlos" oder „Menschen nehmen mich nicht für voll".
In *Lernsituation 23.1* könnte die Grundannahme „Menschen mögen mich nicht" bei Georg tief verwurzelt sein.

Dysfunktionale Grundannahmen führen dazu, dass Informationen, die den Grundannahmen widersprechen, abgewehrt, „übersehen" oder verzerrt werden.

Liegt wie bei Georg die Grundannahme vor, dass ihn Menschen nicht mögen, so wird er kaum positive Erfahrungen mit anderen Menschen machen; er wird möglicherweise bei einer positiven Erfahrung sagen, „Na ja, das war Zufall" oder „Die haben ja nur Mitleid mit mir."

Kognitive Grundannahmen werden durch ein Ereignis bzw. eine Situation aktiviert und sind dem Betroffenen nicht bewusst – sie lassen sich nur durch die automatischen Gedanken erschließen.

[1] vgl. Abschnitt 23.2.1

Bei Georg ist das Ereignis bzw. die Situation, dass er vor der Klasse ein Referat halten soll. Diese Situation aktiviert seine kognitiven Grundannahmen.

Sind die kognitiven Grundannahmen aktiviert, so führen sie zunächst zu entsprechenden bedingten Annahmen (Regeln, Axiome, Erwartungen).

Eine bedingte Annahme bei einer sozialen Phobie kann beispielsweise sein: „Wenn mich Menschen nicht für voll nehmen, dann werden sie auch über mich lachen". Der Betroffene erwartet etwa, dass Andere über ihn lachen, wenn er vor ihnen spricht oder referiert.

Die Annahmen äußern sich letztlich in automatischen Gedanken, die durch ein bestimmtes Ereignis/eine bestimmte Situation ausgelöst werden.

Nicht zielführende automatische Gedanken können bei einer sozialen Phobie beispielsweise sein: „Das schaffe ich nie, vor anderen Menschen zu sprechen", „Ich mache bestimmt viele Fehler, wenn ich vor Anderen etwas sage".
Georg schießen sofort Gedanken in den Kopf, dass ihn seine Mitschüler auslachen würden und er Fehler machen würde; sie würden nur darauf warten, dass er sich verhasple und ihm ein Mangel passiere, sie würden dann in sich hineinkichern.

Bei einer sozialen Phobie stellt die Gegenwart anderer Menschen, insbesondere wenn man vor oder mit ihnen sprechen soll/muss ein Hindernis dar.
Bei Georg ist die Situation, dass er vor der Klasse in Deutsch ein Referat halten muss, schwierig.

Die automatischen Gedanken sind immer mit bestimmten Gefühlen verbunden. Der Mensch strebt danach, in Einklang mit seinen Gedanken und Gefühlen zu leben. Die Gedanken spielen deshalb die entscheidende Rolle bei der Entstehung von emotionalen Reaktionen. Ist das Ereignis/die Situation gegenwärtig, schießen die automatischen Gedanken kurz und schnell durch den Kopf und führen zu dem entsprechenden Erleben und Verhalten. Sie zeigen sich in den Symptomen einer sozialen Phobie.

In Gegenwart Anderer wird der Betroffene ein Gefühl der Beklemmung und Bedrückung erleben; er wird diesen Ich-Zustand als bedrohlich wahrnehmen, verbunden mit physiologischen Vorgängen, wie Erröten, Schweißabsonderung, Atembeschleunigung, Herzklopfen, Magendrücken, Händezittern und Muskelanspannung, manchmal auch Übelkeit oder Drang zum Wasserlassen.
Der Betroffene wird die Gegenwart anderer Menschen meiden, ihnen aus dem Weg gehen, insbesondere, wenn er vor oder mit ihnen sprechen muss, oder er wird sie mit voller Angst ertragen.
Georg bringt kaum ein Wort heraus, wiederholt stets Laute und bleibt an ihnen krampfartig hängen. Er fängt an zu zögern und hält inne. Er hört ganz auf zu sprechen und geht mit rotem Gesicht und zitternden Händen in seine Bank zurück. Er wird sein Referat in Deutsch nicht halten und eher die Note 6 kassieren. Vielleicht legt er ein amtsärztliches Attest vor, damit er vom Sprechen vor seinen Mitschülern befreit wird.

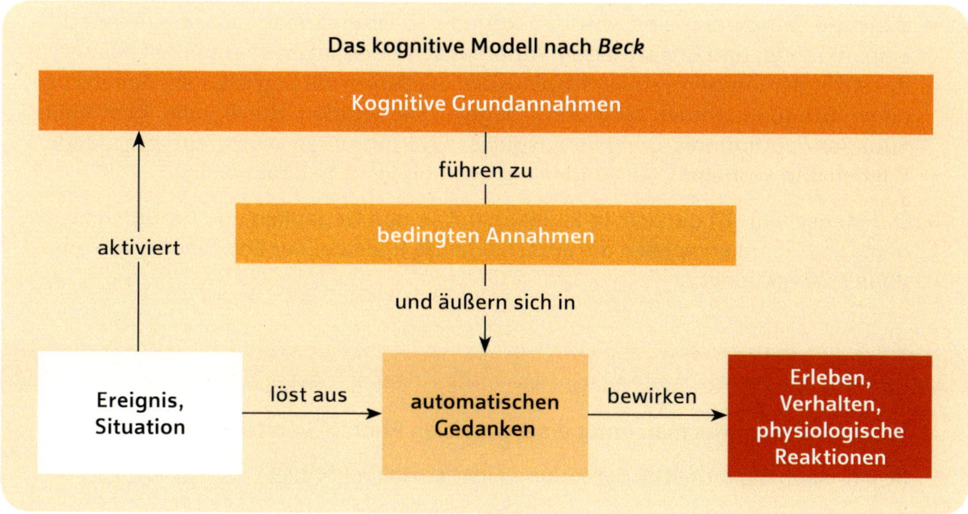

(vgl. Beck, 1999, S. 18, verändert)

→ **Materialien** 3. Fehlerhafte Informationsverarbeitung

Auf den Punkt gebracht

- Eine soziale Phobie liegt vor, wenn in sozialen Situationen ausgeprägte Ängste auftreten. Sie ist begleitet von einem Gefühl der Beklemmung, Bedrückung und wird als bedrohlich erlebt und ist verbunden mit physiologischen Vorgängen.
- Eine soziale Phobie lässt sich mithilfe der psychoanalytischen Theorie erklären. Die Persönlichkeitsinstanzen zusammen mit der Realität stehen zueinander in einem Ungleichgewicht. Ängste veranlassen das Individuum, Abwehrmechanismen einzusetzen, welche die bedrohlichen und angstauslösenden Erlebnisinhalte abwehren, unbewusst machen. Um die Abwehr zu sichern, setzt das Individuum den Abwehrmechanismus der Verschiebung ein: Die Angst vor der gefürchteten Triebregung wird auf die Gegenwart anderer Menschen verschoben.
- Kognitive Grundannahmen sind grundlegende Überzeugungen, Werthaltungen und Einstellungen, nach denen der Mensch sich selbst, die Welt und seine Zukunft ordnet, beurteilt und strukturiert. Sie stellen gleichsam die „Lebensphilosophie" eines Menschen dar, sind nicht bewusst, situationsunabhängig, starr und übergeneralisiert. Aktiviert werden sie durch ein bestimmtes Ereignis bzw. eine bestimmte Situation, führen zu bedingten Annahmen und äußern sich in automatischen Gedanken.
- *Beck* unterscheidet zwischen positiven und negativen Grundannahmen. Positive Grundannahmen entsprechen mehr der Realität, Informationen stimmen mit den Grundannahmen überein, was zu einer guten Verarbeitung der Informationen mit den Grundannahmen führt. Das Ergebnis ist eine gesunde seelische Entwicklung. Negative Grundannahmen dagegen entsprechen nicht der Realität, Informationen stehen im Widerspruch zu den Grundannahmen. Informationen werden deshalb nicht verarbeitet, sondern „übersehen" oder verzerrt wahrgenommen, was Ausgangspunkt für die Entstehung von psychischen Störungen ist.

- Bedingte Annahmen sind von den kognitiven Grundannahmen abgeleitete Regeln, Axiomen und Erwartungen. Automatische Gedanken sind schnell ablaufende und in der Situation subjektiv plausibel erscheinende Kognitionen, denen kognitive Grundannahmen zugrunde liegen. Sie werden durch eine bestimmte Situation/bestimmtes Ereignis ausgelöst und führen zu einem entsprechenden Erleben und Verhalten, verbunden mit physiologischen Reaktionen.
- Der Mensch strebt danach, in Einklang mit seinen Gedanken und Gefühlen zu leben. Die Gedanken spielen die entscheidende Rolle bei der Entstehung von emotionalen Reaktionen.

Wiederholen, Vertiefen, Anwenden

1. Bestimmen Sie, was man unter einer „sozialen Phobie" versteht.
2. Beschreiben Sie mögliche Symptome einer sozialen Phobie.
3. Zeigen Sie anhand der sozialen Phobie die Merkmale des Begriffs „psychische Störung" auf.
4. *Lernsituation 23.1*
   a) Beurteilen Sie, ob es sich bei Georg um eine soziale Phobie handelt.
   b) Erklären Sie das problematische Erleben und Verhalten von Georg mithilfe der psychoanalytischen Theorie. Stellen Sie dabei die relevanten Annahmen und Begriffe dieser Theorie dar.
5. Fallbeispiel „Herr Klein"
   Herr Klein befindet sich in psychotherapeutischer Behandlung, weil er nach einer Phase starker Belastungen eine große Flugangst entwickelt hat. Zunächst war das Fliegen für ihn überhaupt kein Problem, doch während eines Fluges durchlebte er eine Episode starker körperlicher Erregung. Diese Erregung wurde im Laufe der Zeit so stark, dass er nicht mehr in der Lage war und ist, mit dem Flugzeug zu reisen. Er findet keine Erklärung dafür, warum sein Erregungszustand so plötzlich und so stark eskaliert (vgl. Davison u. a., 2007[7], S. 157).
   Erklären Sie auf der Grundlage der psychoanalytischen Theorie das problematische Verhalten von Herrn Klein.
6. Aus einem Bericht einer Patientin:
   „Als meine Ängste am Schlimmsten waren, konnte ich nicht mehr allein in der Wohnung sein. Ich musste immer jemanden um mich haben. Das Telefon mit der eingetippten Notarztnummer trug ich ständig bei mir. Ich hielt mich nur noch in einem Raum auf. Dort waren alle Dinge, die ich brauchte. Die Wohnung verließ ich nur in Begleitung meines Mannes oder meiner Mutter. Wir gingen oder fuhren nur Strecken, die mir bekannt waren [...]. Die Wohnung zu verlassen, Kaufhäuser, Restaurants, Einkaufsstraßen, der Bahnhof, Busfahrten, Zugfahrten, der Wochenmarkt, alles versetzte mich in Panik [....]." (Davison u. a., 2007[7], S. 168)
   Erklären Sie mithilfe der psychoanalytischen Theorie, wie die problematischen Verhaltensweisen, die in dem Bericht beschrieben sind, entstanden sein könnten.
7. *Biografie und Internetsuche*
   - Suchen Sie in Gruppen im Internet nach Informationen über das Leben und Werk von *Aaron T. Beck*.
   - Fertigen Sie in Kleingruppen eine Übersicht zur Biografie von *Aaron T. Beck* an.

- Erarbeiten Sie vier bis sechs wichtige Abschnitte seines Lebens.
- Tragen Sie in der Klasse Ihre Ergebnisse zusammen.

8. Erläutern Sie anhand eines Beispiels den Unterschied zwischen kognitiven Grundannahmen und automatischen Gedanken.

9. *Nicht die Situation als solche löst Angst aus, sondern wie der Betroffene diese bewertet.* Belegen Sie diese Aussage mithilfe der kognitiven Theorie von *Beck*.

10. *Positive und negative Grundannahmen*
    a) Bestimmen Sie, was *Beck* mit positiven und mit negativen Grundannahmen meint.
    b) Zeigen Sie an je einem Beispiel eine positive und eine negative Grundannahme mit ihren jeweiligen Folgen auf.

11. *Lernsituation 23.1*
    a) Vervollständigen Sie das Fallbeispiel „Georg" hinsichtlich der kognitiven Theorie von *Beck*.
    b) Erklären Sie die soziale Phobie von Georg mithilfe der kognitiven Theorie von *Beck*. Stellen Sie dabei die relevanten Annahmen und Begriffe dieser Theorie dar.

12. Fallbeschreibung „Sally"
    Sally ist gerade volljährig geworden, besucht die Fachoberschule, 12. Klasse, und kam zur Psychotherapie, weil sie sich ständig traurig, ängstlich und einsam fühlt. Der Psychotherapeut fragt sie, in welchen Situationen und zu welchen Tageszeiten sie sich am miesesten fühle. Sally antwortet, dass sie sich beim Zubettgehen am schlechtesten fühle, wenn sie im Bett liege und versuche einzuschlafen. Der Therapeut fragt sie weiter: „Was geht Ihnen in dieser Situation durch den Kopf?". Sally gibt zur Antwort: „Ich werde meine Facharbeit nie fertigkriegen, Wahrscheinlich bestehe ich die Abschlussprüfung nicht". Schon als die Themen für die Facharbeit verteilt wurden, dachte sie sich, dass sie die nie hinkriegen werde. Und in solchen Situationen meine sie auch immer, dass aus ihr nie etwas Anständiges werde. Sie berichtet auch von einer Vorstellung, die ihr durch den Kopf ging: Sie sah sich selbst, wie sie mit einem Koffer in der Hand ziellos eine Straße entlang lief. In dieser Vorstellung wirkte sie verdammt niedergeschlagen, verzweifelt und trostlos.
    Sie schildert weiter, dass sie sich oft mit Klassenkameraden vergleiche und dann auf das Ergebnis komme, sie sei nicht so gut wie die Anderen. „Ich werde den Stoff nie so schnell kapieren wie sie." Auf diese Weise – so fand der Therapeut heraus – bekam sie die Idee, dass sie unzulänglich und minderwertig sei, immer wieder bestätigt. Wenn sie mal in einer Klassenarbeit gut abgeschnitten habe, dann meine sie: „Na ja, die Arbeit war leicht". Als sie Ballett lernte und laut ihrer Lehrerin eine ihrer besten Tänzerinnen wurde, sagte sie sich: „So gut wie meine Lehrerin werde ich nie!" Sie dachte auch mal darüber nach, ob sie an einem Volleyball-Freundschaftsspiel mit Schülern aus ihrer Schule teilnehmen sollte, doch sie sagte sich: „Ich kann doch nichts, höchstwahrscheinlich treffe ich nicht einmal den Ball." Und dabei – so erzählt sie – sei sie sehr traurig und niedergedrückt geworden.
    In einer späteren Sitzung erzählt Sally eine Begebenheit von zu Hause, als ihre Mutter sie anschrie, weil ihr Zeugnis nur mittelmäßig war, dachte sie sich: „Mama hat recht, ich bin halt nicht so gescheit."
    (vgl. Beck, 1999, S. 19–22, stark gekürzt)

    a) Beschreiben Sie Sallys problematische Erlebens- und Verhaltensweisen.
    b) Erklären Sie mithilfe der kognitiven Theorie von *Beck* das problematische Verhalten von Sally. Stellen Sie dabei die Begriffe und Aussagen dieser Theorie dar.

23.2 Vergleich und Bewertung der psychoanalytischen und kognitiven Theorie

Lernsituation

Soziale Phobie – ein Ergebnis von unbewussten seelischen Kräften oder von „falschen" Kognitionen?

In Ihrer Klasse ergibt sich eine harte Diskussion über die beiden Erklärungen der sozialen Phobie mithilfe der psychoanalytischen und der kognitiven Theorie. Mehrere Schüler sagen, dass es doch nicht alleine der „Kopf" sein kann, der darüber entscheidet, ob wir eine psychische Störung bekommen oder nicht. Andere meinen, es können auch nicht irgendwelche inneren Kräfte und Vorgänge sein, die sich auf unser Erleben und Verhalten auswirken und eine psychische Störung entstehen lassen. Nach einiger Zeit unterbricht die Lehrerin die Diskussion und meint, dass die Klasse sich jetzt damit näher beschäftigen wolle.

Sie vergleichen die Psychoanalyse von *Sigmund Freud* und die kognitive Theorie von *Aaron T. Beck* miteinander und bewerten diese beiden Theorien.

I Information

23.2.1 Vergleich der psychoanalytischen und der kognitiven Theorie

Bei der Psychoanalyse und der kognitiven Theorie handelt es sich um unterschiedliche Ansätze, die jeweils keine umfassende Sicht des Menschen darstellen, sondern eine bestimmte Sichtweise hervorheben.

Für einen Theorievergleich haben sich folgende Kriterien bewährt[1]:

- das **Menschenbild**
- die **Grundannahmen**
- die **Struktur**
- der **Ausgangspunkt und der Verlauf der Persönlichkeitsentwicklung**
- die **Entstehung seelischer Fehlentwicklungen**

Das Menschenbild[2]

Freud betrachtet den Menschen als ein dynamisches ***System, das von verschiedenen Energien gesteuert wird***. Aus dieser Sicht kann man *Freuds* Menschenbild als mechanistisch bezeichnen: Seine Theorie beschreibt Mechanismen im Sinne von Ursache-Wirkungs-Zusammenhängen; alles Geschehen steht in einem ursächlichen Zusammenhang, in einem Verhältnis von Ursache und Wirkung. Ziele, die der Mensch mit seinem Verhalten verfolgt, und damit auch die Möglichkeit einer Selbststeuerung werden nicht

[1] In Kapitel 25.1.3 wird ausführlich auf das Vergleichen als Leistungsbereich in Pädagogik/Psychologie und seine Kriterien eingegangen.
[2] Das Menschenbild von Sigmund Freud ist ausführlich in Band 2, Kapitel 8.6.1 dargestellt.

berücksichtigt. *Freud* vertritt zudem die Auffassung, dass das Individuum von sexuellen und aggressiven Impulsen gesteuert wird.

Kognitive Theorien dagegen vertreten die Auffassung, dass nicht die Vergangenit den Menschen „quält“, sondern seine Zukunft. Der Mensch wird als ein Wesen gesehen, das sich grundsätzlich auf seine Zukunft hin orientiert (*vgl. Pervin u. a., 2005[5], S. 494*). Im Gegensatz zur Psychoanalyse schreiben die kognitiven Therapien dem Menschen ein hohes Maß an Selbststeuerung zu: Der Mensch kann über seine Kognitionen sein Erleben und Verhalten in einem sehr entscheidenden Maße selbst bestimmen und steuern; er ist kein Gefangener seiner gemachten Erfahrungen und seiner Lebensumstände – außer er entschließt sich selbst dazu, sich in dieser Art und Weise zu konstruieren.

Die Grundannahmen

Psychoanalytische Therapien gehen davon aus, dass bestimmte seelische Vorgänge und innere Kräfte dem Bewusstsein verborgen, also „unbewusst“, sind, sich jedoch auf das individuelle Verhalten und die Entwicklung der Persönlichkeit nach ganz bestimmten Gesetzmäßigkeiten auswirken. Es sind in erster Linie unverarbeitete Vorgänge und Konflikte, die vom Individuum verdrängt wurden und deshalb krankmachen.

Grundlegende Annahme ist, dass es die kognitiven Prozesse und Strukturen eines Menschen sind, die einen erheblichen Einfluss auf das Verhalten und Erleben ausüben und entscheiden, wie ein Individuum erlebt und sich verhält. Es kommt grundsätzlich darauf an, wie der Mensch Umweltereignisse wahrnimmt, diese gedanklich verarbeitet, beurteilt und bewertet.

Die Struktur

In der Psychoanalyse sind es die verschiedenen Schichten des Bewusstseins – das Bewusste, das Vorbewusste und das Unbewusste, womit sich die psychoanalytische Theorie eigentliche beschäftigt. Zugleich spielen auch die Persönlichkeitsinstanzen Es, Ich und Über-Ich eine große Rolle.

Bei der kognitiven Theorie von *Beck* ist es die Beziehung zwischen den verschiedenen Ebenen der Kognitionen sowie zwischen Ereignis/Situation, kognitiven Annahmen, Erwartungen und Erleben/Verhalten.

Der Ausgangspunkt und der Verlauf der Persönlichkeit

Die Psychoanalyse geht davon aus, dass der Mensch triebgesteuert ist. Dabei handelt es sich um den Lebens- und Todestrieb, deren Quelle der Triebenergie die Libido bzw. Destrudo ist. Die Triebenergie findet eine Abfuhr über die Libidoentwicklung. Die Persönlichkeitsinstanzen stehen zueinander in einer Wechselbeziehung, in einem Mit- und Gegeneinander. Dabei kann es sich um ein starkes oder auch um ein schwaches Ich handeln. Bei einer Ich-Schwäche treten Ängste auf, die mithilfe von bestimmten Schutzmaßnahmen abgewehrt werden müssen (Abwehrmechanismen).

Bei den kognitiven Theorien sind es die Überzeugungen und die daraus resultierenden Erwartungen, die das Erleben und Verhalten steuern. Dabei spielen die Gedanken die entscheidende Rolle auch bei der Entstehung von emotionalen Reaktionen.

Die Entstehung seelischer Fehlentwicklungen

Eine unzureichende bzw. exzessive Triebbefriedigung führt zu einer Fixierung und/oder Regression in der Entwicklung. Zugleich bewirkt eine Ich-Schwäche unangemessene

Ängste und einen übertriebenen Einsatz von Abwehrmechanismen. Dies führt zu innerpsychischen Spannungen, zu einem inneren Konflikt, und äußert sich in Symptomen als Merkmal einer psychischen Störung – beispielsweise einer sozialen Phobie.

Ganz anders bei kognitiven Theorien. Hier sind es unangemessene, dysfunktionale Gedanken eines Menschen, die nicht der Realität entsprechen. Informationen stehen in Widerspruch zu den Grundannahmen, deshalb werden sie „übersehen" oder verzerrt wahrgenommen, was der Ausgangspunkt für die Entstehung psychischer Störungen ist.

Vergleich der psychoanalytischen und der kognitiven Therapie im Überblick

Kriterium	Psychoanalytische Theorie	Kognitive Theorie
Menschenbild	Der Mensch ist ein dynamisches System, das von verschiedenen Energien gesteuert wird; Mechanistisches Menschenbild. Der Mensch ist ein triebgesteuertes Wesen.	Der Mensch ist grundsätzlich auf seine Zukunft hin orientiert. Der Mensch kann über seine Kognitionen sein Erleben und Verhalten in einem sehr entscheidenden Maße selbst steuern.
Grundannahmen	Bestimmte seelische Vorgänge und innere Kräfte sind unbewusst, wirken sich jedoch auf das individuelle Verhalten und die Entwicklung der Persönlichkeit nach ganz bestimmten Gesetzmäßigkeiten aus.	Kognitive Prozesse üben einen erheblichen Einfluss auf das Verhalten und Erleben aus und entscheiden, wie ein Individuum erlebt und sich verhält.
Struktur	Schichten des Bewusstseins, Instanzen der Persönlichkeit	Die Beziehung zwischen den verschiedenen Ebenen der Kognitionen sowie zwischen Ereignis/Situation, kognitiven Annahmen, Erwartungen und Erleben/Verhalten
Ausgangspunkt und Verlauf der Persönlichkeitsentwicklung	Lebens- und Todestrieb, Libido und Destrudo als jeweilige Quellen der Triebenergie; Abfuhr der Triebenergie über die Phasen der Libidoentwicklung; Wechselbeziehung der Persönlichkeitsinstanzen; Ausbildung eines starken oder schwachen Ichs; Auftreten von Ängsten bei Ich-Schwäche, die mithilfe von bestimmten Schutzmaßnahmen abgewehrt werden müssen (Abwehrmechanismen)	Überzeugungen und die daraus resultierenden Erwartungen steuern das Erleben und Verhalten; die Gedanken spielen die entscheidende Rolle auch bei der Entstehung von emotionalen Reaktionen.

Vergleich der psychoanalytischen und der kognitiven Therapie im Überblick		
Entstehung seelischer Fehlentwicklungen	Unzureichende bzw. exzessive Triebbefriedigung führt zu einer Fixierung und/ oder Regression in der Entwicklung; Ich-Schwäche führt zu unangemessenen Ängsten und einem übertriebenen Einsatz von Abwehrmechanismen, was zu innerpsychischen Spannungen, zu einem inneren Konflikt, führt und sich in Symptomen als Merkmale einer psychischen Störung äußert.	Unangemessene, dysfunktionale Gedanken entsprechen nicht der Realität, Informationen stehen im Widerspruch zu den Grundannahmen, deshalb werden sie „übersehen" oder verzerrt wahrgenommen, was der Ausgangspunkt für die Entstehung psychischer Störungen ist

23.2.2 Bewertung der psychoanalytischen Theorie[1]

Sigmund Freud hat nicht nur die Psychologie insgesamt und vor allem den Bereich der Entwicklung der Persönlichkeit sehr stark beeinflusst, sondern auch das intellektuelle Leben in unserer Kultur. Für die damalige Zeit waren seine Ideen erschreckend und zugleich aufrüttelnd. Viele andere Theorien wurden zumindest teilweise als Reaktion auf die Psychoanalyse entwickelt. Es ist *Sigmund Freuds* großer Verdienst, die Erkenntnis von unbewussten Prozessen und inneren Kräften für die Entstehung und das Verständnis von psychischen Fehlentwicklungen ausgewertet zu haben.

Freuds Psychoanalyse ist sehr stark beeinflusst von gesellschaftlichen und politischen Begebenheiten seiner Zeit: Der 1. Weltkrieg und der Antisemitismus – *Freud* war jüdischer Abstammung – verfehlten nicht ihre Wirkung auf seine Theorie. Zudem ist sie stark beeinflusst von der damaligen Zeitströmung, sich von dem bürgerlichen, vor allem aber sexuell sehr verklemmten Klima, das insbesondere in der sog. „Wiener Gesellschaft" vorherrschte, abzukehren. Schließlich spielt auch seine persönliche Lebensgeschichte eine wichtige Rolle: Er litt lange Zeit seines Lebens unter regelmäßig wiederkehrenden Depressionen und Angstzuständen. Selbst starke Schmerzen wegen Mundkrebses hielten ihn nicht davon ab, seine Theorie zu vervollständigen.

Die Psychoanalyse besitzt einen **hohen Erklärungswert**, sie ist ***eine umfassende Theorie, die das komplexe menschliche Erleben und Verhalten erschöpfend beschreiben und erklären kann***. Sie stellt eine systematische und umfassende Konzeption dar, die sich zur Analyse von psychischen Vorgängen hervorragend bewährt hat. Zudem hat sie mit ihren Erkenntnissen über die Veränderung von seelischen Zuständen und Fehlentwicklungen einen großen Einfluss auf die Pädagogik und insbesondere auf die Therapie ausgeübt.

> *„Aus dieser Erkenntnis der Komplexität des menschlichen Verhaltens heraus entstand eine Theorie, die fast allen Aspekten des menschlichen Verhaltens Rechnung trägt. Keine andere Persönlichkeitstheorie erklärt auch nur annähernd ein derart breites Spektrum menschlicher Verhaltensweisen wie die psychoanalytische Theorie. Nur wenige andere Theorien schenken dem Funktionieren des Individuums in seiner Gesamtheit eine vergleichbare Aufmerksamkeit."*
> *(Pervin u. a., 2005[5], S. 207)*

[1] siehe auch Band 2, Kapitel 8.6.2.

Doch die Psychoanalyse ist auch vielen Kritiken ausgesetzt, welche ihren Erklärungswert einschränken:

- Sie sieht den Menschen als reines Triebwesen. Diese Sichtweise ist jedoch zu sehr verengt, die heutige Psychologie weiß, dass der Organismus nicht nur deshalb aktiv wird, um Triebwünsche möglichst umfassend zu befriedigen und innere Spannungen zu vermindern.
- Sehr umstritten ist die Annahme eines Todestriebes mit seinen aggressiven Äußerungsformen, zumal *Sigmund Freud* keine innere organische Quelle bzw. keine psychische Energie für diesen angeben konnte. Modernere Untersuchungen weisen daraufhin, dass Aggressionen insbesondere auf Erfahrungen zurückgehen.
- Die Annahme, dass jedes Erleben und Verhalten determiniert ist, ist nicht nachweisbar und auch sehr umstritten. Zudem wird dem Menschen durch das Festgelegtsein seines Verhaltens so gut wie keine Selbststeuerung und Autonomie zugestanden.
- Dem Ich wird in der Psychoanalyse eine schwache Position zugestanden. Das Ich ist, wie es *August Flammer* (*2009*[4], *S. 87 f.*) formuliert, „wie ein schwacher Politiker, der dauernd Kompromisse eingehen muss, um zu überleben." Heutige Psychoanalytiker haben diesen Punkt aufgegriffen und die *Freud'sche* Theorie um eine „Ich-Psychologie" erweitert. Auch das ursprünglich psychoanalytische Grundverständnis vom Kind als einem passiven, hilflosen Wesen hat sich gewandelt hin zu einem aktiven Individuum.
- Die ursprüngliche Psychoanalyse geht von der primären Feindseligkeit der Menschen untereinander aus. Indem die Umwelt, die ja die Feindschaft verbietet, Beschränkungen auferlegt und Sanktionen ausübt, lernt man als Reaktion auf die frustrierenden Einwirkungen der Umwelt, sich sozial zu verhalten.

> *„Homo homini lupus*[1]*; wer hat nach all den Erfahrungen des Lebens und der Geschichte den Mut, diesen Satz zu bestreiten? […] Infolge dieser primären Feindseligkeit der Menschen gegeneinander ist die Kulturgesellschaft beständig vom Zerfall bedroht. […] Die Kultur muss alles aufbieten, um den Aggressionstrieben der Menschen Schranken zu setzen, […]."*
> *(Freud, 2012, S. 102)*

Die Propagierung eines zerstörerischen Todestriebes verleitet gelegentlich dazu anzunehmen, dass Freud gewalttätiges Verhalten legitimiert hätte. Die Gefahr würde darin bestehen, dass Gewalttätige als Opfer ihrer Triebe gesehen werden, die diesen hilflos ausgeliefert sind (vgl. Schütz u. a., 2016, S. 63).

Der Mensch lebt grundsätzlich in Konflikt mit den Einschränkungen, welche die Gesellschaft seinen Triebäußerungen auferlegt. *Freud* vertritt, um mit *Ph. G. Zimbardo/R. J. Gerrig* (*2014*[20], *S. 534*) zu sprechen „das Bild eines Schlachtfeldes, auf welchem unbewusste Primärtriebe mit gesellschaftlichen Werten kämpfen". Erst heutige Psychoanalytiker korrigieren das Bild vom Menschen als ‚asoziales' Wesen. Und so sagt der amerikanische Psychoanalytiker und Säuglingsforscher *Daniel Stern* (in: *Lakotta, 2006,*

[1] (lat.) „Der Mensch ist dem Menschen ein Wolf." Dieser Spruch wird Thomas Hobbes zugeschrieben, was nicht ganz richtig ist. Hobbes hat diesen Spruch zwar aufgegriffen, aber er stammt von dem römischen Dichter Titus Maccius Plautus (250–184 v. Chr.) und lautet im Original: „lupus est homo homini, non homo, quom qualis sit, non novit." („Ein Wolf ist der Mensch dem Menschen, nicht ein Mensch, wenn man sich nicht kennt.")

S. 163): „Er (*Freud*) hielt das Baby für ein asoziales, autoerotisches[1] Wesen ....“ Doch neuere Untersuchungen ergeben ein anderes Bild.

- Für viele Wissenschaftler sind die Aussagen der Psychoanalyse zum Teil nicht wissenschaftlich fundiert: Es wird angeführt, dass sich zum einen aus dem Studium von klinischen Fällen und zum anderen aus den Beobachtungen an einer sehr eng umschriebenen Gruppe von Menschen keine allgemeingültigen Gesetzmäßigkeiten für das normale Verhalten ableiten lassen. Zudem sind viele Aussagen nicht nachweisbar, sondern lassen sich lediglich durch Interpretation und Deutungen von Berichten erschließen, die nicht überprüfbar sind. Viele Prozesse gehen unbewusst vor sich, sodass wissenschaftlich nicht festgestellt werden kann, ob es sie tatsächlich gibt.
  Es lässt sich neben der Annahme eines Todestriebes mit seinen aggressiven Äußerungsformen das Festgelegtsein sämtlicher Verhaltensweisen durch seelische Prozesse schwer belegen. Am meisten wissenschaftlich umstritten sind jedoch bestimmte Aussagen über die Entwicklung der Libido wie etwa die orale Befriedigung durch Nahrungsaufnahme, das ausschließliche Erlernen der Thematik des Hergebens und Festhaltens im übertragenen Sinne in der analen Phase, die Kastrationsangst, der Penisneid oder der Ödipus-Konflikt bzw. -komplex. Der britische Psychoanalytiker *John Bowlby* erkannte beispielsweise schon in den 50er Jahren des vergangenen Jahrhunderts, dass nicht die orale Befriedigung, sondern das Bedürfnis des Säuglings nach emotionaler Wärme der Auslöser für die Bindung zwischen diesem und seiner Bezugsperson ist. Ergebnisse der Untersuchungen von *Jeanette Greve und Werner Roos (1996)* gaben keinerlei Hinweise auf das Vorhandensein des Ödipuskonfliktes.

Neuere Untersuchungen der Hirnforschung bestätigen viele Aussagen der Psychoanalyse. Das Vorhandensein von unbewussten Prozessen und der Verdrängung, sowie vieles, was *Freud* über den Traum und die Traumdeutung geschrieben hat, findet heute wissenschaftliche Bestätigung. Aufgrund neurobiologischer Erkenntnisse der jüngsten Zeit leugnet heute kein Wissenschaftler mehr die prägende Rolle der Kindheit oder die Existenz des Unbewussten. Gedächtnisforscher arbeiten derzeit ebenso wie *Freud* mit dem Begriff der Verdrängung, und auch die schon tot geglaubte Annahme, Wünsche sind die Quelle der Träume, hat wissenschaftliche Bestätigung gefunden.

> *„Die Psychoanalyse ist eine umfassende und komplexe Theorie. Wenn Teile daraus [...] als wahrscheinlich unzutreffend erkannt werden, heißt das noch lange nicht, dass die ganze Theorie zu verwerfen ist.“*
> *(Flammer, 2009[4], S. 92)*

Bewertung der psychoanalytischen Theorie[2]

- Zum Teil nicht wissenschaftlich fundiert, vor allem die Libidoentwicklung wird auch von heutigen Psychoanalytikern abgelehnt
- Umfassende Theorie, die das komplexe menschliche Erleben und Verhalten erschöpfend beschreiben und erklären kann

[1] autoerotisch (griech.): Die Triebenergie ist auf einen selbst bezogen.
[2] vgl. Band 2, Kapitel 8.6.2

Bewertung der psychoanalytischen Theorie

- Große Bedeutung für die Erziehung, Beratung und Psychotherapie
- Verengte Sichtweise, dass jedes Verhalten von sexuellen und aggressiven Triebimpulsen gesteuert wird
- Umstrittene Annahme eines Todestriebes
- Schwache Position des Ich
- Betrachtung des Menschen als asoziales Wesen

Heutige Psychoanalytiker betonen mehr die Entwicklung der Ich-Funktionen, die Entwicklung des Selbstbildes und die Rolle früher Beziehungen, vor allem zu den Eltern bzw. anderen Bezugspersonen (Objektbeziehungen). Zudem rücken sie den sozialen Gedanken mehr in den Vordergrund. Mit dieser neuen Entwicklung nähern sich Psychoanalytiker jedoch mehr und mehr anderen Richtungen der Psychologie an, wie etwa der humanistischen Psychologie oder der Individualpsychologie von Alfred Adler, der sich gerade wegen dieser kritisierten Punkte von Freud trennte. Selbst Eva Jaeggi, eine Psychoanalytikerin, die „nach wie vor fasziniert" ist von den vielfältigen Möglichkeiten, die das psychoanalytische Theoriesystem bietet (Jaeggi, 2011, S. 16), schreibt, dass viele neue Positionen der Psychoanalyse in so vielen Punkten von der Freud'schen Konzeption abweichen, dass sie eher in den Bereich der Humanistischen Psychologie hineinreichen als in den der psychoanalytischen[1] (vgl. Jaeggi, 2011, S. 97).

23.2.3 Bewertung der kognitiven Theorie

Die kognitiven Theorien entstanden in den 60er-Jahren des letzten Jahrhunderts als „Gegenbewegung" zum Behaviorismus (***„Kognitive Wende"***). Es gibt jedoch keine einheitliche und geschlossene Grundauffassung einer solchen Theorie. In dieser Zeit entstand auch die kognitive Theorie von *Aaron T. Beck*, der diese als Grundlage für seine entwickelte Therapie sah.

Im Unterschied zum Behaviorismus, der in dem Lernenden mehr ein „marionettenhaftes" Wesen sieht, das durch Verhaltenskonsequenzen aus der Umwelt beliebig steuer- und kontrollierbar ist, schreiben die kognitiven Theorien dem Menschen ein hohes Maß an **Selbststeuerung** zu. Er kann sich selbst steuern und sein eigenes Verhalten ändern, wenn er es will. Darin liegt die Freiheit des Menschen, sein Schicksal selbst zu bestimmen.

Die kognitive Theorie *Becks* basiert auf gründlicher experimenteller Forschung und ist **wissenschaftlich fundiert**.

Der **Erklärungswert** der kognitiven Theorie ist relativ gering, *Beck* wollte ja keine Erklärungstheorie schaffen, sondern eine Grundlage für sein psychotherapeutisches Konzept. Kognitive Theorien erklären „nur" auf der Grundlage von Kognitionen, alle anderen psychischen Phänomene bleiben außen vor oder sind von Kognitionen „abhängig" wie dies beispielsweise bei Gefühlen der Fall ist.

Sehr vernachlässigt wird auch der Gesichtspunkt der **Motivation**, warum Menschen überhaupt aktiv werden, weshalb die kognitive Theorie nur sehr bedingt erklären kann. Auf der anderen Seite kommen kognitive Theorien dort zum Tragen, wo behavioristische Theorien an ihre Grenzen stoßen.

[1] Als Beispiele seien hier Heinz Kohut als der Begründer der Selbstpsychologie, Heinz Hartmann mit seiner psychoanalytischen Ich-Psychologie und die Objektbeziehungstheorie, deren Pionierin Melanie Klein ist, genannt. Eva Jaeggi bezieht ihre Äußerungen auf Heinz Kohut.

Kritisiert wird, dass nicht nur Gedanken Ängste auslösen können, sondern auch die Situation selbst. *Beck* meint, dass diese keinen direkten Einfluss auf Gefühle haben, was sehr umstritten ist. Gerade die Werbung mit ihren Assoziierungen zeigt, dass auch Situationen als solche angenehme oder unangenehme Gefühle auslösen können.

> *„In den [...] kognitiven Theorien werden Emotionen nur als Nebenprodukte von Gedanken [...] gesehen [...], statt dass ihnen eine eigenständige Bedeutung zugewiesen wird."*
> *(Gerrig, 2016[20], S. 531 f.)*

Die Ansicht, dass Emotionen nur Folge von Kognitionen sind, ist sehr einseitig. Zwischen Kognitionen und Emotionen besteht eine Wechselwirkung: Nicht nur lösen Kognitionen Emotionen aus, auch Emotionen bewirken bestimmte Kognitionen.

Kognitive Prozesse bleiben – wie bereits in *Band 1, Kapitel 4.3.4* ausgeführt – von Emotionen nicht unbehelligt. Angenehme Gefühle und Bedürfnisse fördern kognitive Prozesse, die diese Gefühle unterstützen, unangenehme Emotionen dagegen hemmen kognitive Prozesse, die solche Emotionen verstärken würden, und fördern kognitive Vorgänge, die ihnen entgegenarbeiten.

Wer zum Beispiel einen Menschen sehr gerne mag, der wird viel an ihn denken und nachdenken, wie er ihn treffen oder ihm eine Freude machen kann. Wer einen Menschen hasst, der wird sich möglicherweise überlegen, wie er ihm eins „auswischen" kann.

Becks Theorie besitzt jedoch eine große Bedeutung für die Psychotherapie.

Bewertung der kognitiven Theorie (nach *Beck*)

- Ein hohes Maß an Selbststeuerung
- Theorie ist wissenschaftlich fundiert
- Geringer Erklärungswert der kognitiven Theorie
- Große Bedeutung für die Psychotherapie
- Einseitige Sichtweise des Zusammenhanges von Kognitionen und Emotionen
- Vernachlässigung des Gesichtspunktes der Motivation

Auf den Punkt gebracht

- Bezüglich des Vergleiches von Theorien haben sich als Kriterien das Menschenbild, die Grundannahmen, die Struktur, der Ausgangspunkt und der Verlauf der Persönlichkeitsentwicklung sowie die Entstehung seelischer Fehlentwicklungen bewährt.
- Hinsichtlich der Bewertung von Theorien sind als Kriterien die Wissenschaftlichkeit, der Erklärungswert und die Anwendbarkeit zu nennen. Die psychoanalytische und kognitive Theorien von *Beck* zeigen sowohl Stärken als auch Schwächen.

Wiederholen, Vertiefen, Anwenden

1. Vergleichen Sie die psychoanalytische Theorie von *Sigmund Freud* mit der kognitiven Theorie von *Aaron T. Beck*.

2. Unterziehen Sie
   a) die psychoanalytische Theorie,
   b) die kognitive Theorie von *Beck*
   einer kritischen Würdigung.

3. *Lernsituation 23.2: Welche Theorie ist die „optimalere"?*
   - Stellen Sie in Ihrer Klasse je sechs Stühle gegeneinander gerichtet auf. Fünf Mitschüler, welche die Meinung vertreten, die Psychoanalyse sei das bessere Erklärungsmodell, setzen sich in die eine Reihe, weitere fünf Mitschüler, die für die kognitive Theorie von *Beck* plädieren, nehmen auf den Stühlen gegenüber Platz. In jeder Reihe bleibt ein Stuhl leer.
   - Diskussionsablauf: Die eine Gruppe will die andere Gruppe davon überzeugen, dass die Psychoanalyse die „bessere" Theorie ist. Doch die andere Gruppe verteidigt ihren Standpunkt und preist ihn an.
   - Jede Gruppe bekommt drei Minuten Zeit, sich auf das „Streitgespräch" vorzubereiten.
   - Wer von der Klasse einen Diskussionsbeitrag leisten möchte, setzt sich auf den leeren Stuhl. Er nimmt auf derjenigen Seite Platz, die er mit seinem Beitrag unterstützen will. Nach dem Beitrag verlässt der Schüler den Stuhl wieder.

4. *Fazit ziehen*
   - Notieren Sie auf einen Zettel:
     - Was hat mir das Thema „Die Erklärung der Entstehung von psychischen Störungen" gebracht?
     - Womit kann ich nichts anfangen?
     - Was ich zu diesem Thema noch sagen wollte ...
   - Lesen Sie, wenn Sie wollen, Ihre Notizen der Klasse vor.
   - Sprechen Sie in der Klasse über die Bewertungen.

23.3 Das psychoanalytische Therapieverfahren

Lernsituation

Wie kann Georg psychotherapeutisch geholfen werden?

Georg, der in Deutsch sein Fachreferat halten soll, ist Ihnen ja schon bekannt[1]*. Er bringt, als er sein Referat hält, kaum ein Wort heraus, wiederholt stets Laute und bleibt an ihnen krampfartig hängen. Er fängt an zu zögern und hält inne. So geht das eine Weile, bis er schließlich ganz aufhört zu sprechen. Mit rotem Gesicht und zitternden Händen geht er in seine Bank zurück.*

[1] siehe Lernsituation 23.1

Er traut sich auch iem Unterricht zu melden. Er würde dann rot werden, bekäme Herzrasen und ein Zittern am ganzen Körper, vor allem an den Händen. Aber das ist nur der Fall, wenn mehrere oder gar viele Menschen da sind, sonst nicht.

Sie wissen zwar, wie eine solche Angststörung mithilfe der psychoanalytischen Theorie von *Sigmund Freud* erklärt werden kann, doch Sie wollen auch in Erfahrung bringen, wie Georg auf der Grundlage der Psychoanalyse mit einer Psychotherapie geholfen werden kann.

I Information

23.3.1 Grundlagen der psychoanalytischen Psychotherapie

Der Beginn von Psychotherapie ist eng mit *Sigmund Freud*, dem Begründer der Psychoanalyse, verbunden. Seine Schriften zeigen den Beginn eines psychotherapeutischen Behandlungsansatzes und sind so berühmt geworden, dass in der ersten Hälfte des 20. Jahrhunderts Psychotherapie mit Psychoanalyse nahezu gleichgesetzt wurde. Alle wichtigen psychotherapeutischen Verfahren sind aus der Psychoanalyse hervorgegangen oder stark von ihr beeinflusst.

Innerhalb der Psychoanalyse haben sich im Laufe der Zeit verschiedene Psychotherapieformen entwickelt. Wissenschaftlich und als Kassenleistung der gesetzlichen Krankenversicherungen anerkannt sind die **analytische Psychotherapie**, die sich an der ***klassischen Psychoanalyse*** von *Sigmund Freud*[1] orientiert, sowie die **tiefenpsychologisch fundierte Psychotherapie** – oft nur tiefenpsychologische Psychotherapie genannt –, die eine „Kurzform" der analytischen Psychotherapie darstellt. Trotz des gleichen theoretischen Hintergrundes gestaltet der Therapeut bei der tiefenpsychologisch fundierten Psychotherapie das Gespräch aktiver, es geht eher um die Lösung konkreter Problemstellungen. Patient und Therapeut sitzen sich gegenüber und die Sitzungen finden einmal wöchentlich statt. Beide Therapieformen – analytische und tiefenpsychologische fundierte Psychotherapie – werden unter den Begriff ***psychodynamische Therapieverfahren*** zusammengefasst.

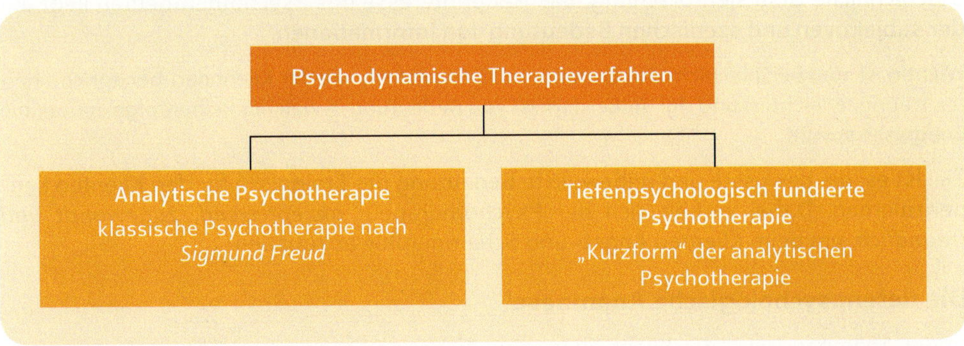

Im Folgenden wird die analytische Psychotherapie nach *Sigmund Freud* dargestellt.

Ziel analytischer Psychotherapie ist, im therapeutischen Gespräch unbewusste Konflikte zunehmend deutlicher und bewusster erlebbar zu machen. Innere Widersprüche, irrationale

[1] Eine Biografie von Sigmund Freud befindet sich in Band 2, Kapitel 8.1.1.

Ängste sowie aus der Biografie stammende Verletzungen und Kränkungen werden geklärt und emotional aufgearbeitet. Es entwickeln sich neue Einstellungen und Lösungsmöglichkeiten, die bewirken, dass die Symptome und Beschwerden sich verbessern.

Die analytische Psychotherapie

Wissenschaftliche Grundlage: die psychoanalytische Theorie

Grundannahme	Bestimmte seelische Vorgänge und innere Kräfte bleiben dem Bewusstsein verborgen, sind „unbewusst“, wirken sich jedoch auf das individuelle Verhalten und die Entwicklung der Persönlichkeit nach ganz bestimmten Gesetzmäßigkeiten aus.
Zielsetzung	▪ Klärung unbewusster Zusammenhänge ▪ emotionale Auf- und Verarbeitung von bewusst gemachten Konflikten

23.3.2 Die Analyse

Die Analyse liefert die für den Psychotherapeuten wichtigen Erkenntnisse für die Erforschung der unbewussten bedeutsamen Zusammenhänge. Zur Bildung eines ersten Eindrucks und Beurteilung der Erfolgsaussichten einer Zusammenarbeit stehen dem Psychotherapeuten zwei Vorgehensweisen zur Wahl: das **psychoanalytische Erstinterview und eine tiefenpsychologische Anamnese**.

Das psychoanalytische Erstinterview

Der Psychotherapeut überlässt dem Klienten weitgehend die Aktivität, den Gesprächsverlauf zu bestimmen. Die vom Klienten angesprochenen Themen, die Art und Weise, wie er darüber spricht, bieten dem Psychotherapeuten eine Reihe von Anhaltspunkten. Die Rolle des Psychotherapeuten ist dabei die eines reflektierenden Mitspielers, nicht die eines außenstehenden Beobachters. Das psychoanalytische Erstinterview ist keine lebensgeschichtliche Ursachenforschung, das Hauptinteresse des Psychotherapeuten liegt auf **der subjektiven und szenischen Bedeutung von Informationen**.

→ Wichtig ist zum Beispiel nicht das Ereignis an sich, sondern wie der Klient darüber spricht: heiter, traurig, erleichtert und dgl. Außerdem ist von Bedeutung in welcher Reihenfolge er über die Ereignisse spricht.

Ziel ist es, die bewusste und unbewusste Bedeutung der Ereignisse für den Klienten kennenzulernen. Dabei verhält sich der Psychotherapeut ***akzeptierend, zugewandt und freundlich***, um beim Klienten Angst- und Schamgefühle abzubauen.

Die tiefenpsychologische Anamnese[1]

In der Anamnese wird der Klient über seine bisherige Lebensgeschichte befragt und es werden Daten über die Entwicklungsgeschichte seines Problems erhoben. Mithilfe grob strukturierter Fragen erstellt der Psychotherapeut ein möglichst lückenloses Bild bedeut-

[1] anámnēsis (griech.); die Erinnerung

samer lebensgeschichtlicher Faktoren des Klienten. Die dafür nötigen Informationen werden möglichst gründlich erhoben und durch gezieltes Nachfragen vervollständigt.

Der Psychotherapeut sieht sich hier in der Rolle eines unbeteiligten Beobachters, der die erhaltenen Informationen systematisch analysiert. Die Auswertung des Anamnesegesprächs durch den Psychotherapeuten besteht in der Formulierung von Annahmen über mögliche Ursachen für das Symptom bzw. Problem sowie über die Erklärung dieses Problems. Ergänzende Daten zum Problem des Klienten können über Tests und Beobachtungen gewonnen werden. Die damit ermittelten Informationen dienen zur Überprüfung der durch den Psychotherapeuten aufgestellten Annahmen über mögliche Zusammenhänge zwischen dem Problem und dessen Ursachen. Anamnesedaten wiederum liefern Hinweise für die Interpretation der Testergebnisse.

Weitere Daten werden durch den analytischen Prozess selbst gewonnen, in dessen Verlauf die unbewussten Anteile des Konfliktes analysiert und damit dem Bewusstsein zugänglich gemacht werden.

23.3.3 Vorgehensweise in der psychoanalytischen Therapie

Zur Aufdeckung unbewusster psychischer Inhalte und Vorgänge bedient sich die Psychoanalyse vornehmlich ***dreier Verfahrensweisen***: **der freien Assoziation, der Traumanalyse und der Deutung**.

Die freie Assoziation

Um Zugang zu verdrängten Inhalten zu gewinnen, wird die Technik des freien Assoziierens angewendet. Der Klient wird aufgefordert, seinen Gedanken und Gefühlen freien Lauf zu lassen und alles zu äußern, was ihm in den Sinn kommt, so banal oder peinlich es ihm auch erscheinen mag.

Freies Assoziieren ist eine psychoanalytische Verfahrensweise, die darin besteht, dass der Klient aufgefordert wird, seinen Gedanken freien Lauf zu lassen und alle Gefühle und Gedanken zu äußern ohne Rücksicht darauf, wie unwichtig, persönlich oder beschämend sie ihm erscheinen.

Um den Vorgang des freien Assoziierens zu erleichtern, liegt der Klient beim traditionellen Vorgehen auf einer Couch, und der Analytiker sitzt hinter ihm außerhalb seines Blickfeldes. Der Klient liefert so das notwendige Material, das zur Entdeckung von Störungen analysiert werden kann. Der Psychotherapeut achtet dabei in gleichem Maße auf den Fluss der Gedanken als auch auf Stockungen und Unterbrechungen.

Die Traumanalyse

Neben der freien Assoziation sind es vor allem die Träume, die den Zugang zum Unbewussten öffnen. Es wird angenommen, dass im Traum unbewusste Bedürfnisse und Konflikte auftauchen, die im Wachzustand nicht zugelassen werden, weil sie Angst erzeugen.

Im Traum tauchen sie in so verschlüsselter und symbolhafter Form auf, dass der Träumende sie nicht versteht. Der Klient wird aufgefordert, von seinen Träumen zu berichten. Er erzählt den **manifesten**[1] **Inhalt seiner Träume**, das heißt die Bilder und Vorgänge, an die er sich noch erinnert. Den Therapeuten interessiert jedoch der **latente**[2] **Trauminhalt**, das sind die unbewussten Bedürfnisse, Ängste und Konflikte hinter diesen Traumbildern – also der verborgene, unbewusste Inhalt des Traumes. Dazu wird er den Klienten wieder auffordern, frei zu assoziieren: der Klient soll sagen, was ihm zu bestimmten Ereignissen oder Personen im Traum einfällt.

Der manifeste Trauminhalt ist das Traumgeschehen, an das sich der Klient erinnert und wovon er berichten kann. Der latente Trauminhalt dagegen stellt die unbewussten Bedürfnisse, Ängste und Konflikte dar, die hinter dem manifesten Trauminhalt verborgen sind.

Die Deutung

Das aus den Träumen und der freien Assoziation gewonnene Material versucht der Therapeut zu ***deuten***: Er „übersetzt" dem Klienten bestimmte Symbole und zeigt ihm bestimmte Zusammenhänge auf.

Eine Deutung ist die dem Klienten mitgeteilte Interpretation über unbewusste Sinnzusammenhänge.

„Die Traumdeutung aber ist die Via regia[3] zur Kenntnis des Unbewussten im Seelenleben."
(Freud, 2014[4], S. 632)

Der Analytiker teilt dem Klienten die Deutung mit. Allerdings erst dann, wenn er annimmt, dass dieser in der Lage ist, die Deutung anzunehmen und zu verarbeiten. Erfolgt die Deutung zu früh, so wehrt der Klient die Deutung ab. Er reagiert mit **Widerstand**, die Abneigung gegen die Bewusstmachung unbewusster psychischer Inhalte. Diesen kann nun der Therapeut wieder deuten und interpretieren. Unter Umständen ist der Abbau eines solchen Widerstandes ein schwieriger und langwieriger Prozess.

Auslöser des Widerstandes kann oft die Angst vor der Veränderung sein, deshalb liefert eine Analyse über die Art und das Ziel des Widerstandes sowie die Frage, warum der Klient Widerstand leistet, wichtige Hinweise für das weitere Vorgehen.

Im Laufe der psychoanalytischen Behandlung kommt es in der Regel zu einer starken emotionalen Reaktion von Seiten des Klienten auf den Therapeuten. Der Klient identifiziert den Therapeuten mit einem bestimmten Erlebnis, einer Person, die früher im Mittelpunkt seines heute

[1] manifestus (lat.): sichtbar, „handgreiflich" gemacht
[2] latens (lat.): verborgen
[3] via regia (lat.): der königliche Weg, der Königsweg

unbewussten Konflikts stand – meist sind dies die Eltern – oder auch einer Beziehung – zum Beispiel die Mutter-Kind-Beziehung in der frühen Kindheit – und überträgt die entsprechenden Gefühle auf den Therapeuten. Man nennt dieses Phänomen **Übertragung**, welche dem Psychotherapeuten ernöglicht, die unbewussten Wünsche und Konflikte des Klienten unmittelbar zu beobachten.

Eine junge Klientin zum Beispiel, die ihr Therapeut zwei oder drei Minuten warten ließ, wurde wütend und brach in Tränen aus. Sie redete sich ein, dass der Therapeut seiner Lieblingsklientin zusätzliche Zeit widme. Bei der Reflexion wurde deutlich, dass die in dieser Situation geäußerten Gefühle und Fantasien die Klientin an ihre Reaktionen als fünfjähriges Kind erinnerten, wenn sie auf den Vater wartete, der ihr vor dem Einschlafen noch einen Gutenachtkuss geben sollte. Da jedoch immer zuerst die jüngere Schwester einen Gutenachtkuss bekam, musste sie ein paar Minuten warten. Auch damals reagierte sie wütend, eifersüchtig und mit Tränen.

Übertragung bezeichnet den Vorgang, Gefühle, die man gegenüber einem Erlebnis, einer Person oder einer Beziehung aus der Vergangenheit hatte, auf den Therapeuten zu projizieren.

„Die im Hintergrund sitzende, ‚unsichtbare' Person des Analytikers wird damit zum zentralen Projektionsträger all der Wünsche, Erfahrungen und Ängste, die der Patient mit seinen früheren Bezugspersonen als Kind erlebt (und zum Teil längst ‚vergessen') hat. Durch die Abwehrdeutungen aufgelockert, kann der Patient daher all dies bewusster und erinnernd wieder erleben (Übertragungsneurose) mit der Chance des Durcharbeitens unter besseren Bedingungen, da es der Patient ja jetzt objektiv nicht mit einem z.B. kritiklos Gehorsam fordernden autoritären Vater oder einer enttäuschten schuldgefühlerzeugenden Mutter zu tun hat. Der vom Therapeuten angebotene und zugesicherte Raum sachlich objektiver Beständigkeit und – bei aller gebotenen Distanz – wohlwollender Zugewandtheit schafft dem Patienten die Möglichkeit der ‚korrigierenden emotionalen Erfahrung', die ihm hilft, neue progressive Antworten statt der bisherigen Abwehr zu entwickeln."
(Elhardt, 2015[18], S. 159f.)

Das, was der Klient tut und sagt, löst beim Therapeuten ebenfalls Gedanken, Gefühle und Handlungsimpulse aus, die **Gegenübertragung** genannt wird. Durch die Selbstbeobachtung und Analyse dieser Gegenübertragung kann er sich besser in den Patienten einfühlen und den verborgenen Sinn der freien Assoziationen verstehen.

Die Analyse des Übertragungs- und Gegenübertragungsprozesses ist das Kernstück der klassischen analytischen Psychotherapie. Seine Bearbeitung ermöglicht die eigentliche emotionale Aufarbeitung.

Bei Kindern wird in der Regel Spielmaterial benutzt, in welches die emotionalen Reaktionen hineinprojiziert werden. Oft ist es auch das Erzählen selbst, das Emotionen freisetzt. Menschen erzählen oft sehr engagiert – auch in der Körpersprache – über das, was sie bewegt, und erfahren dadurch Erleichterung. Das Erzählen wird dann oft als „Erleichterung" erlebt, wobei es im strengen Sinne nicht das Erzählen an sich ist, das zur Veränderung der Belastung führt, sondern die dadurch freigesetzten Emotionen. Meist aber werden diese Gefühle auf den Therapeuten übertragen.

Die Hilfe kann als beendet gelten, wenn der Klient als Ziel die Fähigkeit zur Selbstanalyse erreicht hat und unbewusste Zusammenhänge klar geworden sind sowie die bewusst gemachten Konflikte aufgearbeitet und verarbeitet sind. Es ist Aufgabe des Psychotherapeuten, zu beurteilen, wann das Ziel der Therapie erreicht ist.

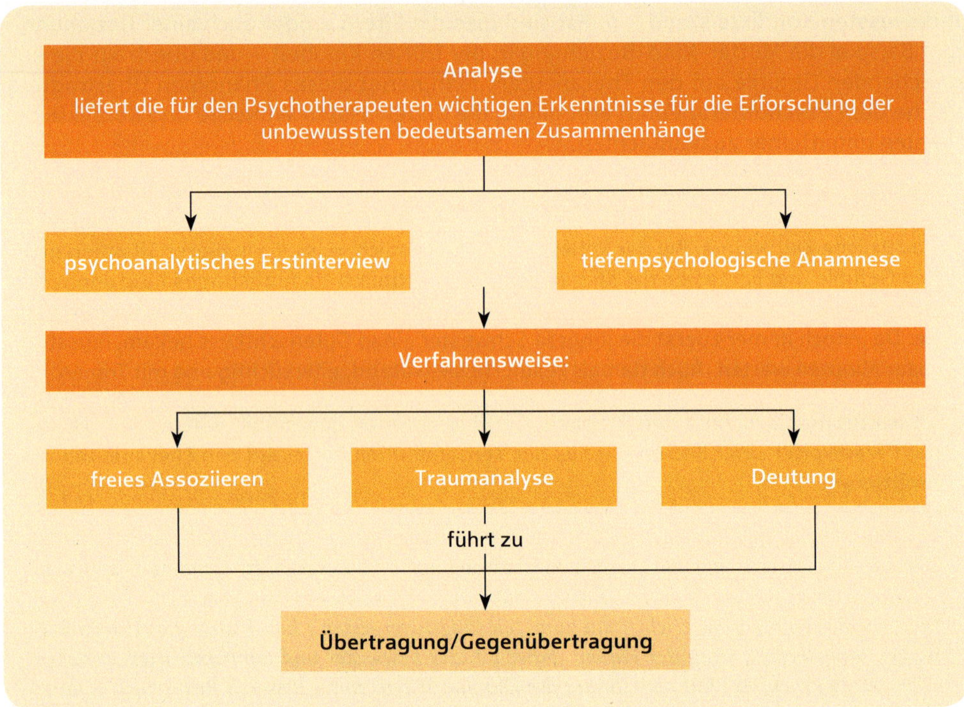

→ **Materialien** 4. Psychotherapeutisches Verfahren bei Depressionen und Angststörungen

Auf den Punkt gebracht

- Wissenschaftliche Grundlage der klassischen psychoanalytischen Therapie bildet die psychoanalytische Theorie. Grundlegende Annahme ist, dass bestimmte seelische Vorgänge und innere Kräfte dem Bewusstsein verborgen, also „unbewusst“, sind, sich jedoch auf das individuelle Verhalten und die Entwicklung der Persönlichkeit nach ganz bestimmten Gesetzmäßigkeiten auswirken. Ziel psychoanalytischer Therapie ist die Klärung unbewusster Zusammenhänge und die emotionale Auf- und Verarbeitung der bewusst gemachten Konflikte.
- Der Analyse stehen zwei Vorgehensweisen zur Auswahl: das psychoanalytische Erstinterview und eine tiefenpsychologische Anamnese. Zur Aufdeckung unbewusster psychischer Inhalte und Vorgänge bedient sich die Psychoanalyse vornehmlich dreier Verfahrensweisen: der freien Assoziation, der Traumanalyse und der Deutung. Dabei spielt die Übertragung der entsprechenden Gefühle auf den Therapeuten eine wichtige Rolle; sie ermöglicht ihm, die unbewussten Wünsche und Konflikte des Klienten unmittelbar zu beobachten.

Wiederholen, Vertiefen, Anwenden

1. Stellen Sie wissenschaftliche Grundlagen, Grundannahme und Zielsetzung der psychoanalytischen Therapie dar.
2. Beschreiben Sie am Beispiel einer psychischen Störung die Analyse in der psychoanalytischen Therapie.
3. Erläutern Sie auf der Grundlage eines tiefenpsychologischen Therapiekonzeptes (zum Beispiel die analytische Psychotherapie nach *Freud*) am Beispiel einer Angststörung (zum Beispiel sozialer Phobie) das psychotherapeutische Vorgehen.
4. *Lernsituation 23.3*
   Zeigen Sie anhand des Fallbeispiels „Wie kann Georg psychotherapeutisch geholfen werden?“ eine psychoanalytische Therapie (zum Beispiel klassische Therapie nach *Freud*) auf.
5. Fallbeschreibung: „Max“
   Max, 11 Jahre alt, wird von seiner Mutter wegen Zwangserscheinungen bei der Erziehungsberatung vorgestellt. Sie berichtet: Max sei ein sehr braves und ruhiges Kind. So etwas wie eine Trotzphase habe er nicht durchgemacht. Allerdings sei er auch sehr ängstlich und langsam. Für das Anfertigen der Hausaufgaben brauche er im Vergleich zu anderen Kindern ungewöhnlich lange. Sorge machten ihr aber vor allem seine Ordnungszwänge. Wenn die Bleistifte auf seinem Schreibtisch nicht genau im rechten Winkel zur Tischkante lägen, gerate er in Panik. Er meinte, dann passiere ein fürchterliches Unglück. Sie selbst sagt von sich, dass sie das Kind immer sehr streng gehalten habe. Vor allem die Sauberkeitserziehung habe sie rigoros durchgezogen.

   Stellen Sie am Beispiel von Max wichtige Elemente einer psychoanalytischen Therapie (zum Beispiel der klassischen psychoanalytischen Therapie nach *Freud*) dar.
6. Besuchen Sie mit der Klasse eine psychotherapeutische Praxis, die analytisch arbeitet. Bringen Sie dort in Erfahrung, wie diese vorgeht und welche Probleme sich hinsichtlich der Arbeit mit Klienten ergeben.
7. Machen Sie zusammen mit Ihrer Klasse ausfindig, ob sich in Ihrer Nähe eine Einrichtung befindet, die nach einem psychoanalytischen Konzept arbeitet.

23.4 Die kognitive Psychotherapie

Lernsituation

Georg und sein Fachreferat[1]

Sie und Georg sprechen über Georgs Problem, dass er sich vor anderen Menschen nicht zu sprechen traut. Er erzählt Ihnen, dass, immer wenn er vor anderen Menschen reden oder ein Referat halten solle, ihm dann „dumme“ Gedanken durch den Kopf schießen wie zum Beispiel, dass ihn seine Mitschüler auslachen würden. „Sie würden nur darauf warten, dass

[1] siehe Lernsituation 23.1

ich mich verhasple und mir ein Fauxpas passiert, sie würden dann mit Sicherheit in sich hineinkichern. Ich merke, dass, wenn ich vor anderen Menschen referiere oder etwas sage, die mich dann nicht ernstnehmen." Sie sind der Meinung, dass das an seinen Meinungen über sich selbst und über die Mitschüler liege, weshalb er solche Angst habe.

Sie wissen zwar, wie eine solche Angststörung mithilfe der kognitiven Theorie erklärt werden kann, doch Sie wollen auch in Erfahrung bringen, wie Georg auf der Grundlage dieser Theorie geholfen werden kann.

I Information

23.4.1 Grundlagen der kognitiven Therapiekonzepte

Wissenschaftliche Grundlage der kognitiven Therapien bilden **kognitive Theorien**, deren grundlegende Annahme ist, dass es **die kognitiven Prozesse und Strukturen eines Menschen sind, die einen erheblichen Einfluss auf das Verhalten und Erleben ausüben und entscheiden, wie ein Individuum erlebt und sich verhält**. Es ist nicht ein bestimmter Reiz oder die Situation an sich, die das Erleben und Verhalten eines Menschen beeinflussen, es kommt darauf an, ***wie er Umweltereignisse wahrnimmt, diese gedanklich verarbeitet, beurteilt und bewertet***[1].

Ziel kognitiv orientierter Therapien ist demnach die **Änderung der kognitiven Struktur eines** Menschen, die ihn „krank" macht. Dabei geht es zum einen um das **Erkennen der gedanklichen Strukturen eines Menschen** – bei psychischen Störungen handelt es sich um dysfunktionale Kognitionen – und zum anderen um den **Abbau von „fehlerhaften" Strukturen und um den Aufbau von angemessenen** – funktionalen – **kognitiven Strukturen**.

Kognitive Therapie stellt nicht eine in sich geschlossene Vorgehensweise dar, sie besteht aus unterschiedlichen Behandlungsverfahren. Im Folgenden gilt als Orientierung die kognitive Therapie von *Aaron T. Beck*, die sich insbesondere mit der Behandlung von Depressionen befasst. Sie wird deshalb als **Kognitive Therapie der Depression** bezeichnet und wurde in Deutschland von *Martin Hautzinger* weiterentwickelt. Sie lässt sich durchaus auch bei Angststörungen anwenden.

Die kognitive Psychotherapie

Wissenschaftliche Grundlage: kognitive Theorien

Grundannahme:	Kognitive Prozesse und Strukturen eines Menschen üben einen erheblichen Einfluss auf das Verhalten und Erleben aus und entscheiden, wie ein Individuum erlebt und sich verhält
Zielsetzung:	Abbau von „fehlerhaften" Strukturen – sogenannten dysfunktionalen Kognitionen – und Aufbau von angemessenen – funktionalen – kognitiven Strukturen

[1] Die Grundannahmen kognitiver Theorien sind in Abschnitt 23.1.3 zusammengefasst.

Kognitive Therapie ist kein Schönreden oder die Negierung ungünstiger oder schädigender Lebensbedingungen oder ein einfaches Ersetzen von „negativem“ Denken durch ein „positives“, sondern das Entwickeln realistischer und konstruktiver Sichtweisen, um Schwierigkeiten möglichst wirksam bewältigen zu lernen.

23.4.2 Die Analyse

Eine Analyse entsprechend dem in *Abschnitt 23.1.5* dargestellten kognitiven Modell ist für die Planung der Therapie und die Auswahl geeigneter Methoden unerlässlich. Sie soll ***die Beziehung herstellen zwischen den kognitiven Grundannahmen und den automatischen Gedanken, den daraus resultierenden Reaktionen sowie der Situation, die diese Gedanken auslöst.***

> „Die Analyse ist die „Landkarte der Psychopathologie des Patienten und hilft, die große Anzahl von Daten, die der Patient berichtet, zu ordnen.“
> *(Beck, 1999, S. 143.)*

Folgende Gesichtspunkte werden in der Analyse geklärt (*vgl. Beck, 1999, S. 142*):

- Beschreibung der automatischen Gedanken, die dem Individuum aufgrund der problematischen Ereignisse durch den Kopf gehen. Dabei geht es auch um die Bedeutung dieser automatischen Gedanken für das Individuum, denn sie führt zu den zugrundeliegenden kognitiven Grundannahmen.

  Solche automatischen Gedanken können – wie im vorigen Abschnitt dargestellt – zum Beispiel sein „Das ist zu schwer, das verstehe ich nie“.

- Klärung der Ereignisse, die automatische Gedanken auftreten lassen. Dabei kann es sich um bestimmte Reize, Situationen oder auch um gewisse Erlebnisse handeln.

  Eine mögliche Situation, die diese Gedanken auftreten lässt, kann zum Beispiel sein: ein Buch lesen oder eine Prüfungsarbeit schreiben.

- Beschreibung des Erlebens und Verhaltens, das mit den automatischen Gedanken verbunden ist. Hierbei geht es vor allem darum, welche Gefühle mit diesen Gedanken verknüpft sind, was auf der körperlichen Ebene abläuft und wie sich das Individuum verhält.

  So führen die automatischen Gedanken zu einer gedrückten, niedergeschlagenen Stimmung und zu Traurigkeit, das Individuum empfindet eine gewisse Schwere im Bauch und es legt das Buch bzw. den Schreibstift weg.

- Beschreibung der kognitiven Grundannahmen, die den automatischen Gedanken zugrunde liegen.

  So kann sich hinter automatischen Gedanken wie „Das ist zu schwer, das verstehe ich nie.“ die Grundannahme „Ich bin unfähig.“ verbergen.

- Beschreibung der bedingten Annahmen

  Die Grundannahme „Ich bin unfähig“ kann etwa das Axiom nach sich ziehen, „Wenn ich unfähig bin, heißt das, ich bin dumm“. Entsprechend wird die Erwartung ausgebaut, dass der Betroffene „dumm“ ist.

- Ermitteln der relevanten Kindheitsdaten, die für die Entstehung und Aufrechterhaltung der Grundannahmen verantwortlich sind.

Die Grundannahme „Ich bin unfähig." kann beispielsweise durch ein entsprechendes Erzieherverhalten entstanden sein, indem man dem Kind nichts zugetraut hat oder durch Zuschreibungen, wie „Das kannst du ja sowieso nicht." oder „Aus dir wird mal nichts werden."

Diese Daten können nur zum Teil vor der eigentlichen Behandlung erhoben werden, sie müssen während der gesamten Therapie ergänzt und immer wieder überprüft werden. Methoden der Analyse sind die Beobachtung des Klienten in „natürlichen" Situationen, das Gespräch, das Herstellen von bestimmten Situationen im Rollenspiel, Berichte des Klienten und standardisierte Testverfahren sowie Persönlichkeitsfragebögen (vgl. *Hautzinger, 2013[7], S. 13 f.*).

23.4.3 Vorgehensweise in der kognitiven Therapie

Der Therapeut informiert zunächst den Klienten über das kognitive Modell, damit dieser die Zusammenhänge zwischen kognitiven Grundannahmen und den automatischen Gedanken mit seinen Reaktionen sowie der Situation, die diese Gedanken auslöst, erkennen und durchschauen kann bzw. lernt. Ziel ist dabei, den Klienten „zu seinem eigenen Therapeuten zu machen" (*Beck, 1999, S. 33*). Es empfiehlt sich, die Beziehungen anhand seines eigenen Erlebens anschaulich und plausibel zu machen. Der eigentliche Prozess der Veränderung der Kognitionen – **die kognitive Umstrukturierung** – geschieht in fünf Schritten:

1. Schritt: Die Aufdeckung dysfunktionaler Kognitionen

Der erste wichtige Schritt bezüglich der Umstrukturierung von Kognitionen ist die Aufdeckung der automatischen Gedanken, die bei einer psychischen Störung dysfunktional sind. Dieser Schritt wird in der kognitiven Therapie häufig als **Identifikation von dysfunktionalen Kognitionen** bezeichnet.

Der Therapeut geht in der Regel dabei in folgender Reihenfolge vor:

- Klärung der auslösenden Situation interner oder externer Art

Externe Ereignisse sind beispielsweise das Schreiben einer Prüfungsarbeit, die Kritik des Chefs, die Unpünktlichkeit des Freundes. Interne Ereignisse können das Wahrnehmen bestimmter körperlicher Symptome sein wie Herzrasen, das Denken an eine bestimmte Person, der Gedanke, sich bei der bevorstehenden Party lächerlich zu machen.

- Klärung der belastenden Gefühle und der Verhaltensweisen, die die Situation hervorrufen. Neben der Art der Gefühlsreaktion – zum Beispiel Wut, Trauer, Verzweiflung – sind auch die Stärke und die Dauer der Gefühle sowie der Grad der subjektiv erlebten Belastung von Bedeutung. Außer dem konkreten Verhalten in der Situation gilt es, auch die körperlichen Reaktionen des Klienten wie beispielsweise Zittern, Schweißausbrüche u. a. zu erfassen.

- Erst jetzt werden die dysfunktionalen Kognitionen identifiziert, welche die Situation auslösen und das unangemessene Erleben und Verhalten bewirken.

Dabei ist entscheidend, dass der Klient diese Zusammenhänge selbst erkennen lernt -der Therapeut gibt ihm hierzu lediglich „Hilfestellung".

Ausgangspunkt bei den Kognitionen sind immer die automatischen Gedanken, um aufgrund dieser zu den dahinterliegenden bedingten Annahmen und kognitiven Grundannahmen zu kommen. Erst über die automatischen Gedanken lassen sich nämlich – wie in Abschnitt 23.1.4 ausgeführt – die zugrundeliegenden Grundannahmen erschließen. Auch die kognitiven Grundannahmen werden aufgedeckt und identifiziert.

2. Schritt: Überprüfung der dysfunktionalen Kognitionen

Ziel einer solchen Überprüfung ist es, die dysfunktionalen Kognitionen auf ihren Realitätsgehalt hin zu testen. Sie ist Voraussetzung für die Korrektur von kognitiven Verzerrungen und falschen Schlussfolgerungen. Mit dieser Überprüfung geht die Einsicht in die selbstschädigenden Folgen von solchen Gedanken einher.

> *„Ausgangspunkt für das Realitätstesten ist z. B. die Schilderung einer konkreten Erfahrung oder einer Situation, die vom Patienten negativ interpretiert wurde. Der Therapeut hält die Patientenäußerung zunächst einmal für ungültig [...]. Er veranlasst stattdessen, Belege und nähere Informationen zu erbringen. Meist ist es notwendig, dass der Patient seine Gedanken in der realen Situation überprüft, bevor Veränderungen gelingen."*
> *(Hautzinger, 2013[7], S. 138)*

3. Schritt: Infragestellung der dysfunktionalen Kognitionen

Hat der Klient erkannt, dass seine Gedanken wenig realitätsnah und unbegründet sind – was ja bei dysfunktionalen Kognitionen grundsätzlich der Fall ist – so können sie infrage gestellt werden. Dies stellt das eigentliche Kernstück kognitiver Therapie dar. Dabei soll der Klient durch gezielte, möglichst offene, aber spezifische Fragen seine eigenen Kognitionen in bestimmten Situationen reflektieren lernen, selbst deren Unangemessenheit erkennen und daraus Schlüsse ziehen können. Es geht also darum, „den Klienten möglichst selbstständig neue Einsichten und Erkenntnisse erarbeiten zu lassen" (*Wilken, 2015[7], S. 92*).

4. Schritt: Die Erarbeitung angemessener, funktionaler Kognitionen

Sind die dysfunktionalen Kognitionen „entkräftet", so werden in diesem Schritt mit dem Klienten alternative Kognitionen, mit denen er in zukünftigen Situationen sein Erleben und Verhalten positiv beeinflussen kann, ausgearbeitet. Dabei gilt es, diese alternativen Kognitionen in der Vorstellung, im Rollenspiel oder in der Realität hinsichtlich ihrer Folgen für das emotionale Befinden und das Verhalten zu überprüfen. In der Regel erfährt der Klient dabei eine erhebliche Stimmungsverbesserung und angemesseneres Verhalten.

5. Schritt: Die Einübung angemessener, funktionaler Kognitionen

Ein einmaliges „Durchlaufen" dieses Umstrukturierungsprozesses bedeutet jedoch noch lange nicht, dass der Klient diese gewonnene Einsicht nun auch im Alltag selbstständig umsetzen kann. Vielmehr erfordert dies ein aktives Training und viel Übung seitens des Klienten. Hausaufgaben wie Vorstellungs- und Verhaltensübungen eignen sich hierfür am besten.

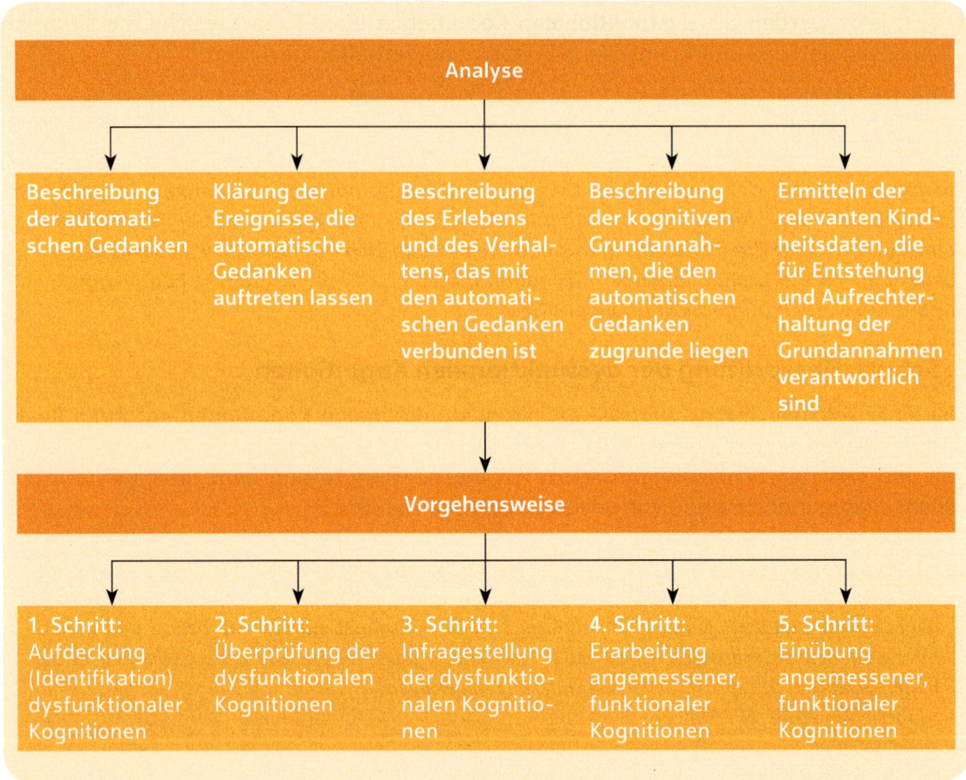

Auf den Punkt gebracht

- Wissenschaftliche Grundlage der kognitiven Therapie von *Beck* bilden kognitive Theorien, deren grundlegende Annahme ist, dass es die kognitiven Prozesse und Strukturen eines Menschen sind, die einen erheblichen Einfluss auf das Verhalten und Erleben ausüben und entscheiden, wie ein Individuum erlebt und sich verhält. Die Entstehung und Aufrechterhaltung von psychischen Störungen hängt mit „falschen“ Gedanken und Bewertungsmustern zusammen, die in den Kognitionstheorien im Gegensatz zu den funktionalen dysfunktionale Kognitionen genannt werden. Ziel kognitiv orientierter Therapien ist die Änderung der kognitiven Struktur eines Menschen, die ihn „krank“ macht.
- Eine Analyse ist für die Planung der Therapie und die Auswahl geeigneter Methoden unerlässlich. Sie soll die Beziehung herstellen zwischen den kognitiven Grundannahmen und den automatischen Gedanken mit den daraus resultierenden Reaktionen sowie der Situation, die diese Gedanken auslöst. Der eigentliche Prozess der Veränderung der Kognitionen – der kognitiven Umstrukturierung – geschieht in fünf Schritten:
  - Die Aufdeckung dysfunktionaler Kognitionen
  - Überprüfung der dysfunktionalen Kognitionen
  - Infragestellung der dysfunktionalen Kognitionen
  - Erarbeitung angemessener funktionaler Kognitionen
  - Einübung angemessener funktionaler Kognitionen

Wiederholen, Vertiefen, Anwenden

1. Stellen Sie wissenschaftliche Grundlagen, Grundannahme und Zielsetzung der kognitiven Therapie dar.
2. Beschreiben Sie am Beispiel einer psychischen Störung die Analyse in der kognitiven Therapie.
3. Erläutern Sie auf der Grundlage eines kognitiven Therapiekonzeptes (zum Beispiel die kognitive Therapie nach *Beck*) am Beispiel einer Angststörung (zum Beispiel sozialer Phobie) das psychotherapeutische Vorgehen.
4. *Lernsituation 23.5*
   Zeigen Sie anhand des Fallbeispiels „Wie kann Georg psychotherapeutisch geholfen werden?" eine kognitive Therapie (zum Beispiel kognitive Therapie nach *Beck*) auf.
5. *Fallbeschreibung „Sally"*
   a) Lesen Sie die Fallbeschreibung „Sally" in *Abschnitt 23.1, Aufgabe 12*
   b) Erläutern Sie anhand dieser Fallbeschreibung eine kognitive Therapie (zum Beispiel nach *Aaron T. Beck*).
6. *Identifizierung eigener Gedanken*
   - Suchen Sie bei Ihnen nach dysfunktionalen (fehlerhaften) Kognitionen.
   - Bilden Sie Kleingruppen und erzählen Sie sich gegenseitig eigene dysfunktionale Kognitionen.
   - Einigen Sie sich auf eine dysfunktionale Kognition und zeichnen Sie diese mit Wachsmalstiften.
   - Stellen Sie die einzelnen Zeichnungen in der Klasse vor und sprechen Sie im Plenum darüber (ohne Namen zu nennen).
7. *Interview führen*
   - Entscheiden Sie sich für eine Stelle, die psychotherapeutisch arbeitet.
   - Bereiten Sie in Kleingruppen Fragen zu folgenden Themen vor: Ziele, Organisation, Arbeitsweise, Klientel, Chancen, Probleme und Grenzen der Arbeit in dieser Stelle.
   - Überlegen Sie sich geeignete Möglichkeiten der Präsentation.
   - Berichten Sie die Ergebnisse Ihres Interviews vor der Klasse.
8. Laden Sie in Ihre Klasse einen in der Praxis tätigen Psychotherapeuten ein und lassen Sie sich von ihm erzählen,
   - nach welchem Grundkonzept der Psychotherapie er vorgeht,
   - welche Vorgehensweise er anwendet (vielleicht kann er diese an einem konkreten „Fall" machen),
   - wie hoch seine „Erfolgsquote" ist und
   - mit welchen Problemen er in seiner Arbeit konfrontiert ist.

23.5 Vergleich und Bewertung der psychoanalytischen und kognitiven Psychotherapie

Lernsituation

Soziale Phobie – Welche Therapierichtung ist die wirkungsvollere?

Sie kennen jetzt die Grundsätze der psychoanalytischen Therapie von Sigmund Freud und der kognitiven Psychotherapie von Aaron T. Beck. Eine Ihrer Mitschülerinnen fragt die Lehrerin: „Ja, welche Therapie ist nun die bessere? Wo soll ich Ihrer Meinung nach hingehen, wenn ich einen Psychologen brauche?" Und die Lehrerin fragt zurück: „Zu welchem Psychotherapeuten würden Sie lieber gehen und weshalb?" Es entwickelt sich in Ihrer Klasse eine Diskussion, wobei die Meinungen auseinandergehen.

Sie vergleichen die psychoanalytische und die kognitive Psychotherapie miteinander und bewerten diese beiden Therapierichtungen.

I Information

23.5.1 Vergleich der psychoanalytischen und der kognitiven Psychotherapie

Bezüglich des Vergleiches von Psychotherapiekonzepten haben sich als Kriterien

- der **Theoriebezug**,
- das **Menschenbild**,
- die **Grundannahmen** der zugrundeliegenden Theorie,
- der **Gegenstand** und
- das **Ziel** der Therapie

bewährt[1].

Der Theoriebezug

Psychoanalytische und kognitive Therapien sind wissenschaftlich fundiert und haben als Grundlage wissenschaftliche Theorien, mit deren Hilfe sich die einzelnen Änderungsmöglichkeiten begründen lassen. Die theoretischen Grundlagen der psychoanalytischen Therapien bilden ***die psychoanalytischen Theorien*** – bei der klassischen Analyse die Theorie nach *Sigmund Freud*[2], bei denen unbewusste Vorgänge und innere Kräfte die entscheidende Rolle spielen. Basis der kognitiven Therapien sind ***kognitive Theorien*** wie zum

[1] In Kapitel 25.1.3 wird ausführlich auf das Vergleichen als Leistungsbereich in Pädagogik/Psychologie und seinen Kriterien eingegangen.

[2] siehe Band 2, Kapitel 8

Beispiel die sozial-kognitive Theorie von *Albert Bandura*[1] oder die in *Abschnitt 23.2* dargestellte kognitive Theorie.

Beide Therapieformen versuchen mit psychologischen, wissenschaftlich fundierten Techniken und Verfahrensweisen psychische Störungen eines Menschen zu heilen. Die psychoanalytischen und kognitiven Therapiekonzepte werden wegen ihrer Erfolge vielfach in der psychotherapeutischen Praxis eingesetzt.

Das **Menschenbild** und die **Grundannahmen** sind in *Abschnitt 23.2.1* dargestellt.

Der Gegenstand

Gegenstand therapeutischer Veränderungsversuche sind in der psychoanalytischen Therapie unverarbeitete Vorgänge und Konflikte, welche sich in bestimmten Symptomen äußern. Ähnlich der personenzentrierten Theorie und entgegen dem Behaviorismus liegt in der psychoanalytischen Theorie einem Symptom grundsätzlich eine Störung zugrunde.

Die „Störung" in den kognitiven Therapien stellen die dysfunktionalen kognitiven Grundannahmen als grundlegende Überzeugungen, Werthaltungen und Einstellungen eines Menschen dar, die sich in seinen automatischen Gedanken äußern und das unangepasste Erleben und Verhalten hervorrufen. Dem krankhaften Symptom liegen also „fehlerhafte" kognitive Grundannahmen zugrunde.

Bei beiden Therapieformen handelt es sich um am Individuum orientierte Ansätze. Die Entstehung des nicht angepassten Erlebens und Verhaltens wird im „Innern" einer Person angesiedelt. Entsprechend befasst sich die Unterstützung von psychisch kranken Menschen mit ihrem Erleben und Verhalten selbst.

Das Ziel

In der psychoanalytischen Therapie geht es um die Klärung unbewusster Zusammenhänge und die emotionale Auf- und Verarbeitung der bewusst gemachten Konflikte. Diese führt schließlich zur Veränderung der Beschwerden. Kognitiv orientierte Therapien dagegen zielen auf die Änderung der kognitiven Struktur eines Menschen, die ihn „krank" macht. Dabei geht es um das Erkennen der gedanklichen Strukturen eines Menschen sowie um den Abbau von dysfunktionalen Strukturen und um den Aufbau von angemessenen – funktionalen – kognitiven Strukturen.

Der Vergleich psychoanalytischer und kognitiver Therapie im Überblick		
Kriterium	**Psychoanalytische Therapie**	**Kognitive Therapie**
Theoriebezug	Grundlage bilden die psychoanalytischen Theorien, bei der klassischen Analyse die Theorie nach *Sigmund Freud*.	Grundlage bilden kognitive Theorien
Menschenbild	Der Mensch ist ein dynamisches System, das von verschiedenen Energien gesteuert wird; mechanistisches Menschenbild. Der Mensch ist ein triebgesteuertes Wesen, welches von sexuellen und aggressiven Impulsen gesteuert wird; dem Menschen wird keine Selbststeuerung zugestanden.	Der Mensch ist grundsätzlich auf seine Zukunft hin orientiert. Der Mensch kann über seine Kognitionen sein Erleben und Verhalten in einem sehr entscheidenden Maße selbst steuern.

[1] Die Grundannahmen kognitiver Theorien sind in Abschnitt 23.2 dargestellt, die sozial-kognitive Theorie von Albert Bandura befindet sich in Band 1, Kapitel 7.

Der Vergleich psychoanalytischer und kognitiver Therapie im Überblick		
Kriterium	**Psychoanalytische Therapie**	**Kognitive Therapie**
Grundannahmen	Bestimmte seelische Vorgänge und innere Kräfte sind unbewusst, wirken sich jedoch auf das individuelle Verhalten und die Entwicklung der Persönlichkeit nach ganz bestimmten Gesetzmäßigkeiten aus; es sind unverarbeitete Vorgänge und Konflikte, die krank machen.	Kognitive Prozesse und Strukturen eines Menschen üben einen erheblichen Einfluss auf das Verhalten und Erleben aus und entscheiden, wie ein Individuum erlebt und sich verhält; es sind dysfunktionale Kognitionen, die krank machen.
Gegenstand	Unverarbeitete Vorgänge und Konflikte, welche sich in bestimmten Symptomen äußern. Ein am Individuum orientierter Ansatz, die Entstehung des nicht angepassten Erlebens und Verhaltens wird im „Inneren" einer Person angesiedelt.	Dysfunktionale kognitive Grundannahmen, die sich in automatischen Gedanken äußern und das unangepasste Erleben und Verhalten hervorrufen. Ein am Individuum orientierter Ansatz, die Entstehung des nicht angepassten Erlebens und Verhaltens wird im „Inneren" einer Person angesiedelt.
Ziel	Klärung unbewusster Zusammenhänge und die emotionale Auf- und Verarbeitung der bewusst gemachten Konflikte	Erkennen der gedanklichen Strukturen eines Menschen, Abbau von dysfunktionalen Strukturen und Aufbau von funktionalen kognitiven Strukturen.

23.5.2 Bewertung der psychoanalytischen Therapie

Die von *Sigmund Freud* entwickelte Therapieform stellt den eigentlichen Ausgangspunkt aller anderen Therapieformen dar. Alle Begründer von weiteren Therapiemethoden haben sich mit der *Freud'schen* psychoanalytischen Therapie auseinandergesetzt und Elemente daraus in ihre eigene Vorgehensweise mit einbezogen, verändert oder weiterentwickelt. Heute gibt es verschiedene Formen psychoanalytischer Therapie, die alle von der gleichen Grundannahme ausgehen. Neben der ***klassischen Langzeit-Analyse*** von *Freud* findet die ***psychoanalytische Kurz(zeit)therapie*** am meisten Anwendung[1].

Die psychoanalytische Therapie ist nach *Klaus Grawe u. a.* (*2001[5], S. 738 f.*) als wissenschaftlich fundiert anzusehen. Die *Freud'sche* Analyse hat eine sehr große Wirkung und hat sich auch bei nicht klar zu umreißenden und vor allem sehr umfassenden Störungen bewährt. Sie ist bei bereits lang andauernden, schweren psychischen Störungen angebracht, bei denen vergangene Erlebnisse und Konflikte eine entscheidende Rolle spielen. Neben den verhaltenstherapeutischen und kognitiven Therapien ist die dargestellte psychoanalytische als Einzel- und Gruppenverfahren im Rahmen der gesetzlichen Krankenversicherung anerkannt.

Es wird häufig eingewendet, dass es den Klienten während der Therapie lange Zeit nicht gut geht, teilweise sogar schlechter als vorher, was vermutlich mit der Bewusstmachung von unangenehmen Erlebnissen und Konflikten zusammenhängt. Dies ist sicher neben der langen Behandlungsdauer mit ein Grund, warum Klienten häufiger als bei anderen Therapieformen die Therapie vorzeitig abbrechen.

---

1 Es gibt noch weitere psychoanalytische Therapieformen, auf die in diesem Zusammenhang nicht eingegangen wird. Von der psychoanalytischen sind tiefenpsychologische Therapieformen wie zum Beispiel die individualpsychologische Therapie nach Alfred Adler oder die analytische Psychotherapie, die auf Carl Gustav Jung zurückgeht, zu unterscheiden.

Die psychoanalytische Therapie genießt hohes Ansehen, vor allem deshalb, weil sie die Psychotherapie insgesamt aus der Taufe gehoben hat. Vor allem bei Psychiatern mit psychotherapeutischer Zusatzausbildung findet sie große Anerkennung. Kritiker wenden jedoch ein, dass sie zu zeitintensiv sei: Die Behandlungsdauer erstreckt sich gegenüber anderen Therapieverfahren oft über mehrere Jahre; Stundenzahlen mit über 300 Stunden sind keine Seltenheit, was diese Therapie sehr teuer macht. Eine klassische psychoanalytische Behandlung dauert in der Regel mindestens drei Jahre. Dies ist insofern erwähnenswert, als andere Therapieformen mit einem erheblich kürzeren Zeitaufwand positive Wirkungen erreichen und *Klaus Grawe u. a.* (*2001[5], S. 696*) in Untersuchungen festgestellt haben, dass die von vielen Psychoanalytikern vertretene Auffassung, schwer gestörte Patienten würden langjährige Therapien benötigen, nicht zutrifft. Manche Kritiker werfen der Psychoanalyse vor, dass aufgrund der langen Therapiedauer häufig eine Heilung quasi „von selbst" oder eine „spontane Remission" eintreten würde, doch diese Vermutung ist eindeutig widerlegt.

> *„Natürlich mache ich auch eine psychoanalytische Therapie, aber erst 15 Jahre. Ich gebe meinem Analytiker noch ein Jahr, dann pilgere ich nach Lourdes!"*
> *(Allen, Woody: Der Stadtneurotiker. Übersetzer: Eckhard Henscheid und Sieglinde Rahm. In: Gehirn&Geist 9/2010, S. 32-37.)*

Neuere Forschungen haben ergeben, dass Menschen auch sog. Pseudoerinnerungen haben – Erinnerungen, die es in Wirklichkeit niemals gegeben hat, der Betroffene aber meint, dies erlebt zu haben – und es kann leicht möglich sein, dass solche bei einem Klienten nicht mehr von echten Erinnerungen unterscheidbar sind.

So hat *Elizabeth Loftus* (*1995*) nachgewiesen, dass bei Klienten zum Beispiel Bilder eines Missbrauchs im Kopf entstehen, der sich aber nie ereignet hat.

Um eine psychoanalytische Therapie durchführen zu können, benötigt der Klient gewisse Fähigkeiten wie Verbalisieren-Können, Krankheitseinsicht und eine ausreichende Motivation. Von diesen Fähigkeiten kann der Erfolg der Therapie in einem nicht unerheblichen Maße abhängen. Psychoanalytisches Vorgehen ist grundsätzlich individuumsorientiert, der größere Bezugsrahmen sozialer, wirtschaftlicher und politischer Einflussfaktoren und Austauschprozesse wird ausgeblendet, was die Erfassung der Problemlage in allen Dimensionen unmöglich macht.

23.5.3 Bewertung der kognitiven Psychotherapie

Die kognitive Therapie ist keine in sich geschlossene Vorgehensweise, sie besteht aus unterschiedlichen Behandlungsverfahren, die auf der Grundlage der verschiedenen kognitiven Theorien beruhen. Die kognitive Psychotherapie von *Beck* hat weltweite Beachtung gefunden.

Die in *Abschnitt 23.4* dargestellte kognitive Therapie von Aaron T. Beck konnte eindrucksvoll ihre hohe Wirksamkeit bei der Behandlung von Depressionen nachweisen, sie erwies sich auch der medikamentösen Behandlung als überlegen (*vgl. Grawe, u. a. 2001[5], S. 461*).

[1] Woody Allen (* 1935) ist US-amerikanischer Komiker, Filmregisseur, Autor, Schauspieler und Musiker.

> *„Schon nach einer Forschungsdauer von nur sieben Jahren liegt [...] zu dieser Therapieform ein so reichhaltiges und hochwertiges Ergebnismaterial vor, dass eine empirisch fundierte Wirksamkeitsbewertung möglich ist. [...] Die [...] festgestellte Wirkungsbilanz kann als makellos bezeichnet werden. [...] Die bisherigen Ergebnisse sprechen [...] dafür, dass die ausgezeichnete Wirksamkeit der kognitiven Therapie[1] auch längerfristig gilt."*
> *(Grawe u. a., 2001[5], S. 459, 461)*

Zudem sind die kognitiven Therapien sehr geeignet, die Selbstanalyse- und Selbsthilfefähigkeit von Klienten zu fördern. Neben den verhaltenstherapeutischen und psychoanalytischen Therapien sind kognitive als Einzel- und Gruppenverfahren im Rahmen der gesetzlichen Krankenversicherung anerkannt.

Nach *Martin Hautzinger* (*2013[7], S. 46*) stellen höheres Lebensalter, mangelnde geistige Beweglichkeit oder unterdurchschnittliche Intelligenz keine Anwendungshindernisse dar. Gegenüber der klassischen psychoanalytischen Therapie sind psychische Störungen in relativ kurzer Zeit zu bewältigen. Aus dieser Sichtweise handelt es sich bei kognitiven Therapien um ein kostengünstiges psychotherapeutisches Verfahren.

Kritiker raten jedoch von einer Behandlung auf einer rein kognitiv-verbalen Ebene ab. Da Kognition, Emotion und Verhalten nicht voneinander zu trennen sind, ist eine Behandlung auf allen diesen Ebenen, nicht nur auf der kognitiven, erforderlich. Zusammen mit verhaltenstherapeutischen Maßnahmen bilden kognitive Therapien nach *Klaus Grawe u. a.* (*2001[5], S. 744*) denn auch die mit größtem Abstand am besten nachgewiesenen und wirkungsvollsten Therapien. Man spricht von **kognitivbehavioralen Therapien**, wenn kognitiv orientierte und verhaltenstherapeutische Maßnahmen zusammen angewendet werden, wie dies normalerweise in der psychotherapeutischen Praxis auch der Fall ist.

Kognitive Therapien sind grundsätzlich individuumsorientiert, der größere Bezugsrahmen sozialer, wirtschaftlicher und politischer Einflussfaktoren und Austauschprozesse wird ausgeblendet, was die Erfassung der Problemlage in allen Dimensionen unmöglich macht.

Bewertung der psychoanalytischen Psychotherapie	Bewertung der kognitiven Psychotherapie (nach *Beck*)
▪ Die von Sigmund Freud entwickelte Therapieform stellt den eigentlichen Ausgangspunkt aller anderen Therapieformen dar. ▪ Sie ist wissenschaftlich fundiert, die Wirksamkeit ist nachgewiesen. ▪ Sie ist angebracht bei lang andauernden, schweren psychischen Störungen, bei denen vergangene Erlebnisse und Konflikte eine entscheidende Rolle spielen. ▪ Dem Klienten geht es während der Therapie lange Zeit nicht gut, teilweise sogar schlechter als vorher.	▪ Die kognitive Psychotherapie nach *Beck* hat weltweit Anerkennung und Beachtung gefunden. Sie stellt momentan die am weitverbreiteste Therapieform dar. ▪ Die kognitive Therapie ist wissenschaftlich fundiert, ihre Wirksamkeit ist nachgewiesen. ▪ Sie ist geeignet, die Selbstanalyse- und Selbsthilfefähigkeit von Klienten zu fördern.

Bewertung der psychoanalytischen Psychotherapie	Bewertung der kognitiven Psychotherapie (nach *Beck*)
■ Sie ist sehr zeitintensiv, was diese Therapie sehr teuer macht. ■ „Spontane Remission" ist widerlegt. ■ Bei ihr benötigt man Fähigkeiten wie Verbalisieren-Können, Krankheitseinsicht und eine ausreichende Motivation. ■ Sie ist individuumsorientiert, der größere Bezugsrahmen sozialer, wirtschaftlicher und politischer Einflussfaktoren und Austauschprozesse wird ausgeblendet.	■ Psychische Störungen sind in relativ kurzer Zeit zu bewältigen, das psychotherapeutische Verfahren ist relativ kostengünstig. ■ Die Behandlung beschränkt sich auf eine rein kognitiv-verbale Ebene. ■ Sie ist individuumsorientiert, der größere Bezugsrahmen sozialer, wirtschaftlicher und politischer Einflussfaktoren und Austauschprozesse wird ausgeblendet.

Auf den Punkt gebracht

- Bezüglich des Vergleiches von verschiedenen Psychotherapieformen haben sich als Kriterien der Theoriebezug, das Menschenbild, die Grundannahmen der zugrunde liegenden Theorie, der Gegenstand und das Ziel bewährt.
- Hinsichtlich der Bewertung zeigen sowohl die psychoanalytische als auch die kognitive Therapieform großen Stärken, aber auch Schwächen.

Wiederholen, Vertiefen, Anwenden

1. Vergleichen Sie die psychoanalytische Therapie von *Sigmund Freud* mit der kognitiven Psychotherapie von *Aaron T. Beck*.
2. Unterziehen Sie
   a) die psychoanalytische Theorie,
   b) die kognitive Theorie von *Beck*
   einer kritischen Würdigung.
3. *Lernsituation 23.5*
   a) Vergleichen Sie die psychoanalytische und die kognitive Psychotherapie miteinander.
   b) Bewerten Sie diese beiden Therapierichtungen.
   c) Beantworten Sie in Gruppen folgende Frage: Zu welchem Therapeuten würden Sie lieber gehen, zu einem Psychoanalytiker oder zu einem kognitiv orientierten Psychotherapeuten? Begründen Sie Ihre Wahl.
4. *Lernsituation 23.5: Welche Psychotherapieform ist die „bessere"?*
   - Stellen Sie in Ihrer Klasse je sechs Stühle gegeneinander gerichtet auf. Fünf Mitschüler, welche die Meinung vertreten, die psychoanalytische Therapie sei die optimalere, setzen sich in die eine Reihe, weitere fünf Mitschüler, die für die kognitive Therapie von *Beck* plädieren, nehmen auf den Stühlen gegenüber Platz. In jeder Reihe bleibt ein Stuhl leer.

- Diskussionsablauf: Die eine Gruppe will die andere Gruppe davon überzeugen, dass die psychoanalytische Therapie die „bessere" ist. Doch die andere Gruppe verteidigt ihren Standpunkt und preist ihn an.
- Jede Gruppe bekommt drei Minuten Zeit, sich auf das „Streitgespräch" vorzubereiten.
- Wer von der Klasse einen Diskussionsbeitrag leisten möchte, setzt sich auf den leeren Stuhl. Er nimmt auf derjenigen Seite Platz, die er mit seinem Beitrag unterstützen will. Nach dem Beitrag verlässt der Schüler den Stuhl wieder.

5. Der Umgang mit psychisch kranken Menschen
   - Sie kennen
     - einen schwer depressiven Menschen,
     - einen überaus ängstlichen Menschen, der sich nicht aus dem Haus traut sehr gut, weil Sie mit ihm befreundet sind.
   - Notieren Sie, wie man Ihrer Meinung nach mit einem solchen Menschen umgehen soll.

6. *Aktionskarten*
   - Die Klasse wird in zwei Gruppen unterteilt.
   - Auf einem Tisch liegen Karten, auf welcher auf der Vorderseite ein Teilbereich des Themas „Die psychoanalytische und die kognitive Psychotherapieform" formuliert ist. Auf der Rückseite steht die Art und Weise der Präsentation (zum Beispiel Umschreibung, Zeichnung, pantomimische Darstellung, Rollenspiel).
   - Jeder Schüler einer Gruppe nimmt, wenn er an der Reihe ist, eine Karte und erfüllt den Auftrag. Dabei wechseln sich die Gruppen ab.
   - Die andere Gruppe muss erraten, um welchen Teilbereich des Themas es sich handelt und erhält einen Punkt, wenn sie richtig getippt hat.

7. *Fazit ziehen*
   - Notieren Sie auf einen Zettel:
     - Was hat mir das Thema „Die psychoanalytische und die kognitive Psychotherapieform" gebracht?
     - Womit kann ich nichts anfangen?
     - Was ich zu diesem Thema noch sagen wollte ...
   - Lesen Sie, wenn Sie wollen, Ihre Notizen vor.
   - Sprechen Sie in der Klasse über die Aussagen.

Materialien Kapitel 23

1. Arten von Grundannahmen

Hilflose Grundannahmen

Ich bin hilflos.
Ich bin machtlos.
Ich habe keine Kontrolle.
Ich bin schwach.
Ich bin verletzlich.
Ich bin bedürftig.
Ich sitze in der Falle.

Ich bin unfähig.
Ich bin ineffektiv.
Ich bin inkompetent.
Ich bin ein Versager.
Ich werde verachtet.
Ich bin nicht in Ordnung (d. h., nicht so gut wie die anderen).
Ich bin (im Hinblick auf Leistung) nicht gut genug.

Nicht liebenswerte Grundannahmen

Ich bin nicht liebenswert.
Ich bin unsympathisch.
Ich bin unerwünscht.
Ich bin unattraktiv.
Keiner will etwas mit mir zu tun haben
Keiner kümmert sich um mich.
Ich bin schlecht.

Ich bin wertlos.
Ich bin anders als die anderen.
Ich bin nicht in Ordnung (deshalb mag mich keiner).
Ich bin nicht gut genug (um geliebt zu werden).
Ich werde immer zurückgewiesen.
Ich werde immer verlassen.
Ich werde immer allein bleiben.

(Beck, 1999, S. 174)

2. Das Konzept der kognitiven Triade

„Die kognitive Triade besteht aus drei wesentlichen kognitiven Mustern, die den Patienten verleiten, sich selbst, seine Zukunft und seine Erfahrungen in idiosynkratischer[1] Weise zu betrachten. Der erste Bestandteil dieser Triade konzentriert sich um das negative Selbstbild des Patienten. Er beurteilt sich selbst als fehlerhaft, unzulänglich, krank oder benachteiligt. Er neigt dazu, seine unangenehmen Erfahrungen einem psychischen, moralischen oder physischen Mangel seiner selbst zuzuschreiben, und hält sich daher wegen seiner angeblichen Mängel für wertlos und nicht begehrenswert. Er neigt dazu, sich deswegen zu unterschätzen oder zu kritisieren. Schließlich fehlen ihm nach seiner Meinung die Eigenschaften, die wesentlich sind, um Glück und Zufriedenheit zu erlangen.

Die zweite Komponente der kognitiven Triade besteht in der Neigung des Depressiven, seine Erfahrungen ständig negativ zu interpretieren. Er erlebt die Welt so, als würde sie außerordentlich viel von ihm verlangen und/oder ihm bei der Verwirklichung seiner Lebensziele unüberwindliche Hindernisse in den Weg legen. Er sieht in seinen Interaktionen mit seiner belebten und unbelebten Umwelt überall Niederlagen und Enttäuschungen. Diese negativen Fehlinterpretationen werden sichtbar, wenn man beobachtet, wie der Patient Situationen negativ einschätzt, auch wenn

[1] idiosynkratisch (griech.): beträchtliche Überempfindlichkeit (oder auch Abneigung) gegenüber anderen Personen bzw. ihrem Verhalten, Lebewesen, Gegenständen oder Anschauungen.

vernünftigere, alternative Interpretationen möglich wären. Der Depressive kann vielleicht einsehen, dass seine anfänglich negativen Interpretationen einseitig sind, wenn er überzeugt wird, die weniger negativen, alternativen Erklärungen zu überdenken. Auf diese Weise kann er zu der Einsicht kommen, dass er sich die Dinge so zurechtgelegt hat, dass sie zu seinen vorgefassten, negativen Folgerungen passen.

Die dritte Komponente der kognitiven Triade besteht in negativen Zukunftserwartungen. Wenn der depressive Mensch längerfristig vorausplant, nimmt er an, dass seine derzeitigen Schwierigkeiten oder Leiden ewig weitergehen werden. Er erwartet beständige Mühsal, Frustration und Benachteiligung. Wenn er in nächster Zukunft eine besondere Aufgabe zu übernehmen gedenkt, erwartet er einen Fehlschlag.

Im kognitiven Modell werden die anderen Merkmale und Symptome des depressiven Syndroms als Folgen einer Aktivierung der negativen kognitiven Muster angenommen. Wenn der Patient z. B. fälschlicherweise denkt, er würde zurückgewiesen, wird er mit dem gleichen negativen Affekt (z. B. Trauer, Ärger) wie bei einer wirklichen Zurückweisung reagieren. Nimmt er irrtümlich an, er sei sozial ausgestoßen, wird er sich einsam fühlen.

Motivationale Symptome (z. B. Lähmung des Willens, Flucht- und Vermeidungswünsche usw.) können als Konsequenzen negativer Kognitionen erklärt werden. Die Lähmung des Willens ergibt sich aus dem Pessimismus und der Hoffnungslosigkeit des Patienten. Wenn er einen Misserfolg erwartet, wird er sich nicht auf ein Unternehmen oder ein Ziel einlassen. Suizidabsichten können als ein extremer Ausdruck des Wunsches verstanden werden, einem unlösbar scheinenden Problem oder einer unerträglichen Situation auszuweichen. Der Depressive kann sich selbst als wertlose Last betrachten und folglich glauben, dass jeder, er selbst eingeschlossen, besser daran sei, wenn er tot wäre.

Auch die zunehmende Abhängigkeit des Depressiven ist vom kognitiven Standpunkt her verständlich. Weil der Patient sich selbst für ungeschickt und hilflos hält und die Schwierigkeit normaler Aufgaben unrealistisch überschätzt, erwartet er, dass seine Unternehmungen schlecht ausgehen. So neigt er dazu, Hilfe und Rückhalt bei anderen zu suchen, die er für kompetenter und tüchtiger hält.

Schließlich kann das kognitive Modell auch die somatischen Symptome der Depression erklären. Aus der Überzeugung des Patienten, er sei bei allen Bemühungen zum Scheitern verurteilt, können sich Apathie und Energielosigkeit ergeben. Eine negative Sicht der Zukunft (eine Art von Fatalismus) kann zur „psychomotorischen Hemmung“ führen.“

(Beck, 2010[4], S. 41 ff.)

3. Fehlerhafte Informationsverarbeitung (Kognitive Fehler)

Folgende systematische Denkfehler halten den Glauben des Patienten an die Gültigkeit seiner negativen Konzepte aufrecht, obwohl Gegenbeweise vorliegen.

1. „**Willkürliche Schlussfolgerungen** (ein Reaktionsmuster) liegen dann vor, wenn bestimmte Schlüsse gezogen werden, obwohl es keine Beweise gibt, die diese Schlüsse rechtfertigen, bzw. obwohl Beweise gegen die Folgerungen sprechen.
2. **Selektive Verallgemeinerung** (ein reizbezogenes Muster) besteht in der Konzentration auf ein aus dem Zusammenhang gerissenes Detail, wobei bedeutsamere Situationsmerkmale ignoriert werden und die ganze Erfahrung auf der Basis dieses Fragments in ein Konzept gebracht wird.
3. **Übergeneralisation** (ein Reaktionsmuster) bezeichnet ein Verarbeitungsmuster, bei dem eine allgemeine Regel oder Schlussfolgerung auf der Basis einer oder mehrerer isoliert betrachteter Vorfälle entsteht und das Konzept unterschiedslos auf ähnliche oder unähnliche Situationen angewendet wird.

4. **Maximierung und Minimierung** (ein Reaktionsmuster) zeigen sich in Fehlern, bei denen die Bedeutung oder Größe eines Ereignisses so ungenau eingeschätzt werden, dass eine Verzerrung entsteht.
5. **Personalisierung** (ein Reaktionsmuster) bezeichnet die Neigung des Patienten, äußere Ereignisse auf sich zu beziehen, auch wenn es keine Grundlage dafür gibt, einen solchen Zusammenhang herzustellen.
6. **Verabsolutiertes, dichotomes Denken**[1] (ein Reaktionsmuster) zeigt sich in der Neigung, alle Erfahrungen in eine von zwei sich gegenseitig ausschließende Kategorien einzuordnen; z. B. makellos oder mangelhaft, sauber oder schmutzig, heilig oder sündhaft. Wenn er sich selbst beschreibt, wählt der Patient extrem negative Klassifizierungen."

(Beck, 2010[4], S. 44 f.)

4. Psychotherapeutisches Verfahren bei Depressionen und Angststörungen

a) Verfahren bei Depressionen

„*Psychoanalytische* (oder allgemeiner: *psychodynamische*) Therapien depressiver Zustände werden nicht selten durchgeführt, sind aber nicht in größeren Therapiestudien evaluiert worden. Unklar ist in den Falldarstellungen, ob es sich bei den Patienten eher um chronisch Depressive oder um solche mit episodenhaft verlaufenden depressiven Zuständen handelte. Ersteres dürfte häufiger der Fall sein, da die Kürze depressiver Episoden (im Schnitt etwa sechs Monate) und die folgende typische Beschwerdefreiheit oder gar manische Symptomatik klassischen psychoanalytischen Behandlungen große Schwierigkeiten entgegensetzt. Außerdem hatte erwähntermaßen Freud die Melancholie zu den *narzisstischen Neurosen* gerechnet, also das für die psychoanalytische Behandlung seines Erachtens entscheidende Moment der Übertragung bei diesen Patienten vermisst. Die Therapien basieren im Großen und Ganzen auf der Freudschen Annahme, dass der Depression ein Verlusterlebnis (oft unbewusster Natur) zugrunde liegt und versuchen, dies dem Bewusstsein zugänglich zu machen und zu bearbeiten. Der Wert klassischer, sich über lange Zeit erstreckender psychoanalytischer Therapien bei der Depressionsbehandlung wird [...] eher gering geschätzt, wobei in schwer depressiven Zuständen wohl auch die Behandlung intellektuell zu anstrengend sein dürfte. Die therapeutische Hoffnung scheint zunehmend auf anders gestalteten Kurztherapien zu liegen, über deren Effizienz jedoch augenblicklich wenig gesagt werden kann.

Verhaltenstherapeutische Interventionen im engeren Sinne, also nach den älteren Modellen der Umkonditionierung durch alleinige Veränderung von Stimuli und Konsequenzen konzipiert, basieren auf der von *Lewinsohn* vertretenen Annahme, dass depressiven Zuständen ein Verlust von verstärkenden Reizen zugrunde liegt. Entsprechend wird versucht, alte vor Beginn der Störung effektive Verstärker zu finden (beispielsweise gern verrichtete Tätigkeiten) und bei den Betroffenen wieder einzuführen; weiter soll depressives Verhalten wie Weinen oder Jammern ignoriert, erwünschte Verhaltensweisen hingegen belohnt werden; hinzu kommt ein Training sozialer Fertigkeiten, damit die Depressiven durch verstärkte Kontakte wieder mehr in den Genuss von Verstärkungen aus sozialen Beziehungen kommen. Insgesamt werden gute Ergebnisse berichtet, allerdings nur, wenn sämtliche der erwähnten Methoden gleichzeitig zum Einsatz kommen; nicht überraschend ist, dass dieses Therapieverfahren bei leichten und mittelschweren Depressionen besser anspricht als bei schweren.

[1] dichotom (griech.): zweiteilig, zweigliedrig

Gängiger sind *kognitiv-verhaltenstherapeutische* Verfahren, welche die klassischen verhaltenstherapeutischen Techniken mit Elementen einsichtsorientierter Behandlungsverfahren verknüpfen. Die Ersteren zielen auf direkte Verhaltensbeeinflussung und Abbau von defizitären Verhaltensweisen, wozu unter anderem Methoden zur *Hebung des Aktivitätsniveaus* (Planung des Tagesablaufes, Herbeiführen von verstärkenden Bedingungen und Vermeidung unangenehmer Stimuli) und *Verbesserung der sozialen Kontaktfreudigkeit* (Kompetenztrainings und Rollenspiele) gehören. Die kognitiven Methoden setzen im Wesentlichen an dem von Beck als pathogen betrachteten negativen Denk- und Bewertungsstil und den automatischen Gedanken an. Techniken sind dabei zunächst genaue Selbstbeobachtung mit Protokollierung negativer und automatischer Gedanken hinsichtlich Auslösesituationen und dabei auftretender Empfindungen, danach ihre Veränderung, unter anderem durch Überprüfung ihrer Angemessenheit und Entwicklung alternativer Überzeugungen."

(Köhler, 2011², S. 122 f.)

b) Verfahren bei Angstzuständen

„*Psychoanalytische Therapie* bei Panik- und generalisierter Angststörung scheint nicht häufig zur Anwendung zu kommen und wenn, dann wurden die Verfahren in aller Regel nicht hinreichend evaluiert. *Freud* selbst sah die Angstneurose nicht als Indikation für die Psychoanalyse an, da es bei diesem Störungsbild seiner Auffassung nach nicht um die Aufhebung von Verdrängungen ging. Die von ihm vorgeschlagene Behandlung bestand vornehmlich im Auffinden und Aufzeigen der Zusammenhänge zwischen Libidostau und Angstsymptomatik sowie in der Anleitung zu einer diesbezüglich weniger pathogenen Lebensweise, also letztlich in der Einleitung psychohygienischer Maßnahmen. Wie bei den Phobien, so gilt auch bei Panikstörung *Verhaltenstherapie unter Einbeziehung kognitiver Verfahren* augenblicklich als psychotherapeutische Methode der Wahl. Dabei werden den Patienten Informationen über die Entstehung von Angstanfällen und insbesondere die Bedeutung des Circulus vitiosus[1] bei der Ausbildung der Symptome gegeben, auf die Rolle von Fehlinterpretationen körperlicher Anzeichen hingewiesen und Bewältigungsstrategien vermittelt; hinzu kommt Konfrontation mit auslösenden Situationen und mit körperlichen Symptomen, die beispielsweise über Hyperventilation[2] provoziert werden. Der Erfolg dieser Verfahren ist in mehreren Studien belegt worden."

(Köhler, 2011², S. 141)

---

[1] (lat.): Teufelskreis
[2] (lat.): übermäßige Steigerung der Atmung

24 Die Organisationspsychologie

Schule und Krankenhaus – zwei Organisationen, die jeder von uns gut kennt.

Folgende Kompetenzen sollen Sie erwerben:

- *Sie können den Gegenstand der Organisationspsychologie und den Begriff soziale Organisation bestimmen und an Beispielen verdeutlichen.*
- *Sie sind imstande, die Zielsetzungen von sozialen Organisationen mithilfe geeigneter Kriterien zu bewerten und eigene Zielsetzungen als Mitglied einer Organisation zu reflektieren.*
- *Sie sind in der Lage, sich am Beispiel einer sozialen Organisation mit Kommunikations-, Führungs- und Entscheidungsstrukturen auseinanderzusetzen.*
- *Sie können deren Auswirkungen auf das Individuum und die Gruppe verdeutlichen und bewerten.*
- *Auf diesen Grundlagen können Sie Probleme, Defizite, Stärken und Ressourcen innerhalb dieser Organisation analysieren.*
- *Sie sind imstande, einen wissenschaftlich fundierten Ansatz zur Beeinflussung von Organisationsprozessen zu verdeutlichen.*
- *Sie sind in der Lage, diesen Ansatz in Hinblick auf seine Eignung zur Verbesserung von Kommunikationsprozessen zu verbessern.*
- *Sie können zwei wissenschaftliche Konzepte der Organisationsentwicklung hinsichtlich ihrer Eignung zur Lösung einer konkreten Problemstellung miteinander vergleichen und bewerten.*

24.1 Merkmale von sozialen Organisationen

Lernsituation

Tim und sein Praktikumsbericht

Ihr Freund Tim besucht seit dem neuen Schuljahr die 11. Klasse der FOS und macht im Rahmen der fachpraktischen Ausbildung seit drei Wochen ein Praktikum im Kindergarten. Er soll am Ende des ersten Praktikumsblocks einen Bericht schreiben und er bittet Sie um Hilfe, da er sich überfordert fühlt. Um eine Vorstellung entwickeln zu können, welche Schwierigkeiten Tim zu schaffen machen, fordern Sie ihn auf, von seinen Problemen mit dem Bericht zu erzählen. Er berichtet Ihnen: „Um mir den Einstieg ins Praktikum zu erleichtern, wurde mir eine Erzieherin als Anleiterin und Ansprechpartnerin zugeteilt. Diese wies mir in einem Gespräch für die ersten Wochen einige Aufgaben zu, die mir helfen sollten, mich in dieser Einrichtung allmählich zurecht zu finden. Und damit ich das alles nicht vergesse, hat sie mir diese Aufgaben sogar schriftlich gegeben. Hier, sieh selbst. Tim gibt Ihnen ein Blatt, auf dem die entsprechenden Informationen bzw. Aufgaben zu finden sind:
Aufgabe 1: Sei für die Kinder da, nimm mit ihnen Kontakt beim Spielen und anderen Gelegenheiten auf, um sie kennenzulernen.
Aufgabe 2: Beobachte die Geschehnisse und Abläufe im Kindergarten aufmerksam und versuche Antworten/Informationen bezüglich der folgenden Fragen und Anregungen zu finden:

- *Welchem übergeordneten Zweck dient unsere Einrichtung?*
- *Welche konkreten Ziele verfolgt sie dabei?*
- *Informiere dich über die wichtigsten Regelungen, die zu beachten sind, damit die Ziele der Einrichtung erreicht werden können.*
- *Versuche herauszufinden, in welchem Maß diese Regelungen absolut verbindlich sind und ob in manchen Situationen auch Abweichungen von diesen Regelungen praktiziert und geduldet werden.*
- *Finde heraus, aus welchen zentralen Bestandteilen die Einrichtung besteht und wie diese Bestandteile ihren Beitrag zum Erfolg der Einrichtung als Ganzes beitragen.*
- *Finde heraus, mit welchen anderen Einrichtungen bzw. Organisationen der Kindergarten in Kontakt steht.*
- *Fasse deine Erkenntnisse in einem Bericht zusammen.*

„Ausgerechtet Aufgabe 2 zu bearbeiten fällt mir schwer“, fährt Tim fort. „Ich habe den Eindruck, dass das alles irgendwie miteinander zusammenhängt und ziemlich kompliziert ist. Vielleicht hätte ich doch das erste Praktikum im Krankenhaus machen sollen.“

„Auch mir ist der erste Bericht damals sehr schwer gefallen“, erwidern Sie Tim. „Aber was mir beim Lesen deiner Aufgaben auffällt und mich jetzt doch verwundert, ist die Tatsache, dass sich auch mein Bericht inhaltlich um diese Aspekte gedreht hat. Und selbst die Mitschüler aus der Fachrichtung Wirtschaft hatten fast die gleichen Vorgaben für ihren Bericht. Wie es scheint, beruhen alle diese sehr unterschiedlichen Organisationen, in denen wir FOS Schüler Praktikum gemacht haben, auf gemeinsamen und sehr ähnlichen Grundlagen, die offensichtlich typisch für alle Organisationen sind. Es könnte daher von großem Nutzen sein, sich über diese Grundlagen zu informieren.“

Sie und Tim wollen sich über die Grundlagen, die typisch für alle Organisationen sind, informieren. Dabei wollen Sie auch in Erfahrung bringen, was aus wissenschaftlicher Sicht überhaupt eine Organisation ist.

I Information

24.1.1 Der Gegenstand der Organisationspsychologie

Will man den Gegenstand der Organisationspsychologie bestimmen, so ist es ratsam zunächst den Begriff „soziale Organisation" näher zu betrachten. Eine soziale Organisation setzt sich immer aus verschiedenen Personen zusammen. Sie stellt eine soziale Einheit dar, die aus mehreren Personen besteht und in der soziale Beziehungen existieren sowie soziales Handeln stattfindet. Eine solche soziale Einheit bezeichnet man als **soziales Gebilde**. Dieses ist zeitlich überdauernd, verfolgt bestimmte **Ziele** weist eine bestimmte **Struktur** auf.

Ein Betrieb zum Beispiel hat das Ziel, etwa Autos, Haushaltsgeräte, Werkzeuge oder Maschinen herzustellen. Organisationen im Bereich des Gesundheitswesens bemühen sich um Gesundheitsvorsorge bzw. wollen Menschen von Krankheiten heilen. Solche sozialen Gebilde weisen eine bestimmte Struktur auf, wie beispielsweise Arbeitsteilung oder eine Hierarchie von Verantwortung und existieren über einen längeren Zeitraum.

Wenn von „***sozialer*** Organisation" gesprochen wird, dann sind hier nicht nur mildtätige, karitative Einrichtungen gemeint, sondern ganz allgemein alle profit- und nicht profitorientierten Organisationen.

Wirtschaftsunternehmen wie Autohersteller oder Baufirmen beispielsweise streben schwerpunktmäßig Gewinne an, während staatliche Schulen, Kindergärten oder Umweltschutzorganisationen keinen Profit machen.

Statt von einem sozialen Gebilde wird auch oft von einem **sozialen System** gesprochen. Damit soll der Aspekt hervorgehoben werden, dass ein soziales Gebilde immer ein Ganzes ist, dessen Teile untereinander in einer wechselseitigen Beziehung stehen und sich gegenseitig beeinflussen[1].

Merkmale des Begriffes „soziale Organisation"

- **soziales Gebilde, welches aus mehreren Personen besteht und in dem soziale Beziehungen und soziales Handeln stattfindet.**
- **existiert zeitlich überdauernd**
- **verfolgt spezifische Ziele**
- **weist eine bestimmte Struktur – die Gesamtheit von Regelungen und Festlegungen in Organisationen – auf**
- **stellt ein System dar, eine Ganzheit, das aus einzelnen Elementen, welche untereinander in einer wechselseitigen Beziehung stehen und sich gegenseitig beeinflussen.**

Eine soziale Organisation ist ein zeitlich überdauerndes, strukturiertes soziales Gebilde bzw. System, welches sich aus verschiedenen Personen zusammensetzt sowie bestimmte Ziele verfolgt und eine soziale Struktur aufweist *(vgl. von Rosenstiel/Nerdinger, 2011[7] S. 5f.).*

Das Interesse der Organisationspsychologie gilt dem Erleben und Verhalten von Menschen im Zusammenhang mit ihrer Arbeit in sozialen Organisationen wie in der Schule, in

[1] vgl. Abschnitt 24.1.4

Verbänden, Wirtschaftsunternehmen oder Behörden. Deshalb lässt sich die Organisationspsychologie als eine Wissenschaft bezeichnen, die sich mit dem Erleben und Verhalten von Menschen in ihrer Rolle als Mitglieder von Organisationen beschäftigt (vgl. *von Rosenstiel/Nerdinger, 2011*[7], *S. 5*).

Organisationspsychologie ist die Wissenschaft vom Erleben und Verhalten von Menschen in ihrer Eigenschaft als Mitglieder von Organisationen.

Die vielen verschiedenen Sichtweisen von Organisationen haben zu einer Vielfalt von zum Teil recht unterschiedlichen Merkmalen geführt, mit denen man Organisationen charakterisiert. Trotz dieser Unterschiede gelten mittlerweile einige **Merkmale von Organisationen** als relativ typisch und unstrittig.

24.1.2 Das Merkmal der Zielbezogenheit

Schon immer waren Menschen bemüht, ihre Bedürfnisse zu befriedigen. Viele der dafür benötigten Güter und Dienstleistungen sind jedoch knapp oder können durch den Einzelnen – wenn überhaupt – nur unter unverhältnismäßig großem Einsatz von speziellen Fertigkeiten, Fähigkeiten, Zeit, Mühe, Maschinen und dgl. hergestellt werden. Erst durch die absichtliche, geplante Zusammenarbeit vieler Personen, die ihre Aktivitäten koordinieren und auf ein festgelegtes Ziel ausrichten, gelingt es in der Regel, die nötige Anzahl von Produkten in akzeptabler Qualität und bei vertretbarem Aufwand zu erzeugen. Ein solches Zusammenwirken von Menschen erfolgt in eigens zu diesem Zweck gegründeten sozialen Einheiten, den sogenannten Organisationen. Damit wird **die Ausrichtung von Organisationen an festgelegten Zielen** zu einer ihrer zentralen charakteristischen Kennzeichen.

→ Organisationen im Bereich der Wirtschaft haben beispielsweise das Ziel, Autos, Haushaltsgeräte, Werkzeuge oder Maschinen herzustellen, während Organisationen im Bereich des Gesundheitswesens sich um Gesundheitsvorsorge bemühen bzw. Menschen von Krankheiten heilen wollen. Wesentliche Ziele von Organisationen im Bereich der Erziehung und Bildung sind in entsprechenden Gesetzen oder Lehrplänen festgeschrieben. So finden sich beispielsweise im „Bayerischen Gesetz über das Erziehungs- und Unterrichtswesen" u. a. folgende Ziele:

- Schulen sollen Können und Wissen vermitteln;
- Geist, Körper, Herz und Charakter bilden;
- zu Selbstbeherrschung, Verantwortungsbewusstsein, zur Achtung vor Gott und der religiösen Überzeugungen anderer, zur Achtung der Menschenwürde, Hilfsbereitschaft u. a. erziehen.

In diesem Zusammenhang erscheinen ferner als besondere schulische Aufgaben die Erziehung zur Toleranz, zur friedlichen Gesinnung und zur Achtung anderer Menschen, zur Einsatzbereitschaft für den freiheitlich-demokratischen Rechtsstaat usw. Ferner fällt den Schulen die Aufgabe zu, auf Arbeits- und Berufswelt vorzubereiten.

Zielbezogenheit als Organisationsmerkmal meint ein Ausrichten bzw. ein Ausgerichtetsein der Organisation auf bestimmte, festgelegte Absichten.

24.1.3 Die Bewertung von Zielsetzungen einer Organisation

Will man die vielen unterschiedlichen Zielsetzungen von sozialen Organisationen bewerten, so benötigt man hierfür geeignete Kriterien. Mit ihrer Hilfe lässt sich dann eine Beurteilung über die Zielsetzungen fällen.

Solche Kriterien bieten jedoch lediglich Ansatzpunkte, die beim Betrachten von Organisationszielen herangezogen werden können. Die jeweilige konkrete Bewertung von Zielen auf der Basis dieser Kriterien bleibt dabei jedoch ein Prozess, der sich der Objektivität weitgehend entzieht, da über die Gewichtung und Auswahl solcher Kriterien keine Einigkeit herrscht.

Zur Bewertung von Zielsetzungen bieten sich mit

- dem **Menschenbild**,
- der **Effizienz**,
- der **ökologischen und sozialen Vereinbarkeit**, sowie
- der **ideologisch-weltanschaulichen Ausrichtung** von Zielen
- eine Reihe von Kriterien an.
- Organisationsziele und ihre Realisierungsversuche stehen häufig auf der Grundlage eines bestimmten **Menschenbildes** und lassen sich aus diesem schlüssig ableiten. Dabei können diese Menschenbilder u. a. aus der Wissenschaft, der Politik oder der Religion stammen.

  Ist man beispielsweise – wie im Behaviorismus – fest davon überzeugt, dass der Mensch durch äußere Anreize beliebig steuerbar ist, so lassen sich Ziele wie die kräftige Steigerung des Gewinns anstreben. Die entsprechenden Rahmenbedingungen dafür werden geschaffen, indem man für mehr Leistung einen höheren Lohn garantiert.
  Eine Orientierung an der politischen Grundüberzeugung, dass alle Menschen eine unantastbare Würde von Geburt an besitzen und nicht aufgrund von Alter, Geschlecht, Herkunft, Hautfarbe oder religiöser Überzeugung diskriminiert werden dürfen, führt konsequenter Weise in Kindergärten und Schulen zu Zielen wie die Achtung der Menschenwürde, dem Aufbau von Toleranz, dem fairen Umgang miteinander und dgl.
  Sieht man dagegen im Menschen ein Wesen, das ein Bedürfnis nach Religiösität in sich trägt, so sind die Achtung vor Gott und den religiösen Überzeugungen von Mitmenschen ein adäquates Ziel.

- Einzelne Organisationsziele lassen sich auch danach beurteilen, welchen Beitrag sie leisten, um den übergeordneten Gesamtzweck der Organisation erreichen zu können. Damit steht ihre **Effizienz** im Mittelpunkt der Beurteilung.

  In den 1970er Jahren strebte man an, bereits Grundschulkindern mathematisch abstraktes Denken mithilfe der Mengenlehre zu vermitteln. Man erhoffte sich auf diese Weise frühzeitig ein tieferes Verständnis für abstrakte Mathematik Grund zu legen. Dieses angestrebte Ziel, im Grundschulalter Grundlagen für abstrakte mathematische Denkvorgänge anzubahnen, scheiterte, da die Kinder kognitiv überfordert waren. Es ließen sich daher auch keine positiven Auswirkungen auf ein besseres Verständnis für Mathematik in den späteren Jahren bei den unterrichteten Schülern nachweisen.

- Beurteilen lässt sich auch die **ökologische Vereinbarkeit** einzelner Ziele. Damit ist gemeint ob und inwieweit die verfolgten Ziele bestimmten Umweltstandards genügen. Eine solche Vereinbarkeit kann in Bezug auf die Ziele innerhalb einer Organisation geprüft werden, oder aber auch im Verhältnis zu den Zielen anderer Organisationen.

Es ist zurzeit beispielsweise durchaus umstritten, ob die massenhafte Produktion von Elektroautos einen sinnvollen Beitrag zum Umweltschutz leisten kann, solange der als „Kraftstofe“ benötigte Strom überwiegend noch nicht aus erneuerbaren Energiequellen stammt.

- Bewertet man die **soziale Vereinbarkeit** von Organisationszielen, so stellt sich die Frage, ob und inwieweit angestrebte Organisationsziele eine gesellschaftliche Akzeptanz finden.

Zurzeit ist es in der Bundesrepublik sehr umstritten wie lange Braunkohle und Kernkraftwerke noch als Energieträger dienen sollen. Ebenso hat durch zahlreiche Abgasskandale in der Automobilindustrie die soziale Akzeptanz von Dieselmotoren in jüngster Zeit stark gelitten.

- Organisationsziele lassen sich auch dahingehend beurteilen, ob und in welchem Maße sie auf **Ideologien** bzw. **Weltanschauungen beruhen**.

So werden die in nationalsozialistischen Erziehungsorganisationen verfolgten Ziele aufgrund ihrer weltanschaulichen Grundlagen in unserer Zeit abgelehnt, während sie einst von vielen Menschen begrüßt wurden.

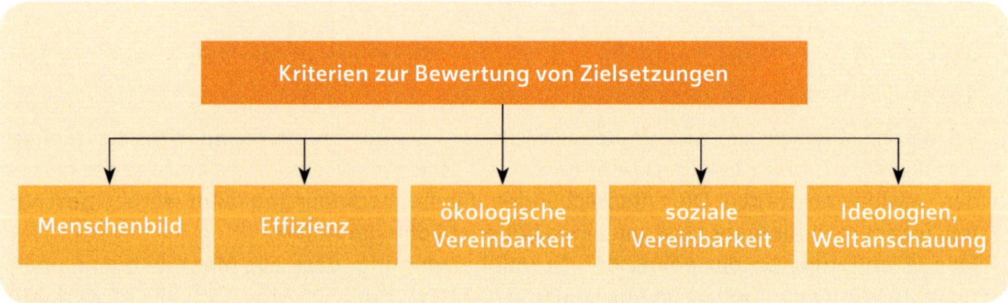

Die beschriebenen Kriterien eignen sich auch, um **eigene Zielsetzungen** als Mitglied einer Organisation zu reflektieren. Dabei kann man sich fragen,

- ob ein bestimmtes Menschenbild den eigenen Zielsetzungen zugrunde liegt,
- ob und in welchem Umfang persönliche Zielsetzungen zum Erreichen übergeordneter Ziele oder Teilziele in der Organisation beitragen,
- ob und inwieweit eigene Ziele mit den in der Organisation vorgegebenen ökologischen Standards vereinbar sind,
- ob die eigenen Zielsetzungen gesellschaftlich akzeptiert sind und
- auf welchen weltanschaulichen Aspekten die persönlichen Ziele beruhen.

24.1.4 Das Merkmal der Strukturiertheit

Von Anfang an werden in sozialen Organisationen ganz bewusst Organisationsziele entwickelt und für verbindlich erklärt, die Anzahl der nötigen Mitarbeiter und ihre erforderlichen Qualifikationen festgelegt, Verhaltensregeln etabliert und durch entsprechende Belohnungs- bzw. Bestrafungsmechanismen gestützt. Ferner schafft man Positionen, Rollen und Hierarchien, Kommunikationswege und vieles andere mehr. Auf diese Weise entsteht eine Vielzahl an Regelungen und Festlegungen, die man als **Organisation**(sstruktur) bezeichnet.

Organisationsstruktur meint die Gesamtheit von Regelungen und Festlegungen in Organisationen.

Meist sind solche Regelungen und Festlegungen absichtlich geschaffen, geplant und verbindlich. Man spricht hier von **formaler Organisationsstruktur (formaler Organisation)**, die ausschließlich dem Zweck dient, die Arbeit der Organisationsmitglieder zu koordinieren, um die angestrebten Ziele möglichst effektiv zu erreichen.

In der Schule sind beispielsweise Lernziele und Lerninhalte von Anfang an festgelegt, ebenso die Anzahl der benötigten Lehrer. Eine Schulordnung regelt das Zusammenleben und sieht entsprechende Maßnahmen bei groben Verstößen vor.
In jeder Schule besetzen Mitarbeiter bestimmte Positionen – vom Hausmeister bis zum Schulleiter –, die sich hinsichtlich ihres Ranges unterscheiden. Mit diesen Positionen sind außerdem bestimmte Verhaltenserwartungen und Rechte verbunden, die das Aufgabenfeld des Positionsinhabers definieren und ihm bestimmte Kommunikationswege vorschreiben oder erst eröffnen.

In dem Maße, wie die formalen Planungs- und Steuerungsmöglichkeiten an ihre Grenzen stoßen, entwickeln sich parallel zur formalen Struktur – insbesondere in Gruppen – eigene und eigenständige Regelungen, Vereinbarungen, Verfahrensweisen, Normen, Werte und Rangordnungen. Diese sind weder von vornherein geplant, noch irgendwo offiziell festgelegt. Man spricht deshalb von einer **informalen Organisationsstruktur (informale Organisation)**.

Beispielsweise kann ein von seiner Arbeitsgruppe sehr geschätzter Mitarbeiter in bestimmten Situationen Gruppenentscheidungen wesentlich mehr beeinflussen, als der direkte Vorgesetzte dieser Gruppe und damit die offizielle Rangordnung relativieren. Die Vorstellungen einer Gruppe über Geschwindigkeit und Qualität einer zu erbringenden Leistung kann deren Ergebnis weit mehr beeinflussen als offizielle Anreizsysteme. Das offizielle Ziel, möglichst kostengünstig zu produzieren, muss sich nicht zwangsläufig mit dem Ziel der Arbeitnehmer decken, insbesondere wenn dieses Ziel durch zusätzliche, nicht entlohnte Arbeit angestrebt werden soll.

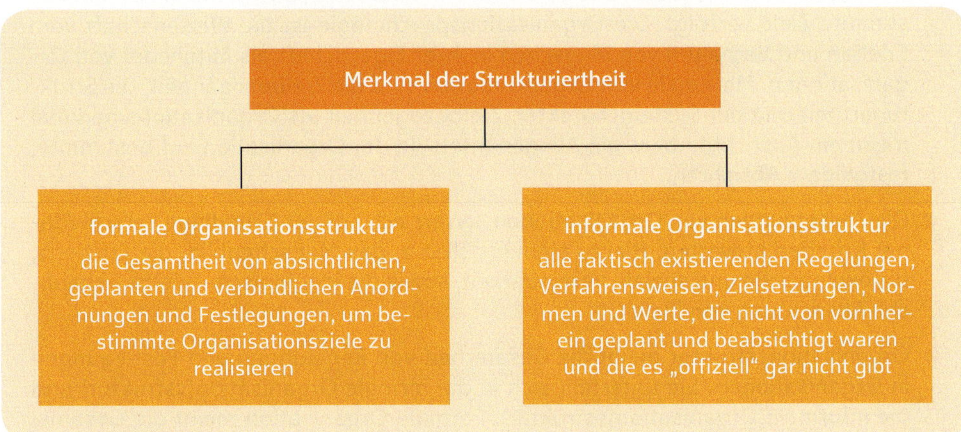

Wichtige Aspekte der Organisationsstruktur sind die ***Kommunikations-***, ***Führungs- und Entscheidungsstrukturen***, auf die in *Abschnitt 24.2* eingegangen wird.

Gelegentlich wird als weiteres Merkmal einer Organisation die **Mitarbeiterbezogenheit bzw. Mitarbeiterorientierung** eigens herausgestellt. Sie dient den ***Beziehungen und der Pflege zu den Mitarbeitern*** und zeigt sich durch ***Wertschätzung*** – eine gefühlsmäßige Grundhaltung, die sich in Achtung, Anerkennung und Wohlwollen zeigt und sich in Zugewandtheit, Interesse, Aufmerksamkeit und Freundlichkeit ausdrückt – den Untergebenen gegenüber. Auf sie wird in *Abschnitt 24.2.2* und *24.4.3* im Zusammenhang mit Führungsstrukturen eingegangen.

Auf den Punkt gebracht

- Eine Organisation ist ein zeitlich überdauerndes, strukturiertes soziales Gebilde bzw. System, welches sich aus verschiedenen Personen zusammensetzt und bestimmte Ziele verfolgt. Die Organisationspsychologie ist die Wissenschaft vom Erleben und Verhalten von Menschen in ihrer Eigenschaft als Mitglieder von Organisationen. Merkmale von Organisationen sind die Zielbezogenheit, die Strukturiertheit und der Systemcharakter. Zielbezogenheit als Organisationsmerkmal meint ein Ausrichten bzw. ein Ausgerichtetsein der Organisation auf bestimmte, festgelegte Absichten.
- Die Zielsetzungen von Organisationen lassen sich auf der Grundlage verschiedener Kriterien bewerten. Hierzu eignen sich u.a. das Menschenbild, die Effizienz, die ökologische und soziale Vereinbarkeit, sowie die ideologisch – weltanschauliche Ausrichtung von Zielen.
- Organisationsstruktur meint die Gesamtheit von Regelungen und Festlegungen in Organisationen. Sie unterteilt sich in die formale Organisation(sstruktur) und die informale Organisation(sstruktur). Formale Organisation meint die Gesamtheit aller absichtlichen, geplanten und verbindlichen Anordnungen und Festlegungen, um bestimmte Organisationsziele zu realisieren. Als informale Organisation bezeichnet man dagegen alle in einer Organisation faktisch existierenden Regelungen, Verfahrensweisen, Zielsetzungen, Normen und Werte, die nicht von vornherein geplant und beabsichtigt sind und die es „offiziell" gar nicht gibt.

Wiederholen, Vertiefen, Anwenden

1. Bestimmen Sie den Begriff „soziale Organisation" und weisen Sie anhand eines selbstgewählten Beispiels nach, dass es sich hierbei um eine Organisation handelt.
2. Bestimmen Sie den Gegenstand der Organisationspsychologie und verdeutlichen Sie diesen an Beispielen.
3. Stellen Sie das Organisationsmerkmal Zielgerichtetheit am Beispiel einer sozialen Organisation Ihrer Wahl dar.
4. Beschreiben Sie eine soziale Organisation Ihrer Wahl unter dem Aspekt der Strukturiertheit. Arbeiten Sie dabei wesentliche Unterschiede zwischen formalen und informalen Organisationsstrukturen heraus.
5. *Ein altes Sprichwort lautet: „Wer glaubt, ein Abteilungsleiter leitet eine Abteilung, der glaubt auch, ein Zitronenfalter faltet Zitronen."*
   Zeigen Sie den Sinngehalt dieses Sprichworts im Zusammenhang mit dem Organisationsmerkmal der Strukturiertheit auf.
6. *Lernsituation 24.1*
   a) Zeigen Sie den Gegenstand der Organisationspsychologie auf.
   b) Bestimmen Sie, was man unter „soziale Organisation" versteht und verdeutlichen Sie diesen Terminus an Beispielen.
   c) Erläutern Sie am Beispiel einer sozialen Organisation (zum Beispiel Kindergarten, Krankenhaus, Schule) die Zielbezogenheit.
7. Bewerten Sie mithilfe geeigneter Kriterien (zum Beispiel Menschenbild, Effizienz, ökologische und soziale Vereinbarkeit) die Zielsetzungen von einer Ihnen bekannten sozialen Organisation.
8. Reflektieren Sie mithilfe geeigneter Kriterien eigene Zielsetzungen, die Sie während Ihrer fachpraktischen Ausbildung bzw. während Ihrer Berufsausbildung in einer Organisation verfolgt haben.
9. Lassen Sie einen typischen Alltag gedanklich an Ihnen vorüberziehen. Notieren Sie anschließend Produkte und Dienstleistungen, die Sie an solchen Tagen nachfragen und die von Organisationen zur Verfügung gestellt werden.
10. *„Moderne Zeiten"*
    - Sehen Sie sich den Film „Moderne Zeiten" von *Charlie Chaplin* an.
    - Ergründen und beschreiben Sie die Sichtweise bzw. das Menschenbild, das in diesem Film von Arbeitnehmern gezeichnet wurde.
    - Halten Sie dieses „Menschenbild" auf einem Plakat fest und sprechen Sie in der Klasse darüber.
    - Nehmen Sie kritisch zu diesem „Menschenbild" Stellung.

24.2 Kommunikations-, Führungs- und Entscheidungsstrukturen

Lernsituation

In der Ausbildung (Teil 1)

Sie wohnen seit zwei Jahren mit Ihrem Freund zusammen. Während Sie die FOS besuchen, macht er seit 14 Monaten eine Ausbildung in seinem Wunschberuf. Im ersten Ausbildungsjahr war Ihr Freund mit einer Vielzahl von neuen Situationen, betriebsinternen Verfahrensweisen, berufsspezifischen Arbeitstechniken konfrontiert und er bemühte sich, erfolgreich den neuen Anforderungen gerecht zu werden. Vor einigen Wochen jedoch wurde seine Abteilung aufgelöst und mit einer anderen zusammengelegt. Dadurch änderte sich vieles quasi über Nacht.

Eines Abends fällt das Gespräch eher zufällig auf diese neue Situation: „In unserer neuen Abteilung ist alles ganz anders geworden. An die Art und Weise, wie die Leute dort mit mir bzw. miteinander umgehen, muss ich mich erst noch gewöhnen. Viele Kollegen, allen voran mein neuer Abteilungsleiter, glauben wohl, ich sei ihr persönlicher Betriebssklave, mit dem sie umspringen können, wie es ihnen beliebt. Sie sagen mir meist ziemlich unfreundlich, was ich zu tun habe und fast immer muss es sofort sein. Wenn ich Einwände dagegen vorbringe und zum Beispiel frage, ob das nicht bis morgen Zeit hätte, heißt es von ihnen meist nur, ich solle einfach tun, was man mir sagt. Das könne doch selbst für jemanden wie mich nicht so schwer sein! Wage ich es, einfache Veränderungsvorschläge zu machen, die leicht umsetzbar wären und die Arbeit erleichtern würden, raten sie mir, ich solle meine Ideen doch besser für mich behalten und das Denken jenen überlassen, die dafür bezahlt werden. In dieser Abteilung scheint es außerdem bei den meisten Mitarbeitern verpönt zu sein, eigene Entscheidungen zu treffen, und seien sie auch noch so klein und banal. Immer muss man angeblich erst seinen Vorgesetzten fragen, der dann selbst wieder einen anderen fragt. Hauptsache es entsteht nicht der geringste Verdacht, die eigenen Befugnisse überschritten zu haben.

Auf der anderen Seite kommt es aber immer wieder vor, dass eigentlich verbindlich getroffene Entscheidungen von jedem Vorgesetzten anders ausgelegt werden. Ob und inwieweit die Abteilungsleiter überhaupt an den Entscheidungen beteiligt werden, darüber gibt es nur Gerüchte. Und von vielen, angeblich so wichtigen Arbeitsregelungen erfahren wir Auszubildende oft viel zu spät, manchmal auch nur durch Zufall, wie zum Beispiel in einer Unterhaltung während der Pause.

In meiner letztjährigen Abteilung lief das alles ganz anders. Dort gingen die Leute „normal" miteinander um. Der Abteilungsleiter hatte immer ein Ohr für die Sorgen seiner Mitarbeiter und jeder verfügte über angemessene Entscheidungsspielräume. Selbst wir Auszubildenden wurden bei Teamentscheidungen nach unserer Meinung gefragt und dadurch mit eingebunden. Jeder Mitarbeiter konnte sich sowohl auf bestehende Informationswege als auch auf den reibungslosen Informationsfluss verlassen. Aber jetzt scheint vieles vage und unklar zu sein. Es gibt offensichtlich in jeder Organisation eine Vielzahl von Informationswegen, Entscheidungsebenen und unterschiedlichen Führungsstrukturen, die sich nur schwer voneinander abgrenzen und durchschauen lassen und die mir noch nicht klar sind. Kannst du mir nicht ein wenig dabei helfen einen Überblick zu gewinnen? Du hast doch Psychologie in der Schule!"

Sie möchten Ihrem Freund helfen und nun darüber Bescheid wissen, welche Kommunikations-, Führungs- und Entscheidungsstrukturen in sozialen Organisationen vorherrschen.

I Information

24.2.1 Kommunikationsstrukturen in sozialen Organisationen

In jeder sozialen Organisation, in der viele Menschen zusammenarbeiten, besteht die Notwendigkeit wichtige Informationen schnell und möglichst fehlerfrei an die dafür vorgesehenen Adressaten zu übermitteln. Nur so lassen sich die vorgegebenen Ziele erreichen, während Mängel beim Informationsfluss gravierende Folgen haben können.

Jede soziale Organisation besitzt bestimmte Kommunikationsstrukturen, womit das Netz von Informationswegen innerhalb einer Organisation bzw. ihrer Abteilungen oder Gruppen gemeint ist[1].

So werden beispielsweise in der Schule über verschiedene Informationswege Nachrichten weitergegeben, die zusammen die Kommunikationsstruktur bilden. Es könnten hierbei folgende verschiedene Informationswege existieren:

- Der Schulleiter ruft eine Gesamtlehrerkonferenz ein und spricht zu den Kollegen, diese geben wiederum Informationen an die Schüler weiter.
- Der Schulleiter spricht per Lautsprecherdurchsage zu allen Schülern und Lehrern.
- Der Schulleiter informiert alle Schüler schriftlich über die Hausordnung, die er jedem Schüler aushändigen lässt.
- Der Schulleiter schickt per Hauspost eine schriftliche Anordnung an die Leiter der einzelnen Fachbereiche, diese informieren entsprechend die Kollegen ihrer Abteilung.
- Der Schulleiter macht einen Aushang am „schwarzen Brett".

Die Gesamtheit dieser Kommunikationswege ergibt die Kommunikationsstruktur.

Kommunikationsstrukturen meint das Netz von Informationswegen innerhalb einer Organisation bzw. ihrer Abteilungen oder Gruppen.

Betrachtet man Kommunikationswege danach, auf welchen hierarchischen Ebenen sie etabliert sind, so lassen sie sich in ***vertikale, horizontale und diagonale Kommunikationswege*** einteilen. Fließen Informationen dem Hierarchiegefüge einer sozialen Organisation entsprechend von oben nach unten und umgekehrt, geschieht dies über **vertikale Kommunikationswege**, die in ihrer Vielzahl dann eine vertikale Kommunikationsstruktur erzeugen.

[2] Der Begriff „Kommunikation" ist in Band 2, Kapitel 15.1.1 geklärt.

Der Informationsfluss in der Organisation Schule kann zum Beispiel so organisiert sein, dass der jeweilige Vorgesetzte seine „Untergebenen" informiert. Das Kultusministerium informiert als höchste hierarchische Instanz den Schulleiter. Dieser gibt die Informationen an seinen Stellvertreter weiter, der seinerseits die Fachbetreuer benachrichtigt. Von den Fachbetreuern werden die Mitteilungen an die „einfachen" Lehrer weiter gegeben, die wiederum die Schüler informieren. Die Vielzahl solcher Kommunikationswege erzeugt eine vertikale Kommunikationsstruktur.

Ein Informationsaustausch zwischen Personen, die sich auf derselben hierarchischen Ebene befinden, erfolgt über **horizontale Kommunikationswege**, die ihrerseits eine horizontale Kommunikationsstruktur erzeugen können.

Nutzt das Lehrerkollegium beispielsweise seine Informationswege, indem sich die einzelnen Lehrer gegenseitig wichtige Informationen zukommen lassen, ohne dass über- oder untergeordnete Stellen in diesen Informationsfluss einbezogen sind, so werden horizontale Kommunikationswege genutzt. Diese bilden dann in ihrer Vielzahl eine horizontale Kommunikationsstruktur.

Diagonale Kommunikationswege ermöglichen den Informationsaustausch zwischen Personen auf unterschiedlichen Hierarchieebenen, wobei zwischen diesen Ebenen keine direkte Weisungsbefugnis besteht.

Informiert in einem beruflichen Schulzentrum Kollege A, der in der Maschinenbauschule stellvertretender Schulleiter ist, seinen Freund B, der an der FOS als „einfacher Lehrer" unterrichtet, so wandert die Information von der Ebene Schulleitung auf die Ebene „einfache Lehrer". Aufgrund der unterschiedlichen Schultypen ist jedoch Lehrer A nicht Vorgesetzter von Lehrer B. Viele solcher Kommunikationswege erzeugen eine diagonale Kommunikationsstruktur.

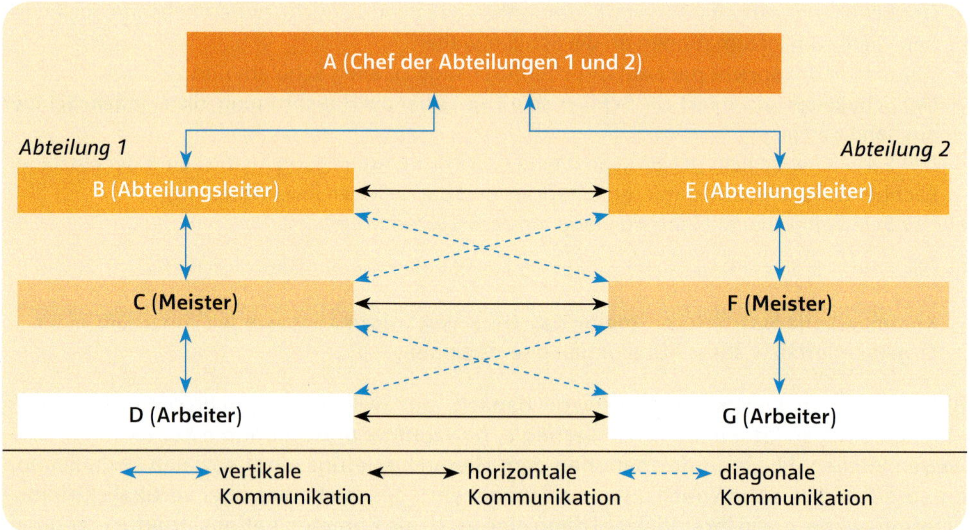

Kommunikationsstrukturen lassen sich danach unterscheiden, in welchem Umfang einer bestimmten, zentralen Person verschiedene Informationswege zur Verfügung stehen. Man spricht in diesem **Zusammenhang** vom Zentralitätsgrad, gelegentlich auch vom Zentralisierungsgrad.

Ein Schulleiter verfügt in der Regel über viele Informationswege und damit über einen hohen Zentralitätsgrad, da er mit allen Schülern, Lehrern, Hausmeistern, Schreibkräften und Eltern direkt sprechen kann. Außerdem stehen ihm zusätzlich im Rahmen von Schulleitertagungen, telefonischen und schriftlichen Mitteilungen des Kultusministeriums oder als Mitglied etwa eines Lehrerverbands eine Vielzahl von weiteren Informationsquellen zur Verfügung.

Zentralitätsgrad meint in diesem Zusammenhang das Ausmaß an Informationswegen, über die eine zentrale Person verfügen kann.

Entsprechend dem Maß an Zentralisierung ergeben sich idealtypisch verschiedene Kommunikationsstrukturen (vgl. *Weinert 1998[4], S. 362*):

- **Das Rad:** Im Mittelpunkt des Kommunikationsweges steht eine Person, bei der viele Informationskanäle zusammenfließen. Der Zentralitätsgrad ist – bezogen auf diese Person – sehr hoch.

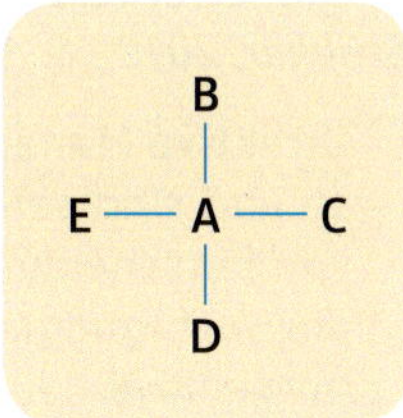

- **Die Kette:** Hier steht den Personen am jeweiligen Ende nur ein Informationskanal zur Verfügung, während alle anderen zwei nutzen können. Es entsteht dabei ein mittlerer Zentralitätsgrad.

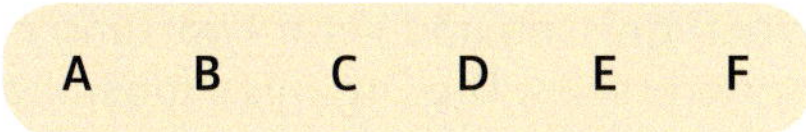

- **Der Kreis:** Hier kann jeder Kommunikationspartner mit seinem direkten Nachbarn Informationen austauschen. Der Zentralitätsgrad ist für alle Mitglieder gleich.
- **Die Vollstruktur:** Bei ihr steht eine sehr große Anzahl von Kommunikationskanälen zur Verfügung, sodass jeder mit jedem Information austauschen kann.

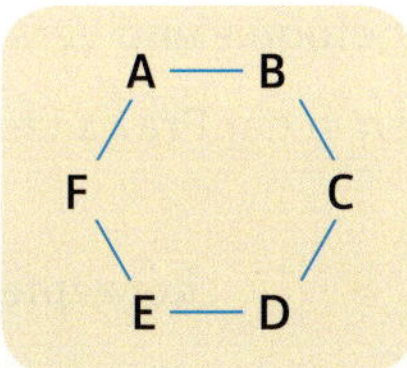

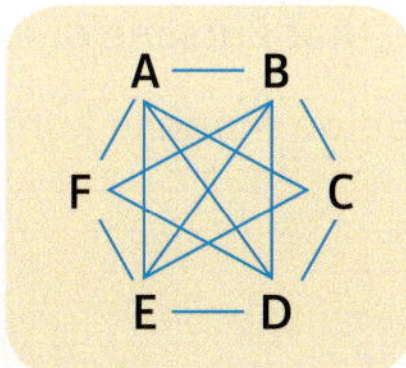

Laufen bei einem Schulleiter sämtliche Informationen sternförmig zusammen, so liegt eine Radstruktur vor.
Laufen die Informationen etwa vom Kultusministerium zum Schulleiter, von dort zu den Fachbetreuern, dann zu den einzelnen Lehrern und werden diese Mitteilungen schließlich an die Schüler weitergegeben, so gleicht der Kommunikationsweg einer Kette. Werden viele Informationen, zum Beispiel auch in einzelnen Abteilungen, in dieser Weise weitergegeben, entsteht eine Kettenstruktur.
Beim Kreis hat jeder Teilnehmer die Möglichkeit mit zwei Partnern Informationen auszutauschen. Dies ist beispielsweise der Fall, wenn drei Schüler als Team gemeinsam die Lösung einer Aufgabe erarbeiten.
Die Vollstruktur ergibt sich zum Beispiel in einer Schule, wenn sich Schulleiter, alle Lehrer, Schüler, Hausmeister und Sekretärinnen in der Aula treffen, um Informationen auszutauschen.

24.2.2 Führungsstrukturen in sozialen Organisationen

In der Literatur vertritt eine Reihe bekannter Forscher die Auffassung, dass das Thema Entscheidungen bzw. Entscheidungsstrukturen in sozialen Organisationen sehr eng mit dem Aspekt der Führung verbunden ist. Führungskräfte seien sich der Wirkung ihres Verhaltens auf Mitarbeiter oft gar nicht bewusst – so *Ulla Gosmann* (*2012, S. 53*), es werde oft vergessen, die Beteiligten ins Boot zu holen.

Führung bedeutet, auf andere Menschen gezielt Einfluss zu nehmen. Dies kann entweder durch formale Strukturen wie zum Beispiel Satzungen, Verordnungen und in Aussicht gestellte Belohnungen geschehen oder aber durch direkte Beeinflussungen von Menschen durch Menschen erfolgen.

Führung meint die gezielte Einflussnahme einer oder mehrerer Personen auf andere Menschen zur Erfüllung von gemeinsamen Aufgaben.

Führung, Steuerung und Gestaltung von Organisationen werden in der jüngeren Literatur mit **Management** bezeichnet, die für die Erfüllung der Aufgaben in diesen sorgt und dafür verantwortlich ist (vgl. *Timmermann/Strikker, 2010*[9]*, S. 166*).

Es gibt zwei verschiedene ***Konzepte der Führung, des Managements*** (vgl. *Timmermann/Strikker, 2010*[9]*, S. 166f.*):

- **Direktive Management-Konzepte** setzen auf ***Zentralisierung*** der Führungsbefugnisse und sind sehr stark auf einzelne Personen zentriert. Es ist eine strikte Trennung von Entscheidungsbefugnissen und Verantwortung einerseits und dem Durchführen der Verfügungen andererseits. Die Organisationsmitglieder sind von dem Führungspersonal abhängig. Untersuchungen zeigen, dass Organisationsmitglieder durch ein direktives Management demotiviert werden und mit „innerer Kündigung“ reagieren.
- **Nichtdirektive Management-Konzepte** setzen auf ***Dezentralisierung*** der Führungsbefugnisse und delegieren diese auf unterschiedliche Weise nach „unten“. Entscheidungsbefugnisse werden auf mehrere Personen oder Gruppen verteilt, der Einzelne hat Entscheidungsbefugnis und Verantwortung.

Beide Modelle kommen in der Praxis überwiegend als „Mischformen“ vor.

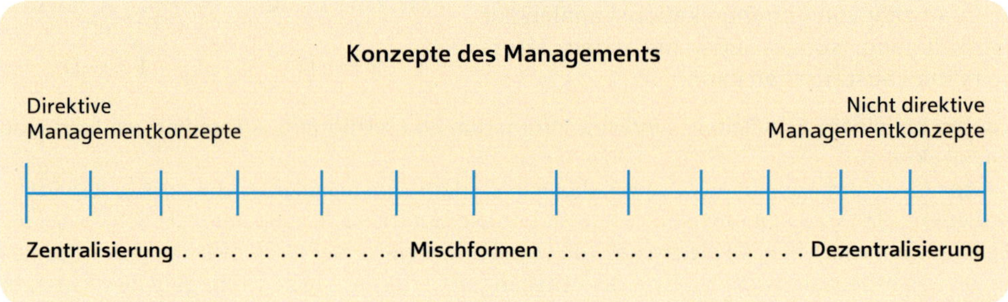

„Das Maß an Freiheit bestimmt das Maß an Verantwortung“
(Kalenderspruch)

→ **Materialien** 1. Das große Wettrudern

Forscher betrachten das Führungsverhalten

- einerseits in Bezug auf die ***Mitarbeiter und ihre Beziehungen*** untereinander und
- andererseits in Bezug auf die ***Verwirklichung von Zielen bzw. die Verrichtung der Arbeit***.

Entsprechend wird im *Ohio State Führungsforschungsprojekt* unterschieden, ob es sich eher um einen **mitarbeiterorientierten** (personenzentrierten) oder eher **aufgabenorientierten** (produktzentrierten) Führungsstil handelt[1].

Mitarbeiterorientierung – in der amerikanischen Originalliteratur als **consideration** bezeichnet – dient den ***Beziehungen und der Pflege zu den Mitarbeitern*** und zeigt sich durch ***Wertschätzung*** – eine gefühlsmäßige Grundhaltung gegenüber einer anderen Person, die sich in Achtung, Anerkennung und Wohlwollen zeigt und sich in Zugewandtheit, Interesse, Aufmerksamkeit und Freundlichkeit ausdrückt – den Untergebenen gegenüber. Für mitarbeiterorientierte Führungskräfte stehen also die Beziehungen in einer sozialen Organisation im Mittelpunkt.

Aufgabenorientierung – in der Literatur als **initiating structure** bezeichnet – zielt ***auf die Verrichtung der Arbeit***. Die Verrichtung und das Erreichen des Arbeitszieles in einer sozialen Organisation stehen im Mittelpunkt.

> *„Mangelnde Wertschätzung führt „zu einer Gratifikationskrise [...] Der Mitarbeiter hat das Gefühl, mehr zu geben, als er bekommt. Das bedeutet puren Stress – mit gravierenden Folgen für die Gesundheit."*
>
> *(Kleinschmidt, Carola: Chefsachen – Wie Führung gelingt; in: Psychologie heute Nr. 4/2018, S. 71–75. © 2018 Psychologie heute in der Verlagsgruppe Beltz • Weinheim Basel)*

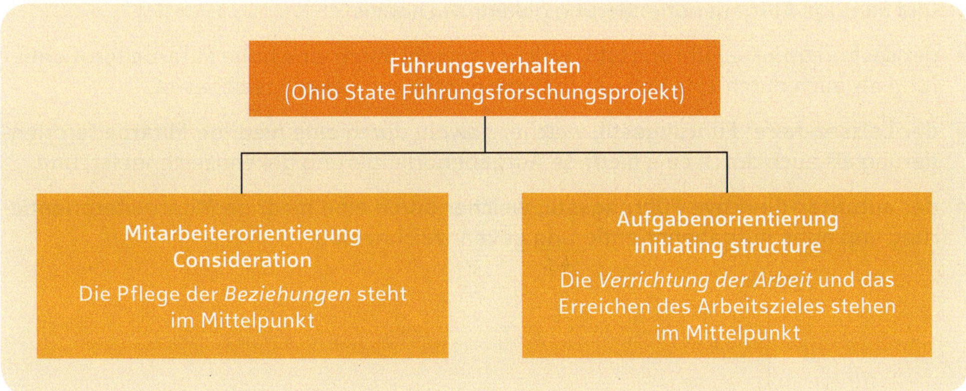

[1] vgl. hierzu auch Abschnitt 24.4.3

Versteht man Mitarbeiter- und Aufgabenorientierung als jeweilige Dimension[1], so ergibt sich ein Dimensionenmodell der Führungsstile:

In dieses Konzept lassen sich als „Extremtypen" vier Führungsstile eintragen:

- der **partnerschaftliche Führungsstil**, welcher durch eine hohe Mitarbeiterorientierung und niedrige Aufgabenorientierung gekennzeichnet ist,
- der **sachorientierte Führungsstil**, welcher sowohl durch eine hohe Mitarbeiterorientierung als auch durch eine hohe Aufgabenorientierung gekennzeichnet ist,
- **der Laissez-faire[2] Führungsstil**, welcher sowohl durch eine niedrige Mitarbeiterorientierung als auch durch eine niedrige Aufgabenorientierung gekennzeichnet ist, und
- der **autoritär-direktive Führungsstil**, welcher durch eine niedrige Mitarbeiterorientierung und hohe Aufgabenorientierung gekennzeichnet ist.

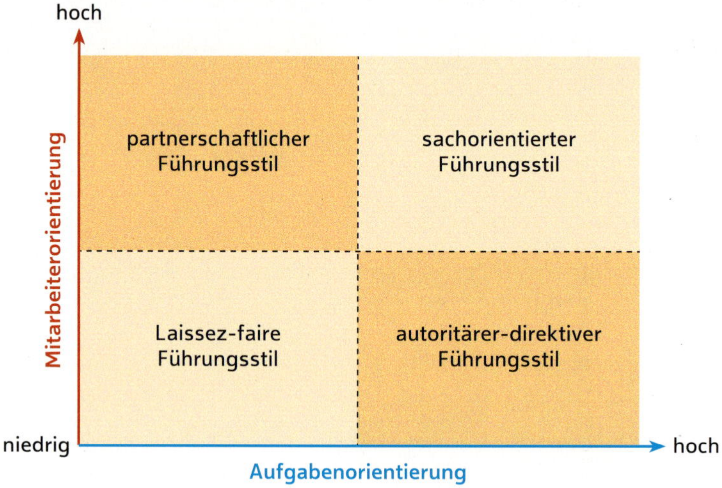

[1] Eine Dimension ist eine Zusammenfassung ähnlicher, einander entsprechender Haltungen, Verhaltens- und Handlungsweisen, die mithilfe von Skalen gemessen werden können (vgl. *Tausch/Tausch (1998[11], S. 101)*.

[2] (franz.): „lasst machen"

In Untersuchungen wurde festgestellt, dass die Ergebnisse dieser unterschiedlichen Führungsstile von der Zeitdauer abhängen: Ein aufgabenorientierter Führungsstil erweist sich hinsichtlich der Arbeitseffektivität als überlegener, wenn es sich um eine kurze Zeitdauer, um reine, momentane Produktivität und Arbeitsleistung handelt. Bei Langzeitperspektiven wie Dauerleistung, Verantwortlichkeit, Eigeninitiative, Leistung und Arbeitszufriedenheit jedoch ist der mitarbeiterorientierte Stil weit effektiver (vgl. Weinert, 1998⁴, S. 434 f.). Zudem kommt es auf die Situation an, und es ist die Fähigkeit der Führungskraft zu erkennen, wie die situativen Bedingungen aussehen, um die Art und Weise der Führung darauf abzustimmen[1].

Als Folge der Ohio-Studien fanden sog. ***high-high-Modelle****, bei denen sowohl bei Consideration also auch bei Initiating Structure hohe Werte im Vordergrund stehen, große Beachtung, da man davon ausgeht, dass High-High-Führungskräfte den besten Erfolg aufweisen (vgl. Brodbeck u. a., 20082, S. 336).*

Es gibt keinen „besten“ Führungsstil, der Erfolg hängt von mehreren Faktoren ab. Dies sind ***situative Faktoren*** wie zum Beispiel die Art der Aufgabe und ***der Mitarbeiter***. Aus diesem Grund ist es sinnvoll, je nach den Anforderungen den hierzu erforderlichen Stil einzusetzen. Sogenannte „Mischformen“ sind möglich und je nach Gegebenheit notwendig.

Ein großer Fehler von Führungskräften sei – so die Redakteurin Carola Kleinschmidt von „Psychologie Heute“ – ihr chronisches Zeit- und Führungsdefizit, was sich letztlich als geschäftsschädigend auswirke. „Führung ohne Zeit funktioniert nicht“ (Lehky[2]*; in: Kleinschmidt, 2018, S. 75).*

24.2.3 Entscheidungsstrukturen

Jede Organisation verfügt über Strukturen, die den Umfang dessen regeln, was einzelne Personen oder Gruppen auf welcher hierarchischen Ebene festlegen bzw. bestimmen können – sogenannte Entscheidungsstrukturen.

Die Schulordnung legt zum Beispiel fest, welche Befugnisse der Schulleiter, das Lehrerkollegium, der Elternbeirat oder die Schülervertretung hat.

Entscheidungsstrukturen sind Regelungen in Organisationen, die Entscheidungsbefugnisse für die einzelnen Organisationsmitglieder oder Gruppen festlegen.

Entscheidungsbefugnisse können entweder stark auf einzelne Personen zentriert sein, oder aber auf viele Personen oder Gruppen verteilt sein. Daher spricht man von **Zentralisierung bzw. Dezentralisierung** von Entscheidungsstrukturen.

Viele wichtige Entscheidungsbefugnisse in der Schule konzentrieren sich beispielsweise auf den Schulleiter, was auf eine deutliche Tendenz in Richtung Zentralisierung hinweist. Überlässt es der Schulleiter jedoch beispielsweise den einzelnen Fachschaften, die Stundenpläne für die jeweiligen Klassen zu gestalten, die Art der Leistungsnachweise zu bestimmen, oder die Verteilung von Prüfungskorrekturen festzulegen, dann besteht eine Tendenz zur Dezentralisierung von Entscheidungsbefugnissen.

Zentralisierung bzw. Dezentralisierung meint das Ausmaß der Konzentration von Entscheidungsbefugnissen.

---

[1] Da die situativen Faktoren eine große Rolle spielen, ist es nur sehr schwer möglich, Auswirkungen eines Führungsstils zu beschreiben.

[2] Maren Lehky ist Führungskräftetrainerin.

In Anlehnung an *Max Weber*[1] unterscheidet *Dietrich Kühn* (*2013*[6], *S. 318 f.*) in seinem ***idealtypischen Modell der Organisation*** zwei Typen der Zentralität bzw. Dezentralität, innerhalb derer sich verschiedene Mischtypen als Realformen einordnen lassen: das **bürokratische und das teamorientierte Modell**. Ein Idealtyp ist ein Modell, welches in der Realität so nicht existiert. Beim bürokratischen Modell besteht eine streng hierarchische Struktur mit hoher Zentralität.

→ Ein Beispiel hierfür ist die Schule, wenn auch nicht in dieser extremen Form: Die Verantwortung liegt grundsätzlich „Oben", entsprechend werden von „Oben" nach „Unten" Anweisungen und Befehle gegeben, die die „Unteren" auszuführen haben; deren Einhaltung wird wiederum von „Oben" kontrolliert. Von „Unten" nach „Oben" gibt es Rückmeldungs- und gegebenenfalls Rechtfertigungswege über die ausgeführten Anweisungen und Befehle, die zudem über den „Dienstweg" laufen.

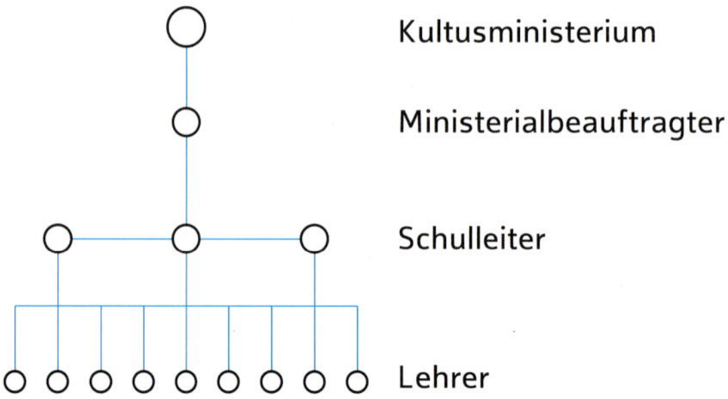

Das „Gegenmodell" zur Bürokratie ist das teamorientierte Modell, welches eine sehr hohe Dezentralität aufweist. Alle Organisationsmitglieder sind gleichberechtigt. Zwischen diesen beiden Extrem-Modellen findet man real existierende Mischtypen von Organisationen vor, die eine mehr oder weniger hohe Zentralität bzw. Dezentralität aufweisen.

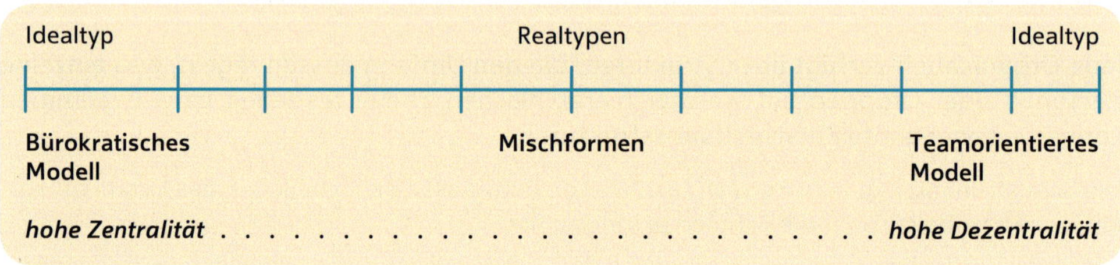

(*vgl. Kühn, 2013*[6]*, S. 319*)

Häufig findet sich in der wissenschaftlichen Literatur das Merkmal Entscheidungsstrukturen in engem Zusammenhang mit den Themen Führung und Führungstheorien wieder.

Auf den Punkt gebracht

- Eine besondere Rolle spielen die Kommunikations- und Entscheidungsstrukturen. Kommunikationsstrukturen meint das Netz von Informationswegen innerhalb der sozialen Organisation bzw. ihrer Abteilungen oder Gruppen und lassen sich danach unterscheiden, in welchem Umfang einer bestimmten, zentralen Person verschiedene Informationswege zur Verfügung stehen. Man spricht in diesem Zusammenhang vom Zentralitätsgrad gelegentlich auch vom Zentralisierungsgrad und meint das Ausmaß an Informationswegen, über die eine zentrale Person verfügen kann. Entsprechend dem Maß an Zentralisierung ergeben sich

[1] Max Weber (1864–1920), deutscher Wirtschafts- und Sozialwissenschaftler, war Gründungsmitglied der Deutschen Gesellschaft für Soziologie. Noch heute gelten bestimmte Werke von ihm als Grundlage der Soziologie – so zum Beispiel „Macht und Herrschaft".

idealtypisch verschiedene Kommunikationsstrukturen: das Rad, die Kette, der Kreis und die Vollstruktur.

- Entscheidungsstrukturen sind Regelungen in sozialen Organisationen, die Entscheidungsbefugnisse für die einzelnen Organisationsmitglieder oder Gruppen festlegen. Entscheidungsbefugnisse können entweder stark auf einzelne Personen zentriert sein, oder aber auf viele Personen oder Gruppen verteilt sein. Dementsprechend spricht man von Zentralisierung bzw. Dezentralisierung von Entscheidungsstrukturen und meint das Ausmaß der Konzentration von Entscheidungsbefugnissen.

- Führung bedeutet, auf andere Menschen gezielt Einfluss zu nehmen zur Erfüllung von gemeinsamen Aufgaben. Führung, Steuerung und Gestaltung von Organisationen werden in der jüngeren Literatur mit Management bezeichnet und sorgen für die Erfüllung der Aufgaben in diesen und ist dafür verantwortlich. Es gibt zwei verschiedene Konzepte der Führung, des Managements, direktive und nicht direktive Management-Konzepte. Im *Ohio State Führungsforschungsprojekt* wird der mehr mitarbeiterorientierte (personenzentrierte) und der eher aufgabenorientierte (produktzentrierte) Führungsstil unterschieden.

Wiederholen, Vertiefen, Anwenden

1. Beschreiben Sie am Beispiel einer Ihnen bekannten sozialen Organisation verschiedene Kommunikationsstrukturen.
2. Stellen Sie Entscheidungsstrukturen unter dem Aspekt der Zentralisierung bzw. Dezentralisierung am Beispiel einer sozialen Organisation Ihrer Wahl dar.
3. *Entscheidungen bzw. Entscheidungsstrukturen in Organisationen hängen sehr eng mit dem Aspekt der Führung zusammen.*
   a) Bestimmen Sie den Begriff „Führung".
   b) Beschreiben Sie verschiedene Führungstheorien.
   c) Arbeiten Sie die Unterschiede zwischen den in b) beschriebenen Führungstheorien heraus.
4. Beschreiben Sie das *Ohio State Führungsforschungsprojekt* und zeigen Sie auf, unter welchen Bedingungen welcher Führungsstil am geeignetsten ist.
5. Einige Sozialwissenschaftler behaupten, es gebe nicht die Führungspersönlichkeit schlechthin. Nehmen Sie zu dieser Behauptung Stellung.
6. Bestimmen Sie den Begriff „Management" und stellen Sie anhand einer Situation in einer Organisation verschiedene Konzepte des Managements dar.
7. *„Ein Teil der charakteristischen Merkmale von Organisationen erweist sich für die Organisation häufig einerseits als Segen, andererseits als Fluch."*
   Erläutern Sie diese Behauptung am Beispiel einer Ihnen näher bekannten sozialen Organisation.

8. *Lernsituation 24.2*
   Zeigen Sie am Beispiel der in der Fallbeschreibung dargestellten sozialen Einrichtung
   a) Kommunikationsstrukturen,
   b) Führungsstrukturen und
   c) Entscheidungsstrukturen
   auf.

9. Erarbeiten Sie in Kleingruppen, die sich aus Mitgliedern mit ehemals gleicher Berufstätigkeit bzw. gleicher Praktikumstätigkeit zusammensetzen, Möglichkeiten zur Verbesserung der Kommunikation an Ihrem ehemaligen Arbeitsplatz. Halten Sie Ihre Ergebnisse auf Plakaten fest.

24.3 Soziale Organisation und Arbeitszufriedenheit

Lernsituation

In der Ausbildung (Teil 2)

Aus Lernsituation 24.2 ist Ihnen bereits bekannt, dass Ihr Freund in den verschiedenen Abteilungen seines Betriebes unterschiedliche Kommunikations-, Führungs- und Entscheidungsstrukturen erlebte. Während er im ersten Ausbildungsjahr von seinem Betrieb und der Arbeit schwärmte, hat sein Enthusiasmus in den letzten Wochen spürbar nachgelassen. Mehr noch, immer häufiger erleben Sie einen deprimierten, enttäuschten und wütenden jungen Menschen, seit er in eine andere Abteilung versetzt worden ist.

Auf Ihre Frage, was ihn denn so zu schaffen mache, antwortet er: „Es ist gar nicht der Beruf an sich. Der bietet nach wie vor viele interessante Inhalte. Aber die Art und Weise, wie die Leute in meiner neuen Abteilung miteinander umgehen, macht mir sehr zu schaffen. Es geht immer nur darum, noch mehr Gewinn zu erzielen. Dem muss sich alles und jeder unterordnen. Und dann dieser subtile Druck durch die Zusammenlegung der Abteilungen! Gerade die älteren Mitarbeiter fürchten bei der nächsten betrieblichen Umstrukturierung um ihren Job und schuften deshalb noch mehr als früher. Jeder kommt mir vor wie ein winziges Rädchen in einer großen, undurchschaubaren Maschinerie. Und ich scheine dabei das allerkleinste zu sein. Jederzeit bin ich beliebig auswechselbar und im Prinzip daher völlig bedeutungslos. Ich habe das Gefühl, immer alles Wichtige als Letzter zu erfahren, falls es überhaupt bis zu mir durchdringt!

Welch ein Unterschied zum letzten Jahr! Da machte die Arbeit noch richtig Spaß, ich war so motiviert, dass mir selbst Überstunden nichts ausmachten. Und dann mein Abteilungsleiter, der einfach wusste, wie er mit uns umgehen musste. Die meisten Kollegen kamen gern zur Arbeit, haben viel geleistet und waren trotzdem zufrieden. Aber jetzt …

Manchmal frage ich mich, ob es wirklich an den veränderten Arbeitsbedingungen liegen kann, dass ich mich in letzter Zeit so unzufrieden fühle."

Sie möchten nun wissen, welche Auswirkungen Kommunikations- Führungs- und Entscheidungsstrukturen auf die Arbeitsmotivation und -zufriedenheit in sozialen Organisationen haben. Sie möchten diese Auswirkungen auch erklären können.

I Information

24.3.1 Arbeitsmotivation und -zufriedenheit

Arbeitszufriedenheit und –motivation sind Bedingungen für gute Arbeit und hohe Produktivität. Dabei geht es nicht nur um eine hohe bzw. niedrige Produktivität, um ***Quantität***, sondern auch und vor allem um **Qualität**. Dies gilt sowohl für profit- als auch für nicht profitorientierte Organisationen. Qualität[1] bedeutet zum einen das Erbringen einer Bestleistung und zum anderen eine hochwertige Beschaffenheit des Produktes.

In sozialen Organisationen sind zwei Ebenen von Bedeutung:

- die **individuelle Ebene** – das Erleben und Verhalten des einzelnen Individuums und
- die **interindividuelle Ebene** – der Mensch im Kontext mit anderen und die Gruppe.

Auf individueller Ebene sind ***Arbeitsmotivation und -zufriedenheit*** des Individuums entscheidend und auf interindividueller Ebene die ***Arbeitsleistung in Gruppen***. Arbeitsleistung bezeichnet die Bewältigung einer Anforderung bzw. Aufgabe, die in einer Organisation anfällt, mit geistiger und/oder körperlicher Anstrengung. Dabei spielt auch die Zeit eine wichtige Rolle.

Wenn ein Arbeiter beispielsweise für das Einbauen einer Autotüre eine halbe Stunde benötigt, dann ist das eine „schlechte“ Leistung, wenn dies Kollegen durchschnittlich in vier bis fünf Minuten schaffen.

Unter Arbeitsleistung wird die Bewältigung einer Anforderung bzw. Aufgabe unter geistiger und/oder körperlicher Anstrengung in einer bestimmten Zeiteinheit verstanden.

Arbeitsmotivation ist das Streben, eine bestimmte Anforderung bzw. Aufgabe in einer Organisation bewältigen bzw. vollbringen zu wollen.

Arbeitsmotivation bedeutet das Bestreben, eine bestimmte Anforderung bzw. Aufgabe bewältigen bzw. vollbringen zu wollen.

Hohe Arbeitsmotivation führt zu einer hohen Produktivität, niedrige oder gar keine Arbeitsmotivation zu niedriger. **Produktivität[2] meint das Erzeugen von Gütern und Dienstleistungen**. Sie entsteht durch die Verarbeitung von Materialien in Industrie und Handwerk, sowie durch Handel und Dienstleistungen. ***Viele Studien belegen, dass mit steigender Motivation sich auch die Leistung der Organisationsmitglieder verbessert*** (vgl. *von Rosenstiel/Nerdinger, 2011[7], S. 383*).

Arbeitsmotivation ist eine Voraussetzung für eine gute Leistung in Schule, Arbeit und Beruf.

Die Arbeitsleistung, die der Einzelne in einer Organisation vollbringen soll/muss, hängt nach *Uwe Kleinbeck* (*2009, S. 347*) von zwei Faktorengruppen ab:

- zum einen von den persönlichen Fähigkeiten und Fertigkeiten und
- zum anderen von der Bereitschaft, diese Fähigkeiten und Fertigkeiten auch tatsächlich nutzen zu wollen (= Arbeitsmotivation).

[1] qualitas (lat.): die Beschaffenheit, die Eigenschaft
[2] productum (lat.): das Hervorgebrachte

Das Ergebnis dieser Motivation bewirkt – so *Kleinbeck* – das Erreichen hoher Produktivitätsziele in Organisationen.

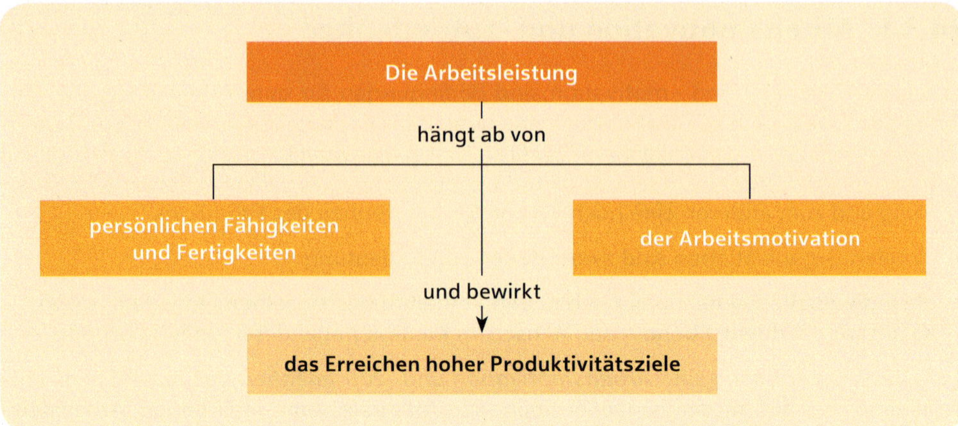

Ein wichtiger Faktor für die Arbeitsmotivation ist die **Arbeitszufriedenheit**, die sich zum einen durch positive (angenehme) Gefühle des Organisationsmitglieds und zum anderen durch eine positive Einstellung gegenüber der Arbeitstätigkeit zeigt (vgl. *von Rosenstiel/Nerdinger, 2011[7], S. 415 f.*).

Arbeitszufriedenheit liegt vor, wenn die Mitglieder der Organisation positive Gefühle erleben und eine positive Einstellung gegenüber ihrer Arbeitstätigkeit haben.

In der neueren Literatur wird von Mitarbeiterbindung, Commitment, gesprochen, welche das Engagement des Mitarbeiters sowie sein seelisches und körperliches Wohlbefinden positiv beeinflusst (vgl. Felfe, 2009, S. 18).

„Eine hohe Arbeitsleistung wird „nur erbracht werden, wenn die Mitarbeiter sich mit der Organisation verbunden fühlen, ein hohes Maß an Bindung an die Organisation (commitment) aufweisen."
(Zapf/Holz, 2009, S. 756)

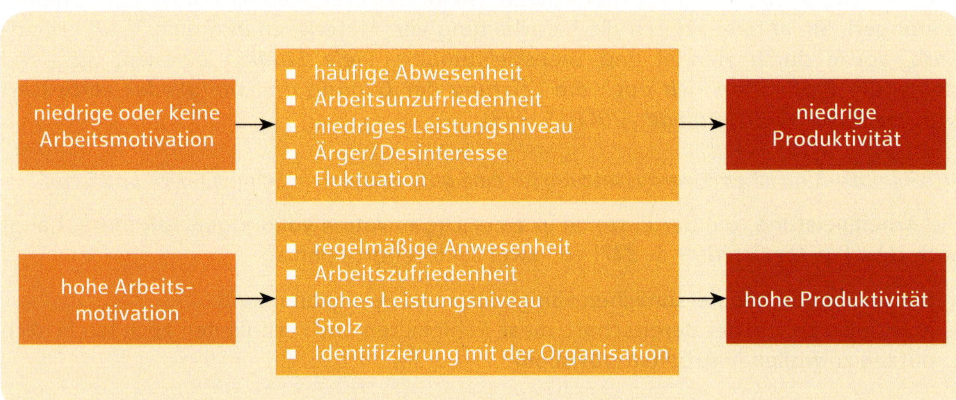

(Kals/Gallenmüller-Roschmann, 2011[2], S. 179)

Howard M. Weiss vom Georgia Institute of Technology (Technische Hochschule) in Atlanta und *Russel Cropanzano* von der University of Colorado in Boulder haben in der **Theorie affektiver Ereignisse – affective events theory** (AET) – den Zusammenhang zwischen **Emotionen und Arbeitszufriedenheit** thematisiert: ***Arbeitszufriedenheit ist eine Reaktion auf emotionale Ereignisse*** in Organisationen. Im Arbeitsalltag tauchen immer wieder verschiedene Ereignisse auf, die ganz bestimmte Emotionen auslösen. Diese wiederum beeinflussen die Einstellung zur Arbeit und die Arbeitszufriedenheit (vgl. *Zapf/Holz, 2009, S. 756*).

Positiv besetzte Ereignisse in Organisationen führen zu positiven Emotionen, die eine hohe Arbeitszufriedenheit zur Folge haben. Negative Emotionen aufgrund von negativ besetzten Ereignissen wie Unkollegialität, schlechtes Management erzeugen dagegen eine Unzufriedenheit in der alltäglichen Arbeit.

Ärger, Enttäuschung, Mobbing, Benachteiligung, ungerechte Behandlung, Kündigungsgedanken oder geplanter Stellenabbau zum Beispiel beeinträchtigen auf Dauer die Arbeitszufriedenheit. Auch bei zu vielen Veränderungen erleben Mitarbeiter negative Emotionen (vgl. *Zapf/Holz, 2009, S. 757*).

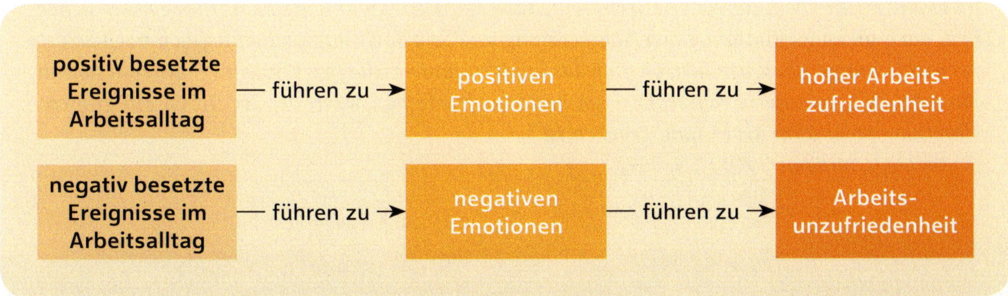

Arbeitszufriedenheit und -motivation hängen eng miteinander zusammen: ***Eine hohe Arbeitszufriedenheit mit und bei der Arbeit führt zu einer hohen Arbeitsmotivation, was sich wiederum auf die Zufriedenheit auswirkt***.

> *„Dass zufriedene Angestellte tatsächlich auch produktiver sind, gilt heute als eine der am besten gesicherten Erkenntnisse in der Arbeitsforschung überhaupt."*
> *(Metzger, 2009, S. 74)*

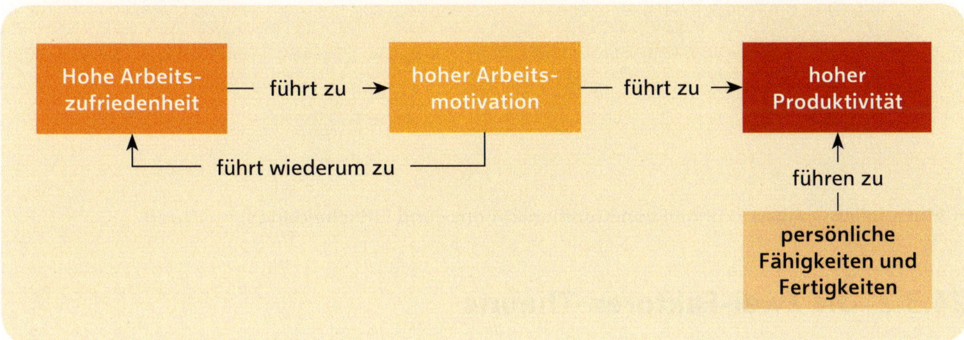

Zufriedenheit des Einzelnen, Arbeitsmotivation, Gruppenleistung und Produktivität hängen in einem sehr erheblichen Maße von der **Befriedigung der verschiedenen Bedürfnisse in einer Organisation** ab.

Die Motivation eines Mitarbeiters in einer Organisation und seine Zufriedenheit, die Gruppenleistung sowie die Produktivität im Gesamtsystem sind umso höher, je mehr Bedürfnisse der Einzelne im Zusammenhang mit seiner Tätigkeit befriedigen kann.

Je höher nun der Dezentralitätsgrad einer Kommunikationsstruktur, der Führung und einer Entscheidungsstruktur ist, desto mehr können individuelle und soziale Bedürfnisse befriedigt werden, was hohe Arbeitszufriedenheit und –motivation, hohe Gruppenleistung sowie hohe Produktivität zur Folge hat. Andererseits werden bei hoher Zentralität weniger Bedürfnisse befriedigt, was geringe Arbeitszufriedenheit und –motivation sowie geringe Gruppenleistung und Produktivität bewirkt.

„Man wird [...] bemüht sein, nicht ständig die Befriedigungsmöglichkeit für die Grundbedürfnisse weiterzutreiben, sondern bestrebt sein, auch die Befriedigung der Bedürfnisse nach Sicherheit, nach sozialem Kontakt, nach Anerkennung und Selbstachtung und schließlich nach Selbstverwirklichung sicherzustellen. Gerade das letztgenannte Bedürfnis erscheint – bedenkt man in jüngerer Zeit diskutierte Konzepte – am besten befriedigbar, wenn bei der Arbeit ein größerer Handlungsspielraum als bislang gegeben ist."
(Rosenstiel/Nerdinger, 2011[7], S. 397)

Arbeitsmotivation und -zufriedenheit des Einzelnen, Gruppenleistung und Produktivität sind umso höher, je mehr Bedürfnisse der Einzelne im Zusammenhang mit seiner Tätigkeit befriedigen kann.

↓

Je höher der Dezentralitätsgrad einer Kommunikationsstruktur, der Führung und einer Entscheidungsstruktur, desto mehr werden individuelle und soziale Bedürfnisse befriedigt. ↓ Folge: Hohe Arbeitsmotivation und – zufriedenheit, hohe Gruppenleistung und Produktivität	Je höher der Zentralitätsgrad einer Kommunikationsstruktur, der Führung und einer Entscheidungsstruktur, desto weniger werden individuelle und soziale Bedürfnisse befriedigt. ↓ Folge: Geringe Arbeitsmotivation und -zufriedenheit, geringe Gruppenleistung und Produktivität

→ **Materialien** 2. Auswirkungen von Kommunikations- und Entscheidungsstrukturen

24.3.2 Die Zwei-Faktoren-Theorie

Eine Theorie, bei der die Befriedigung von Bedürfnissen im Vordergrund steht, ist die Zwei-Faktoren-Theorie von *Frederick Herzberg und seinen Mitarbeitern.*

***Frederick Herzberg** (1923–2000) war US-amerikanischer Professor der Arbeitswissenschaft und der klinischen Psychologie. Bekannt wurde er durch die Zwei-Faktoren-Theorie der menschlichen Bedürfnisse, die er zusammen mit Bernard Mausner und Barbara Bloch-Snyderman im Jahre 1959 veröffentlichte.*

Herzberg geht davon aus, dass ***allen Menschen bestimmte Bedürfnisse zu eigen sind, die befriedigt werden wollen***. Er postuliert zwei Arten von Bedürfnissen, **Motivationsbedürfnisse und Hygienebedürfnisse** (vgl. *von Rosenstiel/Nerdinger, 2011[7], S. 87 ff.*):

- Die **Motivationsbedürfnisse**, auch **Motivatoren** oder intrinsische[1] Arbeitsmotivation genannt, beeinflussen nach *Herzberg u. a.* die ***Motivation zur Leistung selbst und betreffen den Arbeitsinhalt***. Zu den bedeutendsten Motivatoren zählen insbesondere Leistung und Erfolg, Anerkennung der eigenen Leistung, die Arbeit selbst, Verantwortung, Aufstiegsmöglichkeiten und Beförderung sowie Möglichkeit zum Wachstum. Diese Faktoren sind die „***Zufriedensteller***" in einer Organisation. Werden die Motivationsbedürfnisse nicht oder nur unzureichend befriedigt, bewirkt das zwar keine hohe Unzufriedenheit, aber auch keine hohe Motivation und Leistungsbereitschaft. Motivatoren verändern also die Zufriedenheit, ihr Fehlen führt aber nicht zwangsläufig zur Unzufriedenheit[2].

- Die **Hygienebedürfnisse**, auch **Context-Variablen** oder **extrinsische[3] Arbeitsmotivation** genannt, betreffen die ***Arbeitsbedingungen, unter denen gearbeitet wird***. Zu den wichtigsten Context-Variablen zählen Führungsstil, Entlohnung und Gehalt, Beziehungen zu Vorgesetzten und unter den Mitarbeitern, Sicherheit der Arbeitsstelle oder Unternehmens- und Personalpolitik. Diese Faktoren sind die „***Unzufriedensteller***" in einer Organisation. Man bezeichnet sie deshalb als Hygienefaktoren, weil sie wie in der medizinischen Hygiene Gesundheitsrisiken sein können, die krank machen; sie müssen beseitigt werden, um Krankheit zu verhindern.

  Bei Entfernung von „Unzufriedenstellern" in einer Organisation entsteht nach *Herzberg u. a.* allerdings keine Zufriedenheit, sondern ein neutraler Erlebniszustand, der als Nicht-Zufriedenheit bezeichnet wird. ***Nicht-Zufriedenheit*** ist ein neutraler emotionaler Zustand und bedeutet nicht Unzufriedenheit. Unzufriedenheit dagegen zeigt sich in negativen (unangenehmen) Gefühlen der Organisationsmitglieder und in einer negativen Einstellung gegenüber der Arbeitstätigkeit.

Eine angemessene Befriedigung der Hygienebedürfnisse vermeidet also zwar Unzufriedenheit, führt aber nicht zu Zufriedenheit. Schlechte Hygienefaktoren demotivieren Mitarbeiter in einer Organisation, gute jedoch spornen noch nicht zu Höchstleistungen an. **Zu einer hohen Zufriedenheit gehören gute Hygienefaktoren, Entfernung von „Unzufriedenstellern" und gute Motivatoren.**

Die Theorie von *Herzberg u. a.* kann insbesondere die hohe bzw. niedrige Arbeitszufriedenheit erklären und damit verbunden die hohe/niedrige Arbeitsmotivation verdeutlichen.

---

[1] intrinsisch (intrinsecus, lat.: innerlich): von innen heraus, aus eigenem Antrieb

[2] Herzberg u.a. unterscheiden zwischen unzufrieden und nicht zufrieden. Nicht-Zufriedenheit ist neutral und bedeutet nicht unbedingt Unzufriedenheit.

[3] Context (contextus, lat.: enge Verknüpfung, Zusammenhang): Umgebung, Sach- bzw. Situationszusammenhang, aus dem heraus diese verstanden werden muss; extrinsisch (extrinsecus, lat.: von außen): von außen her gesteuert, angeregt.

Da die jeweilige Bedürfnislage einzelner Organisationsmitglieder in der Regel unterschiedlich ist, können sich Kommunikations-, Führungs- und Entscheidungsstrukturen sehr unterschiedlich auf das Individuum und die Gruppe auswirken.

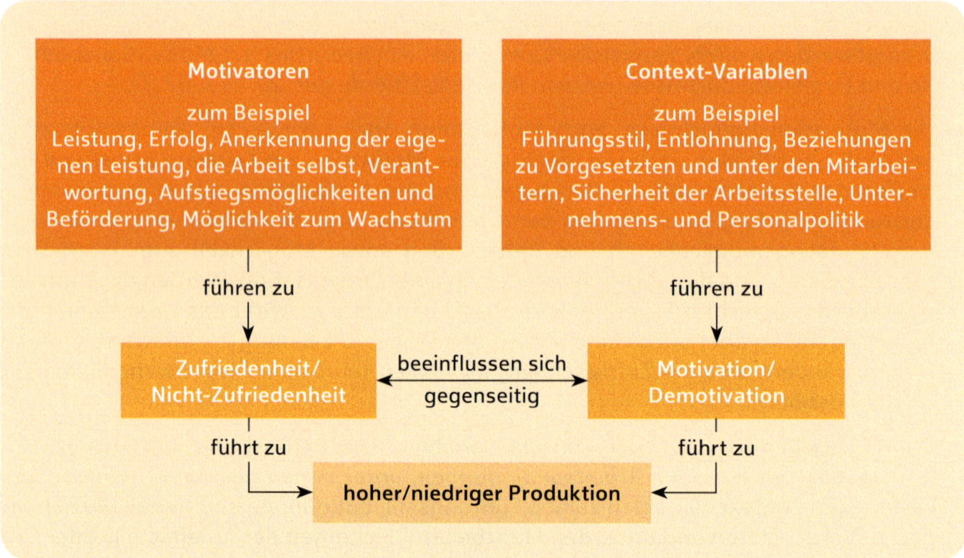

24.3.3 Die Kassler Teampyramide

In vielen Organisationen werden die anstehenden Aufgaben in Zusammenarbeit mit Kollegen in Gruppen erledigt. Man spricht hier von einem **Team**.

> **„Teamarbeit bzw. Teamwork bedeutet, dass mehrere Menschen zusammen versuchen, gemeinsam Ziele zu erreichen und festgelegte Aufgaben zu erledigen, indem man sich gegenseitig unterstützt, die Stärken und Schwächen jedes Einzelnen berücksichtigt und der Einzelne entsprechend seinen Kompetenzen und Fähigkeiten eingesetzt wird. Die Menschen, die zur Erfüllung eines Zieles zusammenwirken, werden als Team bezeichnet.“** (Hobmair, 2010, S. 156)

Jedoch erzielen diese Gruppen bzw. Teams nicht immer den gewünschten Erfolg, es können sich im beruflichen Alltag immer wieder Probleme ergeben. Daher empfiehlt es sich, den Aufbau und die Arbeit solcher Teams zu unterstützen.

Eine von vielen theoretischen und praktischen Orientierungshilfen können die Erkenntnisse von *Simone Kauffeld* geben, die sie in der sogenannten **Kassler Teampyramide** formuliert hat. In dieser werden vier Dimensionen thematisiert, die für das Funktionieren von Teams von entscheidender Bedeutung sind (vgl. *Kauffeld, 2001, S. 138 ff.*):

- Die **Zielorientierung**
- Die **Aufgabenbewältigung**
- Der **Zusammenhalt**
- Die **Verantwortungsübernahme**

Ergänzt werden diese Dimensionen durch das **Umfeld**, bzw. die Rahmenbedingungen, in dem Teamarbeit stattfindet.

Die beiden ersten Dimensionen erfassen schwerpunktmäßig inhaltliche Aspekte der Teamarbeit, die beiden anderen überwiegend den Faktor „Mensch". Da sich jedoch Unstimmigkeiten bzw. Streit bezüglich der Ziele und Aufgaben zwischen den Teammitgliedern auf die zwischenmenschlichen Beziehungen auswirken, muss in Teams zunächst ein Konsens über Ziele und Aufgaben herbeigeführt werden. Somit bilden diese beiden Dimensionen die Basis einer effektiven Teamarbeit.

Sie sind außerdem von außen, durch die „Organisationsumwelt" leichter zu beeinflussen als die Zusammenarbeit und die Verantwortungsübernahme. Die grafische Darstellung der zentralen Gedanken von *Kauffeld* in Form einer Pyramide versucht diesen Sachverhalten Rechnung zu tragen.

Die Kassler Teampyramide

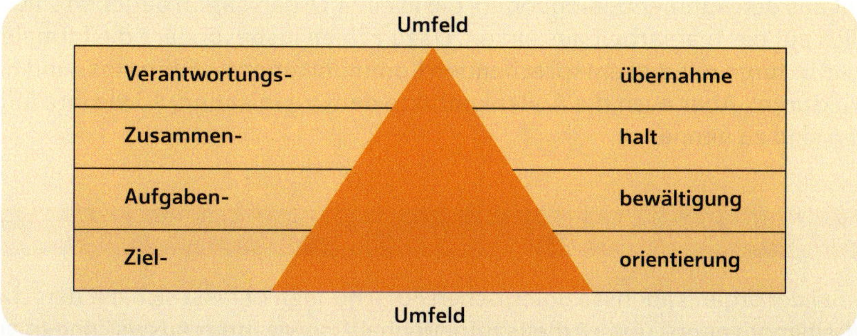

(vgl. Kauffeld 2001, S. 138 ff.)

Diese vier Dimensionen lassen sich in ihrer Ausprägung mithilfe des ***„Fragebogens zur Arbeit im Team"*** (*FAT*) erfassen, wobei das Umfeld jedoch unberücksichtigt bleibt. Die Daten können nach ihrer Auswertung und Interpretation sowohl als Grundlage für die Zustandsbeschreibung eines Teams als auch für dessen Weiterentwicklung verwendet werden. Somit fungiert diese Form der Teamdiagnose als Ausgangspunkt von Teamentwicklungsprozessen.

Dabei strebt man u. a. an, dass Teammitglieder zunehmend selbst Teamprozesse erfassen, bewerten und entsprechend handeln können.

Die Zielorientierung

Sie dient als Ausgangspunkt bzw. Basis des Pyramidenmodells. Nur wenn die Ziele des Teams für alle Mitglieder klar formuliert, von allen akzeptiert und als realistisch eingeschätzt werden, besteht Aussicht auf Erfolg. Dabei sollte auch festgelegt sein, welche Priorität die einzelnen Ziele haben und wie man überprüfen kann, ob und inwieweit man sie erreicht hat.

Die Aufgabenbewältigung

Aus den Zielen ergeben sich die entsprechenden Aufgaben für das Team als Ganzes und seine einzelnen Mitglieder. Dabei ist nicht nur wichtig zunächst ein einheitliches Aufgabenverständnis zu entwickeln, sondern die einzelnen Teilaufgaben sinnvoll zu koordinieren. Dadurch lassen sich u. a. Überlappungen, doppeltes Arbeiten und Fehler in der Reihenfolge der Arbeitsabläufe vermeiden.

Der Zusammenhalt

Das Gefühl der Zusammengehörigkeit stellt eine wichtige Größe für effektive Teamarbeit dar. Es gründet sich auf gegenseitiger Wertschätzung, Respekt, Vertrauen und Toleranz. Dabei stellt es sich schneller und leichter ein, wenn Ziele und Aufgaben im Team eindeutig geklärt sind.

Die Verantwortungsübernahme

Hiermit meint *Kauffeld* in erster Linie die Bereitschaft sich für das Erreichen der Ziele und damit für das Ergebnis des gemeinsamen Tuns einzusetzen. Jedes Teammitglied sollte dabei seine Aufgaben mit Sorgfalt erfüllen und andere Teammitgliedern die für sie notwendigen Informationen rechtzeitig zu Verfügung stellen.

Das Umfeld

Es besteht aus den Rahmenbedingungen, die in einer Organisation gegeben sind und sich maßgeblich auf die Teamarbeit auswirken. Dazu zählen insbesondere die formalen Organisationsstrukturen mit den entsprechenden Kommunikations-, Führungs- und Entscheidungsstrukturen[1]. Aber auch die Außenkontakte der Organisation, sowie ihre informalen Strukturen sind zu nennen.

Auf den Punkt gebracht

- Ein Teil der organisationssoziologischen Forschungen befasst sich mit den Themen „Arbeitsmotivation" und „Arbeitszufriedenheit" sowie ihren Auswirkungen auf die Arbeitsleistung. Dabei meint Arbeitsmotivation das Bestreben, eine bestimmte Anforderung bzw. Aufgabe bewältigen bzw. vollbringen zu wollen. Arbeitszufriedenheit dagegen liegt vor, wenn die Mitglieder der Organisation positive Gefühle erleben und eine positive Einstellung gegenüber ihrer Arbeitstätigkeit haben. Unter Arbeitsleistung wird die Bewältigung einer Anforderung bzw. Aufgabe unter geistiger und/oder körperlicher Anstrengung in einer bestimmten Zeiteinheit verstanden. Arbeitszufriedenheit und -motivation hängen eng miteinander zusammen: Eine hohe Arbeitszufriedenheit mit und bei der Arbeit führt zu einer hohen Arbeitsmotivation, was sich wiederum auf die Zufriedenheit auswirkt.
- Die Zwei-Faktoren-Theorie von Herzberg befasst sich mit Motivations- und Hygienebedürfnissen. Schlechte Hygienefaktoren demotivieren Mitarbeiter in einer Organisation, gute jedoch spornen noch nicht zu Höchstleistungen an. Zu einer hohen Zufriedenheit gehören gute Hygienefaktoren, Entfernung von „Unzufriedenstellern" und gute Motivatoren.
- Die Kassler Teampyramide von *Kauffeld* dagegen ermöglicht mit ihren vier Dimensionen und dem „Fragebogen zur Arbeit im Team" das Erfassen jener Faktoren, die für das Funktionieren von Teams von entscheidender Bedeutung sind. Diese vier Dimensionen sind Zielorientierung, Aufgabenbewältigung, Zusammenhalt und Verantwortungsübernahme. Ergänzt werden diese Dimensionen durch das Umfeld, bzw. die Rahmenbedingungen, in dem Teamarbeit stattfindet. All diesen Ansätzen ist gemeinsam, dass sich effektive Möglichkeiten zum Beeinflussen von einzelnen Arbeitnehmern und Gruppen bzw. Teams ableiten lassen.

[1] vgl. Abschnitt 24.2

Wiederholen, Vertiefen, Anwenden

1. Setzen Sie sich am Beispiel einer Organisation (zum Beispiel Krankenhaus, Schule, Kindertagesstätte) mit Kommunikations-, Führungs- und Entscheidungsstrukturen auseinander, um deren Auswirkungen auf den Einzelnen und die Gruppe zu bewerten.

2. *Auseinandersetzung mit den Strukturen einer sozialen Organisation*
   - Bilden Sie Kleingruppen.
   - Einigen Sie sich auf eine soziale Organisation (zum Beispiel Betrieb, Schule, Krankenhaus, Kindergarten).
   - Setzen Sie sich in der Gruppe mit
     a) den Kommunikationsstrukturen,
     b) den Führungsstrukturen und
     c) den Entscheidungsstrukturen
     und ihren Auswirkungen auf das Individuum und die Gruppe auseinander.
   - Präsentieren Sie Ihre Ergebnisse im Klassenverband.

3. *Biografie und Internetsuche*
   - Suchen Sie in Gruppen im Internet nach Informationen über das Leben und Werk
     - Gruppe 1 und 2: von *Frederick Herzberg*.
     - Gruppe 3 und 4: von *Simone Kauffeld*.
   - Fertigen Sie in Kleingruppen eine Übersicht zur jeweiligen Biografie an.
   - Erarbeiten Sie vier bis sechs wichtige Abschnitte ihres Lebens.
   - Tragen Sie in der Klasse Ihre Ergebnisse zusammen.

4. Zeigen Sie am Beispiel einer Organisation (zum Beispiel Schule, Krankenhaus, ein Betrieb)
   a) die Zwei-Faktoren-Theorie von *Herzberg*
   b) die Kassler Teampyramide von *Kauffeld*
   auf.

5. Verdeutlichen Sie auf der Grundlage einer Theorie (zum Beispiel die Zwei-Faktoren-Theorie, die Kassler Teampyramide), wann positive Auswirkungen von Entscheidungsstrukturen zu erwarten sind.

6. *Lernsituation 24.3*
   a) Erläutern Sie mögliche Auswirkungen von Kommunikations- Führungs- und Entscheidungsstrukturen auf die Arbeitsmotivation und -zufriedenheit in sozialen Organisationen.
   b) Verdeutlichen Sie mithilfe
      1) der Zwei-Faktoren-Theorie von *Herzberg u. a.*
      2) der Kassler Teampyramide von *Kauffeld*
      die in a) beschriebenen Auswirkungen.

7. *Motivationstheorien und die Arbeitsmotivation*
   a) Beschreiben Sie die Zwei-Faktoren-Theorie von *Herzberg u. a.* und die Kassler Teampyramide von *Kauffeld* hinsichtlich der Arbeitszufriedenheit und –motivation.
   b) Vergleichen Sie diese beiden Theorien miteinander, indem Sie Gemeinsamkeiten und Unterschiede herausarbeiten.

8. *Analyse einer Organisation*
   - Bilden Sie Vierergruppen.
   - Einigen Sie sich in der Gruppe auf eine soziale Organisation, in der Sie schon einmal tätig waren (Berufstätigkeit, Praktikumstätigkeit).
   - Analysieren Sie auf der Grundlage von verschiedenen Strukturen (Kommunikations-, Führungs-, Entscheidungsstrukturen) und ihren Auswirkungen Probleme, Defizite, Stärken und Ressourcen in dieser Organisation.
   - Haben mehrere Gruppen die gleiche Organisation gewählt, so können sie sich vor der Präsentation zusammenschließen.
   - Präsentieren Sie die Analyse im Klassenverband mit einem Rollenspiel.
9. *„Sanitäre Einrichtungen sind wichtiger als die Unabhängigkeit" (Mahatma Gandhi[1]).*
   Zeigen Sie den Sinngehalt dieses Sprichworts auf im Zusammenhang mit der Zwei-Faktoren-Theorie nach *Herzberg*.
10. *Lernsituation 24.3*
    - Analysieren Sie die in dem Fallbeispiel *„In der Ausbildung"* (*Teil 2*) geschilderte Problematik.
    - Formulieren Sie jene Informationen, die dem jungen Mann helfen könnten, ein besseres Verständnis für die enthaltenen Merkmale von Organisationen zu entwickeln.
    - Beschreiben Sie die wesentlichen inhaltlichen Aspekte der Kassler Teampyramide.
    - Sicher sind auch Sie aktuell Mitglied in irgendeinem Team oder waren es im Rahmen Ihres Praktikums oder Ihrer Berufsausbildung.
      Beschreiben Sie die Ausprägungen der vier Dimensionen der Kassler Teampyramide in dem von Ihnen ausgewählten Team.
11. *Traumreise*
    Machen Sie unter Anleitung Ihres Lehrers eine „Traumreise" zurück zu Ihrer ehemaligen Praktikums- bzw. Arbeitsstelle.
    - Gehen Sie im Geiste durch die Räume, treffen Sie ehemalige Kollegen/innen, vergegenwärtigen Sie sich Ihre damaligen Tätigkeiten.
    - Rufen Sie sich ein besonders schönes Ereignis ins Gedächtnis, dann einen weniger erfreulichen Sachverhalt.
    - Kehren Sie mit beiden Erinnerungen gedanklich ins Klassenzimmer zurück.
    - Notieren Sie jetzt auf ein rotes Kärtchen, was Sie an Ihrem zukünftigen Arbeitsplatz auf keinen Fall mehr erleben wollen, und auf ein grünes Kärtchen, worauf Sie auch in Zukunft im Beruf wieder viel Wert legen werden.
    - Heften Sie einzeln Ihre Kärtchen an die Tafel – geordnet nach Farben – und begründen Sie Ihre Wünsche.
    - Ordnen Sie Ihre roten und grünen Kärtchen den Motivations- bzw. den Hygienebedürfnissen nach *Herzberg* zu.

[1] Mahatma Gandhi (1869–1948) war Rechtsanwalt und Publizist in Indien und ist heute noch Vorbild für alle Pazifisten. Er war Anführer der indischen Unabhängigkeitsbewegung, die 1947 mit gewaltfreiem Widerstand und zivilem Ungehorsam das Ende der britischen Kolonialherrschaft über Indien herbeiführte.

24.4 Möglichkeiten der Beeinflussung von Organisationsprozessen

Lernsituation

In der Ausbildung (Teil 3)

Nachdem Sie Ihren Freund mit den Organisationsmerkmalen Kommunikations-, Führungs- und Entscheidungsstrukturen vertraut gemacht haben, ist er zunächst erleichtert und fühlt sich nicht mehr so orientierungslos wie davor. Jetzt kann er bestimmte Vorgänge an seinem Arbeitsplatz viel besser einordnen. Schnell jedoch ist ihm aufgefallen, dieses Wissen allein ändert noch nichts an den Ursachen der von ihm und vielen Mitarbeitern als unbefriedigend empfundenen Strukturen. Nach wie vor herrscht in seiner und in vielen anderen Abteilungen ein schlechtes Betriebsklima, und das nicht nur, weil angeblich die Produktivität der Firma zurückgegangen ist. Der neue Juniorchef hat deshalb bereits angekündigt, diesen unerfreulichen Entwicklungen und „Zuständen" entgegentreten zu wollen. In einer Betriebsversammlung fielen in diesem Zusammenhang Schlagworte wie Supervision, Coaching, Evaluation, Mitarbeitergespräch und viele andere mehr.

Ihr Freund bittet Sie daraufhin nun erneut um Informationen, was denn da auf ihn und seine Kollegen zukommen könne. Sie selbst haben bereits bemerkt, wie sehr ihn diese angekündigten betrieblichen Veränderungen beschäftigen und er zwischen Hoffen und Bangen hin- und herschwankt. Sie hoffen, Ihrem Freund mit den entsprechenden Informationen einige Sorgen zu nehmen und ihn wieder optimistischer in die Zukunft blicken zu lassen.

Sie möchten in Erfahrung bringen, welche Möglichkeiten und Konzepte es zur Veränderung und Optimierung von sozialen Organisationen gibt.

I Information

24.4.1 Die Beeinflussung von Personen und Gruppen in Organisationen[1]

Organisationen müssen nach ihrem heutigen Selbstverständnis nicht nur möglichst effektiv Dienstleistungen und Güter erzeugen. Vielmehr sind sie um Innovations- und internationale Konkurrenzfähigkeit bemüht. Gleichzeitig müssen sie aber auch die berechtigten Bedürfnisse ihrer Mitarbeiter berücksichtigen, hoch qualifizierte Arbeitskräfte langfristig an sich binden und vieles andere mehr. Um diesen Herausforderungen begegnen zu können, wurde im Laufe der Zeit eine Vielzahl von direkten und indirekten Maßnahmen zur Steuerung von Organisationsprozessen entwickelt. Solche Maßnahmen werden als **Organisationsentwicklung** (OE) bezeichnet.

Unter Organisationsentwicklung versteht man den geplanten, bewussten, in der Regel langfristig angelegten Einsatz von Maßnahmen zur Veränderung von Organisationen, den in ihr tätigen Menschen und ihren Beziehungen.

[1] **Die Lehrkraft kann wählen zwischen den Abschnitten 24.4.1 und 24.4.2, da im Lehrplan nur ein Ansatz zur Beeinflussung von Organisationsprozessen vorgegeben ist.**

Es lassen sich zwei mögliche Ansätze der Möglichkeiten zur Beeinflussung von Organisationsprozessen unterscheiden:

- die **Beeinflussung einzelner Personen, Gruppen und Teams** und
- das **Verändern von Organisationsstrukturen**.

Hinsichtlich der Beeinflussung einzelner Personen, Gruppen und/oder Teams geht es darum, dass die Mitarbeiter lernen sollen, besser miteinander zu kommunizieren und zusammenzuarbeiten. Die Organisationspsychologie kennt mehrere Möglichkeiten, von denen eine dargestellt wird – das **Coaching**.

Das Coaching[1] ist eine Methode, die sich in der Regel auf Einzelpersonen, meist Führungskräfte, bezieht und **meint eine individuelle Form der persönlichen Beratung von Führungskräften** (zum Beispiel Manager) **durch eine andere kompetente Person** mit dem **Ziel, dass Personen** in Organisationen lernen, Schwierigkeiten, Schwächen und Unzulänglichkeiten zu bewältigen und ihre Leistungsfähigkeit zu erhöhen. In diesem Sinn ist Coaching ein Prozess der Begleitung und der individuellen Unterstützung (vgl. *Rohde, 2017, S. 71*).

Coaching ist eine individuelle Form der persönlichen Beratung von Führungskräften durch eine andere fach- und sachkundige Person.

Beim Coaching lässt sich eine Führungsperson auf eine Beratungsbeziehung mit einer Person ein, die in der Regel nicht der Organisation angehört. Damit besteht kein Abhängigkeitsverhältnis zwischen Coach – das ist die Person, die das Coaching durchführt – und Coachee – das ist diejenige Person, die gecoached wird. Durch gezielte Rückmeldungen von Seiten des Coaches erhält die Führungskraft Informationen über sich selbst – zum Beispiel über ihren individuellen Führungsstil, ihre spezifischen Einstellungen, ihre Stärken und Schwächen, die in bestimmten Führungssituationen zu Tage getreten sind. Hinzu kommen auch Formen von Beratung wie etwa bei Rollenkonflikten zwischen der Berufs- und Familienrolle, die bei Führungskräften häufig auftreten. Allgemeines Ziel eines Coaching ist, dass Führungspersonen lernen, Schwächen abzubauen und ihre Leistungsfähigkeit zu erhöhen.

Coaching ist keine Form der Psychotherapie, sondern „ein Format für gesunde Leute" (Rohde, 2017, S. 72f.).

In Anlehnung an *Ansfried B. Weinert* (*1998[4], S. 726*) lassen sich beim Coaching sechs verschiedene Bereiche unterscheiden, in denen der Coach Unterstützung anbietet:

- Das **Zuhören**, bei dem der Coach herausfindet, wie der Gecoachte die jeweilige Situation wahrnimmt.
- Das **Klarstellen**, bei dem herausgearbeitet wird, welche Themen relevant sind.
- Das **Verhandeln**, bei dem es um das Aushandeln von Abmachungen mit anderen Personen geht.
- Das **Unterweisen**, in dessen Zusammenhang der Coach als „Lehrer" fungiert und dem Gecoachten bestimmte theoretische Sachverhalte vermittelt.
- Das **Training**, das dem Einüben verschiedener konkreter Verhaltensweisen dient.
- Das **Betrachten der Veränderungen** im Führungsverhalten des Gecoachten nach einiger Zeit.

[1] coach (engl.): der Kutscher, der Trainer; im ursprünglichen Sinn ein Beförderungsmittel, um sich auf den Weg zu machen, um ein bestimmtes Ziel zu erreichen (John, 2014, S. 291).

So könnte der Coach beispielsweise bei einer Konfliktsituation zwischen der Führungsperson und einigen ihrer Mitarbeiter tätig werden. Beim Zuhören stellt er fest, dass die Führungskraft zum Beispiel die Forderungen der Mitarbeiter als unangemessen und unakzeptabel wahrnimmt. Beim Klarstellen könnte vielleicht deutlich werden, dass die noch junge Führungskraft fürchtet, im Falle von Zugeständnissen bei ihrem Vorgesetzten als zu kompromissbereit zu gelten. Beim Verhandeln tritt der Coach etwa als Vermittler zwischen Führungskraft und den Mitarbeitern auf. Anschließend zeigt der Coach auf, dass bestimmte Formen der Kommunikation, deren sich die Führungskraft bedient, zwangsläufig zu Kommunikationsstörungen führen. Er könnte auch Wege aufzeigen, wie die Führungskraft ihre Unsicherheit bezüglich der möglichen Bewertung von Kompromissbereitschaft abbauen kann. Sodann übt der Coach etwa mit dem Gecoachten alternative Kommunikationsformen ein. Schließlich wird nach angemessener Zeit überprüft, ob die neuen Kommunikationstechniken auch weiterhin sicher angewendet werden.

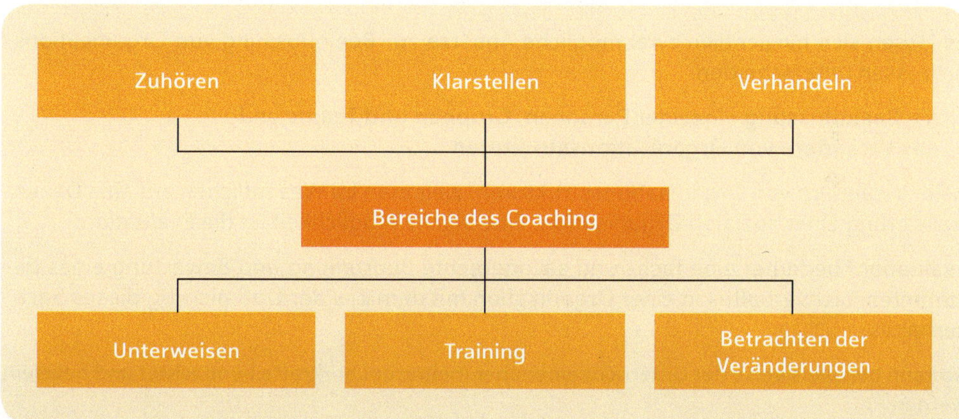

Dabei muss ein Coach vier Bereiche im Blick haben: die Person, das Team bzw. die Gruppe, die Organisation mit ihren Zielen und den Kontext (vgl. *Rohde, 2017, S. 73*).

Die starke Zunahme von Coaching resultiert vor allem aus den enorm gestiegenen Anforderungen an Führungskräfte. Rasante Veränderungen, wie beispielsweise Tendenzen zum Abbau von Hierarchien in der Arbeitswelt, globale Konkurrenz verbunden mit permanenter Gefahr von feindlichen Übernahmen, viele Auslandsaufenthalte ohne die eigene Familie, lange Arbeitszeiten und vieles andere mehr lassen Personen, die eigentlich als „Problemlöser" fungieren sollen, selbst immer mehr zum Problem werden.

Der Erfolg von Coaching hängt im hohen Maß von der Vertrauenswürdigkeit und der Unabhängigkeit des jeweiligen Beraters ab.

→ **Materialien** 3. Weitere Möglichkeiten der Beeinflussung von Personen und Gruppen in Organisationen

24.4.2 Das Verändern von Organisationsstrukturen[1]

Organisationen müssen nach ihrem heutigen Selbstverständnis nicht nur möglichst effektiv Dienstleistungen und Güter erzeugen. Vielmehr sind sie um Innovations- und internationale Konkurrenzfähigkeit bemüht. Gleichzeitig müssen sie aber auch die berechtigten Bedürfnisse ihrer Mitarbeiter berücksichtigen, hoch qualifizierte Arbeitskräfte langfristig an sich binden und vieles andere mehr. Um diesen Herausforderungen begegnen zu können, wurde im Laufe der Zeit eine Vielzahl von direkten und indirekten Maßnahmen zur Steuerung von Organisationsprozessen entwickelt. Solche Maßnahmen werden als **Organisationsentwicklung** (OE) bezeichnet.

Unter Organisationsentwicklung versteht man den geplanten, bewussten, in der Regel langfristig angelegten Einsatz von Maßnahmen zur Veränderung von Organisationen, den in ihr tätigen Menschen und ihren Beziehungen.

Es lassen sich hinsichtlich zwei mögliche Ansätze zur Beeinflussung von Organisationsprozessen unterscheiden:

- die **Beeinflussung einzelner Personen, Gruppen und Teams** und
- das **Verändern von Organisationsstrukturen.**

Beim Verändern von Organisationsstrukturen[2] zielt man im Wesentlichen auf eine Dezentralisierung einer sozialen Organisation. Eine solche Möglichkeit ist die Evaluation.

Evaluation[3] bedeutet eine fach- und sachgerechte Beurteilung und Bewertung eines bestimmten Sachverhaltes in einer Organisation mit dem Ziel der Optimierung dieses Sachverhaltes.

→ So kann beispielsweise der Unterricht einer oder mehrerer Lehrkräfte beobachtet und beurteilt werden.

Evaluation ist eine fach- und sachgerechte Beurteilung eines bestimmten Sachverhaltes in einer sozialen Organisation, um diesen zu optimieren.

Sie beruht auf neuen oder auch auf bereits vorhandenen Daten über den Bereich, der untersucht werden soll. Diese Daten werden nach festgelegten Kriterien, sog. ***Qualitätsstandards***, analysiert und bewertet.

→ Schüler zum Beispiel können nach bestimmten Kriterien wie Interessantheit, Anschaulichkeit, Verständnis, Gesprächsführung, Gerechtigkeit in der Benotung u. a. den Unterricht eines Lehrers mithilfe einer mehrstufigen Skala – etwa von „ist immer vorhanden" bis „ist überhaupt nicht vorhanden" –beurteilen. Als Ergebnis erhält man verschiedenen Daten, die dann ausgewertet und analysiert werden.

Durch die Bewertung ist es möglich, die Arbeit in der Praxis zu bestätigen oder zu verändern, um sie zu verbessern. Hierzu werden sog. Zielvereinbarungen und Entscheidungen über die weitere Entwicklung der Arbeit getroffen, die nach einem bestimmten Zeitraum erneut evaluiert werden können. Eine Evaluation betrifft in der Regel bestimmte Bereiche der Organisation, zum Beispiel einen Arbeitsablauf, den Unterricht, das Verhältnis Führung – Mitarbeiter.

---

[1] **Die Lehrkraft kann wählen zwischen den Abschnitten 24.4.1 und 24.4.2, da im Lehrplan nur ein Ansatz zur Beeinflussung von Organisationsprozessen vorgegeben ist.**

[2] vgl. Abschnitt 24.1.3 und 24.2.2

[3] evalescere (lat.): erstarken, wachsen

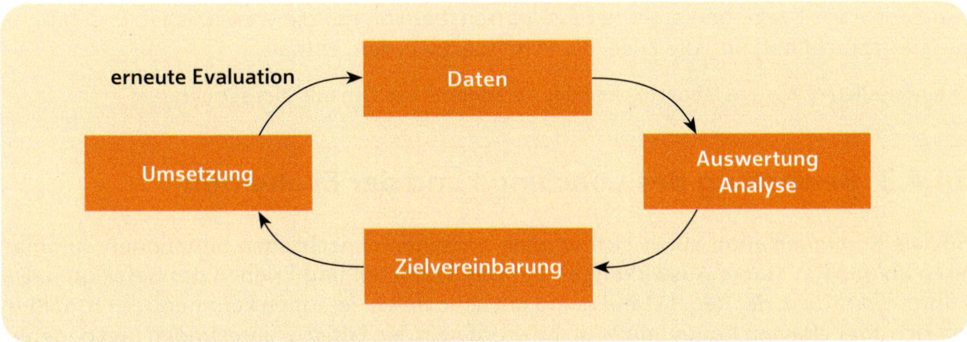

Man unterscheidet zwischen **interner und externer Evaluation**. Bei einer internen Evaluation, auch Selbstevaluation genannt, gestaltet und führt die Organisation selbst die Evaluation durch.

Patienten bewerten zum Beispiel mithilfe eines Fragebogens die Pflege auf Station, Schüler den Unterricht ihres Lehrers.

Bei einer externen Evaluation, der Fremdevaluation gestalten und führen Personen bzw. Personengruppen von außerhalb der Organisation die Evaluation durch; die Evaluatoren – das sind diejenigen, die die Evaluation durchführen – sind nicht in der zu evaluierenden Organisation beschäftigt.

Ein Team von Fachleuten beispielsweise kommt an die Schule und bewertet durch Beobachtung den Unterricht von Lehrern.

Meist wirken beide Evaluationsformen zusammen.

Evaluation dient einmal der Planung und Steuerung der Organisationsentwicklung: Daten werden gesammelt, um Sichtweisen der Mitarbeiter einzuholen, Entscheidungen treffen zu können und Wissen über die Effektivität des zu evaluierenden Sachverhaltes zu erhalten. Zum anderen dient sie dem Erkenntnisgewinn: Das Wissen der beteiligten Personen über die eigene Situation wird erweitert und neue Einsichten werden gewonnen, um Orientierung und Handlungssicherheit zu bekommen. Und schließlich dient Evaluation der Rechenschaftslegung: Durch Evaluation ist es möglich, sich selbst und anderen Rechenschaft über die eigenen Leistungen zu geben und die Einhaltung von eigenen oder fremden Standards sowie die Zielerreichungen zu überprüfen (vgl. *Burkard/Eikenbusch, 2007[6], S. 24*). In der Praxis sind diese Funktionen miteinander verbunden und werden in der Regel gleichzeitig angestrebt.

Evaluation hat folgende Arbeitsschritte (vgl. *Burkard/Eikenbusch, 2007[6], S. 27*):

1. Auswählen des Evaluationsbereiches und Klärung der Evaluationsziele.
2. Vereinbarung und Festlegung der Qualitätsstandards.
3. Planen des Vorgehens und Auswahl bzw. Anfertigen der Methoden zur Datensammlung (zum Beispiel mündliche oder schriftliche Befragung, Beobachtung, Fragebogen)
4. Sammeln und Aufbereiten der Daten
5. Analyse und Bewertung der vorliegenden Daten
6. Vereinbarung von Zielen und Treffen von Entscheidungen über die weitere Entwicklung der Arbeit.

Am Ende einer Evaluation steht der ***Evaluationsbericht***, der die wesentlichen Ergebnisse, die sie erbracht hat, und die Ziele, die vereinbart wurden, enthält.

→ **Materialien** 4. Weitere Möglichkeiten des Veränderns von Organisationsstrukturen

24.4.3 Bewertung des Coachings und der Evaluation

Soziale Kommunikation spielt sich in allen zwischenmenschlichen Situationen automatisch ab und hat starke Auswirkungen auf das Verhalten und Erleben der Beteiligten. Da Führungskräfte in der Regel ständig und mit sehr vielen Personen kommunizieren, sollten sie sich ihrer eigenen Kommunikation bewusst sein, sie kritisch hinterfragen und gegebenenfalls verbessern können.

a) **Das Coaching**

Das Coaching eröffnet hierzu prinzipiell viele geeignete Möglichkeiten für Führungskräfte, insbesondere wenn die Art und Weise, wie sie kommunizieren, im Mittelpunkt der Betrachtungen steht. Bereits im Bereich des **Zuhörens** lassen sich durch Beobachtung wertvolle Erkenntnisse darüber gewinnen, für welche Art von Nachrichten innerhalb eines Gesprächs eine Führungsperson besonders empfänglich ist.

→ So kann die Führungskraft zum Beispiel in Gesprächen mit einem Vorgesetzten tendenziell dazu neigen, ganz bestimmte Informationen herauszufiltern: Sie könnte entweder die reinen Sachinformationen besonders sensibel wahrnehmen, oder eher Informationen „heraushören", die ihr signalisieren, was sie tun soll. Es wäre aber auch eine Konzentration auf solche Hinweise während der Unterhaltung möglich, die ihr andeuten, welches Bild der Vorgesetzte von der Führungskraft hat.

Beim **Klarstellen** lassen sich durch Coaching Sachverhalte herausstellen, die in der Kommunikation der Führungskraft besonders relevant sind.

→ Der Coach stellt zum Beispiel fest, dass die Führungskraft sich bei Gesprächen sehr schnell und in unangemessener Weise angegriffen fühlt.

Durch **Trainings** lassen sich im Rahmen von Coaching grundlegende Sachverhalte aus dem Bereich der Kommunikation darstellen, vermitteln und anschließend praktisch üben.

→ Der Coach vermittelt zunächst zum Beispiel wesentliche Erkenntnisse etwa aus der Kommunikationstheorie von *Paul Watzlawick und seinen Mitarbeitern*[1]. Anschließend zeigt er die praktische Bedeutung dieses Wissens für eine verbesserte Kommunikation auf und übt entsprechende Fähigkeiten mit der Führungskraft ein.

Beim erfolgreichen **Verhandeln** sind ebenfalls grundlegende Kenntnisse über Kommunikation unverzichtbar.

→ So sollte eine Führungskraft zum Beispiel klar trennen können zwischen inhaltlichen Aspekten einer Verhandlungsposition und der Person, die diese Position vertritt. Sie darf daher nicht feindselig gegenüber einem Verhandlungspartner reagieren, nur weil sie dessen Vorschläge inhaltlich ablehnt[2].

---

[1] Die Kommunikationstheorie von Paul Watzlawick u. a. ist in Band 2, Kapitel 16.1 dargestellt.
[2] vgl. Abschnitt 24.5.2

b) **Die Evaluation**

Auch die **Evaluation** stellt eine geeignete Vorgehensweise dar, um die Kommunikation innerhalb einer Organisation zu erfassen und gegebenenfalls zu verbessern. Dabei rückt man die in der Organisation bestehenden Kommunikationsstrukturen und -formen in den Mittelpunkt der Evaluationsbemühungen. Diese werden zunächst anhand konkreter Kriterien erfasst, so etwa im Hinblick auf ihre Zuverlässigkeit aufgrund technischer Gegebenheiten bzw. auftretender technischer Pannen und ihre Anfälligkeit für Missverständnisse. Die benötigte Zeitdauer, um Informationen weiterzuleiten, die Anzahl der notwendiger Weise beteiligten Personen, die Sicherheit vor unerlaubten Zugriffen werden ebenfalls registriert und anschließend bewertet. Auf diese Weise lassen sich zum Beispiel Kommunikationswege und –formen hinsichtlich der gewählten Kriterien auf ihre Funktionalität und Sinnhaftigkeit überprüfen. Auf der Basis der so gewonnenen Daten können dann die möglichen Ursachen für festgestellte Defizite erforscht, sowie geeignete Ziele und Maßnahmen entwickelt werden, um die Kommunikation in der Organisation zu optimieren.

Es könnte sich beim Erfassen und Überprüfen der Kommunikation herausstellen, dass ältere Mitarbeiter damit überfordert sind – bei der Vielzahl von E-Mails – wichtige von weniger wichtigen Informationen zu unterscheiden bzw. übermäßig viel Zeit mit dem Lesen weniger relevanter Informationen verbringen. Eventuell stellt man fest, dass es gravierende Sicherheitslücken bei der Weitergabe von „sensiblen Informationen“ gibt oder es offensichtlich wird, wieviel Prozent der E-Mails erst gar nicht gelesen werden.
Nun kann man sich zum Beispiel Gedanken darüber machen, wie die betroffenen älteren Mitarbeiter entsprechend geschult werden sollten, oder ob und wie man in der Organisation eine Kommunikationskultur entwickelt, die nicht jedem Mitarbeiter nahezu alle Informationen per Email zukommen lässt.

Die Effizienz von Coaching und Evaluation um Kommunikation zu optimieren, hängt jedoch stark davon ab, inwieweit diese Maßnahmen zur Organisationsentwicklung von den Mitarbeiten akzeptiert und aktiv unterstützt werden.

24.4.4 Sach- und Mitarbeiterorientierung

Roger Blake und Jane Mouton entwarfen ein Programm zur Organisationsentwicklung, das auf der Analyse von Führungsverhalten basiert. Sie bezeichnen ihr Konzept als **Grid–Organisationsentwicklung**[1] bzw. als **Grid-Organization Development**[2].

***Roger Robert Blake** (1918–2004) war amerikanischer Psychologe und Wirtschaftswissenschaftler. Er promovierte 1947 in Psychologie und lehrte anschließend bis 1964 an der Universität Texas in Austin, ferner an weiteren namhaften Universitäten wie Harvard, Oxford, Cambridge.*

*Er und die amerikanische Wirtschaftswissenschaftlerin **Jane Srygley Mouton** (1930–1987) entwickelten gemeinsam das sog. Verhaltensgitter („Managerial Grid“) im Rahmen eines Führungstrainings für das Unternehmen Exxon Mobil. Es handelt sich dabei um ein wissenschaftliches Modell, mit dessen Hilfe man die Mitarbeiterorientierung und Sachaufgabenorientierung von Managern in ihren unterschiedlichen Kombinationsvarianten erfassen kann. Jane S. Mouton lehrte und forschte von 1959 bis 1964 an der Universität Texas.*

1 grid (engl.): das Gitter
2 development (engl.): die Entwicklung

Mithilfe eines von ihnen entwickelten Rasters bzw. Modells ist es möglich Führungsverhalten in zwei Dimensionen zu erfassen:

- Die vertikale Dimension misst den **Grad der Sachorientierung einer Führungsperson**, und damit wie stark sie ihr Verhalten in erster Linie an der angestrebten hohen Produktivität der Organisation ausrichtet.
- Die horizontale Dimension erfasst das **Ausmaß an Mitarbeiterorientierung** und damit inwieweit die Führungskraft die Anliegen der Beschäftigten berücksichtigt[1].

Beide Dimensionen enthalten dabei neun Grade an Abstufungen. Der von den beiden Wissenschaftlern angestrebte Idealfall ist die Ausprägung 9.9, also ein Führungsstil, der im Höchstmaß Sachorientierung und Mitarbeiterorientierung verbindet. Er verspricht ein hohes Maß an Leistung bzw. Produktivität bei gleichzeitiger hoher Zufriedenheit der Mitarbeiter. Die Ausprägung 9.1 dagegen zeigt zwar eine hohe Sachorientierung, aber kaum Mitarbeiterorientierung der Führungskraft (vgl. *Blake/Mouton, 1986, S. 31*).

Das Gitter (Grid) nach *Blake/Mouton*

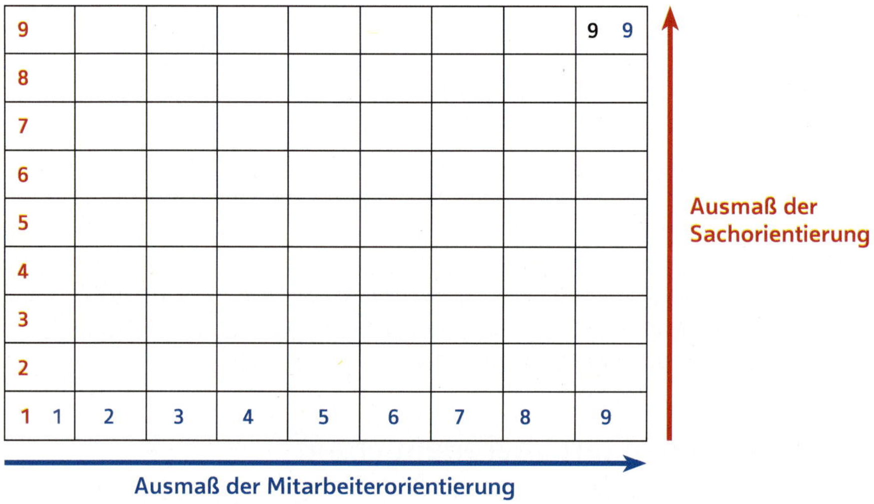

Will man Abläufe in Organisationen auf der Grundlage dieses Grid Modells optimieren, so ist es in Anlehnung an *Blake und Mouton* sinnvoll, in sechs Schritten bzw. Phasen vorzugehen:

1. **Schritt: Das Grid Seminar**
   Führungskräfte lernen hier zuerst die Grundgedanken und Methoden der Grid-Organisationsentwicklung kennen. Sie sollen dabei lernen, ihr eigenes Führungsverhalten und das anderer leitender Mitarbeiter kritisch zu erfassen und sich mit dem Ideal des 9.9 (hohe Mitarbeiter- und hohe Sachorientierung) Führungsstils zu befassen. Entscheiden sich die Teilnehmer anschließend für diese Art der Organisationsentwicklung, folgt Phase 2.
2. **Schritt: Die Teamentwicklung**
   In diesem Abschnitt beschäftigen sich die Teams mit eigenen Vorzügen und Defiziten und versuchen letztere zu minimieren.

[1] Auf die Mitarbeiter- und Aufgabenorientierung wird in Abschnitt 24.2.3 eingegangen.

3. **Schritt: Die Intergruppenarbeit**
   Hierbei rücken die Beziehungen zwischen einzelnen Gruppen, Abteilungen und Untereinheiten in den Fokus der Betrachtung. Insbesondere gilt es solche Aspekte zu thematisieren, die in der Vergangenheit effektive Zusammenarbeit behindert haben und Alternativen zu entwickeln.

4. **Schritt: Der Aufbau eines Idealmodells der Organisation**
   Hierzu werden alle defizitbehafteten Prozesse und Gegebenheiten in der Organisation nach Möglichkeit erfasst und durch optimierte Verfahren und Strukturen ersetzt. Alle Mitarbeiter der Organisation haben dann Gelegenheit, zu den neuen Vorschlägen kritisch Stellung zu beziehen.

5. **Schritt: Die Realisierung des Idealmodells**
   Nun werden die neuen Konzeptionen schrittweise in der Organisation eingeführt und müssen im Einzelnen aufeinander abgestimmt werden. Endgültige Entscheidungen fallen dabei auf der obersten Führungsebene.

6. **Schritt: Die Erfolgskontrolle**
   Hier erfolgt eine Evaluation des gesamten Organisationsentwicklungsprozesses, der sich in der Regel über einen langen Zeitraum vollzieht. Man betrachtet das bereits Erreichte und lenkt den Blick auf jene Bereiche, in denen noch Verbesserungspotential schlummert.

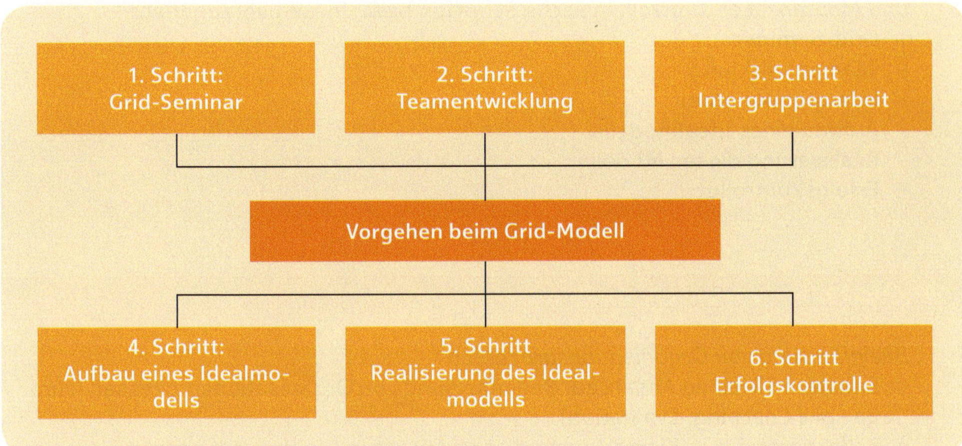

Auf den Punkt gebracht

- Das Coaching ist eine Methode, die sich in der Regel auf Einzelpersonen, meist Führungskräfte, bezieht und meint eine individuelle Form der persönlichen Beratung von Führungskräften durch eine andere kompetente Person. Das Coaching zielt darauf ab, dass Personen in Organisationen lernen, Schwierigkeiten, Schwächen und Unzulänglichkeiten zu bewältigen und ihre Leistungsfähigkeit zu erhöhen.
- Evaluation bedeutet eine fach- und sachgerechte Beurteilung und Bewertung eines bestimmten Sachverhaltes in einer Organisation und dient der Planung und Steuerung der Organisationsentwicklung sowie dem Erkenntnisgewinn. Man unterscheidet zwischen interner und externer Evaluation. Bei einer internen Evalua-

tion, auch Selbstevaluation genannt, gestaltet und führt die Organisation selbst die Evaluation durch. Bei einer externen Evaluation, der Fremdevaluation, gestalten und führen Personen bzw. Personengruppen von außerhalb der Organisation die Evaluation durch. Meist wirken beide Evaluationsformen zusammen.

- Beide Ansätze sind prinzipiell geeignet, um Probleme in Organisationen zu lösen. Sowohl Coaching als auch Evaluation betonen im Bereich des Menschenbilds solche Aspekte, die förderliche Voraussetzungen für Organisationsentwicklung beinhalten, während hierfür weniger geeignete Sichtweisen ausgeblendet werden. Das Coaching zielt in seiner Einschränkung auf Führungskräfte auf einen sehr eng begrenzten Adressatenkreis ab, die Evaluation bietet dagegen breite Anwendungsmöglichkeiten. Im Bereich der Datenerhebung gelten beide Verfahren als wissenschaftlich anerkannt und genügen bei korrekter Anwendung den relevanten Gütekriterien. Was die Zielformulierung als Grundlage für die angestrebten Veränderungen betrifft, sind jedoch Zweifel an der Wissenschaftlichkeit angebracht. Bei einer Bewertung der jeweiligen Kosten spielt der zu erwartende Nutzen sowie die finanziellen Mittel der Organisation eine entscheidende Rolle.
- Das Konzept der Grid-Organisationsentwicklung (Grid-Organization Development) beschäftigt sich mit dem Grad der Sachorientierung einer Führungsperson und dem Ausmaß an Mitarbeiterorientierung. Beide Dimensionen enthalten dabei neun Grade an Abstufungen, sodass sich ein Gitter ergibt. In Anlehnung an *Blake und Mouton* ist es sinnvoll, in sechs Schritten bzw. Phasen vorzugehen:
  - Grid-Seminar
  - Teamentwicklung
  - Intergruppenarbeit
  - Aufbau eines Idealmodells
  - Realisierung dieses Modells
  - Erfolgskontrolle

Wiederholen, Vertiefen, Anwenden

1. *Beeinflussung von Organisationsprozessen*
   - Erläutern Sie einen Ansatz zur Beeinflussung von Organisationsprozessen (zum Beispiel Coaching, Evaluation).
   - Reflektieren Sie in Kleingruppen diesen Ansatz in Hinblick auf dessen Eignung zur Verbesserung von Kommunikationsprozessen.
   - Stellen Sie Ihre Ergebnisse mit einem Rollenspiel in der Klasse vor.
2. *Bewertung eines Ansatzes zur Beeinflussung von Organisationsstrukturen*
   a) Sammeln Sie verschiedene konkrete Problemstellungen, die während Ihrer fachpraktischen Ausbildung bzw. während Ihrer Berufsausbildung in der Organisation, für die Sie tätig waren, existierten. Beschreiben Sie diese konkret unter Wahrung der Anonymität aller Beteiligten.
   b) Wählen Sie zwei dieser Problemstellungen aus und prüfen Sie, inwieweit ein wissenschaftlicher Ansatz zur Beeinflussung von Organisationsprozessen (zum Beispiel Coaching, Evaluation) geeignete Maßnahmen darstellen, um diese Probleme zu reduzieren.

3. *Biografie und Internetsuche*
   - Suchen Sie in Gruppen im Internet nach Informationen über das Leben und Werk
     - Gruppe 1 und 2: von *Roger Blake*,
     - Gruppe 3 und 4: von *Jane Mouton*
   - Fertigen Sie in Kleingruppen eine Übersicht zur jeweiligen Biografie an.
   - Erarbeiten Sie vier bis sechs wichtige Abschnitte ihres Lebens.
   - Tragen Sie in der Klasse Ihre Ergebnisse zusammen.

4. Erläutern Sie anhand einer sozialen Organisation (zum Beispiel Kindertagesstätte, Krankenhaus, Schule) das Konzept der Grid-Organisationsentwicklung (Grid-Organization Development).

5. *Lernsituation 24.4*
   - Erläutern Sie anhand der Fallbeschreibung „*In der Ausbildung* (*Teil 3*)", welche Möglichkeiten und Konzepte es zur Veränderung und Optimierung von sozialen Organisationen gibt.
   - Wählen Sie und einer Ihrer Mitschüler jeweils eine unterschiedliche Maßnahme zur Beeinflussung von Organisationsprozessen aus.
   - Vertiefen Sie mithilfe weiterer, geeigneter Informationsquellen Ihre Kenntnisse darüber.
   - Informieren Sie sich anschließend gegenseitig über die jeweils gewählte Maßnahme.

6. Beschreiben Sie einen Ansatz zur Beeinflussung von Organisationsprozessen, der Ihrer Meinung nach sinnvoll gewesen wäre in einer Einrichtung, in der Sie in Klasse 11. Praktika gemacht bzw. Ihre Berufsausbildung absolviert haben. Begründen Sie Ihre Entscheidung.

24.5 Das Harvard-Konzept

Lernsituation

Das leidige Taschengeld

Eine Ihrer Freundinnen hat letzte Woche eine kräftige Taschengelderhöhung bekommen und kann sich nun ohne Rücksprache mit ihren Eltern viele Dinge selbst kaufen, von denen Sie selbst schon lange träumen. Sie beschließen deshalb, zuhause auch ein höheres Taschengeld auszuhandeln.

Als Sie Ihre Eltern diesbezüglich ansprechen, sind diese nicht gerade begeistert. Mit dem Hinweis, dass Sie bei höherem Taschengeld viele Dinge dann aus eigener Tasche bezahlen könnten, versuchen Sie Ihr Anliegen Ihrem Vater doch noch schmackhaft zu machen. Daraufhin spricht er mit Ihnen über eine Taschengelderhöhung, und Sie fordern 200 Euro pro Monat. Entsetzt lehnt Ihr Vater diesen Vorschlag ab, mit der Bemerkung, Sie seien wohl verrückt geworden. Und überhaupt, er könne es gar nicht leiden, wenn jemand derart unverschämte und maßlos übertriebene Forderungen stelle, bei denen man ihn wohl für dumm verkaufen wolle. „Zehn Euro mehr pro Monat sind gerade noch akzeptabel. Das ist mein erstes und zugleich mein letztes Angebot in dieser Sache. Du hast die Wahl, entwe-

der Du akzeptierst, oder alles bleibt wie bisher" so kontert Ihr Vater. Verärgert über diese Aussagen, werfen Sie ihm daraufhin vor, ein extremer Geizhals zu sein. Jetzt stockt das Gespräch erst einmal, da beide Familienmitglieder „sauer" aufeinander sind.

Nun greift Ihre Mutter ein und fordert Sie auf, die Höhe Ihrer Forderungen zu begründen. „Mama, mit meinen 17 Jahren bin ich schließlich kein Kind mehr, dem man die Kleidung kauft, die es dann einfach anzieht. Ich bin erwachsen und möchte endlich selbst entscheiden, welche Kleidungstücke ich einkaufe, und vor allem auch wann." Jetzt meldet sich auch Ihr Vater wieder zu Wort. „Du scheinst bei der ganzen Sache nur an dich zu denken. Was werden wohl die Leute denken, wenn sich herumspricht, dass du 200 Euro Taschengeld bekommst! Sie werden glauben, deine Eltern hätten den Verstand verloren oder Millionen im Lotto gewonnen. Nein, das kommt nicht infrage!" „Dann schmeiße ich eben die Schule hin und suche mir einen Job. Damit erledigt sich das Problem und ich kann endlich tun und lassen, was ich will", erwidern Sie. Ihre Eltern sind entsetzt! „Kind, du weißt ja gar nicht wovon du redest!" meint Ihre Mutter und verlässt mit einem Kopfschütteln den Raum. Die Verhandlungen sind erst einmal gescheitert, es gibt kein Taschengeld mehr.

Zwei Fragen drängen sich Ihnen auf, die Sie beantworten möchten: Was ist hier im Einzelnen schief gelaufen? Was hätten Sie besser machen können?

I Information

24.5.1 Grundlagen des Harvard-Konzeptes

In der Praxis hat sich nach *Lutz von Rosenstiel u. a.* (*2005*[9], *S. 246*) das „sehr anwendungsorientierte" Harvard-Konzept von *Roger Fisher und William L. Ury* – später auch *Bruce Patton* – bewährt.

***Roger Fisher** (1922–2012) arbeitete als Professor und Rechtswissenschaftler an der Harvard Law School und lehrte dort von 1960 bis 1992. Seit 1980 leitete er das Harvard Negotiation Project, ein Forschungsprogramm im Bereich von Verhandlungsstrategien. Mit seinen Schwerpunkten Verhandlungstechniken zu analysieren, zu optimieren und zu vermitteln wenden sich die Inhalte des Projekts in erster Linie an Vertreter jener Berufsgruppen, bei denen das Aushandeln von weittragenden Vereinbarungen von zentraler Bedeutung ist. Die Erkenntnisse von Fisher fanden in der Vergangenheit weltweite Anerkennung und Anwendung und leisteten wertvolle Hilfestellungen selbst bei schwierigen internationalen Verhandlungen zwischen verfeindeten Staaten im Mittleren Osten.*

***William L. Ury** studierte zunächst an der Universität Yale und schloss anschließend in Harvard als Doktor der Philosophie ab. Er ist Mitbegründer des Harvard Negotiation Projects für Verhandlungsführung und veröffentlichte zahlreiche Werke zum Thema Verhandlungsführung. Viele Jahrzehnte war Ury als Verhandlungsberater und erfolgreicher Vermittler bei Konflikten aller Art auf nationaler und internationaler Ebene aller Art tätig. Daneben hat er unzählige Führungskräfte aus Wirtschaft, Politik und Militär auf der ganzen Welt im Bereich der Verhandlungstechniken unterrichtet.*

***Bruce Patton** ist ein weiterer Mitbegründer des Harvard Negotiation Projects, dessen stellvertretender Direktor er bis 2009 war. Er arbeitete 15 Jahre als Rechtsdozent an der Harvard Law School. Er unterrichtet weiterhin den Verhandlungs- und Fortgeschrittenen-Verhandlungs-Workshop im Harvard Negotiation Institute, sowie weitere Kurse zum Thema Verhandlungsführung.*

Fisher u. a. beschäftigen sich mit der zentralen Leitfrage, wie es im Rahmen von Verhandlungen möglich ist, gute Ergebnisse in der Sache zu erzielen, ohne dabei die zwischenmenschlichen Beziehungen zum Verhandlungspartner zu vernachlässigen. Ihr angestrebtes Ziel besteht darin, neue Verhandlungs- und Lösungsmöglichkeiten zu schaffen, die für die Beteiligten vorteilhaft sind und sie sich somit alle als Gewinner am Ende ihrer Übereinkünfte fühlen können, aufgrund einer entstandenen **Win-Win-Situation**.

Eine Win-Win-Situation liegt vor, wenn alle Betroffenen aufgrund eines Konsens in der Lösung „Sieger" sind, sich also alle mit dem Verhandlungsergebnis wohlfühlen und zufrieden sind. Dabei sind die Konfliktparteien bemüht, eine Lösung zu finden, die die Interessen und Bedürfnisse beider Seiten berücksichtigt.

Von einer „Win-Win-Situation" spricht man, wenn die an der Verhandlung Beteiligten die Interessen und Bedürfnisse aller Seiten berücksichtigen und es so zu einem für alle akzeptablen Verhandlungsergebnis kommt und diese sich damit wohlfühlen und zufrieden sind.

Meist werden bei diesem Vorgehen neue Ideen entwickelt, die einem der Beteiligten alleine nicht eingefallen wären. Es werden also erfolgreiche, alternative Verhandlungsstrategien entwickelt, weg „[...]vom destruktiven, feindseligen Gegeneinander zur nüchternen, gemeinsamen Problemlösung." (*Fisher u. a., 2013*[24]*, S. 20*)

Das Harvard-Konzept ist eine Strategie des sachbezogenen Handelns, welche zum Ziel hat, bei Problemen und Konflikten eine Lösung zu finden, die den Interessen aller Verhandlungspartner möglichst gerecht wird und zugleich zu einer anhaltend guten Beziehung zwischen diesen führt (vgl. *von Rosenstiel u. a., 2005*[9]*, S. 246*).

Erfolgreich in Ergebnis und Verlauf ist eine solche Verhandlungsführung, wenn sie bestimmte Kriterien erfüllt (vgl. *Fisher u. a., 2013*[24]*, S. 30*):

- Sie soll auf vernünftigen Entscheidungen beruhen und dabei die legitimen Interessen der Verhandlungspartner in höchst möglichem Umfang berücksichtigen,
- sie soll zu dauerhaften und effizienten Vereinbarungen führen,
- sie soll die Beziehung zwischen den Verhandlungspartnern nicht zerstören,
- sie soll die Interessen der Allgemeinheit berücksichtigen.

Um diesen Ansprüchen gerecht zu werden, entwickelten *Fisher u. a.* aus einer Vielzahl wissenschaftlicher Erkenntnisse im Bereich der Kommunikations- und Konfliktforschung ihr Konzept der **sachbezogenen bzw. sachgerechtem Verhandlungsführung**.

Sachbezogene bzw. sachgerechte Verhandlungsführung ist eine Art der Kommunikation, die darauf abzielt,
- **im Verlauf eines gemeinsamen, effizienten und fairen Entscheidungsprozesses nach Möglichkeit das jeweils Gewünschte vom Verhandlungspartner zu erhalten,**
- **dabei jedoch dessen berechtigte sachliche Interessen berücksichtigt,**
- **sowie die zwischenmenschlichen Beziehungen der Verhandlungspartner nicht gefährdet.**

Voraussetzung ist nach *Andrea Windolph* (vgl. *2017, S. 4, 9*), dass

- die Verhandlungspartner überhaupt zu einem Interessensausgleich fähig sind,
- es die Verhandlungspartner gut miteinander meinen,

- der Wille besteht, den Interessen des Gegenübers gerecht zu werden,
- mehr Wissen ausgespielt wird,
- mehr Interesse Wir als am eigenen Ego bzw. an der Macht besteht.

„Die Höhe des einigenden Standpunktes wird nur erreicht, wenn in den kämpfenden Mitgliedern die Treue zum Wir immer noch um ein gutes Stück größer ist, als die Treue zur eigenen Meinung.“ *(Künkel[1], 1998, S. 112)*

Die Beteiligten sollen sich an bestimmten **Prinzipien** orientieren, die den Wesenskern des sachbezogenen Verhandelns charakterisieren[2] (*vgl. Fisher u. a. 2013[24], S. 48 ff.*).

24.5.2 Prinzipien sachbezogenen Verhandelns

1. Prinzip: Menschen und Probleme voneinander trennen

Eines der bedeutendsten Prinzipien des Harvard-Konzeptes ist die Trennung von Person und Sache, im Sinne von *Paul Watzlawick* die Trennung von Sach- und Beziehungsebene[3]. Das bedeutet aber nicht, die Beziehungsebene unberücksichtigt zu lassen und sich nur auf die Sache zu konzentrieren. Denn Beziehungen wirken sich grundsätzlich auch auf die Verhandlungssache aus.

Beide Ebenen, Beziehung und Sache sollten deshalb **getrennt voneinander behandelt werden** nach dem Motto ***„Hart in der Sache, sanft zu den beteiligten Menschen“*** (vgl. *Fisher u. a., 2013[24], S. 94*).

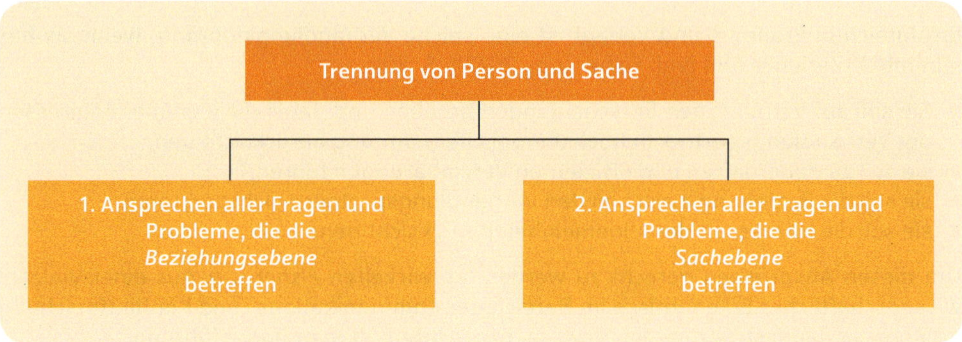

[1] Fritz Künkel (1889–1956) war einer der führenden Vertreter der Individualpsychologie in Deutschland. Er war Psychiater und ab 1928 im Vorstand der Allgemeinen Ärztlichen Gesellschaft für Psychotherapie. 1939 ging er in die USA und lebte dort in Los Angeles, wo er ein eigenes Institut gründete. Einer seiner bekanntesten Sätze ist: „Die Treue zum Wir muss stärker sein als die Treue zum Ich.“

[2] siehe Abschnitt 24.4.2

[3] vgl. Band 2, Kapitel 16.1.2

2. Prinzip: Nicht auf dem eigenen Standpunkt verharren, sondern sich auf die Interessen konzentrieren

Fisher u. a. beobachteten, dass Verhandlungspartner sehr häufig und hartnäckig am eigenen Standpunkt, der eigenen Position, festhalten und diese mit aller Macht verteidigen. Oft geht es dann nur um Recht oder Unrecht, um ein Verteidigen der eigenen Sache, um diese durchzusetzen. Bei einer solchen Strategie gäbe es jedoch nicht nur Sieger, sondern auch Verlierer („Win-Loser-Situation").

In einer Bibliothek streiten sich zwei Personen. Während A ein Fenster öffnen möchte, will B es geschlossen halten. Die Auseinandersetzung kreist schließlich um die Frage, wie weit das Fenster geöffnet werden soll, ohne dass eine Einigung erzielt werden kann. Eine Angestellte der Bibliothek mischt sich schließlich ein und fragt beide, warum sie das Fenster öffnen bzw. geschlossen halten wollen. A argumentiert, er brauche dringend frische Luft, während B sich vor der entstehenden Zugluft fürchtet. Daraufhin öffnet die Angestellte ein Fenster im Nebenraum. Nur kommt frische Luft herein, gleichzeitig wird Zugluft vermieden (*vgl. Fisher u.a., 2013[24], S. 76*).

Ein starres Festhalten an eigenen Positionen sollte auf jeden Fall in den Hintergrund treten und die dahinterliegenden Interessen und Bedürfnisse ermittelt und thematisiert werden.

Von Rosenstiel u. a. (*2005[9], S. 246*) zitiert ein Beispiel eines Streites von zwei Schwestern um eine Orange, der damit endet, dass die Orange gerecht in zwei Hälften geschnitten wird. Hätten die beiden Schwestern über ihr Interesse gesprochen – die eine Schwester wollte aus dem Fruchtfleisch einen Saft pressen, die Andere wollte lediglich die Schale für einen Kuchen –, so hätten sie eine für beide befriedigende Lösung gefunden.

Dabei müssen die hinter den starren Positionen liegenden Interessen in den Verhandlungen herausgearbeitet werden, wobei *Fisher u. a.* unter Interessen eigene Wünsche, Zwänge, Befürchtungen, Ängste oder Sorgen versteht.

Unter Interessen im Sinne des Harvard-Konzepts werden Wünsche, Ängste, Befürchtungen, Zwänge oder Sorgen von Personen bzw. Verhandlungspartnern verstanden (vgl. *Fisher u. a., 2013[24], S. 77*).

„Das Grundproblem bei einer Verhandlung liegt nicht in gegensätzlichen Positionen, sondern im Konflikt beiderseitiger Nöte, Wünsche, Sorgen und Ängste."
(Fisher u. a., 2013[24],S. 77)

3. Prinzip: Lösungsalternativen entwickeln

Um zu einer „Win-Win-Situation"[1] zu kommen, müssen in der Regel mehrere Lösungsalternativen erarbeitet werden. Diese dürfen aber nicht nur von einem Teil der Verhandlungsteilnehmer, sondern von allen akzeptiert werden („Optionen entwickeln zum beiderseitigen Vorteil"). Eine Möglichkeit kann darin bestehen, keine „Entweder-oder-Haltung" einzunehmen, sondern eine anpassungsfähige „Sowohl-als auch-Einstellung".

[1] siehe Abschnitt 24.5.1

Eine solche Lösung kann nach *von Rosenstiel u. a.* (*2005[9], S. 246f.*) beispielsweise durch ein Brainstorming[1] oder durch das Zerlegen des Verhandlungsgegenstandes in seine Teilprobleme erreicht werden.

„Der Schlüssel für kluges Entscheiden [...] liegt in der Auswahl aus einer großen Zahl verschiedener Optionen."
(Fisher u. a., 2013[24], S. 110)

4. Prinzip: Faire Bewertungskriterien festlegen

Für das sachbezogene Verhandeln hat es sich als sehr gewinnbringend erwiesen, wenn sich die Verhandlungsteilnehmer in einem fairen Prozess auf eine Reihe von verbindlichen Kriterien einigen, die als Grundlagen ihrer Verhandlungen und der Entscheidungen dienen. *Fisher u. a.* (*2013[24], S. 130 ff.*) sprechen in diesem Zusammenhang von **„objektiven Kriterien"**.

Objektive Kriterien – im Sinne des Harvard-Konzepts – sind im Rahmen von Verhandlungen festgelegte Standards bzw. Prinzipien, die von den Verhandlungsparteien als fair und verbindlich erachtet werden.

Verhandelt man zum Beispiel über den Kaufpreis eines Hauses, so lassen sich im Vorfeld eine Reihe solcher Kriterien gemeinsam festlegen, wie etwa der in dieser Wohngegend übliche Quadratmeterpreis für das Grundstück oder Preise, die für vergleichbare Häuser bei früheren Verkäufen erzielt wurden, die Kosten für noch auszuführende, dringend notwendige Reparaturen usw.

Solche objektiven Kriterien, die sich nicht nur für die Inhalte von Verhandlungen festlegen lassen, sondern auch für Verfahrensweisen, helfen, dass Machtkämpfe und stark emotional gefärbte Auseinandersetzungen verhindert werden und der Fokus auf die Sache gelegt werden kann (vgl. *von Rosenstiel u. a., 2005[9], S. 247*).

Zwei Kinder einigen sich darauf, dass das eine Kind die vorhandene Portion Eis teilt und das andere danach die Auswahl zwischen den beiden Portionen hat.

„Kurz gesagt: Der Ansatz besteht darin, dass sich Ihre Lösung auf Prinzipien gründet und nicht durch gegenseitigen Druck zustande kommt."
(Fisher u. a., 2013[24], S. 130)

Das Harvard-Konzept kann nach *von Rosenstiel u. a.* (*2005[9], S. 247*) dazu beitragen, dass emotionsbedingte Eskalationen vermieden und viele Lösungsmöglichkeiten entwickelt werden, dass ein Konflikt aus verschiedenen Perspektiven betrachtet, gegenseitiges Verständnis gefördert und als Lösung ein Konsens angestrebt wird. Damit werden die Chancen für eine dauerhafte Konfliktlösung verbessert und die Beziehungen zwischen den Konfliktpartnern nicht beschädigt.

[1] Das Brainstorming (engl.) ist eine Technik kreativen Denkens und besteht aus zwei Phasen: Im green-light-stage werden alle Äußerungen, die genannt werden, festgehalten. Im red-light-stage wird nach Eignung geordnet, geprüft, sortiert und ausgewählt.

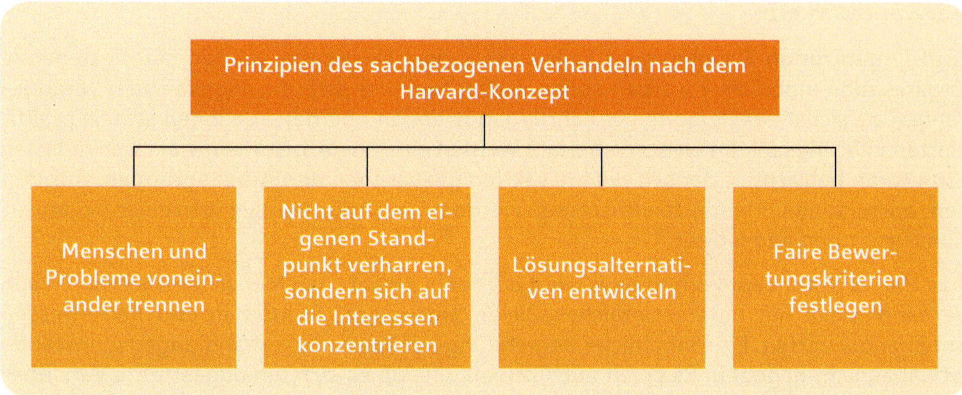

„Fazit: Interessen statt Positionen, Mensch und Problem trennen: Diese beiden Prinzipien sind der Kern des Harvard-Konzeptes. Wenn es gelingt, Probleme sachlich zu betrachten und sich auf den Verhandlungspartner einzulassen, ist die Chance auf Win-Win-Situationen groß."
(Windolph, 2017, S. 10)

24.5.3 Das Harvard-Konzept im Vergleich zum Konzept der Grid-Organisationsentwicklung

Beim Grid-Organization-Development und dem Harvard-Konzept handelt es sich um grundlegend verschiedene Ansätze zur Organisationsentwicklung. Bezüglich eines Vergleichs dieser Konzepte lassen sich u. a. als Kriterien das **Menschenbild**, die **Verwendbarkeit**, der **ökonomische Aufwand** und die **wissenschaftliche Fundierung** heranziehen.

Menschenbild

Die Grundlage des **Grid-Organization-Development** beruht auf einem vielschichtigen Bild vom Menschen, das deutlich humanistische Züge aufweist: Als Wesen mit kognitiven Fähigkeiten bzw. als ***geistige Wesen*** sind Menschen in der Lage ihr eigenes Handeln und das ihrer Mitmenschen zu reflektieren in Hinblick auf Vergangenheit, Gegenwart und Zukunft. Als ***soziales Wesen*** findet sich der Mensch in hohem Maße in vielfältige zwischenmenschliche Bezüge innerhalb der Organisation eingebunden. Als ***aktives Wesen*** besitzt er die Tendenz zur Selbststeuerung und tendiert dazu seine Umwelt – und damit auch die Organisation in der er tätig ist – zu verändern und sie seinen Bedürfnissen anzupassen.

In dem Maße, wie der Mensch Güter und Dienstleistungen in eigens zu diesem Zweck gegründeten Organisationen hervorbringt, erscheint er als ***kulturelles Wesen***, als „Schöpfer von Kultur". Dabei ist er gleichzeitig in seinem Tun beeinflusst von den Werten und Normen der Gesellschaft und der Organisation, in der er tätig ist. Er ist somit ein „Geschöpf der Kultur."

Auch das ***Harvard-Konzept*** beruht im Wesentlichen auf diesen Sichtweisen des Menschen, die als wesentliche Voraussetzungen dafür gelten, dass Veränderungen in Organisationen sowohl in Bereich einzelner Personen als auch ganzer Organisationsstrukturen überhaupt möglich sind.

Verwendbarkeit

Grid-Organization-Development kann immer dort eingesetzt werden, wo bestehende Organisation modifiziert werden sollen. Dabei beziehen sich die angestrebten Veränderungen zunächst auf Personen in Führungspositionen und den von ihnen jeweils praktizierten Führungsstil. Im weiteren Verlauf werden einzelne Arbeitsteams in ihren internen Strukturen betrachtet, danach die Interaktionen zwischen den Arbeitsgruppen. Auf diesen, an Personen orientierten Prozessen werden dann Anpassungen einzelner Organisationsstrukturen angestrebt.

Das **Harvard-Konzept** kommt bevorzugt dort zum Einsatz, wo Menschen im Rahmen von Verhandlungen mit unterschiedlichen Zielen, Interessen, Wünschen und Bedürfnissen aufeinandertreffen. Eine inhaltliche Begrenzung auf spezielle Verhandlungsgegenstände ist dabei nicht gegeben. Es spielt auch keine Rolle, ob es sich um angestrebte Vereinbarungen zwischen Mitgliedern ein und derselben Organisation handelt oder den Vertretern unterschiedlicher Organisationen.

Während sich die Grid-Organisationsentwicklung in ihrer Anwendbarkeit auf Organisationen beschränkt, kann das Harvard-Konzept auch bei Verhandlungen außerhalb von Organisationen eingesetzt werden.

Ökonomischer Aufwand

Angestrebte Veränderungen in Organisationen auf der Grundlage des **Grid-Organization-Development** sind mit ganz erheblichem Aufwand verbunden. Sie setzen sowohl bei den Führungskräften und den Mitarbeitern an, als auch an den Organisationsstrukturen. Dabei wird viel Zeit benötigen, denn ein sorgfältiges Analysieren vorhandener Strukturen und ein anschließendes Realisieren der entwickelten Ideen ist – insbesondere in größeren Organisationen – nur im Verlauf mehrerer Jahre möglich. Gelegentlich wird sogar die Ansicht vertreten, dass Grid-Organization-Development ein „endloser Prozess" sei. Dementsprechend hoch und kostspielig ist auch der Aufwand an Zeit, Personal, benötigter Infrastruktur und für die im Laufe der Zeit eingeleiteten Veränderungen.

Der Aufwand beim **Harvard-Konzept** bezieht sich zunächst für die Organisation gegebenenfalls darauf, geeignete Mitglieder im Bereich dieser Verhandlungstechnik zu schulen. Kommt die Technik zum Einsatz, so erfordert dies in der Regel viel Zeit, denn die Teilnehmer sollten sich klar darüber werden, welche Interessen sich jeweils hinter der vertretenen Position des Verhandlungspartners verbergen. Es müssen ferner in einem gemeinsamen Prozess „objektive Kriterien" entwickelt werden, auf deren Grundlagen dann verschieden Lösungsalternativen erstellt und schließlich verhandelt werden können. Die damit verbundenen „Kosten" an Zeit, Personal, Räumlichkeiten und gegebenenfalls externer Unterstützung können daher den Rahmen althergebrachter Verhandlungsstrategien deutlich sprengen.

Wissenschaftliche Fundierung

Sowohl das Grid-Organization-Development als auch das Harvard-Konzept stützen sich auf vielfältige Kenntnisse und Verfahrensweisen der wissenschaftlichen Psychologie.

Beim **Grid-Organization-Development** steht dabei zunächst das von *Blake und Mouton* entwickelte „Gitter" zur Verfügung, mit dessen Hilfe sich sehr unterschiedliche Abstufungen von Führungsverhalten erfassen und analysieren lassen. Des Weiteren bedient man sich einschlägiger Methoden zur Beobachtung und exakten Datenerhebung, wenn es um das Erfassen von Strukturen innerhalb eines Teams und seiner Interaktionen mit anderen Teams geht. Dem sich darauf anschließenden Aufbau eines Idealmodells der Organisation gehen ebenfalls Beobachtungen und Analysen der defizitären Prozesse und Gegebenheiten in der Organisation voraus.

Das **Harvard-Konzept** basiert dagegen schwerpunktmäßig auf zentralen Erkenntnissen über die Prozesse der sozialen Interaktion und sozialen Kommunikation, wie sie von beispielsweise *Paul Watzlawick u. a.*[1] und vielen anderen Wissenschaftlern entwickelt wurden. Es zielt darauf ab, schwerwiegende Kommunikationsstörungen beim Aushandeln von Vereinbarungen zu vermeiden und stattdessen auf kommunikationsfördernde und lösungsorientierte Praktiken zu setzen, die sich in der Vergangenheit bewährt haben. Menschliche Bedürfnisse in Sinne von *Maslow* werden dabei mitberücksichtigt.

24.5.4 Die Bewertung des Harvard-Konzepts und der Grid-Organisationsentwicklung

Das **Menschenbild**, auf dem das Harvard-Konzept und die Grid-Organisationsentwicklung beruhen, erfasst einige unbestrittene und typische Wesenszüge des Menschen, ohne die eine effektive Veränderung in Organisationen nur schwer vorstellbar wäre. Es kann deshalb als äußerst „organisationsfreundlich" bezeichnet werden. Im Konzept der **Grid-Organisationsentwicklung** scheinen von diesen Fähigkeiten zum Denken, zur Selbstreflexion, zur Selbststeuerung und aktiver Umweltgestaltung die Mitglieder von Organisationen jedoch immer nur zum Wohle der Einrichtung Gebrauch zu machen. Es wird dabei stillschweigend vorausgesetzt, dass immer alle betroffenen Führungskräfte und auch alle einfachen Mitarbeiter ständig motiviert sind, sämtliche angestrebten Veränderungen in einer Organisation aktiv mitzugestalten. Dies darf getrost bezweifelt werden. Die Aspekte der Triebhaftigkeit und des Egoismus, wie sie das Menschenbild *Sigmund Freuds* enthält, werden ebenso wenig berücksichtigt, wie das von *Maslow* postulierte menschliche Bedürfnis nach Sicherheit, welches durch die Veränderung von Arbeitsprozessen und Arbeitsstrukturen prinzipiell infrage gestellt wird.

Auch das **Harvard-Konzept** betont wesentliche Aspekte eines humanistischen Menschenbildes. Jene menschlichen Wesenszüge, die weniger gesellschaftlich akzeptiert sind, finden sich aber nicht ausgeblendet. Es wird gesehen, dass Verhandlungsparteien durchaus auf ihren einseitigen Vorteil bedacht sind und auch vor unfairen Verhandlungspraktiken nicht zurückschrecken, insbesondere wenn sie glauben, in der mächtigeren Verhandlungsposition zu sein.

In seinen Möglichkeiten, Führungsverhalten in verschiedensten Varianten differenziert zu erfassen und die Merkmale einer Organisation präzise zu analysieren, liegt das breitgefächerte **Anwendungspotential der Grid-Organisationsentwicklung** begründet. Dabei werden sowohl personen- als auch gruppenbezogene Aspekte erfasst. Diese Anwendbarkeit erstreckt sich jedoch nur auf Aspekte der formalen[2] Organisationsstruktur, die mithilfe empirischer Methoden gesichert erfasst werden können. Bei informalen[2] Organi-

[1] vgl. Band 2, Kapitel 16.1
[2] vgl. Abschnitt 24.1.4

sationsstrukturen und der Organisation als ein Gebilde, das auch unberechenbaren und schwer vorhersagbaren Einflüssen von außen ausgesetzt ist, stößt das Konzept an seine Grenzen.

Auch das **Harvard-Konzept** ist nahezu unbegrenzt anwendbar, wenn Menschen Übereinkünfte miteinander aushandeln wollen oder müssen. Insbesondere dort, wo sich Verhandlungsparteien misstrauisch oder sogar feindselig, starrköpfig und unnachgiebig gegenüberstehen, entfaltet diese Verhandlungsmethode ihre Stärken. So z. B. bei Tarifverhandlungen, gravierenden Machtkämpfen unter Managern oder Konflikten zwischen Abteilungen um Zuständigkeiten, sowie in vielen weiteren Konfliktsituationen. Auf diese Weise eignet sich das Harvard-Konzept besonders bei Problemlösungen, bei denen nicht nur sachliche, sondern auch zwischenmenschlichen Aspekte eine zentrale Rolle spielen. Fehlt den Verhandlungspartnern jedoch eine prinzipielle Bereitschaft sich fair zu einigen, stößt die Methode an ihre Grenzen.

Die **wissenschaftliche Fundierung** beider Konzepte kann als hoch eingestuft werden. Insbesondere im Bereich der Datenerhebung im Rahmen der **Grid-Organisationsentwicklung** kann auf bewährte und gesicherte Beobachtungsmethoden zurückgegriffen werden, die bei sorgfältiger Anwendung die Gütekriterien der Validität, Reliabilität und Objektivität gewährleisten. Auf diese Weise lassen sich die Schwächen im Führungsverhalten einer Führungsperson und der Ist-Zustand einer Organisation wissenschaftlich präzise erfassen. Welche konkreten Veränderungen jedoch auf der Basis dieser Daten angestrebt werden sollen, ist nicht selten umstritten, da es in der Regel viele Möglichkeiten gibt. Hinzu kommt, dass Organisationen, wenn sie Veränderungen anstreben, eine Reihe von Aspekten berücksichtigen müssen, die sich einer sicheren wissenschaftlichen Analyse weitgehend entziehen. Dazu gehören zum Beispiel persönliche Präferenzen innerhalb der obersten Führungsebene, schwer einschätzbare, nicht sichere Entwicklungen der Märkte oder veränderte politische Rahmenbedingungen nach einem möglichen Regierungswechsel und vieles mehr.

Auch die wissenschaftlichen Grundlagen des **Harvard-Konzepts** gelten weitgehend als gesichertes Wissen. Das Anwenden dieses Verhandlungskonzeptes hat sich sowohl bei ins Stocken geraten Verhandlungen im Bereich von Organisationen, als auch bei zähen und als nahezu aussichtlos geltenden Konflikten zwischen Staaten als äußerst effektiv erwiesen. Diese Effizienz spricht dafür, dass das Konzept auf stabilen wissenschaftlichen Grundlagen beruht.

Der **ökonomische Aufwand** beider Formen von Organisationsentwicklung kann je nach Bedarf stark variieren. Er ist bei der Grid-Organisationsentwicklung deutlich höher, verspricht aber umfassende positive Veränderungen innerhalb der Organisation. Will man die Kosten der jeweiligen Maßnahmen bewerten, so sollte auf jeden Fall der zu erwartende Nutzen mit einbezogen werden. In der Praxis werden sicher auch die finanziellen Rahmenbedingungen der Organisation hierbei eine Rolle spielen, wobei in finanzkräftigen Organisationen die Kostenfrage eher zweitrangig sein dürfte, wenn es darum geht zentrale Probleme zu beseitigen.

Die Bewertung der Eignung von Grid-Organisationsentwicklung und Harvard-Konzept zum Lösen von Problemen im Überblick

Kriterium	Grid-Organisationsentwicklung	Harvard -Konzept
Menschenbild	Einseitige Betonung von menschlichen Wesenszügen, wie Denkvermögen, dem Willen zur Selbststeuerung und aktiver Umweltgestaltung, die günstige Voraussetzungen darstellen, um Organisationen zu verändern. Egoistische Triebe im Sinne *Freuds* bleiben unberücksichtigt und schränken das Problemlösungspotential dadurch ein.	Betonung von menschlichen Wesenszügen, wie Denkvermögen, Willen zur Selbststeuerung und aktiver Umweltgestaltung, die günstige Voraussetzungen darstellen, um Probleme in Organisationen zu bewältigen. Auch die egoistischen Triebe des Menschen im Sinne *Freuds* werden dabei berücksichtigt.
Verwendbarkeit	Auf alle Organisationen anwendbar in denen Führungsverhalten, Verhalten von Teammitgliedern und die nicht-personellen Organisationsstrukturen zur Problembekämpfung erfasst werden müssen. Grenzen der Anwendbarkeit insbesondere im Bereich der informalen Strukturen.	Breite Anwendbarkeit, wenn es darum geht Probleme auf dem Verhandlungsweg zu lösen. Klare Grenzen, wenn den Teilnehmern die prinzipielle Bereitschaft zu einer fairen Lösung fehlt.
Wissenschaftliche Fundierung	Sichere Fundierung im Bereich der Beobachtungen bzw. Datenerhebung. Zielformulierungen zur Problemlösung nicht ausnahmslos wissenschaftlich möglich.	Sichere wissenschaftliche Fundierung, untermauert durch beträchtliche Erfolge in der Anwendung.
Ökonomischer Aufwand	Bewertung in Abhängigkeit des zu erwartenden Nutzens und den finanziellen Möglichkeiten der Organisation	Bewertung in Abhängigkeit des zu erwartenden Nutzens und den finanziellen Möglichkeiten der Organisation.

Auf den Punkt gebracht

- Das Harvard-Konzept ist eine Strategie des sachbezogenen Handelns, welche zum Ziel hat, bei Problemen und Konflikten eine Lösung zu finden, die den Interessen aller Verhandlungspartner möglichst gerecht wird und zugleich zu einer anhaltend guten Beziehung zwischen diesen führt. Ziel ist eine „Win-Win-Situation" – davon spricht man, wenn die an der Verhandlung Beteiligten die Interessen und Bedürfnisse aller Seiten berücksichtigen und es so zu einem für alle akzeptablen Verhandlungsergebnis kommt und diese sich damit wohlfühlen und zufrieden sind.

- Die Verhandlungen beruhen dabei auf vier Prinzipien, die den Wesenskern des sachbezogenen Verhandelns ausmachen:
  - Menschen und Probleme voneinander trennen,
  - sich auf die Interessen konzentrieren und nicht auf eigene Standpunkte verharren,
  - Lösungsalternativen entwickeln,
  - faire Bewertungskriterien festlegen.
- Zum Vergleich der beiden Konzepte bieten sich u. a. das Menschenbild, die Verwendbarkeit, die jeweilige wissenschaftliche Fundierung und der ökonomische Aufwand an. Dabei trägt das Menschenbild in beiden Konzepten deutlich humanistische Züge. Die Verwendbarkeit der Grid-Organisationsentwicklung erstreckt sich auf das Erfassen und Verändern von personalen und nicht personalen Strukturen einer Organisation. Das Harvard-Konzept findet dagegen breite Anwendbarkeit, wenn es darum geht Probleme auf dem Verhandlungsweg zu lösen. Beide Konzepte beruhen auf wissenschaftlichen Grundlagen, sind relativ aufwändig und kostenintensiv.
- Beide Konzepte sind prinzipiell geeignet um Problem zu lösen, haben dabei aber ihre spezifischen Stärken und Schwächen im Bereich von Menschenbild, Anwendbarkeit, wissenschaftlicher Fundierung. Es fallen, je nach konkreter Problemlage und den nötigen Verfahren zu deren Beseitigung, unterschiedlich hohe Kosten an, die jedoch erst in der Relation zum erzielten Nutzen bewertet werden können.

Wiederholen, Vertiefen, Anwenden

1. *Biografie und Internetsuche*
   - Suchen Sie in Gruppen im Internet nach Informationen über das Leben und Werk
     - Gruppe 1 und 2: von *Roger Fisher*,
     - Gruppe 3 und 4: von *William L. Ury,*
     - Gruppe 5 und 6: von *Bruce Patton*.
   - Fertigen Sie in Kleingruppen eine Übersicht zur jeweiligen Biografie an.
   - Erarbeiten Sie vier bis sechs wichtige Abschnitte ihres Lebens.
   - Tragen Sie in der Klasse Ihre Ergebnisse zusammen.
2. Stellen Sie die Grundlagen des Harvard-Konzeptes dar.
3. Erläutern Sie anhand eines Konfliktes in einer sozialen Organisation (zum Beispiel in der Schule) die Prinzipien des Harvard-Konzeptes.
4. *Lernsituation 24.5*
   Analysieren Sie in Partnerarbeit das Fallbeispiel „*Das leidige Taschengeld*“ vor dem Hintergrund des Harvard-Konzepts:
   a) Arbeiten Sie dabei heraus, welche Prinzipien darin ansatzweise vorzufinden sind und welche fehlen.
   b) Verdeutlichen Sie, welchen inhaltlichen Aspekten aus den jeweiligen Prinzipien die Verhandlungspartner bereits Rechnung tragen und welche jeweils zu wenig oder fehlerhaft zum Tragen kommen.

c) Erarbeiten Sie auf der Grundlage Ihrer Ergebnisse aus den Aufgabenteilen a) und b) ein sinnvolles Verhandlungskonzept für das Aushandeln von mehr Taschengeld. Berücksichtigen Sie dabei Ihre Kenntnisse über die vier Prinzipien.
d) Stellen Sie Ihre Ergebnisse in einem entsprechenden Rollenspiel Ihren Mitschülern vor.
e) Reflektieren Sie anschließend kritisch die Stärken und Schwächen der dargestellten Verhandlungsstrategie und machen Sie Optimierungsvorschläge.

5. Ordnen Sie jeweils die folgenden Aussagen einem Prinzip des Harvard-Konzepts zu und begründen Sie fundiert Ihre Entscheidungen:
   a) „Verhandlungen werden kaum Fortschritte zeitigen, solange die eine Seite glaubt, dass die Erfüllung ihrer Grundbedürfnisse seitens der anderen bedroht ist." (*Fisher u. a. , 2013[24], S. 87*)
   b) „In den Vorstellungen vieler Menschen gehört die Entwicklung von Alternativen überhaupt nicht zum Verhandlungsprozess." (*Fisher u. a., 2013[24], S. 100*)
   c) „Das einfachste Zugeständnis anderen gegenüber besteht darin, sie wissen zu lassen, dass man ihnen zuhört." (*Fisher u. a., 2013[24], S. 70*)

6. *Vergleich und Bewertung zweier Konzepte der Organisationsentwicklung.*
   a) Vergleichen Sie zwei wissenschaftliche Konzepte der Organisationsentwicklung (Harvard-Konzept, Konzept der Grid-Organisationsentwicklung).
   b) Bewerten Sie eines dieser beiden Konzepte mithilfe geeigneter Kriterien.

7. *Meine Urlaubsreise und die eines Mitschülers*
   a) Erstellen Sie auf einem kleinen Plakat eine stichwortartige Übersicht über von Ihnen bevorzugte Reiseziele und die Art zu reisen (zum Beispiel mit Zug, Auto, Bus, Schiff...).
   b) Erfassen Sie ferner Ihre persönlichen Vorstellungen von Zeitdauer einer Reise, den akzeptablen Kosten, sowie den Aktivitäten, die Sie am jeweiligen Urlaubsort besonders reizen würden.
   c) Wählen Sie innerhalb der Klasse einen Mitschüler, dessen Vorstellungen vom Reisen möglichst weit von Ihren eigenen abweichen.
   d) Versuchen Sie – auf der Basis der vier Prinzipien des Harvard-Konzepts – sich mit dem Mitschüler auf möglichst viele Sachverhalte zu einigen, sodass am Ende Ihrer Verhandlungen eine gemeinsame Reise denkbar wäre, trotz der gravierenden Unterschiede, die ursprünglich zwischen Ihnen vorhanden waren.

8. *Die Kommunikationstheorie von Paul Watzlawick u. a. liefert viele Hinweise, um erfolgreich kommunizieren bzw. verhandeln zu können[1]. Analysieren Sie eine dieser beiden Theorien hinsichtlich ihrer Anwendbarkeit bei Verhandlungen auf der Grundlage des Harvard-Konzepts. Folgende Leitfragen helfen Ihnen dabei:*
   - Inwieweit decken sich die Aussagen der Theorie über Ursachen von Kommunikationsstörungen mit typischen „Verhandlungsfehlern", wie sie im Harvard-Konzept beschrieben sind?
   - Welche Hinweise zur erfolgreichen Kommunikation, die *Watzlawick u. a.* gibt, eignen sich zur Umsetzung der vier Prinzipien des Harvard-Konzepts?

[1] Die Kommunik[illegible]heorie von Watzlawick u. a. ist in Band 2, Kapitel 16.1 dargestellt.

9. *Das Kaffeehaus (vgl. Hugenschmidt/Technau, 2009, 91 f.)*
   - Bilden Sie Vierergruppen und wählen Sie einen Teilbereich des Themas „Organisationspsychologie" aus.
   - Diskutieren Sie in der Gruppe über Ihren Themenbereich, sodass jeder gut darüber Bescheid weiß.
   - Anschließend löst sich die Gruppe auf und es werden mehrere Tische mit je vier Stühlen aufgestellt. Jeder einzelne Schüler kann sich an einen beliebigen Tisch setzen und sich mit den anderen über die wesentlichen Aspekte seines Themenbereiches unterhalten. Dabei kann er den Tisch auch wechseln.

10. *Fazit ziehen*
    - Notieren Sie auf einen Zettel:
      - Was hat mir persönlich das Thema „Organisationspsychologie" gebracht?
      - Womit kann ich nichts anfangen?
      - Was ich zur Organisationspsychologie noch sagen wollte ...
    - Lesen Sie, wenn Sie wollen, Ihre Notizen der Klasse vor.
    - Sprechen Sie in der Klasse über die Schüleräußerungen.

Materialien Kapitel 24

1. Das große Wettrudern

„Vor einiger Zeit verabredete eine deutsche Firma, dass man ein jährliches Wettrudern gegen eine japanische Firma durchführen wolle. Dieses Wettrudern sollte mit einem Achter auf dem Rhein ausgetragen werden. Beide Mannschaften trainierten lange und hart, und erreichten so ihre höchste Leistungsstufe.

Als der große Tag kam, waren beide Mannschaften dann topfit. Doch die Japaner gewannen das Rennen mit einem deutlichen Vorsprung von einem Kilometer! Nach dieser Niederlage war die deutsche Firma sehr betroffen und die Moral war auf dem absoluten Tiefpunkt angelangt. Das obere Management entschied, dass der Grund für diese Niederlage unbedingt herausgefunden werden müsse. Ein Projektteam wurde eingesetzt um das Problem zu untersuchen und geeignete Änderungen und ggf. Umstrukturierungen zu empfehlen. Nach wochenlangen Untersuchungen fand man heraus: Im japanischem Team ruderten sieben Mitarbeiter und einer steuerte, im deutschen Team ruderte ein Mitarbeiter und sieben steuerten.

Das oberste Management engagierte sofort eine Beraterfirma, die eine Studie über die Struktur des deutschen Teams anfertigen sollte. Nach einigen Monaten und ganz beträchtlichen Kosten kam die Beraterfirma zu folgendem Ergebnis: zu viele Mitarbeiter steuerten und zu wenig Mitarbeiter ruderten.

Um einer weiteren Niederlage vorzubeugen, wurde vom obersten Management die Teamstruktur geändert. Es gab jetzt vier Steuerleute, zwei Obersteuerleute, einen Steuerdirektor und einen Ruderer. Außerdem wurde für den Ruderer ein neues Leistungsbewertungs- und Beurteilungssystem eingeführt, um mehr Ansporn zu geben. Das oberste Management war der Auffassung: „Wir müssen seinen Aufgabenbereich erweitern, um ihm mehr Verantwortung zu geben.“

Im nächsten Jahr gewann das japanische Team mit einem Vorsprung von zwei Kilometern. Die Konsequenz dieser erneuten Niederlage:

- Das oberste Management stufte die Beurteilung für den Ruderer nach unten.
- Das Ruder wurde verkauft und alle Investitionen für ein neues Boot wurden gestoppt.
- Der Beraterfirma wurde ein großes Lob ausgesprochen.
- Das eingesparte Geld wurde dem obersten Management als Leistungsprämie ausgezahlt.

(Quelle unbekannt)

2. Auswirkungen von Kommunikations- und Entscheidungsstrukturen

a) Auswirkungen von Kommunikationsstrukturen

Da die jeweilige Bedürfnislage einzelner Organisationsmitglieder in der Regel unterschiedlich ist, können sich die verschiedenen Organisationsmerkmale sehr unterschiedlich auf das Individuum auswirken. Trotz dieser Einschränkung liegt eine Reihe von Erkenntnissen über die Wirkung von Kommunikationsstrukturen vor:

- Mehr dezentrale Kommunikationsstrukturen führen zu höherer Arbeitsmotivation und -zufriedenheit als zentrale Kommunikationsstrukturen.

Hinsichtlich der idealtypisch verschiedenen Kommunikationsstrukturen erzeugt zum Beispiel das Rad wenig Zufriedenheit bei den Randpersonen B, C, D, E, während A mehr Zufriedenheit aufweist. Die Kette führt dementsprechend bei A und E zu geringer Zufriedenheit, während die anderen Personen sich entsprechend wohler fühlen. Die Gruppe ist tendenziell bei Voll- und Kreisstruktur zufriedener, die Radstruktur lässt die Arbeitszufriedenheit sinken.

	Rad	Kette	Kreis	Vollstruktur
Beurteilungs-kriterium	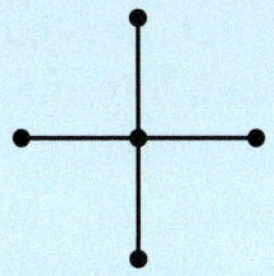		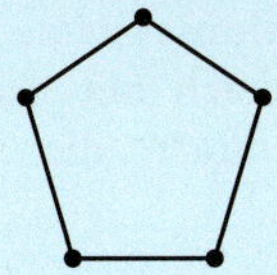	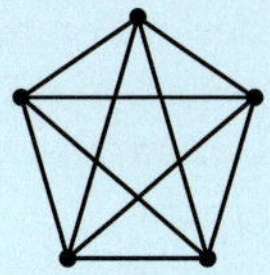
Zentralisierung	sehr hoch	mittel	niedrig	sehr niedrig
Kommunikationsvorgänge	sehr wenige	mittel	viele	sehr viele
Führung	sehr hoch	mittel	niedrig	sehr niedrig
Gruppenzufriedenheit	niedrig	mittel	mittel	hoch
individuelle Zufriedenheit der Führenden	hoch	mittel	niedrig	sehr niedrig

(vgl. Rosenstiel/Nerdinger, 2011[7], S. 314, verändert)

- Die Arbeitszufriedenheit ist bei solchen Personen gering, die im Kommunikationssystem nur Randpositionen einnehmen, während Inhaber zentraler Positionen mehr Zufriedenheit äußern.
- Zentrale Kommunikationsstrukturen erfordern aufgrund der Wege über den jeweils nächst Höheren eine enorme Schreibarbeit und viel Zeitaufwand; eine Lösung dauert relativ lange, bis sie den hierarchischen Weg zurückgelegt hat. Direkte Verbindungswege dagegen gehen einfach und schnell vor sich.
- Bei dezentralen Kommunikationsstrukturen ist eine hohe Transparenz von Informationen vorhanden, der Einzelne weiß, was in der Organisation los ist und worum es geht. Bei zentralen Kommunikationsstrukturen, in denen den „unteren“ Organisationsmitgliedern Informationen vorenthalten werden, kommt es häufig zu Gerüchtebildung.

Hinsichtlich der **Auswirkungen von Kommunikationsstrukturen auf die Gruppenleistung gibt** es zahlreiche Untersuchungen zum Thema, ob und gegebenenfalls wie sich Kommunikationsstrukturen auf die ***Arbeitsleistungen von Gruppen*** auswirken. Dabei hat sich herausgestellt, dass die Schwierigkeit bzw. Komplexität der zu bewältigenden Aufgabe die Effizienz einzelner Kommunikationsstrukturen erheblich mit beeinflusst. In Anlehnung an *Udo Stopp* (*2007*[14]) lassen sich die folgender Tendenzen feststellen, wobei man zwischen der Geschwindigkeit und der Genauigkeit der Aufgabenerfüllung sowie der Flexibilität der Gruppe unterscheiden kann:

- Bei einfachen Tätigkeiten ist die ***Geschwindigkeit***, mit der eine Gruppe Aufgaben bewältigt, bei zentralisierten Kommunikationsstrukturen hoch und nimmt mit zunehmender Dezentralisierung ab.

  Die Radstruktur ist beispielsweise der Kette überlegen, die Kette ist wiederum besser geeignet als der Kreis, die Vollstruktur schneidet am schlechtesten ab.

  Die ***Genauigkeit*** der Aufgabenerfüllung erweist sich bei zentralisierten Kommunikationsstrukturen ebenfalls als hoch, während sie bei Dezentralisierung niedriger ist.

  Sehr genaue Ergebnisse liefert die Radstruktur, während Kette, Kreis und Vollstruktur sich dagegen als deutlich weniger effizient erweisen.

  Und schließlich kann die ***Flexibilität*** dann ein entscheidendes Kriterium für die Gruppenleistung sein, wenn während des Arbeitsprozesses unerwartete Probleme auftauchen, die mit den gewohnten Routi neverfahren nicht mehr zu bewältigen sind. Bei der Flexibilität erweisen sich zentralisierte Kommunikationssysteme als wenig geeignet, während sich mit zunehmender Dezentralisierung auch die Flexibilität erhöht.

→ So zeigen sich Gruppen mit Vollstruktur sehr flexibel, wohingegen von Kreis über Kette bis zum Rad die Flexibilität abnimmt.

- Bei schwierigen, komplexen Tätigkeiten zeigt sich in der ***allgemeinen Gruppenleistung*** eine deutliche Unzulänglichkeit der zentralen Kommunikationsstrukturen, die unter anderem mit der Informationsüberlastung der Personen in zentralen Kommunikationspositionen erklärt wird. Bei Kommunikationsstrukturen mit hoher Dezentralisierung sind die allgemeinen Gruppenleistungen dagegen deutlich höher.

b) Auswirkungen von Entscheidungsstrukturen

- Führung erweist sich dann als effektiv, wenn eine Führungsperson je nach Situation mit der richtigen Balance zwischen aufgaben- und mitarbeiterorientierten Führung reagiert.[1] Ein aufgabenorientierter Führungsstil zielt auf die Verrichtung der Arbeit, ein mitarbeiterorientierter Stil dient den Beziehungen und der Pflege zu den Mitarbeitern.
- Ein aufgabenorientierter Führungsstil erweist sich hinsichtlich der Arbeitseffektivität als überlegener, wenn es sich um eine kurze Zeitdauer sowie reine, momentane Produktivität und Arbeitsleistung handelt. Bei Langzeitperspektiven wie Dauerleistung, Verantwortlichkeit, Eigeninitiative, Leistung und Arbeitszufriedenheit jedoch ist der mitarbeiterorientierte Stil weit effektiver (vgl. *Weinert, 1998[4]. S. 434 f.*).
- Sehr zentralisierte Entscheidungsstrukturen führen in der Regel zu niedriger Arbeitsmotivation und Gruppenleistung. Zudem verhindert eine streng hierarchische Struktur mit hoher Zentralität Kreativität, erneuernde, belebende und kritische Impulse sowie das „Einbringen" der Mitarbeiter, was für die Effektivität einer Produktion aber wichtig wäre. Zugleich werden wichtige Ressourcen zur Einhaltung der Bürokratie und des Dienstweges vergeudet.

> *„Das Schlechteste, was einem Unternehmen passieren kann, sind Jasager."*
> *(Georg Mautner-Markhof[2])*

Zuviel Kontrolle durch Vorgesetzte – so *Heike Leker (2012, S. 26)* –, zu viel Kritik und Kränkungen, zu wenig Anerkennung und Eigenverantwortung, unklare Aufgabenzuteilungen und ständige Erreichbarkeit begünstigen eine Überforderung des Einzelnen.

- Eigene Entscheidungsspielräume, Unterstützung und Wertschätzung seitens der Führungskräfte führen zu hohem *Commitment*. Damit ist eine hohe Bindung des Mitarbeiters zu seinem Arbeitgeber gemeint, die sein Engagement sowie sein seelisches und körperliches Wohlbefinden positiv beeinflusst. Mitarbeiter mit hohem Commitment[3] arbeiten hinsichtlich der Produktivität erfolgreicher (vgl. *Felfe, 2009, S. 18 ff.*).

> *„Studien […] bestätigen im Wesentlichen, dass, je besser die Beziehung ist, desto zufriedener sind die Mitarbeiter, desto eher fühlen sie sich ihrer Organisation verbunden und desto höher ist ihre Leistung."*
> *(Brodbeck u. a., 20082, S. 352)*

- Je mehr der Einzelne in Entscheidungen eingebunden wird, desto mehr identifiziert er sich mit seiner Organisation und seiner Arbeit. Diese Identifikation – in der Fachsprache oft Job Involvement genannt – kann als Voraussetzung für Arbeitszufriedenheit und -motivation angesehen werden. Werden dagegen Entscheidungen meist „über den Kopt hinweg" des Einzelnen

[1] vgl. Abschnitt 14.4.3
[2] Georg Mautner-Markhof (1926–2008) war ein österreichischer Industrieller und Politiker, er stammte aus einer Unternehmerfamilie.
[3] commitment (engl.): Bindung, Einsatz, Engagement

getroffen, so kann eine „innere Kündigung" die Folge sein.

- Die Beteiligung der Organisationsmitglieder bei der Festlegung von Zielen fördert die Zielbindung, was insbesondere bei schwierigen Zielen zu besonders guten Leistungen führt (vgl. *Wegge/Rosenstiel, 2007⁴ S. 502*).
- Sogenannte basisdemokratisch geführte Unternehmen, in denen jedes Organisationsmitglied mitbestimmen kann, führen wegen zu großer Unklarheiten zu einer Überforderung der Einzelnen. Klare Strukturen und eine eindeutige Linie in der Führung sowie genaue Aufgabenstellungen bewirken eine Steigerung der Qualität von Arbeitsergebnissen.

Der Versuch, mögliche Auswirkungen von Kommunikations- und Entscheidungsstrukturen zu thematisieren, bringt erhebliche Probleme mit sich. Bereits die einfache Frage, ob Kommunikations- bzw. Entscheidungsstrukturen als unabhängige Variablen in Organisationen auftreten oder ihrerseits von anderen Größen bestimmt werden, lässt sich nicht eindeutig beantworten. Führungseffizienz hängt nicht nur vom Führungsverhalten ab, sondern in einem erheblichen Maß von den Persönlichkeitsmerkmalen des „Geführten", von seinen Erwartungen, der Aufgabe und den situativen Bedingungen. Beschränkt man sich auf die Erforschung einzelner Teilaspekte von Organisationen wie zum Beispiel die Arbeitszufriedenheit oder den Führungserfolg, treten schon im Bereich der Operationalisierung[1] von Begriffen großen Unstimmigkeiten auf. So verweist die Literatur darauf, dass es schon Mitte der 60er-Jahre des vergangenen Jahrhunderts mehr als 1.500 verschiedene Kriterien gab, um Führungserfolg zu bestimmen. In den etwa zum gleichen Zeitpunkt existierenden über 3.000 Artikeln zum Thema „Arbeitszufriedenheit" gibt es ebenso wie heute noch sehr unterschiedliche Vorstellungen davon, was unter Arbeitszufriedenheit zu verstehen ist. Jenseits dieser uneinheitlichen Operationalisierung lassen sich vermutete Zusammenhänge oft schon bei Einzelaspekten nicht eindeutig nachweisen. So besteht zum Beispiel zwischen Arbeitszufriedenheit und Leistung kein eindeutiger Zusammenhang in dem Sinne, dass hohe Arbeitszufriedenheit auch mit hoher Leistung einhergeht.

3. Weitere Möglichkeiten der Beeinflussung von Personen und Gruppen in Organisationen

a) Die Supervision

Die Supervision[2] ist eine **Methode der Beratung von einzelnen Personen, Gruppen und Teams mit dem Ziel der Sicherung und Verbesserung der Qualität beruflicher Arbeit in einer Organisation**. Dabei geht es um die Fortentwicklung der beruflichen Kompetenz durch eine systematische Reflexion der Tätigkeit. Dies geschieht in der Regel unter der Leitung eines ausgebildeten Supervisors. Dabei werden Probleme des Arbeitslebens, das Verhalten der Betroffenen sowie die Beziehungen aller Beteiligten erörtert, Alternativen dargelegt und diskutiert sowie gangbare Wege für die Weiterentwicklung von beruflichen Strategien aufgezeigt. In erster Linie geht es um das Aufdecken sog. „blinder Flecken", Arbeitsblockaden, von ungenutzten Potentialen von Mitarbeitern und Anderem. Damit ist Supervision ein gemeinsamer Prozess von Supervisor und Supervisanten mit dem Ziel, Ergebnisse zu finden und die Stärken einzelner Personen bzw. Teams zur Geltung zu bringen.

Supervision ist in vielen psychosozialen Einrichtungen selbstverständlich. Daneben wird Supervision oft angefordert, wenn Schwierigkeiten in einer Organisation auftreten, die Arbeitszufriedenheit sinkt oder Teams zerstritten sind und nicht mehr oder nur sehr

[1] vgl. Kapitel 19.2.2
[2] supervisio (lat.): die Aufsicht

schwer miteinander arbeiten können. Supervision strebt dabei in erster Linie emotionale Entlastung und Verbesserung der Kooperations- und Konfliktfähigkeit an.

b) Das Mitarbeitergespräch

Das Mitarbeitergespräch ist **eine regelmäßig stattfindende Konversation zwischen Vorgesetztem und Mitarbeiter, in welchem spezifische, den Mitarbeiter betreffende, Themen besprochen werden**. In der Regel findet es einmal im Jahr statt, bei Bedarf öfter. Ziele eines solchen Gespräches sind die Förderung der Entwicklung des Mitarbeiters, die Optimierung seiner Leistung und seines Einsatzes entsprechend seiner Eignung sowie die Stärkung seiner Motivation und seiner Eigenverantwortung. Themenbereiche sind die Arbeitssituation, die Arbeitsleistung und das Arbeitsverhalten des Mitarbeiters, seine Zusammenarbeit mit Führung und Kollegen sowie seine Fachkompetenz und seine Entwicklung (vgl. *Daigeler, 2015[3], S. 40 ff.*). Dabei geht es darum, die Ziele der Organisation mit den Bedürfnissen, Kompetenzen und der Motivation in Einklang zu bringen.

Im Zentrum des Mitarbeitergesprächs stehen nach *Elisabeth Kals* (*Kals u. a. 2011[2], S. 174*) das ***Feedback*** und ***Zielvereinbarungen***. Das Feedback gibt dem Mitarbeiter Rückmeldung über sein Verhalten in der Organisation, seine Leistung, Kompetenzen und Eignungen, wobei seitens des Vorgesetzten bestimmte Regeln beachtet werden müssen (vgl. *Kals u. a., 2011[2], S. 175; Franck, 2017, 215 f.*):

- Schaffung einer positiven, entspannten Gesprächsatmosphäre
- Vermittlung des persönlichen Eindrucks (Ich-Formulierung)
- Unparteiische Leitung der Gespräche
- Sorge-Tragen dafür, dass der Einzelne ausreden kann und alle Beteiligten zu Wort kommen können
- Basieren der Rückmeldungen auf beobachtbares bzw. messbares Verhalten
- Auseinanderhalten von beschreibender und bewertender Rückmeldung
- Berücksichtigung von positiven und negativen Rückmeldungselementen
- Beachtung des „Vier-Augen-Prinzips", das heißt nur die Anwesenheit der Beteiligten
- Dialogische Gesprächsleitung, keine Monologe; Zuhören-Können
- Gemeinsame Auswertung und Einigung auf Optimierungsmöglichkeiten

Zielvereinbarungen sind gemeinsam getroffene Abmachungen über Ergebnisse im Entwicklungsprozess des Mitarbeiters; sie sollen klar und eindeutig formuliert, nachvollziehbar, ergebnisorientiert und beobachtbar bzw. messbar sein (vgl. *Kals u. a., 2011[2], S. 174*).

Ein erfolgreiches Mitarbeitergespräch setzt zum einen eine gesprächsförderliche Grundhaltung voraus (zum Beispiel Wertschätzung, Zuhören-Können) und zum anderen eine gute Vorbereitung auf allen Seiten der Beteiligten (vgl. *Franck, 2017, S. 207*).

4. Möglichkeiten des Veränderns von Organisationsstrukturen

a) Die Mediation

Mediation bedeutet **Konfliktbearbeitung unter Anleitung eines Vermittlers, dem Mediator**. Dabei steht die Suche nach einer Lösung des aufgetretenen Konfliktes mit all seinen Folgen für die Organisation im Mittelpunkt. Die Mediation hat als Verfahren der Konfliktsteuerung in jüngster Zeit deshalb sehr an Bedeutung gewonnen, da man erkannt hat, dass unbearbeitete Konflikte mit ihren Folgen viel Geld kosten und von der eigentlichen Arbeit viel Kraft und

Energie abziehen. Im Extremfall bedeutet deshalb Konfliktregulierung, die Arbeitsfähigkeit der am Konflikt Beteiligten wieder herzustellen (vgl. *Kerntke, 2009², S. 52*).

> *„Konfliktmanagement in seiner einfachsten Form heißt: Das Gesamtgefüge aus Macht, Regeln und Vermittlung im Unternehmen beschreiben und auf seine Funktionalität prüfen, und dann gegebenenfalls die erforderlichen Änderungen anbringen. Und andererseits im Einzelfall jeweils einen klaren und kommunizierbaren Plan entwickeln [...]"*
> *(Kerntke, 2009², S. 54)*

Mediation ist also eine **Methode, um mithilfe eines oder mehrerer Vermittler festgefahrene Konflikte einer Lösung zu zuführen, die für die gesamte Organisation Vorteile bringt**. Auf diese Weise werden nicht wieder gutzumachende Schäden und hohe Kosten vermieden. Ziel der Organisationsmediation ist entsprechend die Wiederherstellung und zielführende Ausrichtung einer im Konflikt verloren gegangenen Zusammenarbeit und Kommunikation (*Kerntke, 2009², S. 174*).

Der Mediator ist ein „neutraler Dritter", der allparteilich die Konfliktparteien bei ihrer Lösungsarbeit unterstützt und steuert. Er ist zuständig für den Prozess der Konfliktbearbeitung nicht aber für den Inhalt bzw. die Konfliktlösung als solche. Hier liegt die Verantwortung bei den Beteiligten. Angestrebt werden Konfliktlösungen, die den Anliegen und Interessen aller am Konflikt Beteiligten möglichst gerecht werden und die zugleich zu einer dauerhaft guten Beziehung zwischen diesen führen. Es entstehen sog. ***Win-Win-Lösungen***, bei denen es keine Verlierer gibt, sondern mit denen alle Beteiligten „gut" leben können und zufrieden sind. Dabei wird ein Konflikt aus verschiedenen Perspektiven betrachtet (Perspektivenwechsel), gegenseitiges Verständnis gefördert und es werden viele Lösungsmöglichkeiten entwickelt, die einer zufriedenstellenden Lösung für alle am Konflikt beteiligten Parteien zugeführt werden.

Mediation hat folgende Vorgehensweise:

- Festlegen von Gesprächsregeln – zum Beispiel das Einhalten der Reihenfolge, Verwendung von Ich-Formulierungen, Sprechen für sich selbst und nicht für andere usw.
- Darstellung, wie die Parteien den Konflikt erleben und was ihre Sicht der Dinge ist
- Erhellung der Konflikthintergründe
- Befähigung, die Interessen der anderen anzuerkennen
- Formulierung der Wünsche der Konfliktparteien, die „positiv" formuliert werden
- Suchen von konstruktiven Lösungen, in denen die Interessen aller Konfliktparteien aufgehen.
- Evtl. schriftliches Festhalten der Lösung bzw. Vereinbarungen

b) Die Teamentwicklung

Menschen, die zur Erfüllung eines Zieles zusammenwirken, werden als Team bezeichnet. Die Teamentwicklung zielt in erster Linie darauf ab, **die Leistungen des Teams zu verbessern, indem die Fähigkeiten einzelner Mitglieder zur Zusammenarbeit geschult und notwendige Voraussetzungen für effektive Teamarbeit geschaffen werden**. Zunächst muss der Teamberater Auftraggeber und Teammitglieder kennenlernen. Sodann benötigt er Informationen über das Team, um schließlich Maßnahmen zur eigentlichen Teamentwicklung durchzuführen. Diese können je nach Situation der Gruppen darin bestehen, latente Konflikte in der Gruppe bewusst zu machen, neue Arbeitstechniken zu etablieren oder die Erwartungen der Mitglieder aneinander zu verändern. Letzteres wird auch als ***Rollenverhandeln*** bezeichnet.

Bei dieser Methode des Rollenverhandelns geht man davon aus, dass die etablierten Strukturen in der jeweiligen Organisation in erster Linie durch die real bestehenden Machtverhältnisse und durch Interaktionen zwischen den Organisationsmitgliedern entstanden sind. Um Organisationen verändern zu können, müssen daher auch Schwächen der organisationsinternen Regeln von Führungskräften und Geführten thematisiert werden. Ziel ist es, Regeln bzw. Rollen neu auszuhandeln. Zu diesem Zweck formulieren die Betroffenen im Beisein eines Beraters ihre Erwartungen an die übrigen Mitglieder des Teams.

→ Jedes Teammitglied erhält beispielsweise Rückmeldung darüber, was es in Zukunft mehr oder besser machen kann, was es nicht mehr oder weniger tun soll und welche bisherigen Verhaltensweisen es beibehalten soll. So könnten sich etwa Mitarbeiter wünschen, dass ihr Vorgesetzter mehr Informationen preisgibt und diese auch konkreter formuliert. Weiterhin könnten sie erwarten, in Zukunft in bestimmten Arbeitsbereichen gar nicht mehr oder weniger kontrolliert zu werden, wohingegen sie die bisher großzügig gehandhabte Urlaubsgenehmigung durch ihren Vorgesetzten beibehalten möchten.

Sind die Erwartungen der Gruppenmitglieder an die einzelnen Personen ausgesprochen und auf Plakaten oder Tafeln festgehalten und somit für alle deutlich sichtbar gemacht, tritt man nun in Verhandlungen ein über jene Erwartungen, bei denen zwischen den Betroffenen Uneinigkeit herrscht. Gegebenfalls mithilfe des Beraters werden Einigungen erzielt und schriftlich festgehalten.

→ So könnte sich zum Beispiel der Vorgesetzte verpflichten, weniger die permanente Anwesenheit der Mitarbeiter zu kontrollieren. Im Gegenzug versprechen die Mitarbeiter, ihre Raucherpausen während der Arbeitszeit erheblich zu reduzieren.

25 Die Prüfungsarbeit zum Abitur in Pädagogik/Psychologie

Folgende Kompetenzen sollen Sie erwerben:

- *Sie wissen um die Leistungsbereiche in der Prüfungsarbeit zum Abitur in Pädagogik/Psychologie.*
- *Sie kennen die Gegenstandsbereiche der Abschlussprüfung und wissen, wie man bei diesen vorgeht.*
- *Sie sind in der Lage, diese Theorien und Modelle auf der Basis geeigneter Kriterien zu vergleichen und zu bewerten.*
- *Sie können pädagogisch-psychologische Veränderungsvorschläge, Konzepte bzw. Schritte therapeutischen Vorgehens auf wissenschaftlicher Grundlage reflektieren.*
- *Sie sind imstande, diese pädagogisch-psychologischen Veränderungsvorschläge, Konzepte bzw. Schritte therapeutischen Vorgehens mithilfe geeigneter Kriterien zu vergleichen und zu bewerten.*
- *Sie wissen, wie eine Prüfungsarbeit angefertigt und eine solche bewertet wird.*

25.1 Leistungsbereiche in der Abiturprüfung

Lernsituation

Eine Prüfungsaufgabe:

Sie sitzen in der Abiturprüfung in Pädagogik/Psychologie und vor Ihnen liegt folgende Aufgabe, die Sie bearbeiten sollen:

Nach einer aktuellen wissenschaftlichen Studie[1] ist jeder dritte Deutsche unzufrieden mit seinem Arbeitsplatz. Als Gründe dafür werden genannt: niedrige Bezahlung, wenig Anerkennung, fehlende Weiterbildungsmöglichkeiten, Angst vor Arbeitsplatzverlust und mangelhafter Führungsstil.

Organisationspsychologen weisen darauf hin, dass diese Unzufriedenheit nicht nur objektive Gründe hat: „Nicht nur viele deutsche Arbeitnehmer und Bürger, sondern auch die Führungseliten von Wirtschaft, Kultur und Politik leiden unter einer ‚mentalen Negativfokussierung': Sie denken zu sehr in nicht änderbaren Welten, sie denken in Problemen, Risiken und Barrieren, sie sehen überall, was nicht geht und warum es nicht geht, sie betonen vor allem Schwächen und Defizite. Unsere Forschungen zeigen, dass die Positivfokussierung Motivation, Identifikation, Verantwortungs- und Handlungspotential erhöht. Wir können im privaten wie im öffentlichen Bereich, in Universitäten ebenso wie in sozialen und kommerziellen Organisationen damit beginnen und Schritt für Schritt Verbesserungen umsetzen."

(Frey, Dieter: Unzufriedenheit am Arbeitsplatz. In: Süddeutsche Zeitung, 04.04.2005, S. 22.)

1. *Beschreiben Sie, wie die erwähnte „Negativfokussierung" in einer Organisation Ihrer Wahl aussehen könnte.*
   Beziehen Sie sich dabei auf ein Merkmal dieser Organisation und diskutieren Sie unter Berücksichtigung organisationspsychologischer Erkenntnisse mögliche Auswirkungen der „Negativfokussierung" auf das Individuum und die Gruppe.
2. *Organisationsprozesse können auf verschiedene Weise gezielt beeinflusst werden.*
   Erörtern Sie kritisch eine Möglichkeit, die geeignet sein könnte, eine „Positivfokussierung" innerhalb einer Organisation zu erreichen. Begründen Sie die Wirksamkeit der Maßnahmen mithilfe geeigneter Erkenntnisse.

Sie möchten wissen, wie Sie vorgehen und diese Aufgabe lösen sollen. Vor allem möchten Sie in Erfahrung bringen, welche Leistungsbereiche im Gegensatz zur Fachhochschulreife dazu kommen.

I Information

Die Hinweise zur Erstellung von Prüfungsarbeiten im Unterrichtsfach Pädagogik/Psychologie orientieren sich an der schriftlichen (und mündlichen) Abiturprüfung zum Erwerb der fachgebundenen und allgemeinen Hochschulreife an bayerischen Fachoberschulen und Berufsoberschulen, 13. Jahrgangsstufe, Ausbildungsrichtung Sozialwesen.

[1] Studie des Deutschen Gewerkschaftsbundes, vgl. Augsburger Allgemeine Zeitung, vom 12.09.2007

25.1.1 Gegenstandsbereiche der Prüfung

Im Gegensatz zur Fachhochschulreifeprüfung soll der Schüler in der fachgebundenen und allgemeinen Hochschulreifeprüfung ein bestimmtes Thema **selbst vorstrukturieren und gliedern** sowie dieses **fundiert und gründlich bearbeiten**. Zudem kommen neben den Leistungsbereichen des **Beschreibens, Erklärens** und **Veränderns** neue Ansprüche hinzu, die den Schüler auffordern, auf wissenschaftlicher Basis Sachverhalte zu **vergleichen, zu bewerten bzw. beurteilen, sich kritisch auseinanderzusetzen, sowie zu analysieren**. Dabei zählt nicht das Entwickeln einer eigenen Meinung, die Ausführungen müssen wissenschaftlich begründet, theoretisch gestützt und schlüssig entwickelt sein.

Die Abiturprüfung verlangt strukturiertes und zusammenhängendes Wissen, welches gezielt der Aufgabenstellung eingesetzt werden soll. Dabei ist gerade in der 13. Klasse der **Anwendungsbezug** – die selbstständige Anwendung des Wissens in neuen Zusammenhängen – von großer Bedeutung.

Die Schüler sollen dabei die Aufgabenstellung und den damit verbundenen Themabezug selbstständig erfassen und mittels einer Gliederung zu einem logischen und zusammenhängenden Aufbau ihrer Ausarbeitungen gelangen. Eine isolierte rein reproduktive Darstellung von Inhalten ist nicht zielführend. Vielmehr sollen die Schüler in der Lage sein, von Theorien Präventions- und Interventionsmöglichkeiten abzuleiten.

Gegenstand der Abschlussprüfung sind alle Themen der 11. 12. und 13. Jahrgangsstufe der FOS und der 12. und 13. Klasse der BOS.

Folgende Theorien sind in der Prüfung relevant:

- ***Konditionierungstheorien*** wie das klassische und das operante Konditionieren[1],
- ***Kognitive Theorie*** – die kognitive Theorie von *Aaron T. Beck*,
- eine ***psychoanalytische Theorie*** wie die klassische Psychoanalyse nach *Sigmund Freud*,
- eine ***humanistische Theorie*** wie etwa die personenzentrierte Theorie von *Carl R. Rogers*,
- eine ***Kommunikationstheorie*** – die Axiome der Kommunikation nach *Paul Watzlawick u. a.* und
- eine ***ökologische Theorie*** wie das Life Model von *Carel B. Germain und Alex Gitterman*.

Die Therapiekonzepte beschränken sich auf

- das ***verhaltenstherapeutische Konzept***[2],
- die ***kognitive Therapie*** von *Aaron T. Beck*,
- die klassische ***psychoanalytische Therapie*** nach *Sigmund Freud* und
- das ***Unterstützungsmanagement*** von *Rainer Wendt* als ökologisch orientiertes Konzept.

Ausgehend von einem Fall, einem Zitat aus der (Fach-)Literatur, einem Ereignis des Zeitgeschehens, einem Fachbegriff, einer Alltags- oder Erziehungssituation u. a. muss der Schüler verschiedene Teilaufgaben beantworten, die er selbst vorstrukturieren und gliedern sowie fundiert und gründlich bearbeiten muss.

[1] **Im Lehrplan ist eine Bewertung der behavioristischen Theorien nicht vorgesehen.** Doch es befindet sich eine solche in Materialien 4 des 1. Bandes, Kapitel 6.

[2] siehe Kapitel 21.1

→ Beispiele für Aufgabentypen der Abiturprüfung finden sich in *Lernsituation 25.1* und in *Abschnitt 25.3.*

Die Schule legt den Schülern zwei derartige Aufgaben zur Auswahl vor, der Schüler muss eine der vorgegebenen Aufgaben in der Zeit von 180 Minuten bearbeiten.

25.1.2 Beschreibung, Erklärung und Veränderung

Die **Leistungsreiche Beschreibung, Erklärung und Veränderung** mit **Begründung** finden auch in der Fachhochschulreifeprüfung Anwendung[1]. Beschreiben als Leistungsbereich in Prüfungsarbeiten bedeutet, die eindeutige und fundierte Wiedergabe eines geforderten Sachverhaltes mit eigenen Worten. Erklären meint das Verdeutlichen der Entstehung oder Änderung von Erlebens- und/oder Verhaltensweisen mithilfe einer Theorie. Mit Veränderung ist die Anwendung von wissenschaftlichen Erkenntnissen in konkreten Situationen zum Zwecke der Lösung „praktischer Probleme" gemeint.[2] Neu hinzukommen:

- das **Vergleichen,**
- das **Bewerten und Beurteilen,**
- das **kritische Auseinandersetzen** und
- das **Analysieren.**

25.1.3 Das Vergleichen

Vergleichen bedeutet das **Gegenüberstellen von zwei oder mehreren Sachverhalten** – in Pädagogik/Psychologie von Theorien oder Therapiekonzepten **nach bestimmten Kriterien**. Dabei müssen ***Gemeinsamkeiten und Unterschiede*** herausgearbeitet werden.

→ Die folgende Teilaufgabe ist ein Beispiel für diesen Aufgabentyp *„Bei der Behandlung der dargestellten affektiven Störung von Herrn Jüngster können verschiedene Therapieverfahren durchgeführt werden. Vergleichen Sie zwei therapeutische Vorgehensweisen hinsichtlich ihrer Anwendbarkeit"*. Das Kriterium, nach dem verglichen werden soll, ist hier die „Anwendbarkeit".

Welche Theorien und Therapiekonzepte infrage kommen, ist in *Abschnitt 25.1.1* ausgeführt.

Um einen Vergleich anstellen zu können, sind bestimmte **Kriterien** erforderlich. Diese können in der Aufgabenstellung vorgegeben sein, zum Teil müssen sie aber auch selbst festgelegt werden.

→ Bei der Teilaufgabe *„Vergleichen Sie zwei Therapierichtungen hinsichtlich ihrer Grundannahmen, Zielsetzungen und Vorgehensweisen"* sind die Kriterien (Grundannahmen, Zielsetzung, Vorgehensweisen) bereits in der Aufgabenstellung enthalten.

Folgende Kriterien können zu einem **Theorievergleich** herangezogen werden:

- ***Menschenbild***
- ***Basisannahmen***
- ***Struktur***
- ***Ausgangspunkt der Persönlichkeitsentwicklung***

---

[1] Diese drei Leistungsbereiche sind in Band 2, Kapitel 17.1 ausführlich dargestellt.

[2] Die jeweilige Vorgehensweise bei der Beschreibung, Erklärung und Veränderung ist aus der 12. Klasse bekannt, sie ist in Band 2, Kapitel 17.1 ausgeführt.

- ***Verlauf der Persönlichkeitsentwicklung***
- ***Seelische Fehlentwicklung.***

Als Beispiel für diese Kriterien ein Vergleich zwischen Psychoanalyse, Konditionierungstheorien, sozial-kognitiver Theorie und kognitiver Theorie von *Beck*:

	Psychoanalyse	Konditionierungstheorien	Sozial-kognitive Theorie	Kognitive Theorie
Menschenbild	Der Mensch ist ein dynamisches System, das von verschiedenen Energien gesteuert wird; mechanistisches Menschenbild; der Mensch ist ein triebgesteuertes Wesen	Der Mensch ist ein Wesen, das nahezu ausschließlich von Umweltreizen beherrscht wird; einseitige Betonung der Bedeutung von Umweltfaktoren für die Entwicklung	Der Mensch ist ein leistungsorientiertes, aktives und problemlösendes Wesen, das überlegt handelt und sein Handeln gezielt einsetzen kann; dabei spielen kognitive Prozesse die entscheidende Rolle	Der Mensch ist grundsätzlich auf seine Zukunft hin orientiert; der Mensch kann über seine Kognitionen sein Erleben und Verhalten in einem sehr entscheidenden Maße selbst steuern
Basis-(Grund-)annahmen	Bestimmte seelische Vorgänge und innere Kräfte sind unbewusst, wirken sich jedoch auf das individuelle Verhalten und die Entwicklung der Persönlichkeit nach ganz bestimmten Gesetzmäßigkeiten aus	Alles Erleben und Verhalten, auch das unangepasste, ist erlernt und kann wieder verlernt werden	Kognitive Prozesse und Strukturen eines Menschen üben einen erheblichen Einfluss auf das Verhalten und Erleben aus und entscheiden, wie ein Individuum erlebt und sich verhält	Kognitive Prozesse üben einen erheblichen Einfluss auf das Verhalten und Erleben aus und entscheiden, wie ein Individuum erlebt und sich verhält
Struktur	Schichten des Bewusstseins, Persönlichkeitsinstanzen: ES, ICH und ÜBER-ICH	Beziehung zwischen dem gezeigten Verhalten und der nachfolgenden Konsequenz	Beziehung zwischen kognitiven Prozessen, Erwartungen, Kompetenzen, Zielen und Verhalten	Die Beziehung zwischen den verschiedenen Ebenen der Kognitionen sowie zwischen Ereignis/Situation, kognitiven Annahmen, Erwartungen und Erleben/Verhalten

	Psychoanalyse	Konditionierungstheorien	Sozial-kognitive Theorie	Kognitive Theorie
Ausgangspunkt	Lebens- und Todestrieb, Libido und Destrudo als jeweilige Quellen der Triebenergie	Vorliegen eines Bedürfnisses	Die Erwartung und Überzeugung, Verhalten zu beherrschen und damit Erfolg zu haben bzw. Misserfolg abwenden zu können	Bildung von automatischen Gedanken, die aufgrund einer bestimmten Situation und aus den Grundannahmen entstehen
Verlauf	Abfuhr der Triebenergie über die Phasen der Libidoentwicklung; Ausbildung eines starken ICH	Die Darbietung bzw. der Entzug von angenehmen oder unangenehmen Konsequenzen bestimmt die Auftretenswahrscheinlichkeit eines Verhaltens	Phasen und Prozesse der Aneignung und Ausführung von Verhalten und Handeln	Überzeugungen und die daraus resultierenden automatischen Gedanken steuern das Erleben und Verhalten; die Gedanken spielen die entscheidende Rolle, auch bei der Entstehung von emotionalen Reaktionen
Seelische Fehlentwicklung	Unzureichende bzw. exzessive Triebbefriedigung führt zu einer Fixierung und/ oder Regression in der Entwicklung; Ich-Schwäche führt zu unangemessenen Ängsten und einem übertriebenen Einsatz von Abwehrmechanismen, was zu innerpsychischen Spannungen, zu einem inneren Konflikt, führt und sich in Symptomen als Merkmale einer psychischen Störung äußert	Das unangepasste Verhalten – die Störung – wird durch entsprechende Verhaltenskonsequenzen gelernt: Das Symptom ist die Störung	Unangemessene, nicht realitätsgerechte, selbstschädigende und nicht zielführende Gedanken und Annahmen eines Menschen führen zu einem unangepassten Verhalten	Unangemessene, dysfunktionale Gedanken entsprechen nicht der Realität, Informationen stehen in Widerspruch zu den Grundannahmen, deshalb werden sie „übersehen“ oder verzerrt wahrgenommen, was der Ausgangspunkt für die Entstehung psychischer Störungen ist

Dieses Beispiel veranschaulicht lediglich die Kriterien, die zu einem Theorievergleich herangezogen werden können. Bei den Ausführungen ist es erforderlich, auf der Grundlage dieser Kriterien die Theorien gegenüberzustellen sowie Gemeinsamkeiten und Unterschiede herauszuarbeiten.

Andere bzw. weitere Kriterien können der **Beschreibungs- und Erklärungsumfang** der Theorie, ihre **Anwendbarkeit in der Praxis**, ihre **wissenschaftliche Fundierung** u. a. sein.

Bezüglich des Vergleiches von ***Therapiekonzepten*** haben sich als Kriterien bewährt:

- der **Theoriebezug**,
- das **Menschenbild**,
- die **Grundannahmen** der zugrundeliegenden Theorie,
- der **Gegenstand** der Therapie und
- ihr **Ziel**.

Ein Vergleich zwischen dem verhaltensorientierten und einem ökologisch orientierten Konzept befindet sich in *Kapitel 21.3.1*, zwischen psychoanalytischer und kognitiver Therapie in *Kapitel 23.3.1*.

Vergleichen als Leistungsbereich in Pädagogik/Psychologie bedeutet das Gegenüberstellen von zwei oder mehreren Theorien bzw. Therapiekonzepten nach einem bzw. mehreren bestimmten Kriterien.

Nach Festlegung der Vergleichskriterien ist zunächst die Darstellung der zu vergleichenden Sachverhalte – also die entsprechenden Teile der Theorien oder der Therapiekonzepte – Voraussetzung, um dann in einem zweiten Schritt diese gegenüberzustellen und Gemeinsamkeiten und Unterschiede herauszuarbeiten.

Die Beantwortung der Teilaufgabe *„Bei der Behandlung der in Teilaufgabe 1 dargestellten affektiven Störung von Herrn Jüngster können verschiedene Psychotherapieverfahren durchgeführt werden. Vergleichen Sie zwei therapeutische Vorgehensweisen hinsichtlich ihrer Anwendbarkeit"* könnte folgendermaßen aufgebaut sein:

1. Darstellung der relevanten Konzeptteile der psychoanalytischen und der kognitiven The rapie.
2. Vergleich dieser beiden therapeutischen Vorgehensweisen.

Die Vorgehensweise beim Vergleichen:

1. **Festlegung der Vergleichskriterien (wenn sie nicht schon in der Teilaufgabe vorgegeben sind).**
2. **Darstellung der relevanten Aussagen und Begriffe der Theorien bzw. der Therapiekonzepte, die es zu vergleichen gilt.**
3. **Gegenüberstellung dieser Theorien bzw. Therapiekonzepte, Herausstellen von Gemeinsamkeiten und Unterschieden nach den festgelegten Kriterien.**

Es sind bei der Vorgehensweise nicht unbedingt diese Schritte erforderlich, der Schüler kann auch während des Vergleichens die entsprechenden Aussagenteile darstellen.

25.1.4 Die Bewertung und Beurteilung

Bewertung und Beurteilung als Leistungsbereich in der Abiturprüfung bedeutet, **einen Sachverhalt** – in Pädagogik/Psychologie eine Theorie oder ein Therapiekonzept – **hinsichtlich eines oder mehrerer Kriterien – sog. Beurteilungskriterien – einzuschätzen, zu**

begutachten, über ihn zu befinden, über ihn ein Urteil abzugeben. Dabei geht es darum, Vor- und Nachteile, Schwächen und Stärken, Vorzüge und Widersprüche von pädagogischen und psychologischen Theorien und Therapiekonzepten herauszustellen.

→ Ein Beispiel für diese Leistungskategorie ist die Teilaufgabe *„Stellen Sie auf der Grundlage einer Theorie Möglichkeiten zur Förderung der Kontaktfähigkeit dar und beurteilen Sie deren Umsetzbarkeit in der erzieherischen Praxis."* Das Beurteilungskriterium ist hier die Umsetzbarkeit einer Theorie in die erzieherische Praxis.
Eine weitere Teilaufgabe: *„Beurteilen Sie eine therapeutische Vorgehensweise zur Behandlung einer Depression oder einer Form der Angststörung"*.

Bewertung bzw. Beurteilung als Leistungsbereich in Pädagogik/Psychologie bedeutet die Einschätzung einer Theorie bzw. eines Therapiekonzeptes hinsichtlich bestimmter Kriterien.

Solche Beurteilungskriterien für das Bewerten und Beurteilen können sein:

- die Wissenschaftlichkeit der zu beurteilenden Theorie bzw. des Therapiekonzeptes,
- der Erklärungswert bzw. -umfang der Theorie,
- die Anwendbarkeit der Theorie bzw. des Konzeptes in Erziehung und/oder in Therapie oder
- ihre Wirksamkeit in der Praxis.

Dabei geht es darum, hinsichtlich dieser Kriterien die Schwächen und Stärken der zu beurteilenden Theorie oder des zu bewertenden Therapiekonzeptes herauszustellen.

→ Beispiele für eine Beurteilung von Therapiekonzepten befinden sich in *Kapitel 21.3.2* (verhaltensorientiertes Konzept), in *21.3.3* (ein ökologisch orientiertes Konzept: das Unterstützungsmanagement), 8.6.2 (die klassische psychoanalytische Therapie) und in *Kapitel 23.6.2* (die kognitive Therapie nach *Aaron T. Beck*).

Auch zur Bewertung und Beurteilung von Theorien und Therapiekonzepten ist Voraussetzung, dass erst einmal zum einen die zu bewertenden Aussagen – die relevanten Teile einer Theorie oder eines Therapiekonzeptes –, dargestellt werden; zum anderen kann es erforderlich sein, die Beurteilungskriterien klarzulegen – zumindest zu nennen –, um dann in einem folgenden Schritt eine Einschätzung auf der Grundlage dieser Kriterien vorzunehmen.

→ Bei der Beantwortung der Teilaufgabe *„Beurteilen Sie eine therapeutische Vorgehensweise zur Behandlung einer affektiven Störung (eine Form der Depression oder einer Angststörung)"* könnte folgendermaßen vorgegangen werden:

1. Darstellung der relevanten Aussagen der kognitiven Therapie nach *Beck*.
2. Nennung bzw. Klarlegung der erforderlichen Beurteilungskriterien.
3. Beurteilung der kognitiven Therapie hinsichtlich der Behandlung einer affektiven Störung auf der Grundlage der beschriebenen Kriterien.

Die Vorgehensweise bei einer Bewertung/Beurteilung:

1. **Zielbezogene[1] Darstellung der zu bewertenden Aussagen (zum Beispiel einer Theorie oder eines Therapiekonzeptes).**
2. **Klarlegung der Beurteilungskriterien.**

[1] Zielbezogen heißt in diesem Zusammenhang, dass entsprechend der Aufgabenstellung eine Auswahl der Theorie- bzw. Konzeptaussagen getroffen werden muss.

3. Würdigung der in 1. dargestellten Aussagen auf der Grundlage der in 2. klargelegten Beurteilungskriterien.

Auch hier ist es natürlich wieder möglich, die Schritte in einem Vorgang zusammenzulegen.

Eng mit dem Bewerten hängt der Leistungsbereich der „**kritischen Auseinandersetzung**" zusammen. Dabei geht es wie bei der Bewertung/Beurteilung um das Herausarbeiten von Schwächen und Stärken, Vorzügen und Widersprüchen von pädagogischen und psychologischen Theorien und Therapiekonzepten.

25.1.5 Das Analysieren

Analysieren[1] bedeutet, **einen Sachverhalt** – zum Beispiel eine Veröffentlichung, ein belletristischer Text, ein Ausschnitt aus einer Illustrierten, ein Zeitungsartikel, Ergebnisse von Untersuchungen – **auf einzelne Merkmale – sprich Kriterien – hin zu untersuchen, zu durchleuchten bzw. zu überprüfen.**

So ist zum Beispiel in einer Teilaufgabe eine wissenschaftliche Untersuchung aus einer Zeitschrift zitiert. Die sich anschließende Aufgabenstellung lautet: *„Analysieren Sie die oben zitierte Untersuchung hinsichtlich der Wesenszüge einer wissenschaftlichen Pädagogik und Psychologie."*

Analysieren als Leistungsbereich in Pädagogik/Psychologie bedeutet einen Sachverhalt auf einzelne Kriterien hin zu untersuchen, zu durchleuchten bzw. zu überprüfen.

Bezüglich des Vorgehens empfiehlt sich zunächst, die Kriterien, mit deren Hilfe analysiert werden soll, darzustellen.

Bei der oben formulierten Teilaufgabe ist das Kriterium die Wesenszüge einer wissenschaftlichen Pädagogik und Psychologie.

In einem zweiten Schritt wird der zu analysierende Sachverhalt hinsichtlich der dargestellten Kriterien durchleuchtet bzw. überprüft.

Bei der Beantwortung der Teilaufgabe *„Analysieren Sie die oben zitierte Untersuchung hinsichtlich der Wesenszüge einer wissenschaftlichen Pädagogik und Psychologie."* könnte folgendermaßen vorgegangen werden:
1. Darstellung der Wesenszüge der wissenschaftlichen Pädagogik und Psychologie (= Kriterien, nach denen analysiert wird)
2. Überprüfung der zitierten Untersuchung mithilfe der dargestellten Wesenszüge

Die Vorgehensweise bei einer Analyse:
1. **Darstellung der geforderten Kriterien, nach denen analysiert werden soll.**
2. **Untersuchung bzw. Überprüfung des Sachverhaltes hinsichtlich der dargestellten Kriterien**

[1] análysis (griech.): die Zergliederung

Diese Leistungsbereiche und ihre Vorgehensweise treffen in der Regel auch auf mundliche Prufungen zu.

25.2 Die Anfertigung einer Prüfungsarbeit

Im Gegensatz zur Fachhochschulreifeprüfung soll der Schüler in der Abiturprüfung ein bestimmtes Thema selbst vorstrukturieren und gliedern sowie dieses fundiert und gründlich bearbeiten.

Die Ausführungen über die Anfertigung einer Prüfungsarbeit in Kapitel 17.2 treffen auf die Abiturprüfung ebenso zu.

25.2.1 Die Gliederung

In der Prüfungsarbeit für das Abitur ist in der Regel eine Gliederung erforderlich. **Bei den Überschriften der Gliederung wird mitgeteilt, was im jeweiligen Abschnitt ausgeführt wird.**

Beispiel einer möglichen Gliederung einer Aufgabe:

Aufgabe

1. Beschreiben Sie ein Störungsbild einer Form der Depression oder der Angst und erörtern Sie, inwiefern psychische Störungen aus der Perspektive der Klinischen Psychologie als Krankheit gesehen werden können.

2. Stellen Sie zwei psychotherapeutische Vorgehensweisen zur Behandlung der in Teilaufgabe 1 beschriebenen Störung dar und vergleichen Sie diese hinsichtlich ihrer Anwendbarkeit.

Gliederung

1. Teilaufgabe:
1.1 Begriffsbestimmung von psychischer Störung
1.2 Beschreibung des Störungsbildes einer Depression[1]
1.3 Darstellung der Merkmale von Gesundheit und Krankheit
1.4 Erläuterung mithilfe der dargestellten Merkmale, inwiefern psychische Störungen als Krankheit gesehen werden können

2. Teilaufgabe:
2.1 Darstellung der Grundlagen des psychoanalytischen Therapiekonzeptes
2.2 Aufzeigen der Vorgehensweise in der psychoanalytischen Therapie am Beispiel der Depression
2.3 Darstellung der Grundlagen der kognitiven Therapiekonzepte
2.4 Aufzeigen der Vorgehensweise in der kognitiven Therapie nach Beck am Beispiel der Depression
2.5 Vergleich der psychoanalytischen und kognitiven Therapie hinsichtlich ihrer Anwendbarkeit

Dies ist eine Möglichkeit, wie eine Prüfungsaufgabe aufgebaut sein kann, es gibt auch andere sinnvolle Möglichkeiten der Gliederung.

25.2.2 Die Qualität der Ausführungen

In Pädagogik/Psychologie steht nur das Medium der Sprache zur Verfügung, und die Ausführungen haben die Information anderer Personen zum Ziel (vgl. *Seiffert, 2003*[13], *S. 97*). Aus diesem Grund müssen die Darstellungen einschließlich aller Begriffe, die verwendet werden, ***klar, genau und eindeutig***, vor allem aber ***differenziert, umfassend und fundiert*** sein. Durch den Gebrauch von Fachbegriffen, die geklärt werden müssen, kann zudem eine größtmögliche Exaktheit erreicht werden. Zum anderen erfordert eine Prüfungsarbeit auch eine gewisse ***Ordnung und Strukturierung der Ausführungen***: Das Wissen muss entsprechend der Aufgabenstellung ***gezielt eingesetzt sowie richtig geordnet, gegliedert und gewichtet werden***.

Die Qualität einer Prüfungsarbeit hängt von der Art der Ausführungen ab: Sie müssen klar, genau und eindeutig, vor allem aber differenziert, umfassend und fundiert sowie gezielt eingesetzt, richtig geordnet, gegliedert und gewichtet sein. Diese Qualität bestimmt neben der Vollständigkeit die Bewertung im Unterrichtsfach Pädagogik/Psychologie.

Achten Sie deshalb auch auf eine richtige ***Zeitplanung***, um nicht gegen Ende der Prüfungszeit aus Zeitgründen in einen verkürzten „Telegrammstil" mit unvollständigen Ausführungen verfallen zu müssen. Sie haben insgesamt 180 Minuten, also volle drei Zeitstunden,

[1] oder einer anderen affektiven Störung

zur Verfügung. Berücksichtigen Sie dabei, dass eine Teilaufgabe umfangreicher sein kann als eine andere. Für das Entscheiden, welche Prüfungsaufgabe Sie wählen, sowie für das Clustern und Ordern[1] benötigen Sie vermutlich ca. 30 Minuten. Etwa 20 bis 30 Minuten sollten Ihnen am Ende zum Durchlesen und Überprüfen Ihrer Ausführungen Zeit bleiben, um noch evtl. Korrekturen und Verbesserungen anbringen zu können.

Weitere Hinweise für die Anfertigung von Prüfungsarbeiten finden Sie in Band 2, Kapitel 17.2.

25.2.3 Einleitung und Schlussgedanke

An manchen Schulen ist es üblich, eine Einleitung und einen Schlussgedanken zu liefern. Einige Bemerkungen über das in der Prüfungsaufgabe angesprochene Thema, über die Bedeutung des Themenkreises innerhalb der Wissenschaft bzw. für die Praxis oder ein Problem eignen sich beispielsweise für eine Einleitung. Sie soll zum Thema führen und keine Beantwortung der Fragen vorwegnehmen. Durch einen kurzen Schlussgedanken kann die Arbeit abgerundet werden. Es kann sich dabei beispielsweise um eine Zusammenfassung, eine Wertung oder Stellungnahme zum Thema, um einen Ausblick, einen Wunsch, eine Anregung oder auch um eine Kritik handeln.

25.2.4 Die Bewertung der Prüfungsarbeit

Die Schulen verwenden bei der Korrektur der Schulaufgaben und der schriftlichen Abschlussprüfung einen **Bewertungsbogen**. Dabei gelten die gleichen Bewertungskriterien wie bei der Fachhochschulreifeprüfung, es kommen jedoch bei der Anwendung der Kenntnisse die Leistungsbereiche des Vergleichens, Bewertens/Beurteilens, kritischen Auseinandersetzens und des Analysierens hinzu.

Die Teilaufgaben werden in ihrer Bewertung entsprechend ihrem Umfang und Schwierigkeitsgrad unterschiedlich gewichtet.

Entsprechend der Leistungsbereiche, die in Prüfungsarbeiten verlangt werden[2], haben sich folgende ***Bewertungskriterien*** bewährt:

- **Qualität der Darstellung und Aufgabenerfassung**

  Hier geht es um *Anforderungen formaler Art*:
  - Erfassen der Aufgabenstellung und des damit verbundene Themabezuges[3]
  - Reorganisation
  - sinnvolle Gliederung, logischer Aufbau
  - sinnhafte zusammenhängende Formulierungen
  - sinnvolle Gewichtung (einzelner Teilbereiche), Auswahl relevanter Inhalte
  - Bezug zum Einleitungstext

[1] vgl. Band 2, Kapitel 17.2.1
[2] vgl. Abschnitte 25.1.2 bis 25.1.5
[3] Hat der Schüler die Aufgabenstellung nicht erfasst, so fallen alle anderen Kriterien weg, die Arbeit wird mit „ungenügend" bewertet.

- **Qualität und Quantität[1] der Reproduktion der Kenntnisse**

  Dieses Kriterium meint die **korrekte, eindeutige, fundierte und zusammenhängende Wiedergabe von Fachkenntnissen**:
  - richtige Bestimmung von Fachtermini
  - korrekte, eindeutige, fundierte und nicht verkürzte Wiedergabe von Fachkenntnissen (wissenschaftlichen Erkenntnissen, Lehrmeinungen, Gesetzmäßigkeiten, Theorien, Konzepten, Modellen)
  - systematische und zusammenhängende Wiedergabe von Fachkenntnissen
  - Vollständigkeit der Inhalte

- **Qualität und Quantität[1] der Anwendung der Kenntnisse**

  Dieses Kriterium meint die **richtige, umfassende, systematisch zusammenhängende und zutreffende Ver- und Anwendung** von Fachkenntnissen:
  - richtige und sinnvolle An- und Verwendung von Fachbegriffen
  - richtige und korrekte Übertragung von Kenntnissen
  - Übertragung relevanter Fachkenntnisse auf neue Problemstellungen und Phänomene
  - richtige Beschreibung an dem vorgegeben Einleitungstext
  - Beispielsbeschreibung: Art und Vorgehensweise
  - richtige Anwendung von Kenntnissen zum Zwecke der Beschreibung, der Erklärung, Veränderung, des Vergleichens, der Bewertung/Beurteilung, des kritischen Auseinandersetzens und des Analysierens: Art und Vorgehensweise
  - realistische Vorschläge, Handlungsweisen u.a. bei der Veränderung; Begründung von Sachverhalten mithilfe von wissenschaftlichen Erkenntnissen
  - korrekte Schlussfolgerungen, (un-)zulässige Verallgemeinerungen
  - richtige Anwendung der Kenntnisse hinsichtlich des Einleitungstextes
  - Vollständigkeit der Inhalte

Diese Kriterien treffen in der Regel auch auf mündliche Prüfungen zu.

In der Benotung wird die Anwendung von Kenntnissen gegenüber ihrer Reproduktion wesentlich stärker gewichtet. Das Hauptaugenmerk liegt darauf, wie der Schüler mit den Kenntnissen umgehen und diese zutreffend und überzeugend anwenden kann. Dabei müssen auch Zusammenhänge deutlich werden.

Wenn auch an den Schulen unterschiedliche Bewertungsbögen zur Korrektur von Prüfungsaufgaben verwendet werden, so bleiben die Bewertungskriterien dieselben wie dargestellt. Auch eine unterschiedliche Gewichtung bei den einzelnen Teilaufgaben wird der Fall sein.

Anbei der an der Beruflichen Oberschule verbindliche Bewertungsbogen in der 13. Jahrgangsstufe:

[1] Die Quantität betrifft die Vollständigkeit der Ausführungen, gemessen an den Vorgaben des Lehrplanes und an den dazu im Unterricht behandelten Lerninhalten.

Name: Klasse: Datum:	TA 1		TA 2		TA 3	
	Gewichtungsfaktor	Notenpunkte	Gewichtungsfaktor	Notenpunkte	Gewichtungsfaktor	Notenpunkte
Qualität der Darstellung und Aufgabenerfassung: ▪ Themen- und Aufgabenbezug ▪ Reorganisation ▪ Klarheit und Eindeutigkeit der Aussagen ▪ Strukturiertheit der Darstellung ▪ Sinnhafte zusammenhängende Formulierungen	**1**		**1**		**1**	
Qualität und Quantität der relevanten Kenntnisse: ▪ korrekte Bestimmung von Fachtermini (Begriffen) ▪ korrekte Wiedergabe von Theorien, Konzepten, Modellen ▪ systematische und zusammenhängende Wiedergabe von Fachkenntnissen ▪ Vollständigkeit der Inhalte	**2**		**2**		**2**	
Qualität und Quantität der Anwendung: ▪ Übertragung relevanter Fachkenntnisse auf neue Problemstellungen und Phänomene (z.B. Fallbezug, eigene Beispiele, Textbezug) ▪ Beschreiben: Verknüpfung von Fachkenntnissen und Anwendung; Informationen in anderem Kontext wiedererkennen; passende Beispiele formulieren	**3**		**3**		**3**	

	TA 1		TA 2		TA 3	
	Gewichtungsfaktor	Notenpunkte	Gewichtungsfaktor	Notenpunkte	Gewichtungsfaktor	Notenpunkte
■ Erklären: Theoretische Modelle auf neue Aufgabenstellungen übertragen ■ Anwenden, Entwickeln, Begründen ■ Vergleichen, Analysieren ■ Entwickeln, Begründen ■ Bewerten/Beurteilen, kritisches Auseinandersetzen						
Gewichtung der Teilaufgaben		%		%		%
Teilleistungen:						
Gesamtleistung in Notenpunkten						

25.3 Prüfungsaufgaben

Die folgenden Aufgaben sind als Übungsthemen zur Vorbereitung auf die schriftliche und mündliche Abiturprüfung zum Erwerb der fachgebundenen und allgemeinen Hochschulreife an Fachoberschulen und Berufsoberschulen gedacht[1].

1. Aufgabe

„Wissenschaftlichkeit, das heißt zu wissen, was man weiß; unwissenschaftlich ist das dogmatische[2] Wissen. Wissenschaftlich sein, das heißt, mit Gründen zu wissen; unwissenschaftlich ist das Hinnehmen fertiger Meinungen. Wissenschaftlich ist das Wissen mit dem Bewusstsein von den jeweils bestimmten Grenzen des Wissens; unwissenschaftlich ist alles Totalwissen, als ob man im Ganzen Bescheid wüsste. Wissenschaftlich ist grenzenlose Kritik und Selbstkritik; unwissenschaftlich ist die Besorgnis, der Zweifel könnte lähmen."
(Kempf, 2003)

---

[1] Das Prüfungsformat der Abschluss-Prüfungsaufgaben kann sich aufgrund der Lehrplanänderung noch ändern – etwa dass der Schüler in den Aufgaben direkt angesprochen und mit eingebunden wird. Bis Fertigstellung dieses Bandes war jedoch noch keine Änderung bekannt.
Von der inhaltlichen Seite her werden sich die Aufgaben jedoch nicht ändern, so dass die in diesem Abschnitt aufgeführten Aufgaben durchaus als Übungsthemen zur Vorbereitung auf die schriftliche und mündliche Fachabiturprüfung verwendet werden können. Die Übungsaufgaben entsprechen den in den Fachlehrplänen für Fachoberschule und Berufsoberschule, Pädagogik/Psychologie genannten Kompetenzerwartungen und Inhalten.
Viele Prüfungsaufgaben der letzten Jahre können wegen der Änderungen des Lehrplanes als Übungsthemen nicht mehr verwendet werden.

[2] „Dogma": Lehrsatz, dessen Wahrheitsanspruch von einer Autorität als unumstößlich gesetzt wird.

1. Verdeutlichen Sie unter Berücksichtigung des Textes drei Merkmale von Wissenschaft.

   Diskutieren Sie, inwiefern sich diese drei Merkmale in einer behavioristischen Theorie widerspiegeln.

2. Wissenschaftler versuchen mit Modellen, Theorien und Konstrukten Phänomene des Alltags, wie zum Beispiel den Prozess der Stigmatisierung, zu erfassen.

   Entwickeln Sie Arbeitsschritte einer empirischen Untersuchung, die geeignet erscheinen, einen Aspekt des Konstrukts „Stigmatisierung" zu überprüfen.

2. Aufgabe

„Glück lass nach!
Manche Menschen fürchten sich regelrecht davor, glücklich zu sein. Wie kommt es zu dieser sonderbaren Reaktion? Und ist sie sinnvoll - oder ein Zeichen für Depression?
Glück kann knifflig sein. Denn es führt oft Befürchtungen und Zweifel im Gepäck: Habe ich es verdient? Wird es mich bald verlassen? Oder neiden es mir andere? „Fear of Happiness", Angst vor dem Glücklichsein, nennen Psychologen das Phänomen.
Paul Gilbert ist ein Pionier auf diesem Forschungsgebiet. Bei der Arbeit mit depressiven Patienten war dem Psychologen aufgefallen, dass die Betroffenen oft große Probleme haben, sich selbst Freude oder Genuss zuzugestehen. „Wenn man ihnen helfen will, sich besser zu fühlen, reagieren sie beunruhigt", erklärt Gilbert. „Sie sagen: Heute mag es mir gut gehen, aber morgen passiert bestimmt etwas Schlimmes." Paul Gilbert glaubt, dass derartige Bedenken meist schon früh entstehen, – etwa wenn Kinder die Erfahrung machen, dass sie sich auf etwas freuen, was dann nicht eintritt. So berichtet der Psychologe von einer Patientin, deren Mutter unter Agoraphobie litt, also der Angst vor offenen Plätzen. „Du kannst dich nie auf irgendetwas freuen", erklärte die Tochter. „Denn du weißt nie, ob deine Mutter nicht gleich wieder in Panik gerät". Manche Betroffene wurden als Kinder häufig getadelt oder bestraft, wenn sie Freude zeigten. Andere fühlten sich aus moralischen Gründen schuldig, wenn sie Glück empfanden.
Solche Berichte veranlassten Gilbert, ein Instrument zu entwickeln, das die Angst vor dem Glück genauer misst. Heraus kam dabei die „Fear of Happiness Scale"[1]. Die Zehn-Item-Skala testete er an 185 überwiegend weiblichen Studierenden. Gilbert lieferte (damit) einen wichtigen Ansatzpunkt, um die Angst vor dem Glück weiter zu erforschen: Sie scheint eng mit Depression zusammenzuhängen. Wer besonders große Furcht äußerte, erreichte auch hohe Werte in einem Depressionsfragebogen. „Wenn eine Person nicht in der Lage ist, Glück zu empfinden, ist das ziemlich deprimierend", so Gilbert. „Menschen, die unter Angst vor dem Glück leiden, neigen dazu, sich auf Gefahren zu konzentrieren. Statt über das Gute nachzudenken, das ihnen geschehen könnte, versuchen sie nur, das Schlechte zu vermeiden." Ob „Fear of Happiness" jedoch Ursache, Folge oder eher die Begleiterscheinung einer Depression ist, lässt sich aus den Daten nicht ableiten.
Laut Gilbert ist es wichtig, dass man sich in der Therapie damit befasst. Die Angst vor dem Glück zu heilen, sehen jedoch nicht alle Forscher als notwendig an. So warnt Mohsen Joshanloo (Chungbuk National University, Südkorea) davor, das Phänomen zu pathologisieren[2]."
(Drimalla, 2015, S. 40-44. (verändert)

1. Erläutern Sie ausgehend vom Text zwei Prinzipien von Wissenschaft und verdeutlichen Sie dann – ebenfalls textbezogen – drei Ziele der wissenschaftlichen Psychologie.

   Beschreiben Sie textbezogen eine wissenschaftliche Methode der Psychologie (z. B. Beobachtung, Experiment).

---

[1] „Fear of Happiness Scale": Zehn-Item-Skala zur Angst vor dem Glück
[2] pathologisieren: als Krankheit darstellen, als krankhaft auffassen

2. Erklären Sie die Entstehung des psychologischen Phänomens „Fear of Happiness" mithilfe einer kognitiven Theorie (z. B. nach A. T. Beck oder A. Bandura). Beziehen Sie sich dabei auf den Text.

   Vergleichen Sie diese Theorie ausgehend vom Text mit einer weiteren wissenschaftlichen Theorie bezüglich Menschenbild und Grundannahmen.

3. Aufgabe

„Ziel des Behindertengleichstellungsgesetzes
Behinderte Menschen haben das Recht, in gleicher Weise wie nichtbehinderte am gesellschaftlichen Leben teilzuhaben und nicht auf die Fürsorge der Gesellschaft angewiesen zu sein. Neben dem Bestehen sozialrechtlicher Ansprüche ist es deshalb wichtig, ihre Bürgerrechte zu sichern. Dazu müssen alle Lebensbereiche so gestaltet werden, dass behinderte Menschen gleiche Chancen haben, am Leben in der Gesellschaft teilzunehmen. Das Gleichstellungsgesetz für behinderte Menschen wird im öffentlich-rechtlichen Bereich Gleichstellung und Barrierefreiheit verankern und Diskriminierungen vermeiden. Dabei geht es um die Möglichkeit zur Nutzung barrierefreier Verkehrsmittel, um zugängliche und behindertengerecht ausgestattete Gebäude, um barrierefreie Gaststätten sowie um die Verständigung in der eigenen Sprache mittels Gebärden oder die Übertragung mit geeigneten Kommunikationshilfen und um die Nutzbarkeit moderner Medien – wie das Internet – ohne durch grafische Oberflächen ausgeschlossen zu werden. Das Gesetz wird diskriminierendem Verhalten, ausgrenzenden Bedingungen, baulichen und kommunikativen Barrieren entgegenwirken. Nur so haben behinderte Menschen eine gleiche Chance auf eine selbstbestimmte Lebensführung. Damit ist der Blick von der sozialpolitischen Kompensation von Nachteilen auf die Herstellung universeller und gleicher Bürgerrechte gelenkt."

(Bundesministerium für Gesundheit und Soziale Sicherung (Hrsg.): Das Gesetz zur Gleichstellung behinderter Menschen, S. 8)

1. Bestimmen Sie die Begriffe „Heilpädagogik" und „Sonderpädagogik" und zeigen Sie die Problematik dieser beiden Begriffe auf.

   Zeigen Sie auf, inwieweit das Behindertengleichstellungsgesetz einen Beitrag zur Förderung der pädagogischen Mündigkeit von Menschen mit Behinderungen leisten kann.

2. Stellen Sie grundlegende Annahmen und Begriffe eines ökologischen Modells dar und analysieren Sie auf dessen Grundlage das Ziel des Behindertengleichstellungsgesetzes.

   Nehmen Sie auf der Basis des in Teilaufgabe 2 dargestellten Modells und unter Berücksichtigung des Stigmabegriffes Stellung zum vorliegenden Text.

4. Aufgabe

„Heilpädagogisches Handeln [...] richtet sich an Menschen, die — bedingt durch ihre körperliche, geistige und seelische Beschaffenheit und durch die Reaktion der sozialen Umwelt auf diese Beschaffenheit — in der subjektiv sinnvollen Gestaltung des Alltags beeinträchtigt sind und nur eingeschränkt am Geschehen in der Gesellschaft teilhaben können. [...]
Heilpädagogik erforscht und erarbeitet Handlungskonzepte, die darauf ausgerichtet sind, Menschen in einer heilpädagogisch relevanten Lage als vollwertige Mitglieder in das gesellschaftliche Leben einzubeziehen und ihnen zu einer subjektiv möglichen Entfaltung und Selbstständigkeit in Alltagsangelegenheiten zu verhelfen."

(Greving, Ondracek 2005, S. 236 f.)

1. Der vorliegende Text nennt grundlegende Zielsetzungen für die heilpädagogische Arbeit mit Menschen mit Behinderungen.

Beschreiben Sie das Erscheinungsbild einer ausgewählten Behinderung (zum Beispiel Lernbehinderung) und ihre möglichen Ursachen.

Zeigen Sie — mit Bezug auf diese Behinderung — zwei mögliche Maßnahmen zur Umsetzung der im Text genannten Ziele auf der Grundlage eines verhaltensorientierten Konzeptes auf. Beschränken Sie sich dabei auf den Schritt „Handlung".

Bewerten Sie anschließend das gewählte verhaltensorientierte Konzept – im Vergleich zu einem ökologisch orientierten Konzept – hinsichtlich der Umsetzbarkeit dieser Ziele.

2. Erläutern Sie die heutige Sichtweise von Gesundheit (salutogenetisches Modell).

   Beschreiben Sie Gesundheit und Krankheit als Kontinuum unter Berücksichtigung des Kohärenzgefühls („Sense Of Coherence", abgekürzt SOC).

5. Aufgabe

Zu den Menschen mit Behinderungen zählen nach der UN-Behindertenrechts-Konvention (UN-BRK: Artikel 1)[1] *„Menschen, die langfristige körperliche, seelische, geistige oder Sinnesbeeinträchtigungen haben, die in Wechselwirkung mit verschiedenen Barrieren ihre volle und wirksame Teilhabe gleichberechtigt mit Anderen an der Gesellschaft behindern können". In der Präambel der UN-BRK wird ferner zwischen einstellungs- und umweltbedingten Barrieren unterschieden. In einer Gesellschaft, in der die UN-BRK umgesetzt wird, haben alle Menschen mit und ohne Behinderungen die gleichen Chancen. Sie können ein möglichst selbstbestimmtes Leben mit oder ohne Unterstützung führen und haben Wahlmöglichkeiten zwischen verschiedenen akzeptablen Alternativen. Das betrifft ihren Berufswunsch ebenso wie die Wahl des Wohnorts, der Wohnform und alle anderen Fragen der Lebensgestaltung. Kinder und Jugendliche mit und ohne Behinderungen leben zusammen in einem Stadtteil und lernen dort – wenn sie oder ihre Eltern es wünschen – gemeinsam in gemischten Klassen auf der gleichen Schule. So verpflichten sich die Vertragsstaaten im Abschnitt zur Bildung dazu, ein inklusives Bildungssystem einzuführen. Die Staaten sollen zudem sicherstellen, dass Menschen nicht aufgrund einer Behinderung vom allgemeinen Bildungssystem ausgeschlossen werden.*

(Die UN-Behindertenrechtskonvention, Hrsg. Aktion Mensch e. V., 2013, S. 20 f. (gekürzt))

1. Zeigen Sie unter Bezugnahme auf den Text Chancen und Risiken der Inklusion auf.
2. Analysieren Sie die mögliche Lebenssituation eines Kindes mit Behinderung und erläutern Sie anhand dieser Lebenssituation Schritte eines verhaltensorientierten Konzeptes zur Unterstützung dieses Kindes.

   Bewerten Sie – im Hinblick auf die Möglichkeiten zur Umsetzung der Inklusion – dieses Konzept im Vergleich mit einem ökologisch orientierten.

6. Aufgabe

„Wege in eine inklusive Gesellschaft

[...] Inklusion verfolgt das Ziel eines gesellschaftlichen Wandels durch Veränderungen in den Strukturen und in den „Köpfen". Inklusive Pädagogik ermöglicht gemeinsames Leben und Lernen, ohne Unterscheidungen zu treffen. Niemand wird kategorisiert und z. B. mit dem Etikett „behindert" versehen, um so an ein bestehendes oder spezielles (schulisches) System angepasst zu werden. Die Heterogenität der Menschen ist eine Selbstverständlichkeit und wird als positives Potenzial bewertet. Menschen mit Behinderung oder speziellen Förderbedürfnissen sind keine Objekte einer besonderen Förderung, sondern

[1] UN-BRK: Behindertenrechtskonvention der Vereinten Nationen von 2009

gleichberechtigte, subjektiv Handelnde und als eigenverantwortlich für ihre subjektive Bildungs- und Entwicklungsgeschichte zu betrachten. Die Vielfalt wird als Bereicherung erfahren; Unterschiedlichkeit ist Normalität, in der jeder Schüler seinen besonderen Förderbedarf hat und haben darf.
Inklusion stellt sich der diagnostischen und medizinischen Tatsache von „Behinderungen" und „Beeinträchtigungen", stellt aber gleichzeitig fest, dass diese erst durch versagte gesellschaftliche Teilhabe zu dem Label „Beeinträchtigung" und „Behinderung" werden.
Bei der Feststellung des individuellen sonderpädagogischen Förderbedarfs muss die Kind-Umfeld-Diagnostik so gestaltet sein, dass sie nicht vorab zu einer negativen Etikettierung des einzelnen Kindes führt. Inklusive Diagnostik betreibt keine Etikettierung, sondern macht deutlich, dass gemeinsame Förderung die Perspektiven jedes Kindes und Jugendlichen mit speziellen Förderbedürfnissen innerhalb der Gesellschaft erweitert.
Daran sind alle im Umfeld betroffenen Menschen und Institutionen zu beteiligen, z. B. Mitarbeiter der Jugend- und Sozialhilfe, Ärzte, Therapeuten, so dass qualifizierte, interdisziplinäre Unterstützungssysteme entwickelt werden können. So erhalten Eltern Möglichkeiten der umfassenden Beratung, um den angemessenen Förderort für ihre Kinder wählen zu können. Für die Lehrkräfte aller Schularten wird ein breites Fortbildungsangebot vorgehalten.
Inklusiver Unterricht setzt aber nicht an der Behinderung oder am speziellen, individuellen Förderbedarf an, sondern verändert den gesamten Unterricht so, dass eine Individualisierung der Lernsettings[1] im System Klasse möglich wird. Die Kompetenzen jedes Einzelnen werden wahrgenommen und wertgeschätzt, Unterschiede zwischen den Schülern werden nicht ignoriert, sondern als Ansatzpunkte für gemeinsames Lernen genutzt.
Für die Verwirklichung eines inklusiven Schulsystems tragen die allgemeine Schule und die Sonderpädagogik die gemeinsame Verantwortung. Vorrangig geht es um den optimalen Einsatz der Ressourcen, den Abbau von Barrieren in den Einrichtungen selbst und den Aufbau einer Kultur der teamorientierten Zusammenarbeit. Inklusion setzt beim selbst gesteuerten Lernen der Kinder an und vernetzt sie mit den häuslichen Bedingungen und Erfahrungen.
Allgemeinen Schulen müssen Sonderschullehrerstunden für die Förderung von Schülerinnen und Schülern mit Förderbedarf in den Bereichen Sprache, Lernen oder Verhalten bedarfsorientiert stationär zugeteilt werden. Bei Bedarf müssen auch Fachkräfte für weitere Förderschwerpunkte zur Verfügung stehen. Wohnortnähe und optimale Passung der sonderpädagogischen Interventionen sollen damit sichergestellt werden.
Die wesentlichen Elemente sind ein Zwei-Pädagogen-System, Team-Teaching, Binnendifferenzierung, größtmöglicher gemeinsamer Unterricht, eine maximale Klassengröße bis 15 Schüler inklusive maximal vier Kinder mit sonderpädagogischen Förderbedarf.
Die Barrierefreiheit ist eine unbedingte Voraussetzung für inklusiven Unterricht. Bayern muss zeitnah dafür alle finanziellen Mittel in ausreichendem Umfang bereitstellen. Dazu zählen barrierefreie Zugänge, ein ausreichend breiter Lift, geeignete Hygieneeinrichtungen, adäquate Hilfsmittel wie z. B. auch behinderten gerechte Computerarbeitsplätze. Ruhe- und Rückzugsräume sind für alle unabdingbar."

(Landesverband Bayern: Wege in eine inklusive Gesellschaft. Fassung vom 28.11.2009. In: www.vds bayern.de/binary_data/1066_vds_inklusion_und_sonderpaedagogik.pdf [09.07.2018]. (verändert))

1. Inklusion kann nur gelingen, wenn die Gesellschaft einen grundlegenden Bewusstseinswandel vollzieht und soziale Systeme (z. B. Schule) sich für die notwendigen Umstrukturierungen öffnen.

   Analysieren Sie die Problematik des Begriffes „Behinderung" bezüglich der Normproblematik und Stigmatisierung.

[1] Lernsetting: Rahmenbedingungen von Lernen wie: Lernmethoden, didaktische Konzepte, Materialien, Gestaltung der Lerngruppe und des Klassenraums.

Leiten Sie die damit für die Kinder verbundenen Konsequenzen ab.

Verdeutlichen Sie am Text, ob und in wieweit durch Inklusion der Stigmatisierung behinderter Kinder entgegengewirkt werden kann.

2. Erläutern Sie – auch unter Bezugnahme auf den Text – drei Merkmale der Organisation „Schule" und begründen Sie deren Relevanz bei der Realisierung von Inklusion.

   Zeigen Sie eine Möglichkeit zur Beeinflussung von Organisationsprozessen auf, die geeignet wäre, die Inklusion behinderter Menschen zu unterstützen.

7. Aufgabe

„Leben mit Unterstützung
Inklusion als Leitgedanke der Heil- und Sonderpädagogik bezieht sich nicht nur auf die Schule, sondern umfasst alle Lebensbereiche: Wohnen, Freizeit, Bildung und Arbeit.
Im Bereich des Wohnens findet sich der Inklusionsgedanke in dem in Großbritannien entwickelten Konzept von „Community Care", der Gemeinwesenarbeit wieder, in den USA unter Supported Living bekannt. „Community Care" beruht auf dem Prinzip, dass alle Menschen wählen, wo sie leben, mit wem sie zusammen leben möchten oder ob sie allein wohnen, welche Hilfen sie bekommen und welchen Lebensstil sie führen möchten. Behinderte Menschen werden demnach nicht als Patienten oder Klienten, sondern als Bürger betrachtet. Konkret bedeutet das: „Bürger leben bekanntlich in üblichen Wohnungen als Mieter oder Eigentümer, gehen in die wohnortnahen üblichen Kindergärten und Schulklassen, arbeiten in üblichen Betrieben oder Behörden und verbringen ihre Freizeit in den üblichen Gruppierungen. Sie brauchen nicht primär Pflege, Betreuung, Förderung, sondern Assistenz" (Theunissen, 2002). Hiermit ist individuelle, flexible Unterstützung gemeint, die auf die persönlichen Bedürfnisse zugeschnitten ist. Mit dem skizzierten Konzept von „Community Care" wird dem Anspruch auf Nicht-Aussonderung, Selbstbestimmung und dem Wunsch- und Wahlrecht behinderter Menschen entsprochen. Dieses Grundmuster eines gemeindeintegrierten Wohnens mit Unterstützung gilt für ALLE behinderten Menschen – unabhängig von der Schwere der Behinderung oder des Alters. Inklusion und „Community Care" bedeuten jedoch nicht einfach die Verkleinerung von Institutionen und Dezentralisierung. „Eine Untersuchung aus Großbritannien belegt, dass Menschen in gemeindeintegrierten, kleineren Wohnformen Gefahr laufen, ähnlich verwaltet und fremdbestimmt zu werden wie in isolierenden Institutionen. Nämlich dann, wenn die Bewohner als zu erziehende, zu therapierende Objekte und nicht als gleichwertige Bürger gesehen werden, deren Bedürfnisse zu respektieren sind, auch wenn diese manchmal nur schwer artikuliert werden können"(Knust-Potter, 1998). Um Inklusion und Selbstbestimmung zu ermöglichen, sind, so wird deutlich, grundlegende strukturelle Veränderungen notwendig, indem die Entscheidungskompetenz über die Belange, die sie betreffen, in die Hände der betroffenen Menschen gelegt wird.
Im Bereich der Arbeitswelt findet sich der Inklusionsgedanke seit einigen Jahren unter anderem unter dem Stichwort „Unterstützte Beschäftigung" wieder. Ähnlich wie das Supported Employment in den USA werden verschiedene Arbeitsplatzmodelle in allgemeinen Betrieben bzw. auf dem allgemeinen Arbeitsmarkt für behinderte Menschen entwickelt.
Hinzu kommt ein von Arbeitsassistenten durchgeführtes systematisch aufgebautes Trainings- und Begleitprogramm für die betroffenen Menschen und die Kollegen im Betrieb."

(Hermes, Gisela: Von der Segregation über die Integration zur Inklusion. In: http://www.zedis-ev-hochschule-hh.de/files/segregationintegrationinklusiongiselahermes.pdf, S.10 ff. [08.10.2005]. (verändert))

1. Zur Verwirklichung des Inklusionsgedankens werden immer wieder neue Konzepte entwickelt: im Bereich des Wohnens beispielsweise das Konzept „Community Care", auch „Supported Living" genannt, oder im Bereich der Arbeitswelt das Konzept „Supported Employment" bzw. „Unterstützte Beschäftigung".

Setzen Sie sich am Beispiel einer ausgewählten Behinderung kritisch damit auseinander, inwiefern die beiden im Text beschriebenen Konzepte – im Bereich des Wohnens und im Bereich der Arbeitswelt – dazu geeignet sind, einen grundlegenden Wert heilpädagogischen Handelns zu verwirklichen.

Vergleichen Sie das ökologisch orientierte Konzept „Community Care" mit einem verhaltensorientierten Konzept bezüglich der Unterstützung von Menschen mit der oben gewählten Behinderung anhand zweier geeigneter Kriterien.

2. Nach Becker u.a. wird Gesundheit gefördert, wenn es dem Individuum gelingt, Anforderungen, denen ein Individuum ausgesetzt ist, mithilfe von inneren und äußeren Ressourcen zu bewältigen.

   Erläutern Sie das Systemische Anforderungs-Ressourcen-Modell und zeigen Sie, wie auf der Grundlage dieses Modells die Gesundheit gefördert werden kann.

8. Aufgabe

„Psychokrieg am Arbeitsplatz
Wenn Beschäftigte am Arbeitsplatz Mobbing ausgesetzt sind, also gezielt und systematisch mit Intrigen, Schikanen, Beleidigungen und Benachteiligungen konfrontiert werden, ist das nicht nur ein persönliches Problem für die Betroffenen, sondern auch ein ernstes gesellschaftliches und wirtschaftliches Problem, mit dem sich sowohl die Betriebe als auch die Akteure von Sicherheit und Gesundheit am Arbeitsplatz befassen müssen. [...] Der Psychoterror am Arbeitsplatz bringt nicht nur viele Menschen um ihren Arbeitsplatz, sondern auch um ihre Gesundheit. Ständige Kränkungen machen auf Dauer krank. Kaum jemand, der Mobbing gesund an Leib und Seele übersteht, fast 90% der Gemobbten klagen während oder nach dem Mobbingprozess über psychische und physische Probleme. Handelt es sich dabei anfangs oft noch um stressbedingte Symptome wie z. B. Schlafstörungen, Kopfschmerzen und Niedergeschlagenheit, münden solche nicht selten in ernsthafte und chronisch verlaufende Krankheiten, wie z. B. schwere Depressionen, Ängste, Erkrankungen des Magen /Darmbereichs oder Herz /Kreislauferkrankungen. Dass Mobbing ernsthafte Krankheiten verursachen kann, ist eine der vielen wichtigen Erkenntnisse des Mobbing-Reports der Bundesanstalt für Arbeitsschutz und Arbeitsmedizin (BAuA). [...]
Es ist womöglich kein Zufall, dass Mobbing als Massenphänomen mit der gerade in den letzten Jahren verstärkten Einführung neuer Technologien und neuer Arbeitsformen zeitlich zusammenfällt. Denn Neues birgt neben neuen Chancen eben auch neue Risiken. So haben Dezentralisierung, flexible Arbeitszeitmodelle und die Einführung von Team- und Gruppenarbeit in vielen Fällen die Entscheidungs- und Handlungsspielräume des Einzelnen vergrößert. [...] Zugleich ist die individuelle Verantwortung gewachsen, der Termin- und Zeitdruck hat zugenommen und die Arbeit ist durch stetige Leistungsverdichtung intensiver geworden. [...] Parallel zum technischen und strukturellen Wandel muss sich die gesamte Organisation mit entwickeln. Unternehmen, die ihre Beschäftigten auf diesem Weg nicht „mitnehmen", drohen wortwörtlich auf der Strecke zu bleiben. Grundsätzlich gilt: Mobbing „passiert" nicht einfach so, sondern wird verursacht. Dort, wo der Personalentwicklung wenig Aufmerksamkeit geschenkt wird, wo die Arbeit schlecht organisiert ist, wo Betriebs- und Arbeitsklima schlecht sind, kann Mobbing gut gedeihen. Und hat sich Mobbing im Betrieb erst einmal festgesetzt, wird man es nur schwer wieder los. Deshalb kommt der Prävention große Bedeutung zu."

(Beermann, Beate; Brenscheidt, Frank: Wenn aus Kollegen Feinde werden - Der Ratgeber zum Umgang mit Mobbing. Herausgeber: Bundesanstalt für Arbeitsschutz und Arbeitsmedizin, S. 3, 22 und 25. (verändert))

1. Jeder Neunte im erwerbsfähigen Alter ist mindestens einmal im Job gemobbt worden, zeigen Untersuchungen der Bundesanstalt für Arbeitsschutz und Arbeitsmedizin (BAuA).

   Beschreiben Sie das Störungsbild einer Form der Depression oder Angststörung am Beispiel einer/eines Beschäftigten einer sozialen Organisation.

Erklären Sie mithilfe einer wissenschaftlichen Theorie, wie diese psychische Störung im Laufe eines Mobbingprozesses in der gewählten sozialen Organisation entstehen kann.

2. Sozialen Organisationen stehen verschiedene Möglichkeiten zur Beeinflussung von Organisationsprozessen zur Verfügung, so auch zur Prävention von Mobbing.

   Erläutern Sie eine Möglichkeit zur Verbesserung von Organisationsprozessen in der in Aufgabe 1 beschriebenen Organisation.

   Begründen Sie diese Möglichkeiten auf der Basis geeigneter organisationspsychologischer Kenntnisse. Beziehen Sie sich dabei auch auf den Text.

9. Aufgabe

„Gesprächsforscher untersuchen, warum es in Firmen, Flugzeugcockpits und Operationssälen an der Kommunikation hapert.
Das eine Rezept für gute Kommunikation gibt es nicht. Gelungene Kommunikation ist abhängig von der Arbeits- und Gesprächssituation, von den beteiligten Menschen und ihrem Umfeld. Wie wichtig eine Individualisierung des Kommunikationstrainings ist, zeigt wiederum der Blick auf die Risikoberufe. Beispiel Flugverkehr: In Flugssimulator-Tests zeigte sich, dass vor allem jene Cockpitbesatzungen schwierige Momente erfolgreich meistern, die sich gegenseitig mehr fragen, zuhören und antworten. Und zwar ohne falsche Scheu vor der Autorität des Kapitäns und mit gesunder Skepsis gegenüber dem eigenen Informationsstand.
Ein solches kommunikatives Miteinander erreicht man nicht durch standardisierte Gesprächsleitfäden, dennoch wünschen sie sich immer mehr Unternehmer für ihre Mitarbeiter. Immerhin 45 Prozent der deutschen Führungskräfte, die das Meinungsforschungsinstitut Gallup im Jahr 2004 befragte, machten Kommunikationsmängel als größtes Produktionshindernis aus.
Allein weil erwartetes Lob und aufmunternde Bemerkungen ausbleiben, so Johannes Siegrist, Schweizer Professor für Medizinsoziologie, würden 10 bis 30 Prozent der Arbeitnehmer unter emotionalem Stress leiden. So wird Arbeitskraft vergeudet.
Mehr als 10.000 Beobachtungsstunden in Unternehmen hat die Kommunikationsforscherin Gisela Brünner von der Universität Dortmund hinter sich gebracht. Sie hat folgende Hauptprobleme ausgemacht: die Verwendung von Fachjargon statt einfacher, verständlicher Sprache, „Scheuklappenmentalität“, unklar formulierte Unternehmensziele und fehlende Rückmeldung – ein Befund, den andere Forscher bestätigen. Den Begriff „Fachidiotie“ meidend, diagnostizieren sie die mangelnde Fähigkeit zuzuhören sowie das automatisierte Abhandeln eingeübter Redeinhalte anstelle von personen- und situationsadäquater Gesprächsführung, was wiederum zu Unsicherheiten, zu falscher Wortwahl, falschem Tonfall und damit zu Missverständnissen führt.“
(Brunner, Stefan: „Was reden die da bloß?“. In: DIE ZEIT, Nr. 43 vom 16.10.2008. (gekürzt))

1. Erläutern und begründen Sie, wie sich Kommunikationsstrukturen und die im Text beschriebenen Gesprächspraktiken auf das Individuum als Mitglied einer sozialen Organisation auswirken können.

2. Erfahrungen des Individuums als Mitglied einer sozialen Organisation wirken sich auf dessen Selbstkonzept aus.

   Erläutern Sie auf der Basis der personenzentrierten Theorie von C. Rogers, wie die Verarbeitung von aktuellen Erfahrungen im Arbeitsalltag eines Mitglieds einer sozialen Organisation dessen Selbstkonzept beeinflusst.

   Zeigen Sie auf, welche Rückwirkungen dieses Selbstkonzept auf den Umgang mit Kollegen haben könnte.

10. Aufgabe

„Ständige Erreichbarkeit stresst Manager
Von Fabienne Kinzelmann

Nach Feierabend schaltet auch der Chef mal ab — von wegen!
Nur zwei Prozent der Führungskräfte sind in ihrer Freizeit konsequent nicht erreichbar. Smartphones und Co. sind aus dem beruflichen wie privaten Alltag nicht mehr wegzudenken. Durch die ständige Erreichbarkeit sind jedoch 86 Prozent der Führungskräfte in Deutschland zumindest zeitweise höherem Stress ausgesetzt, mehr als jeder Dritte spürt diese Mehrbelastung sogar häufig oder jederzeit.
Zu diesen Ergebnissen kommt eine Studie des Beratungsunternehmens Mercer zusammen mit der Technischen Universität München. Dafür wurden mehr als 150 Führungskräfte in Deutschland befragt.

Ein Handy für alle Lebenslagen
Für einen großen Teil der Befragten stellt das Smartphone eine mobile Verbindung zum Arbeitsplatz dar. 70 Prozent gaben an, dass sie ein und dasselbe Gerät sowohl im Geschäft als auch für private Zwecke nutzen. Mercer geht davon aus, dass diese Vermischung von Arbeitszeit und Freizeit zu erhöhtem Stress führt und die Regenerationszeit[1] verkürzt. Dies könne sich langfristig negativ auf die Gesundheit und Leistungsfähigkeit der Führungskräfte auswirken.
Lösbar seien die Probleme wie Burnout[2] bei Führungskräften laut Mercer durch Präventionsmaßnahmen des Arbeitgebers — beispielsweise im Rahmen eines integrierten Gesundheitsmanagements. Einige Konzerne wie die Telekom oder Volkswagen haben für die Benutzung technischer Geräte in der Freizeit schon verbindliche Regeln zum Schutz der Beschäftigten aufgestellt.“

(Kinzelmann, Fabienne: Ständige Erreichbarkeit stresst Manager. In: FAZ.NET, 14.02.2013. https://www.faz.net/aktuell/beruf-chance/beruf/smartphone-und-co-staendige-erreichbarkeit-stresst-manager-12060206.html [18.12.2018] (verändert). © Alle Rechte vorbehalten. Frankfurter Allgemeine Zeitung GmbH, Frankfurt. Zur Verfügung gestellt vom Frankfurter Allgemeine Archiv)

1. Burnout stellt ein weit verbreitetes Phänomen und ein zunehmendes Problem der heutigen Gesellschaft dar.

   Erläutern Sie am Beispiel einer Führungskraft in einer sozialen Einrichtung Gesundheit und Krankheit als Kontinuum in Bezug auf Burnout.

   Entwickeln Sie, ausgehend von einem der beschriebenen Merkmale, ein ökologisch orientiertes Konzept, das geeignet erscheint, die Problematik bei betroffenen Führungskräften zu entschärfen. Berücksichtigen Sie dabei auch relevante Textaussagen.

2. Beschreiben Sie die Organisationsmerkmale „Entscheidungs- und Kommunikationsstrukturen“ am Beispiel der in Aufgabe 1 gewählten sozialen Organisation.

[1] Regeneration: Erneuerung, Wiederherstellung des körperlich-seelischen Wohlbefindens.

[2] „Burnout“ beschreibt den Zustand des körperlichen und emotionalen Ausgebranntseins, des psychischen und körperlichen Erschöpfungszustandes.
Burnout verläuft schleichend in mehreren Phasen und ist meist eng verbunden mit den Anforderungen im Berufsleben. Beginnend mit einem Wechsel zwischen Überaktivität und völliger Erschöpfung kommt es dazu, dass Betroffene nicht mehr abschalten können, aufgeben, die Antriebskraft verlieren, ihre Leistungsfähigkeit immer mehr nachlässt, die Betroffenen sich zusehends isolieren (vgl. www.hilfe-bei-burnout.de/was-ist-burnout/[9.12.2012]).
Die Entwicklung beginnt meist mit großer Begeisterung für eine Tätigkeit, führt über Enttäuschungen und Überbelastung zur Erschöpfung.
Eine Vielzahl von Symptomen wie Herz-Kreislauferkrankungen, Ängste und Suchterkrankungen werden dabei beschrieben. Häufig wird das Syndrom als eine Form der Depression bezeichnet.
Der Begriff „Burnout“ wurde von dem Psychiater Herbert Freudenberger 1974 geprägt, ursprünglich wurde das Syndrom nur bei helfenden Berufen vermutet, inzwischen wird es aber bei allen Gruppen beobachtet.
ICD 10, Z73: „Probleme mit Bezug auf Schwierigkeiten bei der Lebensbewältigung“: Ausgebranntsein; Burn-out-Erschöpfung; physischer Stress; psychischer Stress, Zukunftsangst.

Diskutieren Sie mögliche Auswirkung dieser Strukturen hinsichtlich der Arbeitszufriedenheit und -motivation auf die beschriebene Führungskraft auch unter Bezugnahme auf die Burnout-Problematik. Gehen Sie dabei von organisationspsychologischen Erkenntnissen aus.

11. Aufgabe

„Diagnostik in der Klinischen Psychologie
Beim diagnostischen Vorgehen in der Klinischen Psychologie handelt es sich um die Sammlung relevanter Informationen, um zu einer Entscheidung zu gelangen. [...] Die Methoden der klinischen Untersuchung sollen nicht nur feststellen, ob und warum eine Person sich abweichend verhält und wie man ihr helfen könnte, sondern auch beurteilen, ob Klienten, die sich bereits seit einiger Zeit in Therapie befinden, Fortschritte gemacht haben und ob die Behandlung geändert werden muss. Welche speziellen Untersuchungsverfahren und Hilfsmittel ein Kliniker auswählt, hängt von seiner theoretischen Orientierung ab. Ein psychoanalytisch orientierter Kliniker beispielsweise verwendet Methoden, die Information über die Teilbereiche der Persönlichkeit und mögliche unbewusste Konflikte eines Menschen erbringen. Diese Persönlichkeitsuntersuchung erlaubt es ihm, ein klinisches Bild zusammenzusetzen, das den Prinzipien und Begriffen des tiefenpsychologischen Modells entspricht. Verhaltenstherapeutisch und kognitiv orientierte Kliniker dagegen benutzen Untersuchungsmethoden, die detaillierte Information über die spezifisch gestörten Verhaltensweisen und Kognitionen liefern. Diese Art der Beurteilung, die sogenannte Verhaltensanalyse, zielt auf eine funktionale Analyse des Verhaltens der Person – also wie die betreffenden Verhaltensweisen gelernt und verstärkt wurden (Haynes & Heiby 2004).
Alle theoretischen Ansätze haben zu Hunderten von Untersuchungsverfahren und Werkzeugen geführt, doch die meisten davon lassen sich drei allgemeinen Kategorien zuordnen: klinische Interviews, Tests und Beobachtungen. Um nützlich zu sein, müssen diese Verfahren standardisiert sein und Reliabilität sowie Validität besitzen."
(Comer, 2008, S. 80 f., (verändert))

1. Diagnostik, Prävention und Behandlung psychischer Störungen sind Gegenstand und Aufgabe der Klinischen Psychologie.

   Beschreiben Sie ausgehend vom Text die Diagnostik psychischer Störungen am Beispiel einer Form der Depression oder Angststörung.

   Zeigen Sie die Problematik des Fällens einer Diagnose auf.

   Erläutern Sie anschließend unter Bezugnahme auf den Text die wissenschaftliche Fundierung der Klinischen Psychologie.

2. Erklären Sie die Entstehung der in Teilaufgabe 1 gewählten Störung auf der Grundlage einer psychologisch-wissenschaftlichen Theorie.
   Vergleichen Sie diese Theorie mit einer weiteren Theorie hinsichtlich der Erklärungsmöglichkeiten für die Entstehung der gewählten Störung.

12. Aufgabe

„Psychotherapeuten kämpfen seit Jahren darum, dass psychische Störungen als Krankheiten gelten. In der internationalen Klassifikation psychischer Störungen dagegen wird der Begriff psychische Störung in der gesamten Klassifikation verwendet, um den problematischen Gebrauch von Begriffen wie ‚Krankheit' oder ‚Erkrankung' weitgehend zu vermeiden."
(Bundesministerium für Gesundheit und Soziale Sicherung (Hrsg.): Das Gesetz zur Gleichstellung behinderter Menschen, S. 8. (verändert))

1. Beschreiben Sie ein Störungsbild einer Form der Depression oder der Angst und diskutieren Sie, inwiefern psychische Störungen aus der Perspektive der Klinischen Psychologie als Krankheit gesehen werden können.
2. Psychische Störungen lassen sich mit verschiedenen Theorien erklären und mit unterschiedlichen therapeutischen Konzepten behandeln.
   Stellen Sie – bezogen auf die in Teilaufgabe 1 gewählte Störung – ein geeignetes Behandlungsmodell dar. Bewerten Sie dieses hinsichtlich seiner Behandlungseignung und auch im Hinblick auf den Erklärungswert der dabei zugrunde gelegten Theorie.

13. Aufgabe

„In den letzten hundert Jahren konnten in der Erforschung psychischer Störungen und deren Behandlung erhebliche Fortschritte erzielt werden.
Schon häufiger wurden psychoanalytisch und verhaltenstherapeutisch begründete Psychotherapien unter dem Blickwinkel ihrer Effektivität und Wirksamkeit (outcome) verglichen. Jetzt haben Forscher des Universitätsklinikums Hamburg-Eppendorf unter Berücksichtigung von sechs Studien auch einen Vergleich von Elementen des Therapieprozesses insbesondere bei psychoanalytischen, verhaltenstherapeutischen und kognitiv-verhaltenstherapeutischen Verfahren durchgeführt.
Im Rahmen psychoanalytisch orientierter Verfahren stellen beispielsweise Übertragung, Beschäftigung mit der Vergangenheit und mit Emotionen, Konfrontation und Interpretation sowie Neutralität und Abstinenz[1] des Therapeuten zentrale Bestandteile dar. Im Gegensatz dazu spielen in der kognitiven Verhaltenstherapie die Bearbeitung von Kognitionen, Verhaltensänderungen und Förderung der Selbstwirksamkeitserwartung eine zentrale Rolle. Dementsprechend gehen Verhaltenstherapeuten im Vergleich zu psychoanalytisch orientierten Psychotherapeuten direktiver[2] vor, und sie initiieren in einem größeren Ausmaß Interventionen mit behavioralem und kognitivem Fokus[3]. Nach Erkenntnissen der Hamburger Psychotherapieforscher werden verhaltens- und kognitionsorientierte Therapeuten als unterstützender und empathischer beschrieben und sie vermitteln mehr störungsbezogene Informationen. Psychoanalytisch orientierte Therapeuten fokussieren hingegen in einem stärkeren Maß Beziehungsthemen, Emotionen sowie biografisch länger zurückliegende Inhalte. Es gibt jedoch auch Gemeinsamkeiten. So spielt die therapeutische Beziehungsgestaltung, insbesondere die Schaffung eines guten therapeutischen Bündnisses, für beide Ansätze eine wichtige Rolle. Auch im Hinblick auf die Prozesselemente Exploration[4], Strukturierung und Übertragung fanden sich keine Unterschiede zwischen den Therapieverfahren.“
(Watzke/Koch/Schulz, 2006, 56: S. 234–248)

1. Beschreiben Sie das Störungsbild einer Depression oder Angststörung.

   Erklären Sie die Entstehung dieser psychischen Störung mithilfe einer wissenschaftlichen Theorie und zeigen Sie dabei die Bedeutung der Erziehung auf.
2. Erläutern Sie am Beispiel der in Teilaufgabe 1 gewählten Störung einen therapeutischen Ansatz auf der Grundlage einer kognitiven Theorie (z. B. Kognitive Therapie nach Beck). Bewerten Sie – ausgehend vom Text – diesen therapeutischen Ansatz im Vergleich zu einem psychoanalytischen Ansatz.

[1] Abstinenz: Grundhaltung des Therapeuten, keine persönlichen Interessen zu verfolgen, den Klienten nicht für eigene Bedürfnisse und Zwecke zu instrumentalisieren oder dessen Eigenverantwortlichkeit für den Therapieprozess oder Therapieerfolg zu schwächen. Insbesondere auch starke Negativbeurteilungen verstoßen gegen das Prinzip der Abstinenz.

[2] Direktivität: Haltung, bei der der Therapeut (im Gegensatz zum Grundverständnis der Gesprächspsychotherapie) stärker lenkend, strukturierend, Ziele vorgebend und damit Einfluss nehmend in den Therapieprozess eingreift.

[3] Fokus: Therapeutischer Blickwinkel

[4] Exploration: Gezielte, entweder strukturierte oder unstrukturierte Befragung eines Klienten zur Ermittlung seiner Symptomatik. Die Exploration wird sowohl zur Ermittlung persönlicher Daten und zur Beseitigung von Unklarheiten als auch zur Ermittlung von Persönlichkeits- und Charaktermerkmalen eingesetzt.

14. Aufgabe

„Die Rolle des Beraters
Im Rahmen des Organisationsentwicklungsprozesses lässt sich eine Organisation in aller Regel von einem internen oder externen Berater [...] helfen. In der Literatur herrscht dabei ziemlich einhellig die Meinung vor, dass der Berater in Überwindung des traditionellen Arzt-Patienten-Verhältnisses die Organisation nicht ausschließlich nach einem ingenieurwissenschaftlichen Modell als Experte für inhaltliche Lösungen beraten soll. Diese Empfehlung wird wie folgt begründet [...]:
Präzise inhaltliche Beratungen [...] können Lern- und Erfahrungsbildungsprozesse auf Seiten der Organisation behindern und entsprechend keine Hilfe zur Selbsthilfe darstellen [...]. Der Berater soll also nicht inhaltliche Empfehlungen anbieten [...]. Vielmehr komme es entsprechend darauf an, komplementär zum Globalwissen des Experten das Detailwissen und die Intimkenntnisse der Betroffenen zu aktivieren, um zu funktionsfähigen inhaltlichen Lösungen zu kommen [...].
Statt einer ausschließlichen Inhaltsberatung wird dem Berater insofern ergänzend die Aufgabe einer Prozessberatung übertragen. Analysiert und rückgekoppelt werden bei der Prozessberatung die Art und Weise, wie die Organisationsmitglieder über die Gestaltung bzw. den Inhalt der geplanten Intervention kommunizieren, wie sie Konflikte im Verlauf der Zielfestlegungen handhaben, in welcher Weise sie beim Offenkundigwerden von Interessensgegensätzen mit Machtungleichgewichten umgehen etc. Der Prozessberater übernimmt dabei die Funktion eines Moderators."
(Gebert, in: Schuler Heinz (Hrsg.), Bern 2007⁴, S. 602 f., (verändert))

1. Verdeutlichen Sie am Beispiel einer sozialen Organisation das Merkmal Strukturiertheit.

   Erläutern Sie anhand dieser Organisation das Harvard-Konzept.
   Hinweis: Hier ist kein Textbezug notwendig!

2. Der Berater sollte im Rahmen eines Beratungsprozesses auch zu einem geeigneten Modell für die Organisationsmitglieder werden.

   Begründen Sie aus Sicht der sozial-kognitiven Theorie, wie ein Berater hierfür relevante und im Text beschriebene Anforderungen an seine Person als Verhaltensmodell erfüllen kann.

15. Aufgabe

„In den vergangenen 200 Jahren waren Basisinnovationen wie die Dampfmaschine (bis 1840), die Eisenbahn (bis 1890), die Elektrizität (bis 1940) und das Auto (bis 1980) für längerfristige wirtschaftliche Wachstumswellen verantwortlich. In den letzten Jahrzehnten trug die Informationstechnik das Wirtschaftswachstum, zuerst mit Großrechnern, dann mit PCs (bis 2002).
Der künftige Wirtschaftsaufschwung wird sich vom derzeitigen Informationsmarkt deutlich unterscheiden. Künftig geht es nicht mehr um die Informationsströme zwischen Mensch und Technik, sondern um die Informationsströme zwischen Menschen. Um dieses Potential zu erschließen, bedarf es einer neuen Basisinnovation: der psychosozialen, ganzheitlichen Gesundheit. Sie erschließt die Produktivitätsreserven des Informationsarbeiters und bildet die für den wirtschaftlichen Erfolg in der Informationsgesellschaft entscheidenden Standortfaktoren: Motivation, Transparenz, Kreativität, Zusammenarbeit, also immaterielle Faktoren in einer zunehmend immateriellen Wirtschaftswelt. Nicht von ungefähr tauchen in der Managementliteratur immer häufiger Begriffe auf, die allesamt an einen menschlicheren und damit produktiveren Umgang im Business gemahnen.
Menschlichkeit wird in vielen Zweckgemeinschaften als neu zu erschließendes Wachstumsfeld entdeckt werden müssen. Doch von dieser Erkenntnis sind wir noch eine teure und schmerzliche Versuchsstrecke weit ‚entfernt', schreibt Händeler. [...]"
(Deckstein; in: Süddeutsche Zeitung, Nr. 153 vom 07.07.2003, S. 10) (verändert)

1. Begründen Sie die Textaussagen zu den Bedingungen eines künftigen längerfristigen Wirtschaftswachstums mit wissenschaftlichen Erkenntnissen und Lehrmeinungen der Organisationspsychologie und der Klinischen Psychologie.
2. Entwickeln und begründen Sie ein Konzept zur Umsetzung von Erik Händelers Anliegen am Beispiel einer Organisation Ihrer Wahl.

Und dann?

Verwendete Literatur

Ahrbeck, Bernd: Inklusion – Eine Kritik, Stuttgart, Verlag W. Kohlhammer, 2014.

Alioth, Gabrielle: Der Narr, München, Droemer Knaur, 1995.

Antonovsky, Aaron: Salutogenese – Zur Entmystifizierung der Gesundheit, hrsg. von Alexa Franke, übersetzt von Alexa Franke und Nicola Schulte, Tübingen, dgvt-Verlag, 1997.

Antor, Georg/Bleidick, Ulrich (Hrsg.): Handlexikon der Behindertenpädagogik – Schlüsselbegriffe aus Theorie und Praxis, 2. Auflage, Stuttgart, Verlag W. Kohlhammer, 2006.

Arnade, Sigrid: Gewalt hat viele Gesichter; in: Frank Strickstrock (Hrsg.): Die Gesellschaft der Behinderer – Das Buch zur Aktion Grundgesetz. Reinbek, Rowohlt Taschenbuch Verlag, 1997, S. 29–33.

Aronson, Elliot/Wilson, Timothy/Akert, Robin: Sozialpsychologie, übersetzt und bearbeitet von Matthias Reiss, 8. Auflage, Pearson, Hallbergmoos, 2014.

Bach, Heinz: Grundlagen der Sonderpädago u. a. gik. Bern u. a., Verlag Paul Haupt, 1999.

Bach, Heinz: Sonderpädagogik im Grundriss, Berlin, Verlag Volker Spiess, 1997.

Badura, Bernhard/Feuerstein, Günter: Gesundheit und Gesellschaft; in: Joas, Hans (Hrsg.): Lehrbuch der Soziologie, 3. Auflage, übersetzt von Ekkehard Schöller, Frankfurt a. M., Campus Verlag, 2007, S. 295–418.

Bastine, Rainer H. E: Klinische Psychologie, Band 1: Grundlegung der Allgemeinen Klinischen Psychologie, hrsg. von Theo W. Herrmann/Werner H. Tack/Franz E. Weinert, 3. Auflage, Stuttgart, Verlag W. Kohlhammer, 1998.

Beauftragte der Bundesregierung für die Belange behinderter Menschen (Hrsg.): Die UN-Behindertenrechtskonvention – Übereinkommen über die Rechte von Menschen mit Behinderungen, Berlin, 2014.

Beck, Aaron T./Rush, A. John/Shaw, Brian F./Emery, Gary: Kognitive Therapie der Depression, übersetzt von Gisela Brondern und Brigitte Stein, 4. Auflage, Weinheim/Basel, Beltz Verlag, 2010.

Beck, Judith S.: Praxis der kognitiven Therapie, übersetzt von Elke Bretz, Weinheim, PVU, 1999.

Becker, Peter: Gesundheit durch Bedürfnisbefriedigung, Göttingen, Hogrefe Verlag 2006.

Bernard, Elena: Auf der Bühne ist jeder wichtig; in: Gehirn & Geist, 07/2016, S. 27–32.

Bernitzke, Fred: Heil- und Sonderpädagogik, 4. Auflage, Köln, Bildungsverlag Eins, 2011.

Biermann, Benno/Bock-Rosenthal, Erika/Doehlemann, Martin/Grohall, Karl-Heinz/Kühn, Dietrich: Soziologie – Studienbuch für soziale Berufe, 6. Auflage, München/Basel, Ernst Reinhardt Verlag, 2013, S. 314–375.

Bittner, Günther: Pädagogik und Psychoanalyse; in: Röhrs, Hermann/Scheuerl, Hans (Hrsg.): Richtungsstreit in der Erziehungswissenschaft und pädagogische Verständigung, Peter Lang, Frankfurt a. M., 1989, S. 215–277.

Blake, Robert/Mouton, Jane: Führungsstrategien, aus dem Amerikanischen übersetzt von Friedrich Mielke, Landsberg am Lech, Verlag Moderne Industrie, 1986.

Blech, Jörg: Das Schicksal in unserer Hand; in: Der Spiegel, 01/2018, S. 90–97.

Bleidick, U.: Pädagogik der Behinderten, 5. Auflage, Berlin, Carl Marhold, 1990.

Bleidick, Ulrich/Hagemeister, Ursula/Rath, Waldtraut: Einführung in die Behindertenpädagogik II, 4. Auflage, Stuttgart, Verlag W. Kohlhammer, 1997.

Bleidick, Ulrich: Behinderung; in: Antor, Georg/Bleidick, Ulrich (Hrsg.): Handlexikon der Behindertenpädagogik – Schlüsselbegriffe aus Theorie und Praxis, 2. Auflage, Stuttgart, Verlag W. Kohlhammer, 2006, S. 77 ff.

Bleidick, Ulrich: Sonderpädagogik; in: Antor, Georg/Bleidick, Ulrich (Hrsg.): Handlexikon der Behindertenpädagogik – Schlüsselbegriffe aus Theorie und Praxis, 2. Auflage, Stuttgart, Verlag W. Kohlhammer, 2006, S. 115 ff.

Blümel, Stephan: Systemisches Anforderungs-Ressourcenmodell in der Gesundheitsförderung; in: Bundeszentrale für gesundheitliche Aufklärung, Leitbegriffe der Gesundheitsförderung, online abrufbar unter: http://www.leitbegriffe.bzga.de/?id=angebote&idx=140, 2017 (01.08.2017), [01.08.2017].

Böhme, Christa u. a. (Hrsg.): Handbuch Stadtplanung und Gesundheit, Bern, Verlag Hans Huber, 2012.

Brandstätter, Veronika/Otto, Jürgen H. (Hrsg.): Handbuch der Allgemeinen Psychologie – Motivation und Emotion, Göttingen u. a., Hogrefe Verlag, 2009.

Bredow von, Rafaela/Hackenbroch, Veronika/Olbrisch, Miriam: „Du Seuche!"; in: Der Spiegel, 19/2017, S. 100–105.

Breton, Sue: Angst als Krankheit – Angstanfälle, Panikattacken, Platzangst, Stuttgart, 1991.

Briseño, Cinthia: Wieso Contergan so verheerend wirkte, in: Spiegel Online vom 12.03.2010, online abrufbar unter: http://www.spiegel.de/wissenschaft/medizin/missbildungen-wieso-contergan-so-verheerend-wirkte-a-682757.html, [07.04.207].

Brunner, Stefan: „Was reden die da bloß?"; in: DIE ZEIT, Nr. 43 vom 16. Oktober 2008.

Bundesanstalt für Arbeitsschutz und Arbeitsmedizin (Hrsg.): Wenn aus Kollegen Feinde werden – Der Ratgeber zum Umgang mit Mobbing.

Bundesministerium für Gesundheit und soziale Sicherung (Hrsg.): Das Gesetz zur Gleichstellung behinderter Menschen, Bonn.

Brodbeck, Felix C./Maier, Günter W./Frey, Dieter: Führungstheorien; in: Dieter Frey/Martin Irle (Hrsg): Theorien der Sozialpsychologie Band II, 2. Auflage, Göttingen, Verlag Hans Huber, 2008, S. 329–365.

Bundeszentrale für gesundheitliche Aufklärung, Leitbegriffe der Gesundheitsförderung online abrufbar unter:, http://www.leitbegriffe.bzga.de/?id=angebote&idx=140, 2017, [01.08.2017].

Burkard, Christoph/Eikenbusch, Gerhard: Praxishandbuch Evaluation in der Schule. 6. Auflage, Berlin, Cornelsen Verlag Scriptor, 2007.

Caspary, Ralf: Alles Neuro? Was die Hirnforschung verspricht und nicht halten kann, Freiburg i. B., Verlag Herder, 2010.

Charpa, Ulrich: Grundprobleme der Wissenschaftsphilosophie, Paderborn, Schöningh, 1996.

Cloerkes, Günther: Soziologie der Behinderten – Eine Einführung, unter Mitwirkung von Kai Felkendorff und Reinhard Markowetz, 3. Auflage, Verlag Winter GmbH, Heidelberg, 2007.

Cloerkes, Günther: Stigma, Stigmatisierung; in: Antor, Georg/Bleidick, Ulrich (Hrsg.): Handlexikon der Behindertenpädagogik – Schlüsselbegriffe aus Theorie und Praxis, 2. Auflage, Stuttgart, Verlag W. Kohlhammer, 2006, S. 250 f.

Cohen, John: Psychologie – psychologisch betrachtet, Freiburg, Verlag Karl Alber, 1963.

Comer, Ronald: Klinische Psychologie, Springer Spektrum, Heidelberg, 2008.

Daigeler, Thomas: Führungstechniken, 3. Auflage, Planegg, Rudolf Haufe Verlag, 2015.

Danner, Helmut: Methoden geisteswissenschaftlicher Pädagogik, 5. Auflage, München/Basel, Ernst Reinhard Verlag, 2006.

Davison, Gerald C./Neale, Gerhard M./Hautzinger, Martin: Klinische Psychologie – Ein Lehrbuch, übersetzt von Maria Baur, 7. Auflage, Weinheim, BeltzPVU, 2007.

Deckstein, Dagmar, Aus einer Besprechung des Buches Erik Händeler: Die Geschichte der Zukunft – Sozialverhalten von heute und der Wohlstand von morgen, Moers, 2003; in: Süddeutsche Zeitung, Nr. 153 vom 07.07.2003.

Dederich, Markus/Greving, Heinrich/Mürner, Christian/Rödler, Peter (Hrsg.): Inklusion statt Integration? Heilpädagogik als Kulturtechnik, 2. Auflage, Gießen, Psychosozial Verlag, 2010.

Diakonisches Werk der Evangelischen Kirche in Deutschland in Zusammenarbeit mit dem Verband Evangelischer Einrichtungen für geistig und seelisch Behinderte e. V.: geistigbehindert, Stuttgart, 1978.

Dijksterhuis, Ap: Das kluge Unbewusste – denken mit Gefühl und Intuition, übersetzt von Hildegard Höhr, Stuttgart, Klett-Cotta, 2014.

Dilling, Horst/Mombour, Werner/Schmidt, Martin H. (Hrsg.): Internationale Klassifikation psychischer Störungen ICD 10 Kapitel V – Klinisch-diagnostische Leitlinien, 10. Auflage, Bern, Hogrefe, 2015.

Dilthey, Wilhelm: Gesammelte Schriften, V. Band: Die geistige Welt – Einleitung in die Philosophie des Lebens, 4. Auflage, Stuttgart, B.G. Teubner Verlagsgesellschaft, 1964.

dpa: Google-Chefs wegen Video verurteilt; in: DonauKurier, Nr. 46 vom 25.02.2010, S. 6.

dpa: Mehr seelische Leiden; in: Nürnberger Nachrichten, 28.10.2015, S. 4.

dpa: Schwerbehinderter Sohn zu laut – Vermieter setzt Räumung durch, DonauKurier Nr. 166 vom 20./21.07.2002.

Drimalla, Hanna: Gehirn und Geist, Nr. 7/2015, S. 40–44.

Ebner-Eschenbach. Marie von: Aphorismen, Frankfurt a.M., Insel Verlag, 1986.

Eid, Michael/Gollwitzer, Mario/Schmitt, Manfred: Statistik und Forschungsmethoden, 4. Auflage, Weinheim/Basel, Beltz Verlag, 2015.

Elhardt Siegfried: Tiefenpsychologie, 18. Auflage, Stuttgart, Kohlhammer Verlag, 2015.

Epiktet: Handbüchlein der Moral, übersetzt von Kurt Steinmann, Stuttgart, Reclam, 2014.

Erhardt, Angelika/Schmidt, Ulrike: Fehlalarm! in: Gehirn & Geist, 06/2015, S. 54–59.

Ernst, Heiko: Wer Daten fälscht oder nachmacht oder gefälschte oder nachgemachte in Umlauf bringt ...; in: Psychologie Heute, 04/1977, S. 46–49.

Evers, Marco: Husten, Schwindel, Herzinfarkt; in: Der Spiegel, 26/2006, S. 28.

Felfe, Jörg: Die Firma & ich; in: Gehirn & Geist, 05/2009, S. 18–23.

Fisher, Roger/Ury, William/Patton, Bruce: Das Harvard-Konzept. Der Klassiker der Verhandlungstechnik, aus dem Amerikanischen übersetzt von Werner Raith/Wilfried Hof/Jürgen Neubauer, 24. Auflage Frankfurt, a.M., Campus Verlag, 2013.

Flammer, August: Entwicklungstheorien – Psychologische Theorien der menschlichen Entwicklung, 4. Auflage, Bern, Verlag Hans Huber, 2009.

Fleischhauer, Markus/Friedmann, Markus: „Am Rande zu stehen ist schrecklich“ – Ein Gespräch mit Bernd Ahrbeck; in: Der Spiegel, 34/2014, S. 38 ff.

Flieger, Petra/Schönwiese, Volker (Hrsg.): Menschenrechte, Integration, Inklusion – Aktuelle Perspektiven aus der Forschung, Bad Heilbrunn, Verlag Julius Klinkhardt, 2011.

Flieger, Petra/Schönwiese, Volker: Die UN-Konvention über die Rechte von Menschen mit Behinderungen – Eine Herausforderung für die Integrations- und Inklusionsforschung; in: Flieger, Petra/Schönwiese, Volker (Hrsg.): Menschenrechte, Integration, Inklusion – Aktuelle Perspektiven aus der Forschung, Bad Heilbrunn, Verlag Julius Klinkhardt, 2011, S. 27–35.

Franck, Norbert: So gelingt Kommunikation – Eine praktische Anleitung von A bis Z, Weinheim/Basel, Beltz, 2017.

Freud, Sigmund: Abriss der Psychoanalyse – Das Unbehagen in der Kultur, Stuttgart, Reclam Verlag, 2012.

Freud, Sigmund: Die Traumdeutung, 4. Auflage, Hamburg, Nikol Verlagsgesellschaft, 2014.

Frey, Dieter/Irle, Martin (Hrsg): Theorien der Sozialpsychologie Band II, 2. Auflage, Göttingen, Verlag Hans Huber, 2008.

Frey, Dieter: Unzufriedenheit am Arbeitsplatz; in: Süddeutsche Zeitung, 04.04.2005, S. 22.

Friedmann, Markus/Greiner, Lena: „Mama, ich bin dumm“; in: Der Spiegel, 23/2014, S. 47.

Fuest, Ada/John, Friedel/Wenke, Matthias: Handbuch der individualpsychologischen Beratung in Theorie und Praxis – Zusammenhänge erschließen, Horizonte öffnen, Münster, 2014.

Füller, Christian: Auf beiden Seiten; in: Der Spiegel, 45/2016, S. 57.

Gebert, Dieter: Organisationsentwicklung; in: Schuler, Heinz (Hrsg.), Lehrbuch Organisationspsychologie, 4. Aufl., Bern, 2007.

Gelitz, Christiane: Alkohol in Zahlen – eine Jahresbilanz; in: Gehirn & Geist, 01/2015, S. 68 f.

Gellert, Christian, F.: Das Land der Hinkenden; in: C. F. Gellerts sämtliche Schriften, Erster Theil, bey M. G. Weidmanns Erben und Reich, und Caspar Frisch, 1769.

Gerrig Richard J.: Psychologie, übersetzt von Ralf Graf/Dagmar Mallett/Markus Nagler/Brigitte Ricker, deutsche Bearbeitung von Ralf Graf, 20. Auflage, München u. a., Pearson Studium, 2016.

Goethe, Johann W.: Faust – Der Tragödie erster und zweiter Teil, 3. Aufl., München, Deutscher Taschenbuchverlag, 1966.

Goffman, Erving: Stigma – Über Techniken der Bewältigung beschädigter Identität, Frankfurt a.M., Suhrkamp Taschenbuch Verlag, 2010.

Gosmann, Ulla: Das Hohelied der Wertschätzung; in: Psychologie Heute, Nr. 08/2012, S. 52 f.

Grawe, Klaus/Donati, Ruth/Bernauer, Friederike: Psychotherapie im Wandel – Von der Konfession zur Profession, 5. Auflage, Göttingen, Hogrefe Verlag, 2001.

Greve, Jeanette/Roos, Werner: Der Untergang des Ödipuskomplexes – Argumente gegen einen Mythos, Göttingen, Verlag Hogrefe, 1996.

Greving, Heinrich (Hrsg.): Kompendium der Heilpädagogik, Band 2, Troisdorf, Bildungsverlag Eins, 2007.

Greving, Heinrich/Ondracek, Petr: Handbuch der Heilpädagogik, Troisdorf, Bildungsverlag EINS, 2005.

Gudjons, Herbert: Pädagogisches Grundwissen – Überblick, Kompendium, Studienbuch, 11. Auflage, Bad Heilbrunn, Verlag Julius Klinkhardt, 2012.

Guss, Kurt: Und der Welt geht's immer schlechter ...; in: Psychologie Verstehen, 15/2006, S. 5 ff.

Hackenbroch, Veronika: Die Macht der Heiler; in: Der Spiegel, 34/2018, S. 92–96.

Haupt, Sebastian: Wie kaufen, was wir (nicht) sehen; in: Psychologie Heute, 05/2008, S. 12.

Hautzinger, Martin: Kognitive Verhaltenstherapie bei Depressionen – Behandlungsanleitungen und Materialien, 7. Auflage, Weinheim, Beltz Psychologie Verlags Union, 2013.

Heiden, Hans – Günter (Hrsg.): Niemand darf wegen seiner Behinderung benachteiligt werden – Grundrecht und Alltag, eine Bestandsaufnahme. Reinbek, Rowohlt Taschenbuch Verlag GmbH, 1996.

Heiden, Hans-Günter: Behindert ist man nicht – behindert wird man; in: Strickstrock, Frank (Hrsg.): Die Gesellschaft der Behinderer – Das Buch zur Aktion Grundgesetz. Reinbek, Rowohlt Taschenbuch Verlag, 1997, S. 13–18.

Herzberg, Philipp Yorck/Roth, Marcus: Persönlichkeitspsychologie, hrsg. von Jürgen Kriz, Wiesbaden, Springer, 2014.

Hierdeis, Helmwart (Hrsg.): Taschenbuch der Pädagogik, Teil 1, Baltmannsweiler, Verlag Burgbücherei Schneider GmbH, 1986.

Hierdeis, Helmwart/Hug, Theo (Hrsg.): Taschenbuch der Pädagogik, Band 2, 5. Auflage, Hohengehren, Schneider Verlag, 1997.

Hinz, Andreas: Inklusion; in: Antor, Georg/Bleidick, Ulrich (Hrsg.): Handlexikon der Behindertenpädagogik – Schlüsselbegriffe aus Theorie und Praxis, 2. Auflage, Stuttgart, Verlag W. Kohlhammer, 2006, S. 97 ff.

Hobmair, Hermann (Hrsg.): Kompendium der Pädagogik, Troisdorf, Bildungsverlag Eins, 2009.

Hobmair, Hermann (Hrsg.): Kompendium der Psychologie, Troisdorf, Bildungsverlag Eins, 2010.

Hobmair, Hermann (Hrsg.): Soziologie, 3. Auflage, Köln, Bildungsverlag Eins, 2014.

Hochschulrahmengesetz – Ein Service des Bundesministeriums der Justiz und für Verbraucherschutz in Zusammenarbeit mit der juris GmbH, https://www.gesetze-im-internet.de/bundesrecht/hrg/gesamt.pdf (01.03.2017).

Hörmann, Bernadette/Hopmann, Stefan, T.: Marginalisierungsprozesse von Menschen mit Behinderungen im Rahmen von „School-Accountability"-Maßnahmen; in: Flieger, Petra/Schönwiese, Volker (Hrsg.): Menschenrechte, Integration, Inklusion – Aktuelle Perspektiven aus der Forschung, Bad Heilbrunn, Verlag Julius Klinkhardt, 2011, S. 105–110.

Hugenschmidt, Bettina/Technau, Anne: Methoden schnell zur Hand – 66 schüler- und handlungsorientierte Unterrichtsmethoden. Leipzig, Ernst Klett Schulbuchverlag, 2009.

Hughes, Jon: „Der Klimawandel ist wissenschaftlich nicht eindeutig bewiesen"; in: Natur & Kosmos, 01/2008, S. 16 ff.

Jaeggi, Eva: Zu heilen die zerstossnen Herzen – Die Hauptrichtungen der Psychotherapie und ihre Menschenbilder, Reinbek, Rowohlt Verlag, 2011.

Joas, Hans (Hrsg.): Lehrbuch der Soziologie, 3. Auflage, übersetzt von Ekkehard Schöller, Frankfurt a. M., Campus Verlag, 2007.

John, Friedel: Coaching; in: Fuest, Ada/John, Friedel/Wenke, Matthias: Handbuch der individualpsychologischen Beratung in Theorie und Praxis – Zusammenhänge erschließen, Horizonte öffnen, Münster, 2014; S. 291–302.

Kals, Elisabeth/Gallenmüller-Roschmann, Jutta: Arbeits- und Organisationspsychologie kompakt, 2. Auflage, Weinheim/Basel, Beltz Verlag, 2011.

Kaluza, Gert: Gelassen und sicher im Stress – Das Stresskompetenz-Buch: Stress erkennen, verstehen, bewältigen, 6. Auflage, Berlin/Heidelberg, Springer Verlag, 2015.

Kanter, Gustav O.: Lernbehinderten- und Lerngestörtenpädagogik; in: Bach, Heinz: Sonderpädagogik im Grundriss, Berlin, Verlag Volker Spiess, 1997, S. 105–112.

Kasten, Erich: Einführung Neuropsychologie. München/Basel, Ernst Reinhardt Verlag, 2007.

Kauffeld, Simone: Teamdiagnose, Göttingen/Bern, Hogrefe Verlag, 2001.

Kerntke, Wilfried: Mediation als Organisationsentwicklung – Mit Konflikten arbeiten. Ein Leitfaden für Führungskräfte, 2. Auflage, Bern, Haupt Verlag 2009.

Klee, Ernst: Behinderten – Report II – „Wir lassen uns nicht abschieben“, Frankfurt a.M., Fischer Taschenbuch Verlag, 1992.

Klein, Ferdinand/Meinertz Friedrich/Kausen Rudolf: Heilpädagogik – Ein pädagogisches Lehr- und Studienbuch, 10. Auflage, Bad Heilbrunn, Verlag Julius Klinkhardt, 1999.

Kleinbeck, Uwe: Motivation in Arbeit und Beruf; in: Brandstätter, Veronika/Otto, Jürgen, H. (Hrsg.): Handbuch der Allgemeinen Psychologie – Motivation und Emotion, Göttingen u. a., Hogrefe Verlag, 2009, S. 347–359.

Kleinschmidt, Carola: Chefsachen – Wie Führung gelingt; in: Psychologie Heute, 04/2018, S. 71–75.

Kobi, Emil E.: Ethisch-alltagsmoralische und praktisch-sozialpolitische Implikationen – Ein Beitrag zum 30 Jährigen Jubiläum am 30. April 2010, online abrufbar unter: http://www.fachakademie-fuer-heilpädagogik.de/documents/168191/361176/Prof_E_Kobi.pdf/f11fcd33-c9b6-4843-82e0-41acaa84150b, [30.09.2017].

Kobi, Emil E.: Grundfragen der Heilpädagogik – Eine Einführung in heilpädagogisches Denken, 6. Auflage, Berlin, BHP Verlag, 2004.

Kobi, Emil E.: Inklusion – ein pädagogischer Mythos? In: Dederich, Markus/Greving, Heinrich/Mürner, Christian/Rödler, Peter (Hrsg.): Inklusion statt Integration? Heilpädagogik als Kulturtechnik, 2. Auflage, Gießen, Psychosozial Verlag, 2010, S. 28–44.

Köhler, Thomas: Psychische Störungen – Symptomatologie, Erklärungsansätze, Therapie, 2. Auflage, Stuttgart, Kohlhammer, 2011.

König, Eckard: Erziehungswissenschaft; in: Hierdeis, Helmwart (Hrsg.): Taschenbuch der Pädagogik, Teil 1, Baltmannsweiler, Verlag Burgbücherei Schneider GmbH, 1986, S. 180–189.

König, Eckard: Erziehungswissenschaft; in: Hierdeis, Helmwart/Hug, Theo (Hrsg.): Taschenbuch der Pädagogik, Band 2, 5. Auflage, Hohengehren, Schneider Verlag, 1997, S. 323–332.

Kreiß, Christian: Gekaufte Forschung – Wissenschaft im Dienst der Konzerne, Berlin u. a., Europa Verlag GmbH, 2015.

Kron, Friedrich W.: Wissenschaftstheorie für Pädagogen, München, Reinhardt, 1999.

Krüger, Heinz-Hermann/Helsper, Werner (Hrsg.): Einführung in Grundbegriffe und Grundfragen der Erziehungswissenschaft, 9. Auflage, Opladen/Farmington Hills, Barbara Budrich Verlag, 2010.

Kühn, Dietrich: Organisationen sozialer Arbeit-Administrative Strukturen und Handlungsformen im Sozialwesen; in: Benno Biermann/Erika Bock-Rosenthal/Martin Doehlemann/Karl-Heinz Grohall/Dietrich Kühn: Soziologie – Studienbuch für soziale Berufe, 6. Auflage, München/Basel, Ernst Reinhardt Verlag, 2013, S. 314–375.

Kullmann, Kerstin: Zu schön, um wahr zu sein; in: Der Spiegel, 35/2012, S. 123 f.

Künkel, Fritz: Charakter, Einzelmensch und Gruppe, Stuttgart, S. Hirzel Verlag, 1998.

Lakotta, Beate: Triebwerk im Keller der Seele; in: Der Spiegel, 18/2006, S. 160–174.

Landesverband Bayern: Inklusion und Sonderpädagogik. Positionspapier des vds, Fassung vom 28.11.2009, online abrufbar unter: https://www.vds-bayern.de/materialien-positionspapiere.php, [10.07.2018].

Laucken, Uwe/Schick, August/Höge Holger: Einführung in das Studium der Psychologie, 7. Auflage, Stuttgart, Klett – Cotta 1996.

Leker, Heike: So ein Stress; in: Der Spiegel Wissen, 01/2012, S. 24–27.

Lenzen, Dieter: Bildung statt Bologna! Berlin, Ullstein, 2014.

Loftus, Elizabeth F./Ketcham, Katherine: Die therapierte Erinnerung – Vom Mythos der Verdrängung bei Anklagen wegen sexuellen Missbrauchs, München, Klein, 1995.

Ludwig, Udo: Geheime Gesandte; in: Der Spiegel, 23/2005, S. 156 ff.

Macho, Siegfried: Wissenschaft und Pseudowissenschaft in der Psychologie, Bern, Hogrefe Verlag, 2016.

Maslow, Abraham H.: Motivation und Persönlichkeit, übersetzt von Paul Kruntorad, Reinbek, Rowohlt Taschenbuch Verlag, 1989.

Mausfeld, Rainer: Auf der Schattenseite; in: Gehirn & Geist, 07-08/2009, S. 52–55.

Meinhold, Marianne: Einzelfallhilfe/Case-Management; in: Otto, Hans-Uwe/Thiersch, Hans (Hrsg.): Handbuch Sozialarbeit/Sozialpädagogik, 3. Auflage, München/Basel, Ernst Reinhardt Verlag, 2005, S. 361–372.

Meinhold, Marianne: Über Einzelfallhilfe und Case Management; in: Thole, Werner (Hrsg.): Grundriss Soziale Arbeit – Ein einführendes Handbuch, 2. Auflage, Wiesbaden, Verlag für Sozialwissenschaften, 2005, S. 505–521.

Metzger, Jochen: Kann man sich in seinen Job (neu) verlieben? In: Psychologie Heute, 07/2009, S. 72–77.

Moor, Paul: Heilpädagogik – Ein pädagogisches Lehrbuch, 3. Aufl., Göttingen, Verlag Hans Huber, 1993.

Müsseler, Jochen (Hrsg.): Allgemeine Psychologie, 2. Auflage, Berlin/Heidelberg, Springer Verlag, 2008.

Nolan, Christopher: Unter dem Auge der Uhr – Ein autobiographischer Bericht, übersetzt von Hans-Christian Oeser, München, Deutscher Taschenbuch Verlag, 1996.

o. A.: Gendefekte – Weniger Abtreibungen bei Down-Syndrom; in: Der Spiegel, 49/2008, S. 162.

o. A.: Gnadentod für Babys; in: Der Spiegel 46/13.11.2006, S. 167.

Otto, Hans-Uwe/Thiersch, Hans (Hrsg.): Handbuch Sozialarbeit/Sozialpädagogik, 3. Auflage, München/Basel, Ernst Reinhardt Verlag, 2005.

Paulus, Jochen: Die psychologische Forschung im Zwielicht; in: Psychologie Heute, 12/2012, S. 44–48.

Perrez, Meinrad/Baumann, Urs (Hrsg.): Klinische Psychologie – Psychotherapie: Klassifikation, Diagnostik, Ätiologie, Intervention, 4. Auflage, Bern, Verlag Hans Huber, 2011.

Perrez, Meinrad: Wissenschaftstheoretische Grundbegriffe der klinisch-psychologischen Interventionsforschung; in: Perrez, Meinrad/Baumann, Urs (Hrsg.): Klinische Psychologie – Psychotherapie: Klassifikation, Diagnostik, Ätiologie, Intervention, 4. Auflage, Bern, Verlag Hans Huber, 2011, S. 68–86.

Pervin, Lawrence, A./Cervone, Daniel/John, Oliver P.: Persönlichkeitstheorien; übersetzt von Anni Pott, 5. Auflage, München/Basel, Ernst Reinhardt Verlag, 2005.

Petermann, Franz/Niebank, Kay/Scheithauer, Herbert: Entwicklungswissenschaft – Entwicklungspsychologie, Genetik, Neuropsychologie, Berlin/Heidelberg, Springer Verlag, 2004.

Popper, Karl R.: Logik der Forschung; herausgegeben von Erik Boettcher, übersetzt von Leonhard Walentik, 11. Aufl., Tübingen, Mohr Siebeck, 2005.

Prinz, Wolfgang/Müsseler, Jochen: Psychologie als Wissenschaft; in: Müsseler, Jochen (Hrsg.): Allgemeine Psychologie, 2. Auflage, Berlin/Heidelberg, Springer Verlag, 2008, S. 1–11.

Renz-Polster, Herbert: Die Kindheit ist unantastbar – Warum Eltern ihr Recht auf Erziehung zurückfordern müssen, Weinheim/Basel, Beltz Verlag, 2014.

Rohde, Sven: Coaching – Hilfe zur Selbsthilfe; in: Psychologie Heute, 07/2017, S. 71–73.

Röhrs, Hermann/Scheuerl, Hans (Hrsg.): Richtungsstreit in der Erziehungswissenschaft und pädagogische Verständigung, Peter Lang, Frankfurt a. M., 1989.

Rosenstiel von, Lutz/Molt, Walter/Rüttinger, Bruno: Organisationspsychologie, 9. Auflage, Stuttgart, Kohlhammer, 2005.

Rosenstiel, Lutz von/Nerdinger, Friedemann W.: Grundlagen der Organisationspsychologie, – Basiswissen und Anwendungshinweise, 7. Auflage, Stuttgart, Schäfer-Poeschel Verlag, 2011.

Rosenstiel, Lutz von: Grundlagen der Organisationspsychologie – Basiswissen und Anwendungshinweise, 6. Auflage, Stuttgart, Schäffer-Poeschel Verlag, 2007.

Roth, Eugen: Sämtliche Menschen, 7. Auflage, München/Wien, Carl Hanser Verlag, 2015.

Sarris, Victor: Methodologische Grundlagen der Experimentalpsychologie, Band 1: Erkenntnisgewinnung und Methodik, München/Basel, Ernst Reinhardt Verlag, 1998.

Schablon, Kai-Uwe: Veränderung fängt in den Köpfen an – Anforderungen an die Aus- und Weiterbildung der Erzieherinnen und Erzieher, Katholische Hochschule, Münster, 2012; online abrufbar unter: http://www.beta-diakonie.de/userfiles/beta/Vortrag%20Schablon(1).pdf, [10.07.2018].

Schirmer, Dominique: Empirische Methoden der Sozialforschung – Grundlagen und Techniken, mit Beiträgen von Baldo Blinkert, Sylvia Buchen, unter Mitarbeit von Peter Brüstle, Paderborn, Wilhelm Fink, 2009.

Schleim, Stephan: Moralforscher im Zwielicht; in: Gehirn & Geist, 11/2010, S. 44.

Schmalt, Heinz-Dieter/Langens, Thomas, A.: Motivation, 4. Auflage, Stuttgart, W. Kohlhammer, 2009.

Schuchardt, Erika (Hrsg,): Jede Krise ist ein neuer Anfang – Aus Lebensgeschichten lernen, Ostfildern, Patmos Verlag 1993.

Schuler, Heinz (Hrsg.):Lehrbuch der Organisationspsychologie, 4. Auflage, Bern, Verlag Hans Huber, 2007.

Schulz, Walter: Philosophie in der veränderten Welt, 7. Auflage, Stuttgart, Klett-Cotta, 2001.

Schulze, Marianne: Menschenrechte für alle – Die Konvention über die Rechte von Menschen mit Behinderungen; in: Flieger, Petra/Schönwiese, Volker (Hrsg.): Menschenrechte, Integration, Inklusion – Aktuelle Perspektiven aus der Forschung, Bad Heilbrunn, Verlag Julius Klinkhardt, 2011, S. 11–25.

Schütz, Astrid/Rüdiger, Martin/Rentzsch, Katrin: Lehrbuch Persönlichkeitspsychologie, Bern, Hogrefe Verlag, 2016.

Seiffert, H./Radnitzky, G. (Hrsg.): Handlexikon zur Wissenschaftstheorie, München, Deutscher Taschenbuch Verlag, 2000.

Seiffert, Helmut: Einführung in die Wissenschaftstheorie, Band 1: Sprachanalyse, Deduktion, Induktion in Natur- und Sozialwissenschaften, 13. Auflage, München, Verlag C. H. Beck, 2003.

Seiffert, Helmut: Einführung in die Wissenschaftstheorie, Band 3: Handlungstheorie, Modallogik, Ethik, Systemtheorie, 3. Auflage, München, Beck, 2001.

Speck, Otto: Schulische Inklusion aus heilpädagogischer Sicht – Rhetorik und Realität, 2. Auflage, München/Basel, Ernst Reinhard Verlag, 2011.

Speck, Otto: Heilpädagogik; in: Antor, Georg/Bleidick, Ulrich (Hrsg.): Handlexikon der Behindertenpädagogik – Schlüsselbegriffe aus Theorie und Praxis, 2. Auflage, Stuttgart, Verlag W. Kohlhammer, 2006, S. 92 f.

Speck, Otto: System Heilpädagogik – Eine ökologisch reflexive Grundlegung, 6. Auflage, München/Basel, Ernst Reinhardt Verlag, 2008.

Spitzer, Manfred: Digitale Demenz – Wie wir uns und unsere Kinder um den Verstand bringen, München, Droemer Knaur, 2014.

Spitzer, Manfred: Vorsicht Bildschirm! Elektronische Medien, Gehirnentwicklung, Gesundheit und Gesellschaft, 4. Auflage, Stuttgart u. a., Ernst Klett Verlag, 2006.

Statistisches Bundesamt: Statistik der schwerbehinderten Menschen – Kurzbericht 2015, Wiesbaden, 2017.

Sterdt, Elena/Walter, Ulla: Ansätze und Strategien der Prävention und Gesundheitsförderung im Kontext von Stadtplanung; in: Böhme, Christa u. a. (Hrsg.): Handbuch Stadtplanung und Gesundheit, Bern, Verlag Hans Huber, 2012, S. 27–36.

Stopp, Udo: Praktische Betriebspsychologie, 14. Auflage, Renningen-Malmsheim, Expert-Verlag, 2007.

Strickstrock, Frank (Hrsg.): Die Gesellschaft der Behinderer – Das Buch zur Aktion Grundgesetz. Reinbek, Rowohlt Taschenbuch Verlag, 1997.

Tausch, Reinhard/Tausch, Anne-Marie: Erziehungspsychologie – Begegnung von Person zu Person, 11. Auflage, Göttingen, Hogrefe Verlag, 1998.

Thole, Werner (Hrsg.): Grundriss Soziale Arbeit – Ein einführendes Handbuch, 2. Auflage, Wiesbaden, Verlag für Sozialwissenschaften, 2005.

Timmermann, Dietrich/Strikker, Frank: Organisation, Management, Planung, in: Heinz-Hermann Krüger/Werner Helsper, (Hrsg.): Einführung in Grundbegriffe und Grundfragen der Erziehungswissenschaft, 9. Auflage, Opladen/Farmington Hills, Barbara Budrich Verlag, 2010, S. 151–170.

Träbert, Detlef: Disziplin, Respekt und gute Noten – Erfolgreiche Schüler brauchen klare Erwachsene, Weinheim/Basel, Beltz Verlag, 2012.

Traxel, Werner: Grundlagen und Methoden der Psychologie – Eine Einführung in die psychologische Forschung, 2. Auflage, Bern, Verlag Hans Huber, 1974.

Tschamler, Herbert: Wissenschaftstheorie – Eine Einführung für Pädagogen, 3. Auflage, Bad Heilbrunn, Verlag Julius Klinkhardt, 1996.

Türcke, Christoph: Lehrerdämmerung – Was die neue Lernkultur in den Schulen anrichtet, 2. Auflage, München, Verlag C. H. Beck, 2016.

Ulich, Dieter/Bösel, Rainer M: Einführung in die Psychologie, 4. Auflage, Stuttgart, Verlag W. Kohlhammer, 2005.

Die UN-Behindertenrechtskonvention – Fakten für pädagogische Fachkräfte, herausgegeben von Aktion Mensch e. V., Februar 2013.

Utsch, Michael: Der Esoterik-Boom: in: Psychologie Heute, 02/2017, S. 34–38.

Watzke, B./ Koch, U./Schulz, H.: Zur theoretisch und empirischen Unterschiedlichkeit von therapeutischen Interventionen, Inhalte und Stilen in psychoanalytisch und verhaltenstherapeutisch begründeten Psychotherapien, Psychother Psyche Med, 2006.

Weber, Erich (Hrsg.): Pädagogik – Eine Einführung, Band 1: Erich Weber: Grundfragen und Grundbegriffe, Teil 3: Pädagogische Grundvorgänge und Zielvorstellungen – Erziehung und Gesellschaft/Politik, 8. Auflage, Donauwörth, Auer Verlag, 1999.

Wegge, Jürgen/Rosenstiel, Lutz von: Führung, in: Lehrbuch der Organisationspsychologie, hrsg. v. Heinz Schuler, 4. Auflage, Bern, Verlag Hans Huber, 2007, S. 475– 512.

Weinert, Ansfried B: Organisationspsychologie – Ein Lehrbuch, 4. Auflage, Weinheim, Belz Verlag/PVU, 1998.

Weltgesundheitsorganisation (Hrsg.): International Classification of Impairment, Disabilities and Handycaps – A Manual of Classification Relating to the Consequences of Disease, Genf, 1980.

Weltgesundheitsorganisation (WHO): Ottawa Charta, 1986, online abrufbar unter: http://www.euro.who.int/__data/assets/pdf_file/0006/129534/Ottawa_Charter_G.pdf, [10.07.2018].

Welzer, Harald: Die smarte Diktatur – Der Angriff auf unsere Freiheit, Frankfurt a. M., S. Fischer Verlag, 2016.

Wendt, Wolf R. (Hrsg.): Unterstützung fallweise – Case Management in der Sozialarbeit, 2. Auflage, Freiburg, Lambertus Verlag, 1995.

Wendt, Wolf Rainer: Case Management im Sozial- und Gesundheitswesen – Eine Einführung, 6. Auflage, Freiburg, Lambertus Verlag, 2015.

Wendt, Wolf Rainer: Ökosozial denken und handeln - Grundlagen und Anwendungen in der Sozialarbeit. Freiburg, Lambertus Verlag, 1995.

Werner, Birgit: Lernbehinderung; in: Greving, Heinrich (Hrsg.): Kompendium der Heilpädagogik, Band 2, Troisdorf, Bildungsverlag Eins, 2007, S. 107–115.

Wilken, Beate: Methoden der kognitiven Umstrukturierung. Ein Leitfaden für die psychotherapeutische Praxis, 7. Auflage, Stuttgart, Kohlhammer, 2015.

Windolph, Andrea: Das Harvard-Konzept – So erreichst du Win-Win-Situationen in Verhandlungen, 2017, online abrufbar unter: https://projekte-leicht-gemacht.de/blog/pm-methoden-erklaert/harvard-konzept [01.03.2018].

Wocken, Hans: Integration; in: Antor, Georg/Bleidick, Ulrich (Hrsg.): Handlexikon der Behindertenpädagogik – Schlüsselbegriffe aus Theorie und Praxis, 2. Auflage, Stuttgart, Verlag W. Kohlhammer, 2006, S. 99–102.

Wolf, Claudia Ch.: Eine Schule für alle?; in: Gehirn & Geist, 12/2013, S. 14–18.

Zapf, Dieter/Holz, Melanie: Emotionen in Organisationen; in: Brandstätter, Veronika/Otto, Jürgen H. (Hrsg.): Handbuch der Allgemeinen Psychologie – Motivation und Emotion, Göttingen u. a., Hogrefe Verlag, 2009, S. 755–761.

ZBFS – Bayerisches Landesjugendamt Mitteilungsblatt 04/2010, online abrufbar unter: http://www.blja.bayern.de/service/bibliothek/fachbeitraege/spiritualisierung.php, [01.08.2017].

Zierer, Klaus/Speck, Karsten/Moschner, Barbara: Methoden erziehungswissenschaftlicher Forschung, München/Basel, Ernst Reinhardt Verlag, 2013.

Zimbardo Philip G./Gerrig Richard J.: Psychologie, übersetzt von Ralf Graf/Dagmar Mallett/Markus Nagler/Brigitte Ricker, deutsche Bearbeitung von Ralf Graf, 20. Auflage, München u. a., Pearson Studium, 2014.

Sachwortverzeichnis

Bildquellenverzeichnis

Beck Institute for Cognitive Behavior Therapy, Bala Cynwyd: 198.

Biedermann, Hans, Eberbach/Neckar: 217.

bpk-Bildagentur, Berlin: 121.

Getty Images, München: Lovric, Drazen 85.

Hartmann, Benjamin, Homburg: 11, 11.

iStockphoto.com, Calgary: DrAfter123 Titel.

Kurtz, Cornelia, Boppard: 15, 16, 24, 34, 46, 47, 59, 60, 61, 66, 73, 80, 97, 99, 107, 125, 134, 166, 167, 173, 180, 183, 193, 194, 200, 202, 214, 218, 218, 239, 246, 271, 301, 303, 327.

Liebermann, Erik, Steingaden: 224.

Mayr, Johann, München: 160.

Picture-Alliance GmbH, Frankfurt/M.: Bimmer, Fabian 177; dpa/Frey, Thomas 77.

Prof.Dr. Wolf Rainer Wendt, Stuttgart: 132.

Shutterstock.com, New York: Kuvaev, Denis 81.

stock.adobe.com, Dublin: cartoonresource 185; Tobilander 87.

ToolsHero.com, Rotterdam: 275, 275.

Verlag Kiepenheuer & Witsch GmbH & Co. KG, Köln: 95.

YPS – York Publishing Solutions Pvt. Ltd.: 70, 70, 70, 124, 181, 228, 250, 252, 254, 254, 256, 265, 276, 295, 295, 295, 295.

Wir arbeiten sehr sorgfältig daran, für alle verwendeten Abbildungen die Rechteinhaberinnen und Rechteinhaber zu ermitteln. Sollte uns dies im Einzelfall nicht vollständig gelungen sein, werden berechtigte Ansprüche selbstverständlich im Rahmen der üblichen Vereinbarungen abgegolten.